新工科·普通高等教育汽车类系列教材

汽 车 构 造

上 册

主编　杨保成
参编　李广华　李晓峰　张　健　胡焰彬
　　　杨海鹏　龚建春　赵付舟　常　胜
　　　闫　冬

机械工业出版社

本书以轿车为主，系统地阐述了汽车的构造及工作原理，尽可能多地介绍轿车的新结构、新技术、新工艺和新材料。全套书分上、下册，共21章内容。本书为上册，内容有总论，发动机的基本知识，曲柄连杆机构，配气机构，电控汽油喷射燃料供给系统，柴油机燃料供给系统，发动机进、排气装置及汽车排放控制装置，发动机冷却系统，发动机润滑系统，汽油发动机点火系统，发动机起动系统和新能源汽车等。

本书可作为应用型本科院校汽车工程类（车辆工程、汽车服务工程、汽车运用工程等）专业的教材，也可作为高职高专、职大、成人教育等汽车工程类专业的教材或参考用书，还可作为汽车工业部门、汽车运输部门的工程技术人员和从事汽车检测维修行业的工程技术人员的参考读物。

本书配有PPT课件，采用本书作为教材的教师，可登录www.cmpedu.com注册后免费下载。本书部分知识点配有动画、视频或微课讲解，读者可扫描书中对应的二维码进行观看。

图书在版编目（CIP）数据

汽车构造. 上册/杨保成主编. —北京：机械工业出版社，2024.3
新工科·普通高等教育汽车类系列教材
ISBN 978-7-111-75225-7

Ⅰ.①汽⋯ Ⅱ.①杨⋯ Ⅲ.①汽车-构造-高等学校-教材 Ⅳ.①U463

中国国家版本馆CIP数据核字（2024）第046215号

机械工业出版社（北京市百万庄大街22号 邮政编码100037）
策划编辑：宋学敏　　　　　责任编辑：宋学敏　赵晓峰
责任校对：高凯月　张亚楠　封面设计：张　静
责任印制：任维东
天津嘉恒印务有限公司印刷
2024年7月第1版第1次印刷
184mm×260mm·16.25印张·401千字
标准书号：ISBN 978-7-111-75225-7
定价：52.00元

电话服务　　　　　　　　　网络服务
客服电话：010-88361066　　机　工　官　网：www.cmpbook.com
　　　　　010-88379833　　机　工　官　博：weibo.com/cmp1952
　　　　　010-68326294　　金　书　网：www.golden-book.com
封底无防伪标均为盗版　　机工教育服务网：www.cmpedu.com

前　言

随着汽车工业的快速发展，汽车的新结构、新技术、新工艺和新材料在汽车上的应用越来越广泛。近年来，国内有关汽车构造方面的书籍较多，但适合汽车类应用型本科院校师生使用的专业教材较少。为了满足应用型本科院校车辆工程、汽车服务工程等汽车类专业的教学需求，使师生及有关技术人员能够更全面、系统地掌握有关汽车构造的理论知识，特编写了这本书。

本书以轿车为主，全面、系统地阐述了汽车总体及各系统、总成及部件的结构和工作原理，以及它们的功用、组成及分类等。通过对国内外部分汽车结构和工作原理的分析，读者能深入、系统地掌握汽车结构的一般规律。本书注重汽车构造理论的系统性，在知识结构上由浅入深、循序渐进地介绍，符合学生的认知规律，使读者在熟悉理论知识的同时，兼顾了实践性和应用性。另外，在每章后编写有思考题，便于读者进行学习及自我测试。本书力求将数字资源与纸质教材充分融合，部分知识点配有动画、视频或微课讲解，读者可扫描书中对应的二维码进行观看。

本套书（上、下册）由常熟理工学院杨保成担任主编，负责总论、第1、2、4、12、13、14、20章的编写，并负责统稿，李广华负责第7、8、11章的编写，胡焰彬负责第3章的编写，常胜负责第16章的编写，赵付舟负责第18章的编写；郑州工程技术学院的李晓峰负责第5、6章的编写，杨海鹏负责第15章的编写；攀枝花学院的张健负责第9、10章的编写，龚建春负责第17、21章的编写；苏州壹心汽车科技有限公司的闫冬负责第19章的编写。

本书的编写参阅了相关文献资料，在此向这些文献资料的作者表示感谢。

由于编者水平有限，书中难免有不妥之处，敬请读者批评指正。

编　者

目 录

前言
总论 ……………………………………………… 1
  0.1 汽车工业发展概况 ……………………… 1
  0.2 汽车的分类 ……………………………… 5
  0.3 车辆识别代号编码 ……………………… 8
  0.4 国产汽车产品型号编制规则 …………… 11
  0.5 汽车的总体构造 ………………………… 13
  0.6 汽车行驶的基本原理 …………………… 14
  思考题 ………………………………………… 16

第1章 发动机的基本知识 …………………… 17
  1.1 概述 ……………………………………… 17
  1.2 四冲程发动机的工作原理 ……………… 19
    1.2.1 四冲程汽油机的工作原理 ………… 19
    1.2.2 四冲程柴油机的工作原理 ………… 21
  1.3 发动机的总体构造 ……………………… 23
  1.4 发动机的主要性能指标与特性 ………… 25
    1.4.1 发动机的主要性能指标 …………… 25
    1.4.2 发动机的主要特性 ………………… 27
  1.5 内燃机名称及型号编制规则 …………… 28
  思考题 ………………………………………… 30

第2章 曲柄连杆机构 ………………………… 31
  2.1 概述 ……………………………………… 31
  2.2 机体组 …………………………………… 32
    2.2.1 气缸体 ……………………………… 32
    2.2.2 气缸盖与气缸垫 …………………… 35
    2.2.3 油底壳 ……………………………… 39
    2.2.4 发动机支承结构 …………………… 40
  2.3 活塞连杆组 ……………………………… 40
    2.3.1 活塞 ………………………………… 40
    2.3.2 活塞环 ……………………………… 46
    2.3.3 活塞销 ……………………………… 51
    2.3.4 连杆 ………………………………… 52
  2.4 曲轴飞轮组 ……………………………… 56
    2.4.1 曲轴 ………………………………… 56
    2.4.2 曲轴扭转减振器 …………………… 64
    2.4.3 飞轮 ………………………………… 66
    2.4.4 标准飞轮质量与双质量飞轮 ……… 67
  思考题 ………………………………………… 69

第3章 配气机构 ……………………………… 70
  3.1 概述 ……………………………………… 70
  3.2 配气机构的布置及传动 ………………… 71
    3.2.1 凸轮轴的布置形式 ………………… 71
    3.2.2 凸轮轴的传动方式 ………………… 75
    3.2.3 每缸气门数目及排列方式 ………… 76
  3.3 配气定时 ………………………………… 77
  3.4 配气机构的主要零部件 ………………… 79
    3.4.1 气门组 ……………………………… 79
    3.4.2 气门传动组 ………………………… 83
  3.5 可变配气相位控制系统 ………………… 88
  思考题 ………………………………………… 93

第4章 电控汽油喷射燃料供给系统 ………… 94
  4.1 概述 ……………………………………… 94
  4.2 电控汽油喷射系统的类型及典型电控
     汽油喷射系统 …………………………… 98
    4.2.1 电控汽油喷射系统的类型 ………… 98
    4.2.2 典型电控汽油喷射系统简介 …… 100
  4.3 电控汽油喷射系统的组成及工作
     原理 ……………………………………… 104
    4.3.1 燃油供给系统 …………………… 104
    4.3.2 空气供给系统 …………………… 108
    4.3.3 电子控制系统 …………………… 115
  4.4 汽油机缸内直喷系统 ………………… 116
  思考题 ……………………………………… 120

第5章 柴油机燃料供给系统 ……………… 121
  5.1 概述 …………………………………… 121
    5.1.1 柴油机燃料供给系统的组成 …… 121
    5.1.2 柴油 ……………………………… 122
  5.2 可燃混合气的形成与燃烧及燃烧室 … 123
    5.2.1 可燃混合气的形成与燃烧 ……… 123
    5.2.2 燃烧室 …………………………… 123

5.3 机械式喷油器 …………………… 125
　5.3.1 孔式喷油器 ……………… 126
　5.3.2 轴针式喷油器 …………… 127
5.4 喷油泵 …………………………… 128
　5.4.1 A型喷油泵的结构及工作原理 … 129
　5.4.2 P型喷油泵的结构特点 …… 134
　5.4.3 喷油提前器 ……………… 135
5.5 分配式喷油泵 …………………… 137
5.6 调速器 …………………………… 141
　5.6.1 调速器的功用与类型 …… 141
　5.6.2 典型调速器 ……………… 142
5.7 电控柴油喷射系统 ……………… 145
　5.7.1 电控柴油喷射系统的组成及基本原理 …………………… 145
　5.7.2 电控柴油喷射系统的类型 … 146
　5.7.3 日本Denso公司的ECD-U2高压共轨喷射系统 ………… 148
　5.7.4 德国博世（Bosch）公司的高压共轨喷射系统 ………… 152
思考题 …………………………………… 157

第6章 发动机进、排气装置及汽车排放控制装置 …………………… 158
6.1 发动机进、排气装置 …………… 158
6.2 发动机增压 ……………………… 160
　6.2.1 机械增压 ………………… 161
　6.2.2 废气涡轮增压 …………… 162
　6.2.3 气波增压 ………………… 163
6.3 发动机排放控制装置 …………… 165
　6.3.1 汽车排放污染物的生成与危害 … 165
　6.3.2 排气再循环（EGR）系统 … 166
　6.3.3 三元催化转换器 ………… 168
　6.3.4 二次空气喷射系统 ……… 169
　6.3.5 曲轴箱通风系统 ………… 171
　6.3.6 汽油蒸发排放控制系统 … 172
思考题 …………………………………… 173

第7章 发动机冷却系统 …………… 174
7.1 概述 ……………………………… 174
7.2 水冷系统主要零部件的构造和工作原理 …………………………… 176
　7.2.1 冷却液 …………………… 176
　7.2.2 散热器 …………………… 177
　7.2.3 冷却风扇 ………………… 180

　7.2.4 节温器 …………………… 183
　7.2.5 水泵 ……………………… 185
　7.2.6 变速器机油冷却器 ……… 187
7.3 双回路冷却系统 ………………… 187
思考题 …………………………………… 189

第8章 发动机润滑系统 …………… 190
8.1 概述 ……………………………… 190
　8.1.1 润滑系统的功用和润滑方式 … 190
　8.1.2 润滑系统的组成和润滑油路 … 191
8.2 润滑剂 …………………………… 192
　8.2.1 润滑油 …………………… 192
　8.2.2 润滑油的使用特性及分类 … 193
　8.2.3 润滑油的选用及更换 …… 195
　8.2.4 润滑脂 …………………… 196
8.3 润滑系统的主要部件 …………… 196
　8.3.1 机油泵 …………………… 196
　8.3.2 机油滤清器 ……………… 200
　8.3.3 机油冷却器 ……………… 203
8.4 可调节式润滑系统的工作原理 … 204
　8.4.1 可调节式润滑系统的组成 … 204
　8.4.2 压力调节的工作原理 …… 206
思考题 …………………………………… 208

第9章 汽油发动机点火系统 ……… 209
9.1 概述 ……………………………… 209
9.2 电子点火系统 …………………… 211
　9.2.1 无触点电子点火系统的组成及工作原理 ………………… 211
　9.2.2 无触点电子点火系统的主要部件 …………………………… 213
9.3 微机控制点火系统 ……………… 221
　9.3.1 微机控制点火系统的组成 … 221
　9.3.2 微机控制点火系统的基本控制 … 222
　9.3.3 微机控制点火系统的类型 … 224
思考题 …………………………………… 226

第10章 发动机起动系统 …………… 227
10.1 概述 …………………………… 227
10.2 起动机 ………………………… 228
　10.2.1 起动机的分类 …………… 228
　10.2.2 起动机的结构及工作原理 … 229
思考题 …………………………………… 233

第11章 新能源汽车 ………………… 234
11.1 电动汽车与新能源汽车的定义及

分类 ································ 234
11.2 纯电动汽车 ···························· 236
　11.2.1 纯电动汽车的基本结构 ········ 236
　11.2.2 纯电动汽车的运行原理 ········ 238
11.3 混合动力电动汽车 ···················· 239
　11.3.1 混合动力电动汽车的类型及基本驱动形式 ······················ 240
　11.3.2 增程式混合动力电动汽车的组成与工作原理 ·················· 243
　11.3.3 插电式混合动力电动汽车的组成与工作原理 ·················· 245
11.4 燃料电池电动汽车 ···················· 247
　11.4.1 燃料电池电动汽车的基本组成 ································ 248
　11.4.2 典型燃料电池电动汽车简介 ································ 249
思考题 ·· 252
参考文献 ···································· 253

总　　论

0.1　汽车工业发展概况

从1886年1月29日汽车诞生至今，汽车工业从无到有，经历无数次的发展壮大，已经成为资金密集、技术密集、人才密集、综合性强、经济效益高的产业。汽车是科学技术发展水平的标志，现代汽车上采用了大量的新材料、新工艺和新结构，特别是现代化的微电子控制技术的应用，大大地提高了汽车的性能。现代汽车已经由传统的代步工具发展成为舒适、环保、节能、智能化的"移动空间"。

汽车工业的发展可以带动机械制造、电子技术、橡胶工业和城市道路交通等相关行业的发展，对社会经济建设和科学技术进步有着重要的推动作用。

1. 国外汽车工业发展概况

（1）汽车的诞生　1879年，卡尔·本茨首次试验成功一台二冲程试验性发动机，1885年制造出第一辆三轮汽车（图0-1），1886年1月29日，卡尔·本茨获得世界上第一辆汽车的专利权，标志着世界上第一辆汽车诞生。这一天被大多数人称为现代汽车诞生日，卡尔·本茨也被后人誉为"汽车之父"。1886年，戴姆勒和他的助手迈巴赫制成了一台高速四冲程汽油机，并装在四轮马车上，这就是世界上的第一辆四轮汽车（图0-2）。

图0-1　卡尔·本茨的第一辆三轮汽车　　　　图0-2　戴姆勒和迈巴赫的四轮汽车

（2）欧美汽车工业的发展　19 世纪的最后十几年，是汽车逐渐成长的时期。强大的社会需求促使汽车技术得到了空前的发展。1888 年，奔驰汽车公司开始批量生产汽车。1889 年，法国开始小批量生产汽车。1895 年，法国科学院正式把汽车命名为"Automobile"。1899 年，法国人路易斯·雷诺创立了雷诺汽车公司。

1901 年，在汽车诞生 15 周年的时候，汽车和汽油发动机在实用化方面已基本成熟。戴姆勒公司在法国汽车商人米尔·杰里克的支持下，开发了以杰里克 10 岁女儿的名字命名的"梅赛德斯"牌汽车（图 0-3），这成为早期汽车的代表作。

图 0-3　梅赛德斯和"梅赛德斯"牌汽车

汽车文明从欧洲传到美国后，这个年轻而富有创造性的国家对它产生了极大的兴趣。1893 年查尔斯·杜里埃制成了美国第一辆汽车。1901 年奥兹制造出一款大众化汽车，1902 年该款汽车生产了 2500 辆，从而拉开了汽车大批量生产的序幕。

1903 年，亨利·福特创办了福特汽车公司。1908 年，福特推出 T 型车，T 型车因其结构简单、功能实用、性能优良、物美价廉、便于维修，一经面世就受到美国普通用户和代理商的欢迎，供不应求。1913 年，福特吸收了凯迪拉克广泛采用的零件标准化方法，根据泰勒的工作流程对生产过程优化，建成世界上的第一条汽车流水生产线，开创了汽车步入普通百姓家庭的新时代。然而，1926 年 T 型车严重滞销，这是因为到了 20 世纪 20 年代中期，美国人民的生活质量普遍提高，人们不满足千篇一律的黑色 T 型车了，开始要求汽车具有更多的款式和更鲜艳的色彩。这时通用汽车公司不失时机地抓住了市场需求的变化，及时开发了功能更多、款式新颖、颜色多样的"雪佛兰"轿车，从福特的手中夺取了市场，一跃成为美国最大的汽车生产厂家。1927 年 5 月，福特 T 型车终于停止了已持续 19 年的生产。

第一次世界大战结束后，法国的雪铁龙汽车公司才把福特的大批量生产方式首次引进到欧洲。随后欧宝、莫里斯、奥斯汀、菲亚特等公司也仿照福特生产模式进行汽车批量生产。到 20 世纪 30 年代，欧洲汽车的生产方式逐步跟上了美国的流水线生产。

1939 年，第二次世界大战爆发。欧洲各国的汽车工业几乎全部转为生产军用载货汽车、吉普车、坦克、轰炸机以及各种军火。第二次世界大战后，饱受战争破坏的欧洲汽车工业逐渐得到了恢复。战后几十年内，欧洲汽车工程师在汽车产品开发上继续贡献着他们的卓越才能。例如，目前已被广泛采用的子午线轮胎、前轮驱动、盘式制动、独立悬架、汽油喷射等先进技术，都是在欧洲发展起来的。

总体上看，从汽车诞生到 20 世纪 70 年代，在长达几乎一个世纪的时间里，欧洲汽车在产品结构和技术性能上领先于世,而美国则在变革生产方式、提高生产效率、降低产品成本、推进汽车走向百姓消费等方面,做出了贡献。

20世纪50年代至20世纪70年代,美国汽车工业已形成通用、福特、克莱斯勒三大公司鼎力的局面,美国汽车工业在世界上遥遥领先。欧洲汽车工业发展主要集中在德国、法国、英国、意大利和瑞典等国家。至1973年,欧洲汽车年产量提高到1500万辆。这段时间的汽车主要指标是高速、方便、舒适。

(3) 日本汽车工业的发展 从20世纪60年代初,到20世纪70年代的近20年的时间里,欧美各国经历了汽车公司优胜劣汰的过程,日本汽车公司因为经营得当,开始在世界上迅速崛起。

日本由于资源和能源相对贫乏,所以日本汽车非常注重经济实用,强调产品良好的性价比,汽车的生产和使用比较讲求节约资源和降低石油消耗,因此日本先于欧美成为节能、降耗的先觉者。

1973—1974年,在世界经历首次能源危机后,日本便一跃成为世界汽车工业的"巨人"。1980年,日本改变了汽车工业的格局,终结了美国和欧洲称雄世界的霸主地位,成为世界汽车舞台的新主角。

日本汽车的起源,可以追溯到明治维新时期。那时的日本造船公司已初具汽车生产能力,开始模仿生产汽车。1961年,日本结束了仿制时代。他们更新和扩展生产设备,在国内市场强力推出自己设计的轿车。1966—1967年,日本汽车产量连续超过英国和原西德,跃居世界第二,1968年,产量突破400万辆大关,并以物美价廉的优势开始出口,打入了美国市场。

日本汽车工业的迅速崛起,主要得益于汽车制造商的两种汽车生产管理体系。一是"全面质量管理";二是"准时供应(Just In Time, JIT)",即精益生产方式。

20世纪70年代至20世纪末,世界汽车形成美、日、欧三足鼎立的格局。汽车年产量稳定在4000万~5000万辆左右。日本汽车在引进、消化的基础上创造出新车型,于1993年超过美国而位居世界第一。这一时期汽车技术发展主要是提高汽车安全,降低排放污染。

长期以来,欧美等发达国家和地区是全球汽车生产及消费的主要重心。但受2008年全球性金融危机的影响,世界汽车工业正面临着严峻的考验,从北美的汽车巨头通用、福特、克莱斯勒,到亚洲汽车业老大丰田汽车均出现了严重亏损,全球汽车行业面临前所未有的剧烈震荡。在2008年金融危机之后,汽车行业产销活动的地理分布特征产生明显的转变,由传统的发达国家市场向以中国、巴西、印度等为代表的发展中国家市场转移。

2. 我国汽车工业发展概况

我国汽车工业的发展大体经历了中华人民共和国成立之前的摸索发展,中华人民共和国成立之后的计划经济时期的自主发展,改革开放后的多元化和国际化发展3个发展阶段。

(1) 中华人民共和国成立之前的摸索发展阶段 1927年,张学良将军在沈阳的兵工厂开始试制生产汽车,于1931年5月,成功试制一辆"民生牌"轻型载货汽车。20世纪30年代,阎锡山在太原试制出几辆轻型载货汽车。中华人民共和国成立之前我国终究未能形成汽车生产能力。至1949年,我国历年累计进口汽车7万余辆,当时的汽车保有量5万余辆。

（2）中华人民共和国成立之后的计划经济时期的自主发展阶段　1951—1978 年，我国汽车工业在高度计划经济体制下进行基本建设。

中华人民共和国刚一成立，党和政府就决定发展属于我国自己的汽车工业，1953 年 7 月，第一汽车制造厂（一汽）在长春兴建，3 年后便生产出国产"解放牌"中型载货汽车，并于 1958 年试制成功我国第一辆东风牌轿车。1958 年 8 月一汽又开始小批量生产红旗 CA7560 型高级轿车。1959 年红旗 72 型轿车参加了国庆游行和阅兵，并成为中央部委领导的公务用车。同年，仿制德国 1956 年出产的奔驰 220S 的新型凤凰轿车试制成功，并成为中国的又一种定型轿车。由此，揭开了中国轿车工业生产的帷幕。

1965 年上海牌轿车通过一机部（中华人民共和国第一机械部）技术鉴定，批准定型。到 1979 年，上海牌轿车共生产了 17000 多辆，成为我国公务用车和出租车的主要车型。1972 年，该车减轻了自重。1980 年，该车年产量突破 5000 辆。

（3）改革开放后的多元化和国际化发展阶段　20 世纪 70 年代至 90 年代中期，我国的汽车工业开始向多元化和国际化发展。

1984 年以前，技术、资金、人才等的瓶颈毫无疑问制约了我国汽车工业的发展，利用外资来发展我国的汽车工业在此时被推上了历史的舞台。1984 年 1 月，我国汽车的第一个中外合资企业——北京吉普诞生。有了先行者，我国汽车工业很快就进入了第一轮的合资高潮，1985 年 3 月，中德合资轿车生产企业——上海大众汽车有限公司成立，上海大众的成立意味着真正意义的现代汽车工业的开始。同年，南京汽车集团引入意大利菲亚特的依维柯汽车，广州和法国"标志"合资项目也成立，桎梏了几十年的轿车工业的能量开始井喷。

在 1986 年的第六届全国人民代表大会第四次会议上，汽车工业作为国家重要的支柱产业被写进了"七五计划"。到 1994 年，轿车产量已经超过 25 万辆，上海大众这个单一轿车生产企业逐渐超越了一汽、二汽，成为我国轿车企业的领头羊。

1987 年，我国在缜密研究了未来轿车工业的发展道路之后，确定了"三大三小"的总体格局，即一汽、二汽和上汽为三大轿车生产基地，天津、北京和广州为 3 个较小的轿车生产基地，轿车工业开始向规模化方向发展。1990 年，我国轿车工业的三大生产基地进一步调整，上海汽车工业总公司成立。

1994 年，是我国汽车史上值得纪念的一年。在这一年国家出台了《汽车产业发展政策》。虽然其中有很多局限，但是国家开始对汽车产业的发展方向进行了重新定位，其中重要的是把汽车和家庭联系起来。家庭轿车市场孕育多年的潜能被无限放大，富裕起来的我国人民对轿车有着强烈的购买欲望，拥有一辆自己的轿车不再是遥远梦想，我国轿车工业的"春天"开始到来。

20 世纪末期，我国自主品牌乘用车开始真正起步，吉利、奇瑞等企业进入乘用车领域，在合资品牌"一统天下"的格局中艰难创业，在夹缝中求生存、谋发展。吉利于 1998 年推出首款豪情轿车，奇瑞于 1999 年推出首款轿车。

随着我国汽车工业的发展壮大，特别是 2001 年以后，我国汽车自主品牌发展迅猛。东风柳汽于 2001 年推出风行 MPV，长城汽车于 2002 年推出赛弗 SUV，比亚迪于 2005 年推出 F3，一汽奔腾于 2006 年推出 B70，长安汽车于 2006 年推出奔奔，上汽荣威于 2007 年推出 750，东风风神于 2009 年推出 S30。随着自主品牌进入乘用车领域，汽车产销量迅猛增长，自主品牌日益成为我国汽车工业不容忽视的一支新生力量。

进入21世纪后，我国汽车产业发展突飞猛进。2009年，我国成为世界上最大的汽车生产国及消费市场。根据中国汽车工业协会统计数据，2011年到2017年，我国汽车产量由1842万辆增长至2902万辆，年均复合增长率达7.87%。同期，我国汽车销量由1851万辆增长至2912万辆，年均复合增长率达7.85%，全球汽车制造及消费中心的地位渐趋稳固。从2018—2019年，受国内宏观经济增速放缓、中美贸易摩擦升级、环保标准切换、新能源补贴退坡等因素综合影响，我国汽车产销量有所回落，汽车产业迈入调整期。2020年，汽车行业遭受较大冲击，我国汽车产量与销量同比分别下降1.93%和1.78%。2021年，随着国内汽车促消费政策的颁布，市场信心趋于增强，汽车产业得到较快恢复，全年产销分别完成2608万辆和2627万辆，同比分别增长3.40%和3.81%，超过2019年同期水平，扭转了过去三年持续下滑的趋势。随着国内汽车促消费举措的持续推行，预计汽车产销量将进一步恢复。

回顾几十年，我国汽车工业发展几经曲折，合资道路有其历史原因，但是自主品牌、自主创新才是中国汽车工业的发展终极目标。我国汽车工业必须依靠自主创新来提升汽车工业企业的核心竞争力，从而参与国际竞争。

0.2　汽车的分类

在GB/T 3730.1—2022《汽车、挂车及汽车列车的术语和定义　第1部分：类型》中，汽车的定义是指由动力驱动，具有4个或4个以上车轮的非轨道承载的车辆，主要用于：

载运人员和（或）货物。

牵引载运人员和（或）货物的车辆或特殊用途的车辆。

专项作业或专门用途。

1. 国内汽车分类

（1）根据GB/T 3730.1—2022分类　根据GB/T 3730.1—2022，可将汽车按用途分为乘用车和商用车两大类。

1）乘用车是指在设计、制造和技术特性上主要用于载运乘客及其随身行李和（或）临时物品的汽车，包括驾驶人座位在内最多不超过9个座位，它可以装置一定的专用设备或器具，也可以牵引挂车。我们通常所说的轿车归为乘用车。

乘用车包括普通乘用车、活顶乘用车、高级乘用车、双门小轿车、敞篷车、仓背乘用车、旅行车、短头乘用车等。

2）商用车是指在设计、制造和技术特征上用于运送人员（乘用车除外）和（或）货物，或进行专用作业的汽车，它可以牵引挂车。商用车又分为客车、货车、专用作业车、挂车、汽车列车。

客车包括公路客车、城市客车、长途客车、卧铺客车、城间客车、旅游客车、团体客车、专用校车、无轨电车、越野客车、专用客车、铰接客车等。

货车包括普通货车、平板式货车、栏板式货车、仓栅式货车、侧帘式货车、厢式货车、自卸式货车、封闭式货车、多用途货车、越野货车、牵引货车、专用货车等。

（2）乘用车等级划分

1）三厢式轿车分级。以车长为主要判定依据时，需参考排量和功率，三厢式轿车分级见表0-1。

表0-1　三厢式轿车分级

代号	级别	车长(L)/mm	排量(V)/mL	功率(P)/kW
A00	微型	$L<4000$	$V<1300$	$P<65$
A0	小型	$3700\leq L\leq 4400$	$1100\leq V\leq 1700$	$60\leq P\leq 80$
A	紧凑型	$4200\leq L\leq 4800$	$1300\leq V\leq 1800$	$70\leq P\leq 120$
B	中型	$4500\leq L\leq 5000$	$1500\leq V\leq 2800$	$90\leq P\leq 150$
C	中大型	$4750\leq L\leq 5200$	$2000\leq V\leq 3500$	$100\leq P\leq 175$
D	大型	$L\geq 5000$	$V\geq 3000$	$P\geq 150$

注：1. 新能源轿车不考虑排量和功率。
　　2. 增压机型以实际排量乘以1.5计算。

2）两厢式轿车分级。以轴距为主要判定依据时，需参考排量和功率，两厢式轿车分级见表0-2；以车长为主要判定依据时，车长界限在表0-1中数值的基础上减小200mm，排量、功率参数参考表0-1。

表0-2　两厢式轿车分级

代号	级别	轴距(D)/mm	排量(V)/mL	功率(P)/kW
A00	微型	$D<2500$	$V<1300$	$P<65$
A0	小型	$2000\leq D\leq 2675$	$1100\leq V\leq 1700$	$60\leq P\leq 80$
A	紧凑型	$2500\leq D\leq 2800$	$1300\leq V\leq 1800$	$70\leq P\leq 120$
B	中型	$2700\leq D\leq 3000$	$1500\leq V\leq 2800$	$90\leq P\leq 150$
C	中大型	$2850\leq D\leq 3100$	$2000\leq V\leq 3500$	$100\leq P\leq 175$
D	大型	$D\geq 3000$	$V\geq 3000$	$P\geq 150$

注：1. 新能源轿车不考虑排量和功率。
　　2. 增压机型以实际排量乘以1.5计算。

运动型乘用车可参考两厢式轿车分级。

3）多用途乘用车（面包车除外）分级。以车长为主要判定依据时，需参考轴距，多用途乘用车分级见表0-3。

表0-3　多用途乘用车分级

代号	级别	车长(L)/mm	轴距(D)/mm
A0	小型	$L<4500$	$D<2700$
A	紧凑型	$4500\leq L\leq 4800$	$2700\leq D\leq 2800$
B	中型	$4800\leq L\leq 5100$	$2800\leq D\leq 3000$
C	中大型	$L\geq 5100$	$D\geq 3000$

面包车、专用乘用车不分级。

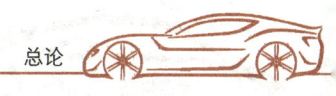

2. 国外汽车分类

(1) 德国奔驰汽车公司　德国奔驰汽车公司的汽车根据车身系列分类,如W124、W140等系列,每一种车系又有不同型号,如300SE、500SE。

根据装备的档次和型式又分为5级:C级为经济型小型轿车,E级是奔驰最全面的一种系列(有13种样式),S级为特级豪华车型,G级代表越野汽车。型号中数字表示发动机排量,如500表示发动机排量为5L。

发动机排量后面的字母表示结构的特色,如S为豪华装备,E为电控燃油喷射,C为双门型。例如,某奔驰轿车型号为W140-500SEC,其含义是指车身系列是W140,发动机排量是5L,装备为特级豪华型,电控燃油喷射,双门型。

(2) 德国大众汽车公司　德国大众汽车公司将生产的乘用车分为A、B、C、D级。A级轿车又分为A_{00}、A_0和A共3级,分别为微型轿车、小型轿车和普通型轿车;B级和C级轿车分别为中级轿车和中高级轿车;D级为高级轿车。德国大众汽车公司乘用车分类见表0-4。

表0-4　德国大众汽车公司乘用车分类

级别	微型 A_{00}	小型 A_0	普通 A	中级 B	中高级 C	高级 D
排量/L	<1.0	1.0~1.3	1.3~1.6	1.6~2.4	2.4~3.0	>3.0
总长/m	3.3~3.7	3.7~4.0	4.0~4.2	4.2~4.45	4.45~4.8	4.8~5.2
轴距/m	2.0~2.2	2.2~2.3	2.3~2.45	2.45~2.6	2.6~2.8	2.8~3.0
整备质量/kg	<680	680~800	800~970	970~1150	1150~1380	1380~1620

(3) 德国宝马汽车公司　德国宝马汽车公司的轿车分为1、3、5、7、8系列。其型号的第1位数字为系列号,数值越大表示轿车档次越高;第2、3位数字表示发动机排量;最后的字母i表示燃油喷射、A表示变速器是自动挡、C表示双排座、S表示特级豪华型。如BMW630i,其中6表示6系,为中大型轿跑(含敞篷);30表示发动机排量为3.5L;i表示燃油喷射。

(4) 德国奥迪汽车公司　德国奥迪汽车公司的轿车用"Audi"第一个英文字母"A"打头,如A2、A3、A4、A6、A8等,A后面的阿拉伯数字越大,表示轿车的级别越高。A2、A3系列是小型轿车,A4是中级轿车,A6是高级轿车,A8是豪华轿车。此外,S系列表示的是高性能车型;TT系列表示的是越野汽车。

(5) 日本汽车公司　日本汽车公司的轿车按发动机排量和车身尺寸分为轻型轿车、小型轿车和普通轿车。日本轿车分级标准见表0-5。

表0-5　日本轿车分级标准

级别	发动机排量/mL	车身长度/mm	车身宽度/mm	车身高度/mm
轻型轿车	<600	<3400	<1480	<2000
小型轿车	660~2000	3400~4700	1480~1700	<2000
普通轿车	>2000	>4700	>1700	>2000

(6) 美国汽车公司　美国汽车公司的轿车按照乘客舱和货物舱容积大小分级:两个座位轿车不分级;普通轿车分为微型、小型、紧凑型、中型和大型;旅居车分为小型、中型、大型。美国轿车分级标准见表0-6。

表 0-6 美国轿车分级标准

分级		乘客(货物舱)容积/ft³
两座轿车		任意(设计为两个成年人乘坐)
普通轿车	微型轿车	<85
	小型轿车	85~99
	紧凑型轿车	100~109
	中型轿车	110~119
	大型轿车	≥120
旅居车	小型旅居车	<130
	中型旅居车	130~159
	大型旅居车	≥160

注：1ft³ = 0.0283168m³。

0.3 车辆识别代号编码

1. 用途

车辆识别代号（Vehicle Identification Number，VIN）又称车架号，是汽车的"身份证"。VIN 是识别一辆汽车不可缺少的工具，它是汽车的 ID 号，可根据国家车辆管理标准确定，该代号包含汽车的制造商、年份、型号、车身类型及代码、发动机代码和装配地点等信息。VIN 码由 17 位字符组成，所以俗称 17 位码。它的用途如下。

(1) **汽车管理**　登记注册和信息化管理。如处理交通事故、保险索赔、查获被盗车辆、报案等。

(2) **汽车维修**　故障诊断、汽车配件、经营管理和订购。

(3) **汽车检测**　年检和安全性能检测。

(4) **二手车交易**　查询该车历史信息。

(5) **车辆保险**　保险登记、理赔信息查询。

(6) **汽车召回**　查询生产年代、车型及生产数量。

2. 基本内容

车辆识别代号由 3 个部分组成：第 1 部分是世界制造厂识别代号（World Manufacturer Identifier，WMI）；第 2 部分是车辆说明部分（Vehicle Descriptive Section，VDS），第 3 部分是车辆指示部分（Vehicle Indicator Section，VIS）。不同国家或汽车生产厂家，其 VIN 含义有细微的不同，正确解读 VIN 对于正确识别车型，从而做出正确的诊断和维修非常重要。

对于完整车辆和（或）非完整车辆年产量≥1000 辆的车辆制造厂，其车辆识别代号（VIN）组成如图 0-4 所示。

(1) **第 1 部分**　世界制造厂识别代号（WMI）。国际标准化组织（International Organization for Standardization，ISO）按地理区域分配给各国的世界制造厂代号，再由各国分配给本国的各个制造厂。世界制造厂识别代号由 3 位字码组成。

第 1 位字码是生产国家或地区代码，用字母或数字表示。如 1~5 代表北美洲（1 美国、

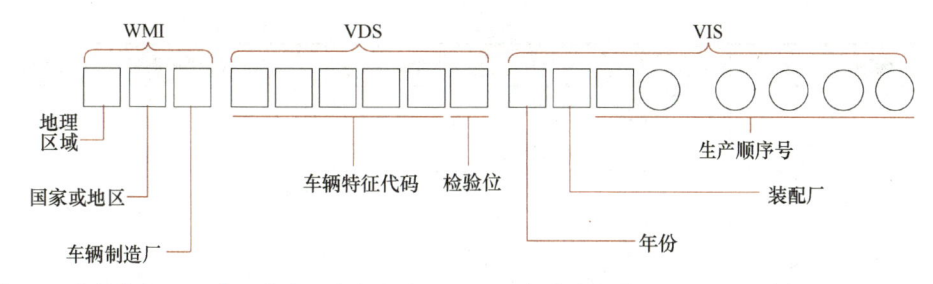

```
         WMI              VDS                 VIS
      ┌──┴──┐       ┌──────┴──────┐    ┌──────┴──────┐
      □  □  □       □  □  □  □  □ □    □   ○   ○ ○ ○ ○
      │  │  │       └──┬──┘     │                │
   地理 │  │          车辆特征代码  检验位    生产顺序号
   区域 │  │                                    装配厂
      国家或  │
      地区  │                            年份
         车辆制造厂
```

图 0-4　完整车辆和（或）非完整车辆年产量≥1000 辆的车辆制造厂车辆识别代号（VIN）组成

□—字母或数字　　○—数字

2 加拿大、3 墨西哥、4 美国），6 和 7 代表大洋洲（6 澳大利亚），8、9 和 0 代表南美洲（9 巴西），A~H 代表非洲，J~R 亚洲（J 日本、K 韩国、L 中国），S~Z 代表欧洲（S 英国、T 瑞士、V 法国、W 德国、Y 瑞典、Z 意大利）。

第 2 位字码是汽车制造商代码。第 1、2 位字码的组合将能保证国家识别标志的唯一性。

第 3 位字码是指特定的制造厂，由国家机构指定 1 个字码标明。各国实行的车辆识别代号中 WMI 的含义见表 0-7。

表 0-7　各国实行的车辆识别代号中 WMI 的含义

国别	WMI	汽车制造厂
中国	LFP	一汽轿车
	LFV	一汽大众
	LFW	一汽载货汽车
	LFB	一汽客车
	LFM	一汽多用途乘用车
	LFT	一汽挂车
	LFS	一汽特种车
	LSV	上海大众
	LSG	上海通用
	LDC	二汽神龙富康
	LEN	北京吉普
	LHB	北京现代
	LHG	广州本田
	LKD	哈飞
	LSY	沈阳金杯
	LS5	长安汽车
	LDN	东南汽车
	LNP	南京乘用车
	LNJ	南京载货汽车
德国	WD3、WDB	德国戴姆勒-克莱斯勒
	WV1、WV2、WV3、WVM	德国大众

（续）

国别	WMI	汽车制造厂
德国	WBA,WBS,WB1	德国宝马
	WAU	德国奥迪
美国	1G0,1G9	美国通用
	1FD,1FT	美国福特
	1B3,4P3	美国克莱斯勒
日本	JT1,JT2	日本丰田
	JHM,JH4,JHG	日本本田
	JT6,JT8	日本雷克萨斯
韩国	KMH	韩国现代乘用车
	KLA	韩国大宇乘用车
	KNA	韩国起亚乘用车
法国	VF3	法国标致轿车

（2）**第 2 部分** 车辆说明部分（VDS）。车辆说明部分由 6 位字码组成，表示车辆的类型和配置，其代号顺序由制造厂决定。该部分的前 1~5 位包括但不限于以下信息：车辆类型；车辆结构特征；车辆装置特征；车辆技术特性参数。第 6 位为检验位（用 0~9 或 X 表示）。

（3）**第 3 部分** 车辆指示部分（VIS）。车辆指示部分由 8 位字码组成，是制造厂为了区别每辆汽车制定的一组字符。该部分包括以下信息：车型年代（第 1 位字码）；装配厂（第 2 位字码，用字母或数字表示，若无装配厂，制造厂可规定其他的内容）；生产顺序号（后 6 位字码，一般为数字）。

3. 车辆识别代号举例

（1）**国产轿车 VIN 中各字码含义** 上海大众汽车股份有限公司生产的上海桑塔纳轿车车辆识别代码为：LSVXR65N7C2123456，各字码说明如下。

第 1~3 位：汽车生产国家、工厂代码。LSV 表示上海大众汽车股份有限公司。

第 4 位：车身型式代码。X 表示 SUV 四门加长型车身。

第 5 位：发动机/变速器代码。R 表示 CFB（03CM）发动机/LZV（0BB.B）（Blue Motion）变速器。

第 6 位：乘员保护系统代码。6 表示安全气囊。

第 7、第 8 位：车辆等级代码。5N 表示大众汽车 Tiguan 多用途乘用车。

第 9 位：工厂检验位代码。通过一定的算法防止输入错误。

第 10 位：汽车生产年份（年款）代码，见表 0-8。C 表示 2012 年款。

第 11 位：汽车装配工厂代码。2 代表上汽大众汽车有限公司（上海 安亭）。

第 12~17 位：汽车生产顺序号。

（2）**外国汽车公司 VIN 中各字码含义** 美国通用汽车公司（GM）生产的凯迪拉克轿车车辆识别代码为：1G6DM57T280100001，各字码说明如下。

第 1 位：生产国家代码。1 表示美国（USA）。

表0-8 汽车生产年份代码

年份	代码	年份	代码	年份	代码	年份	代码
2001	1	2011	B	2021	M	2031	1
2002	2	2012	C	2022	N	2032	2
2003	3	2013	D	2023	P	2033	3
2004	4	2014	E	2024	R	2034	4
2005	5	2015	F	2025	S	2035	5
2006	6	2016	G	2026	T	2036	6
2007	7	2017	H	2027	V	2037	7
2008	8	2018	J	2028	W	2038	8
2009	9	2019	K	2029	X	2039	9
2010	A	2020	L	2030	Y	2040	A

第2位：制造厂商代码。G表示美国通用汽车公司。

第3位：品牌代码。6表示凯迪拉克。

第4、第5位：车型系列代码。DM表示CTS。

第6位：车身款式代码。5表示轿车：四门，四窗，三厢。

第7位：保护系统代码。7表示配有主动式手动安全带，并配有驾驶人和乘员正面安全气囊和侧面安全气囊模块。

第8位：发动机类型代码。T表示PRO LP1 2.8L V6 DOHC SFI发动机。

第9位：工厂检验数字代码。通过一定的算法防止输入错误。

第10位：汽车生产年份（年款）代码。8表示2008年款。

第11位：汽车装配工厂代码。0代表美国密歇根州兰辛装配厂。

第12~17位：汽车生产顺序代号。

0.4 国产汽车产品型号编制规则

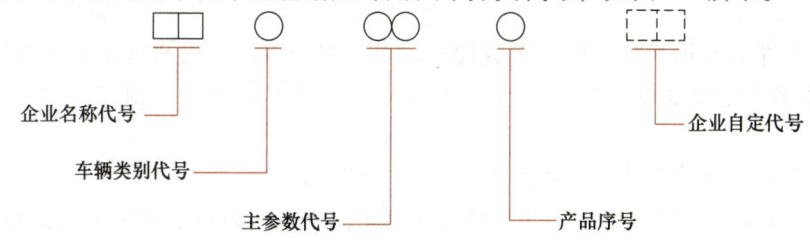

1. 汽车产品型号编制规则

汽车产品型号由指定的一组汉语拼音字母和阿拉伯数字组成。我国于1988年颁布了GB/T 9417—1988《汽车产品型号编制规则》。在该标准中规定：汽车产品型号由企业名称代号、车辆类别代号、主参数代号、产品序号组成，必要时附加企业自定代号，如图0-5所示。对于专用汽车及专用半挂车还应增加专用汽车分类代号，如图0-6所示。

图0-5 汽车产品型号

□—用汉语拼音字母表示　○—用阿拉伯数字表示　[ ]—用汉语拼音字母或阿拉伯数字表示均可

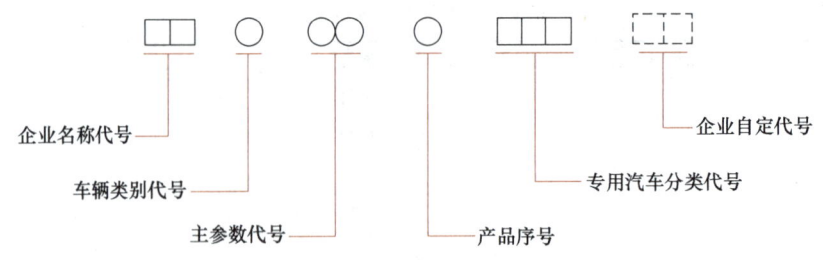

图 0-6　专用汽车产品型号

▭—用汉语拼音字母表示　◯—用阿拉伯数字表示　⌐ ⌐—用汉语拼音字母或阿拉伯数字表示均可

（1）企业名称代号　企业名称代号位于产品型号的第 1 部分，用代表企业名称的 2 个或 3 个汉语拼音字母表示，如 CA 代表第一汽车制造厂，SH 代表上海汽车制造厂等。

（2）车辆类别代号　车辆类别代号位于产品型号的第 2 部分，用 1 位阿拉伯数字表示，其含义见表 0-9。

表 0-9　汽车产品型号中部 4 位阿拉伯数字的含义

第 1 位数字表示车辆的类别		第 2、3 位数字表示 各类汽车的主要特征参数	第 4 位数字表示 企业自定产品序号
1	载货汽车	数值为汽车的总质量①（t）	0 代表第 1 代产品 1 代表第 2 代产品 2 代表第 3 代产品 ……
2	越野汽车	^	^
3	自卸汽车	^	^
4	牵引汽车	^	^
5	专用汽车	^	^
6	客车	数值×0.1m 为汽车的总长度②	^
7	轿车	数值×0.1L 为发动机的工作容积	^
8	半挂及专用半挂车	数值为汽车的总质量①（t）	^

① 当汽车的总质量大于 100t 时，允许用 3 位数字。
② 当汽车总长度大于 10m 时，计算单位为 m。

（3）主参数代号　主参数代号位于产品型号的第 3 部分，用两位阿拉伯数字表示。

1）载货汽车、越野汽车、自卸汽车、牵引汽车、专用汽车与半挂车的主参数代号为车辆的总质量（t），牵引汽车的总质量包括牵引座上的最大质量。

2）客车及半挂车的主参数代号为车辆长度（m）。

3）轿车的主参数代号为发动机排量（L），精确到小数点后一位，并以其值的 10 倍值表示。

4）专用汽车及专用半挂车的主参数代号，当采用定型汽车底盘或定型半挂车底盘改装时，若其主参数与定型底盘原车的主参数之差不大于原车的 10%，则应沿用原车的主参数代号。

5）主参数不足规定位数时，在参数值前以"0"占位。

（4）产品序号　产品序号位于产品型号的第 4 部分，用阿拉伯数字表示，数字由 0，1，2，…依次使用。

（5）专用汽车分类代号　专用汽车分类代号位于产品型号的第 5 部分，用反映车辆结构特征和用途特征的3个汉语拼音字母表示。结构特征代号的规定（同时适用于专用半挂车）见表0-10。

表0-10 结构特征代号的规定

厢式汽车	罐式汽车	专用自卸汽车	特种结构汽车	起重举升汽车	仓栅式汽车
X	G	Z	T	J	C

（6）企业自定代号 企业自定代号位于产品型号的第6部分，同一种汽车结构略有变化需要区别时（如汽油、柴油发动机，长、短轴距，单、双排座驾驶室，平、凸头驾驶室，左、右置转向盘等），可用汉语拼音字母和阿拉伯数字表示，位数由企业自定。供用户选装的零部件（如暖风装置、收音机、地毯、绞盘等），不属结构特征变化，应不给予企业自定代号。

2. 汽车产品型号举例

1）第一汽车制造厂生产的第1代轿车，发动机排量为2.2L，其型号为CA7220。
2）第一汽车制造厂生产的第2代载货汽车，总质量为9310kg，其型号为CA1091。
3）山东泰安交通车辆厂生产的整备质量为5865kg，最大托举质量为4000kg，合计为9865kg的第1代道路清障汽车，其型号为ST5100TQZ（图0-7）。
4）济南汽车改装厂生产的第1代厢式保温汽车，其型号为JG5090XBW。

```
        ST   5  10  0  TQZ  [ ][ ]
                              │
                              └─ 企业自定代号
                         └─ 专用汽车分类代号
                            T：结构特征代号（特种结构汽车）
                            QZ：用途特征代号（"清障"两字）
                      └─ 产品序号（第1代产品为0）
                └─ 主参数代号（整车整备质量5865kg+最大托举质量4000kg）
         └─ 企业名称代号
     └─ 车辆类别代号（专用汽车）
```

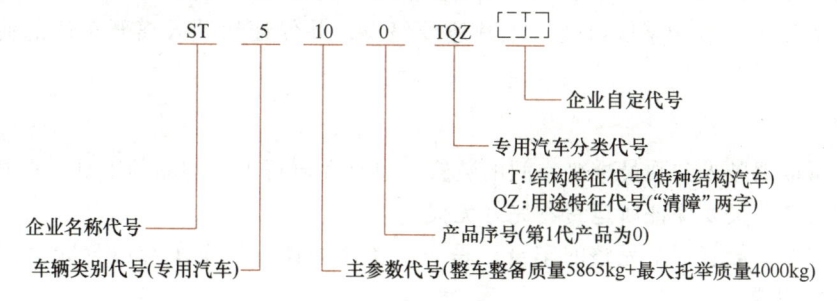

图0-7 专用汽车型号示例
[ ][ ]—用汉语拼音字母或阿拉伯数字表示均可

0.5 汽车的总体构造

总体来看，汽车通常由发动机、底盘、电气与电子设备及车身等组成。图0-8所示为典型轿车构造示意图。

1. 发动机

发动机是汽车的"心脏"。它的作用是使供入其中的燃料燃烧而发出动力。一般汽车都采用往复活塞式内燃机，主要由机体、曲柄连杆机构、配气机构、燃料供给系统、冷却系统、润滑系统、点火系统（汽油发动机用）和起动系统等组成。

2. 底盘

底盘是汽车的"骨架"。底盘接受发动机的动力，使汽车产生运动，并能按驾驶人的意

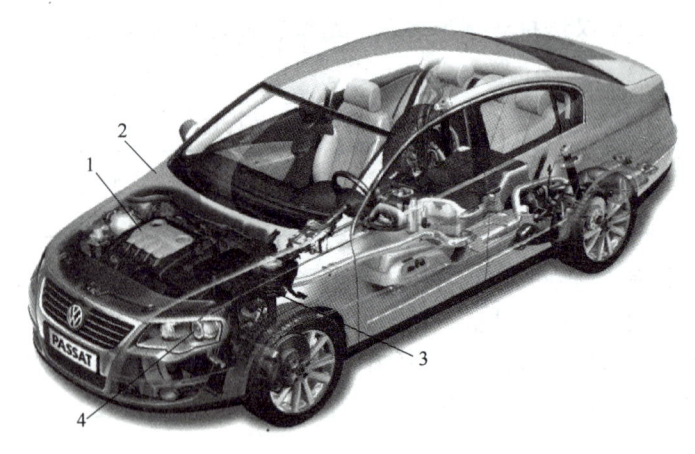

图 0-8　典型轿车构造示意图

1—发动机　2—车身　3—底盘（悬架）　4—电气与电子设备（前照灯）

愿操纵使汽车正确行驶。底盘由以下几部分组成。

（1）**传动系统**　传动系统将发动机的动力传给驱动车轮。

（2）**行驶系统**　行驶系统将汽车各总成及部件安装在适当位置，并对全车起支撑作用，以保证汽车正常行驶。

（3）**转向系统**　转向系统保证汽车按驾驶人选定的方向行驶。

（4）**制动系统**　制动系可使汽车减速或停车，并保证驾驶人离开车后能使汽车可靠地驻留原地。

3. 车身

车身是形成驾驶人和乘员乘坐空间的装置，也是存放行李等物品的工具。车身既要保护全车成员的安全，又要保证所运货物完好无损。

轿车和客车一般有一个完整的车身，是一个整体壳体。货车车身由驾驶室和货厢（或封闭式货厢）组成。

4. 电气与电子设备

汽车电气设备由电源（发电机和蓄电池）、汽油发动机点火系统、起动系统、照明与信号装置、空调、仪表等组成。

汽车上一般配备有发动机电控系统、底盘电控系统和车身电控系统等诸多电子设备。

0.6　汽车行驶的基本原理

汽车要行驶应具备两个条件，即驱动条件和附着条件。

1. 驱动条件

汽车行驶时必须有足够的驱动力以克服各种行驶阻力。

（1）**驱动力**　发动机发出的动力由传动系统施加给驱动轮的转矩为 M_t（图 0-9），M_t 力图使车轮旋转。转矩 M_t 使驱动轮对地面产生一个圆周力 F_0，其方向与汽车行驶方向相反，数值为 M_t 与车轮滚动半径 r 之比，即 $F_0 = M_t/r$。

与此同时，地面对车轮施加一个大小相等、方向相反的反作用力 F_t，F_t 为推动汽车行驶的外力，称为驱动力。为便于理解，图 0-9 中把 F_0 与 F_t 绘在不同的物体上，实际上它们应在同一直线上。

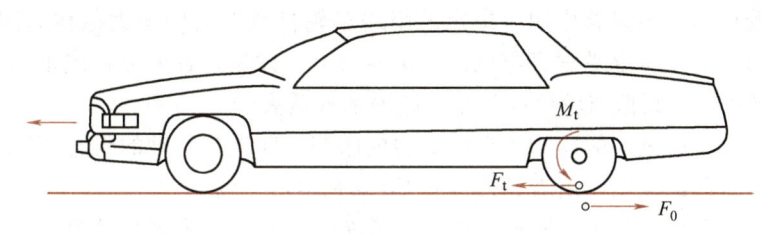

图 0-9　汽车行驶基本原理

（2）行驶阻力　汽车行驶时可能遇到的阻力如下。

1）滚动阻力。汽车行驶时，汽车轮胎和地面的接触区域会产生轮胎和支撑路面的变形。车轮沿坚硬路面滚动时，驱动力的一部分消耗在轮胎变形的内摩擦上，而路面变形很小；车轮沿软路面（松软的土路、沙地、雪地等）滚动时，路面变形较大，产生的阻力成为滚动阻力的主要部分。滚动阻力以 F_f 表示，其值等于汽车总质量与滚动阻力系数的乘积，即 $F_f = Gf$。

2）坡度阻力。汽车上坡时，其重力沿坡道的分力成为坡度阻力，以 F_i 表示，其数值为汽车的总质量与路面的坡度的乘积，即 $F_i = Gi$。坡度阻力与滚动阻力均属于与道路有关的阻力，而且均与汽车总质量成正比，一般把这两种阻力合在一起称为道路阻力。

3）空气阻力。汽车在空气中直线行驶时，前部承受气流的压力而后面形成一定的真空，产生压力差，此外空气与车身表面以及各层空气之间存在着摩擦，再加上引入发动机的空气、车内通风以及外伸零件引起气流的干扰，便形成了空气阻力。空气阻力用 F_w 表示，它与汽车的形状，汽车正面投影面积 A、汽车与空气相对速度 v_a 的平方成正比，即 $F_w = C_D A v_a^2 / 21.15$，其中，$C_D$ 为风阻系数。可见，汽车速度很高时，空气阻力相当可观，并将成为总阻力的主要部分。

4）加速阻力。汽车若加速行驶，需要克服其质量加速运动的惯性力，即为加速阻力。汽车质量由平移质量和旋转质量两部分组成。汽车加速阻力用 F_j 表示，其数值与旋转质量换算系数 δ、汽车的质量 m 及汽车行驶加速度 dv/dt 有关，即 $F_j = \delta m \, dv/dt$。

汽车行驶的总阻力可用 $\sum F$ 表示，即 $\sum F = F_f + F_i + F_w + F_j$。

（3）汽车行驶的驱动条件　汽车行驶的驱动条件为：$F_t \geq \sum F$。

当 $F_t = \sum F$ 时，汽车匀速行驶；当 $F_t > \sum F$，汽车加速行驶；当 $F_t < \sum F$ 时，汽车减速行驶乃至停车。这时，如果要维持较高的车速，就需要加大发动机的输出功率或将变速器调至较低的档位以维持较大的驱动力。

2. 附着条件

驱动力的最大值除了受发动机最大转矩和传动系统最低档传动比的影响外，还受驱动轮轮胎与地面之间的附着性能的限制。

若在平整的干硬路面上行驶时，汽车附着性能的好坏取决于轮胎与路面间摩擦力的大小。这个摩擦力阻碍车轮的滑动，使车轮能够正常地向前滚动并承受路面的驱动力。如果驱

动力大于轮胎与路面间的最大静摩擦力时,车轮与路面之间就会发生滑转。在松软地面上,除了轮胎与地面的摩擦阻碍车轮滑转之外,还有嵌入轮胎花纹凹处的路面凸起部分所起的抗滑作用。通常把车轮与路面之间的相互摩擦以及轮胎花纹与路面凸起部分的相互作用综合在一起,称为附着作用。由附着作用所决定的阻碍车轮打滑的力的最大值称为附着力,用 F_φ 表示。附着力与驱动轮所承受垂直与地面的法向力 G(称为附着重力)成正比,即 $F_\varphi = G\varphi$,式中,φ 为附着系数,其值与轮胎的类型及路面的性质有关。

由此可知,汽车行驶时的驱动力受附着力的限制,即汽车行驶的附着条件为:$F_t \leq F_\varphi$。

因此,汽车行驶的驱动与附着条件为:$\sum F \leq F_t \leq F_\varphi = G\varphi$。

在泥泞或冰雪路面上,由于附着力很小,汽车的驱动力受附着力的限制而不能克服较大的阻力,导致汽车减速甚至不能前进。此时,即使加大节气门开度或换入低档,车轮也只会滑转而没有足够的驱动力。为此,普通汽车在冰雪路面上行驶时,通常要在驱动轮上绕装防滑链,以增加附着系数和附着力;而全轮驱动的越野车,配有特殊花纹的轮胎,可获得较大的附着系数,并可利用汽车的全部重力作为附着力,这样越野汽车便可得到足够的附着力和驱动力,提高了其通过坏路的能力。

思考题

1. 汽车的定义是什么?
2. 按汽车的用途,汽车是如何分类的?
3. 轿车根据轴距大小是如何分类的?
4. 试解释 EQ1092、CA6350、CA7220 的含义。
5. 车辆识别代号由哪 3 个部分组成?
6. 汽车由哪几部分组成?
7. 什么叫附着力?
8. 为什么汽车依靠车轮驱动行驶时,其速度不能无限制地提高?

第1章　发动机的基本知识

1.1　概述

发动机是将某种形式的能量转换为机械能的机器。汽车的动力来自发动机，可以说发动机是汽车的"心脏"。

将燃料燃烧所产生的热能转变为机械能的发动机，称为热力发动机（简称热机）。热机分内燃机与外燃机两种。内燃机是将液体或气体燃料和空气混合后直接输入机器内部燃烧产生热能，然后将热能再转变成机械能。现代汽车多装用内燃机，因为内燃机具有热效率高、体积小、起动性能好、便于移动等优点。

1. 汽车发动机的类型

根据车用内燃机将热能转化为机械能的主要构件形式的不同，内燃机可分为活塞式内燃机和燃气轮机两大类。活塞式内燃机按活塞运动方式分为往复活塞式内燃机和旋转活塞式内燃机两种。往复活塞式内燃机在汽车上应用最为广泛，是本书的主要讨论对象。汽车发动机（指汽车用活塞式内燃机）可以根据不同的特征分类，具体如下：

1）按使用燃料不同，可分为汽油机、柴油机、代用燃料发动机等。
2）按着火方式不同，可分为压燃式发动机、点燃式发动机。
3）按冷却方式不同，可分为水冷发动机、风冷发动机。
4）按进气方式不同，可分为增压（强制吸气）、非增压（自然吸气）发动机。
5）按气缸数，可分为单缸发动机、多缸发动机。
6）按气缸排列方式，可分为直列式发动机、对置式发动机、V型发动机。

2. 发动机的基本结构及基本术语

（1）发动机的基本结构　汽油发动机的基本结构如图1-1所示。气缸内装有活塞10，活塞通过活塞销、连杆11与曲轴12相连接。可燃混合气在气缸内燃烧时产生的压力作用在活塞上，使活塞在气缸内做往复运动，通过连杆推动曲轴转动，对外输出动力。为了吸入新鲜充量和排出废气，还设有进、排气系统。

（2）发动机的基本术语　图1-2所示为发动机的示意图。活塞在气缸内做往复运动时，其顶面从一个方向转为相反方向的转变点称为止点。

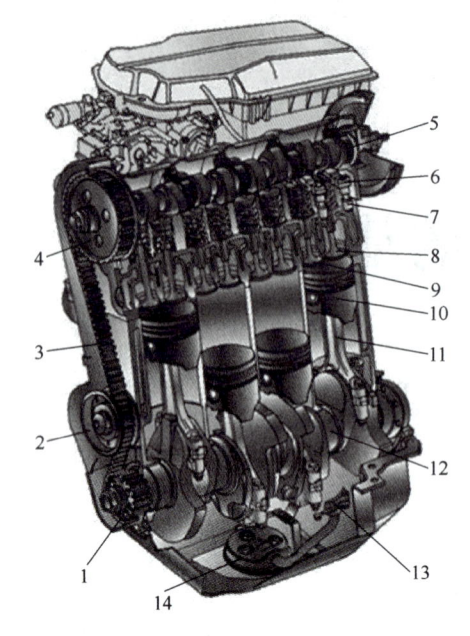

图 1-1 汽油发动机的基本结构

1—曲轴同步带轮 2—定时同步带张紧轮 3—定时同步带 4—凸轮轴同步带轮 5—凸轮轴 6—摇臂 7—液压挺柱 8—进气门 9—排气门 10—活塞 11—连杆 12—曲轴 13—机油泵 14—机油集滤器

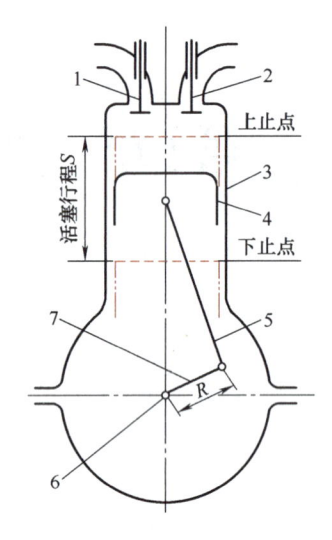

图 1-2 发动机示意图

1—进气门 2—排气门 3—气缸 4—活塞 5—连杆 6—曲轴中心 7—曲柄

1）上止点。活塞顶面离曲轴中心最远处，即活塞最高位置。

2）下止点。活塞顶面离曲轴中心最近处，即活塞最低位置。

3）活塞行程 S。上、下止点间的距离称为活塞行程。

4）曲柄半径 R。曲轴与连杆大头连接中心至曲轴中心的距离，称为曲柄半径。曲轴每回转一周，活塞移动两个活塞行程。对于气缸中心线通过曲轴回转中心的内燃机，其 $S=2R$。

5）气缸工作容积 V_h。活塞从上止点到下止点所扫过的容积称为气缸工作容积（L），计算式为

$$V_h = \frac{\pi D^2}{4 \times 10^6} S$$

式中，D 为气缸直径（mm）；S 为活塞行程（mm）。

6）发动机排量 V_L。多缸发动机各气缸工作容积的总和称为发动机排量（L），计算式为

$$V_L = iV_h = \frac{\pi D^2}{4 \times 10^6} Si$$

式中，i 为气缸数。

7）燃烧室容积 V_c。活塞位于上止点时，活塞顶上面的空间为燃烧室，燃烧室的容积称为燃烧室容积（L）。

8）气缸总容积 V_a。活塞位于下止点时，活塞顶上面整个空间的容积为气缸总容积（单

位为 L）。它等于气缸工作容积与燃烧室容积之和，即

$$V_a = V_h + V_c$$

9）压缩比（ε）。气缸总容积与燃烧室容积之比称为压缩比，即

$$\varepsilon = \frac{V_a}{V_c} = \frac{V_h + V_c}{V_c} = 1 + \frac{V_h}{V_c}$$

压缩比表示活塞由下止点移动到上止点时，气缸内的气体被压缩的程度。压缩比越大，则压缩终了时气缸内的压力和温度就越高，燃烧速度越快，发动机功率越大，热效率越高，经济性越好；但压缩比过大，汽油机会产生爆燃和表面点火等不正常燃烧现象。目前，一般车用汽油机的压缩比为 7~11，柴油机的压缩比为 15~22。

10）发动机工况。发动机在某一时刻的运行状况称为发动机工况，以发动机该时刻输出的转速和有效功率表示。

11）工作循环。在气缸内进行的每一次将热能转化为机械能的一系列连续过程（进气、压缩、做功和排气）称为发动机的工作循环。

1.2 四冲程发动机的工作原理

1.2.1 四冲程汽油机的工作原理

四冲程汽油机每完成一个工作循环需要经过进气、压缩、做功和排气 4 个行程，其工作原理如图 1-3 所示。由于在此期间气缸中气体的压力随气缸容积的变化而不断变化，因此采用气体压力 p 随气缸容积 V 变化的示功图来表示，如图 1-4 所示。示功图中曲线所围成的面积表示发动机整个工作循环中气体在单个气缸内所做的功。

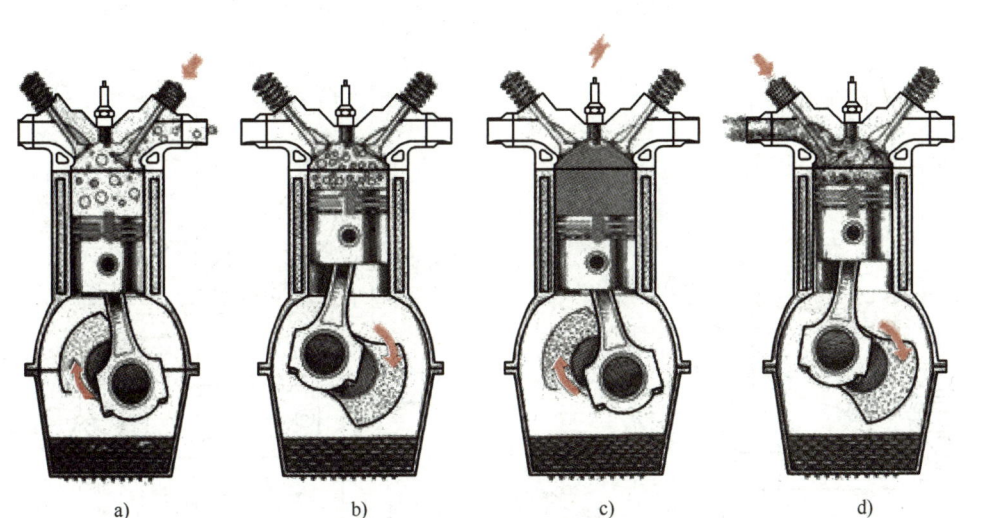

动画：四冲程汽油机工作过程

图 1-3 四冲程汽油机的工作原理

a）进气行程　b）压缩行程　c）做功行程　d）排气行程

1. 进气行程（图 1-3a）

进气过程中，进气门开启，排气门关闭，活塞从上止点向下止点移动，活塞上方的气缸容积增大，在气缸内形成真空，新鲜可燃混合气被吸入气缸；曲轴由 0°沿顺时针方向转到 180°。

由于进气系统有阻力，进气终了时气缸内的气体压力为 0.075~0.090MPa。流进气缸内的可燃混合气，因与气缸壁、活塞顶等高温部件接触并与前一循环留下的高温残余废气混合，所以温度可升高到 370~400K（1K=-272.15℃）。

在进气行程示功图（图 1-4a）中，进气行程用曲线 ra 表示。曲线 ra 位于大气压力线下，它与大气压力线纵坐标之差即表示气缸内的真空度。

自然吸气发动机动力输出平顺，不会因发动机转速的变化而出现骤然的猛加速，而且此类发动机使用寿命长、维修简便。

动画：四冲程汽油机的示功图

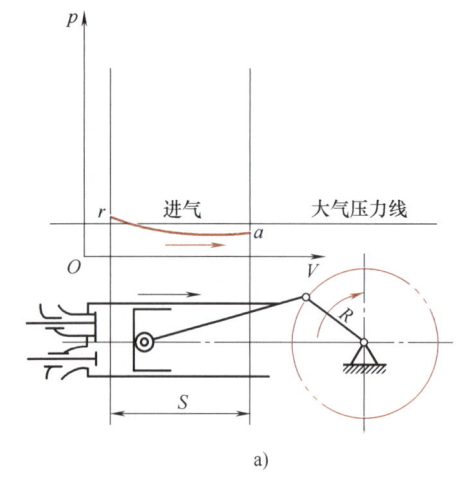

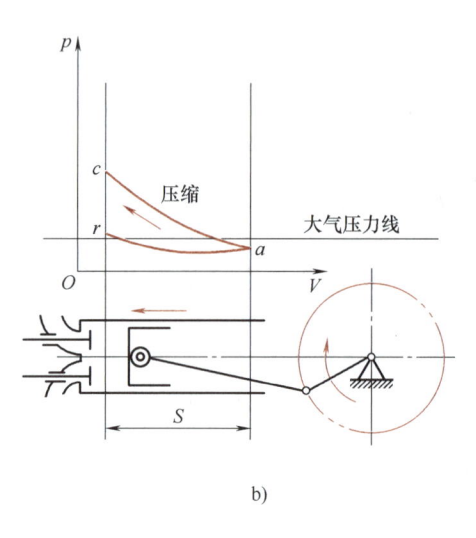

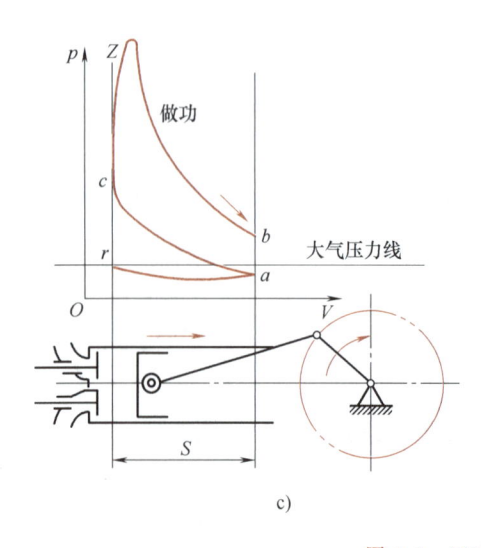

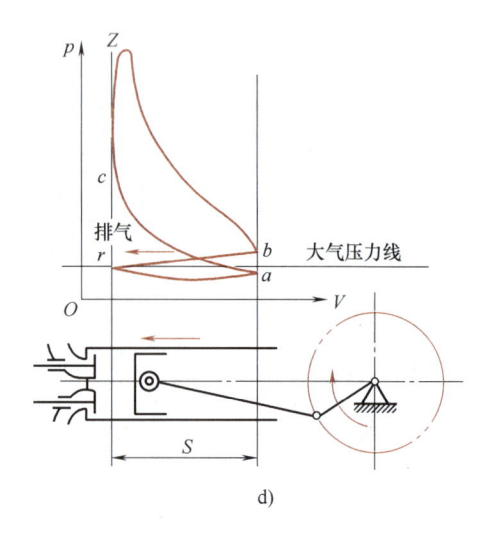

图 1-4 四冲程汽油机的示功图
a) 进气行程示功图　b) 压缩行程示功图　c) 做功行程示功图　d) 排气行程示功图

2. 压缩行程（图1-3b）

为了使吸入的可燃混合气能迅速燃烧，以产生较大的气体压力，使发动机做功，燃烧前必须将可燃混合气压缩，此即压缩行程。

在进气行程终了时，活塞自下止点向上止点移动，曲轴由180°转到360°，此时，进、排气门均关闭。随着气缸的容积不断缩小，可燃混合气受到压缩，其温度和压力不断升高。压缩行程一直继续到活塞到达上止点时为止。压缩终了时，可燃混合气的温度为600~750K，可燃混合气压力为0.8~2.0MPa。在压缩行程示功图（图1-4b）中，压缩行程用曲线 ac 表示。

压缩终了时可燃混合气的压力和温度取决于压缩比，压缩比越大，燃烧速度越快，因而发动机输出功率越大，热效率越高，经济性越好。但压缩比过大时，不仅不能进一步改善燃烧情况，反而会出现爆燃和表面点火等不正常的燃烧现象。

3. 做功行程（图1-3c）

在这个行程中，进、排气门仍关闭。当活塞在压缩行程接近上止点时，装在气缸盖上的火花塞在高压电作用下产生电火花，点燃被压缩的可燃混合气。可燃混合气燃烧后，放出大量的热能，使燃气的压力和温度急剧升高，如曲线 cZ 所示。最高压力 p_Z 为3.0~6.5MPa，相应的温度为2200~2800K，且体积迅速膨胀。此时活塞被高压气体推动从上止点下行，带动曲轴从360°旋转到540°，并输出机械能，除了用以维持发动机本身继续运转外，其余大部分都用于对外做功。

在做功行程示功图（图1-4c）中，曲线 Zb 表示活塞向下移动时，气缸内容积增加，气体压力和温度都在降低，在做功行程终了的 b 点，压力降至0.3~0.5MPa，温度则降为1300~1600K。

4. 排气行程（图1-3d）

可燃混合气体燃烧后生成的废气，必须从气缸中排除，以便进行下一个进气行程。

当做功接近终了时，进气门关闭排气门开启，曲轴通过连杆推动活塞从下止点向上止点运动，曲轴由540°旋转到720°。废气在自身残余压力和活塞的推力作用下从气缸中排出，进入大气之中。活塞到达上止点附近时，排气行程结束。这一行程在排气行程示功图（图1-4d）中用曲线 br 表示。由于排气系统存在排气阻力，所以在排气终了时，气缸内压力稍高于大气压力，为0.105~0.120MPa，废气温度为900~1100K。

由于燃烧室占有一定的容积，因此在排气终了时，不可能将废气排尽，这一部分留下的废气称为残余废气。

综上所述，四冲程汽油机经过进气、压缩、做功、排气4个行程，完成一个工作循环。这期间活塞在上、下止点间往复移动了4个行程，曲轴旋转了两周（720°）。

1.2.2 四冲程柴油机的工作原理

四冲程柴油机（压燃式发动机）的每个工作循环同样经历进气、压缩、做功和排气4个行程，在各个活塞行程中，进、排气门的开闭和曲柄连杆机构的运动与汽油机完全相同。只是由于柴油黏度比汽油大，不易蒸发，而自然温度较汽油低，故柴油机在可燃混合气形成方法及着火方式上与汽油机不同。图1-5所示为四冲程柴油机工作原理示意图。喷油泵的泵油机构产生高压燃油，经过高压油管进入气缸盖上的喷油器，在压缩终了时，由伸入气缸内的喷油器头部喷孔喷入雾化良好的燃油，在燃烧室内与空气混合成可燃混合气后自燃。喷油泵凸轮轴的转速是曲轴转速的1/2。

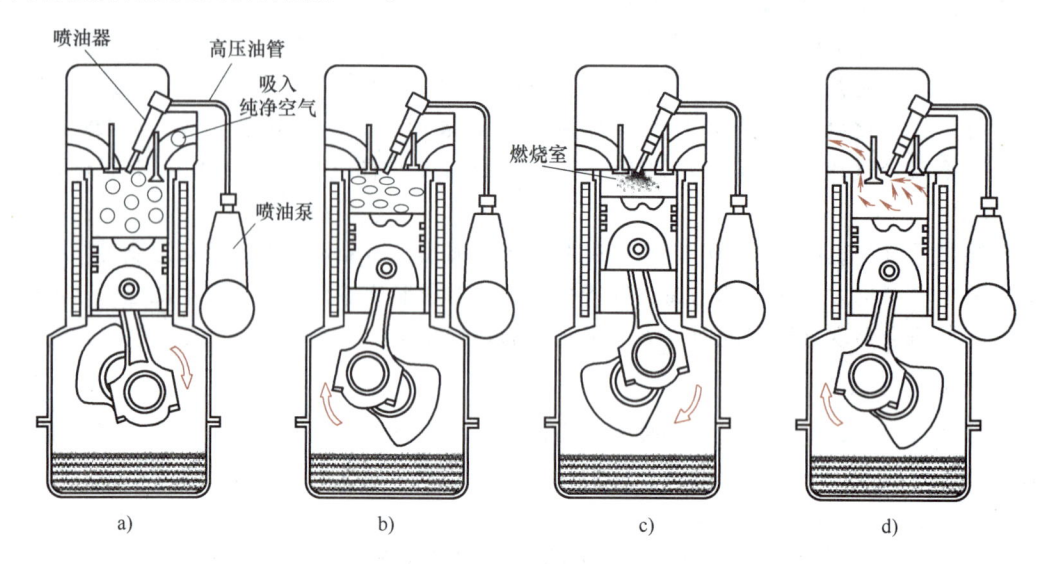

图 1-5 四冲程柴油机工作原理示意图
a）进气行程 b）压缩行程 c）做功行程 d）排气行程

1. 进气行程（图 1-5a）

在柴油机进气行程中，被吸入气缸的只是纯净的空气。由于柴油机进气系统阻力较小，残余废气的温度较低，因此进气行程结束时气缸内气体的压力较高，为 0.085~0.095MPa，温度较低，为 310~340K。

2. 压缩行程（图 1-5b）

因为柴油机的压缩比大，所以压缩行程终了时气体压力可达 3~5MPa，温度可达 750~1000K，大大超过了柴油的自然温度。

3. 做功行程（图 1-5c）

在压缩行程结束时，喷油泵将柴油泵入喷油器，并通过喷油器喷入燃烧室。因为喷油压力很高，喷孔直径很小，所以喷出的柴油呈细雾状。细微的油滴在炽热的空气中迅速蒸发汽化，并借助于空气的运动，迅速与空气混合形成可燃混合气。由于气缸内的温度远高于柴油的自燃点，因此柴油随即自行着火燃烧。燃烧气体的压力、温度迅速升高，体积急剧膨胀。在气体压力的作用下，活塞推动连杆，连杆推动曲轴旋转做功。

在做功行程中，燃烧气体的最大压力可达 6~9MPa，最高温度可达 1800~2200K。做功行程结束时，压力为 0.2~0.5MPa，温度为 1000~2200K。

4. 排气行程（图 1-5d）

排气行程开始时，排气门开启，进气门仍然关闭，燃烧后的废气排出气缸。排气终了时气缸内残余废气的压力为 0.105~0.12MPa，温度为 700~900K。

柴油机与汽油机相比各有特点。柴油机压缩比高，燃油消耗率较汽油机的低30%左右，故燃油经济性较好，采用高压共轨技术的2.5L柴油机大概和1.6L汽油机油耗相当；柴油机转矩大，低速时提速快，适合城市或者路面不好时频繁起步加速。但柴油机冷起动困难、转速较低（一般最高转速在4000r/min以下）、制造和维修成本高。目前柴油机的这些弱点正在逐渐得到克服，它的应用范围正在由7t以上的载货汽车向轻型载货汽车扩展，有的轿车也采用柴油机，其最高转速可达5000r/min。

汽油机具有转速高、质量小、工作柔和、起动容易、制造和维修成本低等特点，故在轿车和中、小型载货汽车上及军用越野车上得到广泛应用。但与柴油机相比较，汽油机燃油经济性较差。

1.3 发动机的总体构造

发动机是一种由许多机构和系统组成的复杂机器。现代汽车发动机的结构型式很多，即使是同一类型的发动机，它们之间的具体构造也是不同的。通常，汽油机由两大机构和五大系统组成，即由曲柄连杆机构、配气机构、燃料供给系统、冷却系统、润滑系统、点火系统和起动系统组成；柴油机由两大机构和四大系统组成（无点火系统）。下面以图1-6所示的V型六缸汽油发动机为例，介绍发动机的一般构造。

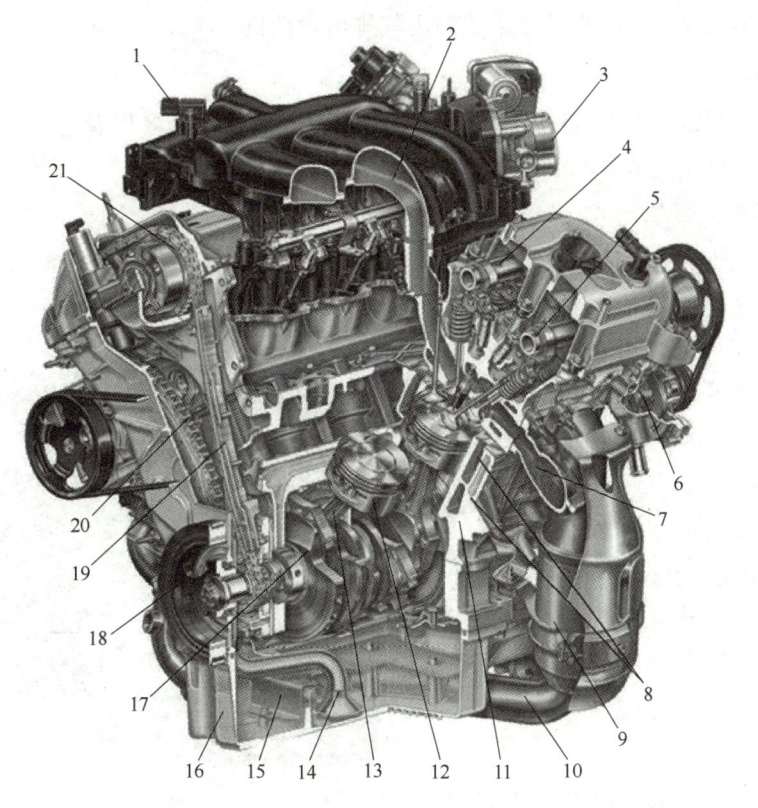

图1-6 V型六缸汽油发动机构造剖视图

1—高压点火线圈 2—进气歧管 3—节气门 4—进气凸轮轴 5—排气凸轮轴 6—排气歧管 7—水泵 8—冷却水套 9—三元催化转换器 10—排气管 11—气缸体 12—活塞 13—连杆 14—机油集滤器 15—机油 16—油底壳 17—曲轴 18—曲轴带轮 19—链条导板 20—正时链条 21—进气凸轮轴链轮

1. 机体组

发动机的机体组包括气缸盖、气缸盖罩、气缸体 11 及油底壳 16 等。机体组是发动机各机构、系统的装配基体，其本身的许多部分又分别是曲柄连杆机构、燃料供给系统、冷却系统和润滑系统的组成部分。在进行结构分析时，常把机体列为曲柄连杆机构。有的发动机将气缸体分别铸成上下两部分，上部称为气缸体，下部称为上曲轴箱。

2. 曲柄连杆机构

曲柄连杆机构包括活塞连杆组和曲轴飞轮组。它是发动机产生动力，并将活塞的往复直线运动转变为曲轴的旋转运动而输出动力的机构。

3. 配气机构

配气机构由气门组件、液力挺杆总成、凸轮轴、凸轮轴正时带轮（由曲轴正时带轮通过正时同步带驱动）、进气歧管和排气歧管等组成，其作用是将可燃混合气及时充入气缸并及时将废气排出气缸。

4. 燃料供给系统

燃料供给系统主要由燃油箱、燃油泵、燃油滤清器、电控喷油器、各种传感器和电控单元等组成。燃料供给系根据发动机各工况要求，配制具有一定数量和浓度的可燃混合气，定时、定量地供入气缸，并将燃烧生成的废气排出发动机。

5. 冷却系统

冷却系统主要由水泵 7、散热器、风扇、节温器、冷却水套 8 以及水温表等组成。它的功用是保证发动机在最适宜的温度下工作。

6. 润滑系统

润滑系统主要包括机油泵、机油集滤器 14、机油滤清器、限压阀、润滑油道和机油标尺等，其功用是将润滑油不断地供给做相对运动的零件以减小它们之间的摩擦阻力、减轻零件的磨损并部分地冷却摩擦零件、清洗摩擦表面。

7. 点火系统

点火系统包括电源（蓄电池和发电机）、点火开关、点火线圈组件、传感器、电控单元和火花塞等。点火系统可保证按规定时刻及时点燃气缸中被压缩的可燃混合气。

8. 起动系统

起动系统主要由起动机及其附属装置组成，用以使静止的发动机起动并转入自行运转。

图 1-7 所示为雪佛兰克尔维特 V6

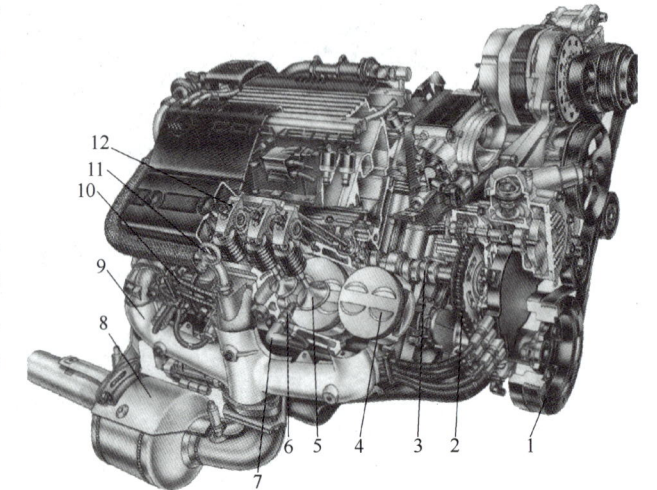

图 1-7 雪佛兰克尔维特 V6 发动机的构造
1—曲轴带轮 2—正时链条 3—凸轮轴 4—气门坑
5—气门 6—火花塞 7、10—高压线 8—三元催化剂
9—排气歧管 11—机油标尺 12—气门摇臂

发动机的构造。

乘用车装用的柴油机构造示意图如图1-8所示。大众轿车装用的EA888发动机如图1-9所示。大众轿车装用的EA211发动机如图1-10所示。

图1-8 乘用车装用的柴油机构造示意图
1—喷油器 2—共轨管

图1-9 大众轿车装用的EA888发动机

图1-10 大众轿车装用的EA211发动机

1.4 发动机的主要性能指标与特性

1.4.1 发动机的主要性能指标

发动机的主要性能指标有动力性能指标（有效转矩、有效功率、转速）、经济性能指标

25

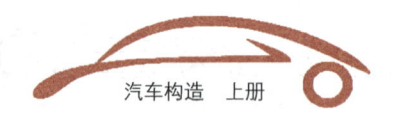

（燃油消耗率）和运转性能指标（排气品质、噪声、起动性能）。

1. 动力性能指标

（1）有效转矩　发动机通过飞轮对外输出的转矩称为发动机的有效转矩，以 T_e 表示，单位为 N·m。有效转矩与外界施加于发动机曲轴上的阻力矩相平衡。

（2）有效功率　发动机通过飞轮对外输出的功率称为发动机的有效功率，以 P_e 表示，单位为 kW。它等于有效转矩与曲轴角速度的乘积，即

$$P_e = T_e \frac{2\pi n}{60} \times 10^{-3} = \frac{T_e n}{9550}$$

式中，T_e 为有效转矩（N·m）；n 为曲轴转速（r/min）。

可以用台架试验的方法或测功器测定有效转矩和曲轴转速，然后计算发动机的有效功率。

（3）转速　发动机曲轴转速的高低，关系到单位时间内做功次数的多少或发动机有效功率的大小，即发动机的有效功率随曲轴转速的不同而改变。因此，在说明发动机有效功率的大小时，必须同时指明其相应的转速。在发动机产品标牌上规定的功率及其相应的转速分别称为标定功率和标定转速。发动机在标定功率和标定转速下的工作状况，称为标定工况。标定功率是发动机所能发出的最大功率，是根据发动机用途而制定的有效功率最大使用限度。同一种型号的发动机，当其用途不同时，其标定功率值并不相同。按照汽车发动机可靠性试验方法的规定，汽车发动机应能在标定工况下连续运行 300~1000h。

2. 经济性能指标

发动机的经济性指标一般用燃油消耗率表示。燃油消耗率是指发动机每发出 1kW 有效功率，在 1h 内所消耗的燃油质量（单位为 g），用 b_e 表示。很明显，燃油消耗率越低，燃油经济性越好。

燃油消耗率［单位为 g/(kW·h)］可按下式计算

$$b_e = \frac{B}{P_e} \times 10^3$$

式中，B 为发动机在单位时间内的耗油量（kg/h），可由试验测定；P_e 为发动机有效功率（kW）。

3. 运转性能指标

发动机的运转性能指标主要指排气品质、噪声、起动性能等。

（1）排气品质　发动机排出的有害排放物，主要有氮氧化合物（NO_x）、碳氢化合物（HC）、一氧化碳（CO）和炭烟颗粒。各类污染物排放量需满足我国制定的发动机排放法规，排气品质好的发动机产生的有害物质相对较少。

（2）噪声　汽车是城市中主要的噪声源之一，发动机又是汽车的主要噪声源，故必须进行严格控制，有效降低发动机在各种运转工况下的分贝值。

（3）起动性能　起动性能指发动机在一定温度下能可靠而迅速地起动，且起动消耗功率小、磨损少的能力。我国标准规定，在不采用特殊的低温起动措施的情况下，汽油机在 -10℃、柴油机在 -5℃ 以下的气温，15s 以内发动机要能自行运转。

发动机的主要性能指标从动力性、经济性和运转性 3 个角度相对全面地反映了发动机的

水平，可作为我们评判一款发动机的依据。

1.4.2 发动机的主要特性

1. 发动机的速度特性

发动机的速度特性是指发动机节气门开度（或油量拉杆位置）一定时，发动机的有效功率、有效转矩和有效燃油消耗率三者随发动机转速变化的规律。该特性可在发动机试验台（例如测功器）上通过试验来求得。试验时，当发动机节气门全开或油量拉杆处于全供油时，测得的发动机最大功率、最大转矩和耗油率，称为发动机外特性。图 1-11 所示为汽油发动机外特性曲线。

由图 1-11 可以看出以下几点。

1）当转速为 n_2 时，发动机发出最大有效转矩。当转速小于 n_2 时，发动机燃烧不良。另外，转速降低，每个工作循环的时间增长，燃烧气体与气缸壁接触时间也增加，由于冷却而产生的热量损失就增大，因而有效转矩 T_e 略微减小。转速由 n_2 不断增加时，由于进气行程时间短，气流速度高，阻力大，充气量降低，而且摩擦损失又大，故 T_e 减小。

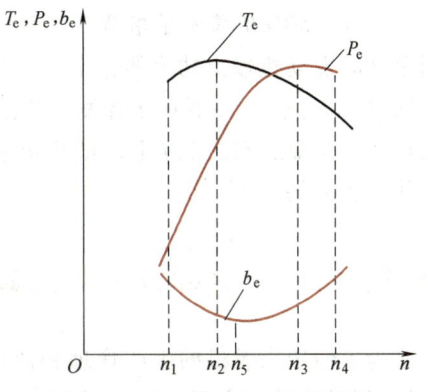

图 1-11 汽油发动机外特性曲线

2）当转速达到 n_3 时，有效功率 P_e 达最大值。有效功率等于有效转矩与转速的乘积。在 $n_1 \sim n_2$ 范围内，P_e 随转速 n 的增加而增加。在 $n_2 \sim n_3$ 范围内，n 虽然增加，但 T_e 却逐渐降低，不过降低较缓慢，故 P_e 是缓慢地增加。转速达 n_3 时，P_e 达到最大值。转速超过 n_3 时，虽然 n 是增加的，但由于 T_e 下降很快，故 P_e 也逐渐下降。

3）发动机的最小燃油消耗率的相应转速为 n_5，它的数值一般是介于最大有效转矩时的转速和最大功率时的转速之间。

发动机外特性曲线上标出的发动机最大功率和最大有效转矩及相应的转速，是表示发动机所能达到的最高动力性能，是制造厂必须保证的、并在使用说明书上标明的性能指标。

2. 发动机的工况与负荷

发动机在某一转速下的负荷，就是当时发动机发出的功率与同一转速下所可能发出的最大功率之比，以百分数表示。

图 1-12 所示为某汽油发动机的一组特性曲线。Ⅰ表示相应于节气门开度最大时的外特性曲线，Ⅱ、Ⅲ分别表示节气门开度依次降低的位置Ⅱ和位置Ⅲ所得到的部分负荷速度特性曲线。

由图 1-12 可知，在 $n = 3500 \text{r/min}$ 时，若节气门开度最大，可得该转速下可能发出的最大功率 45kW；若节气门开度为Ⅱ和Ⅲ，则同样转速下，只能发出 32kW 和 20kW 的功率。依据上述定义，可求出 a、b、c 和 d 这 4 个工况下的负荷值。

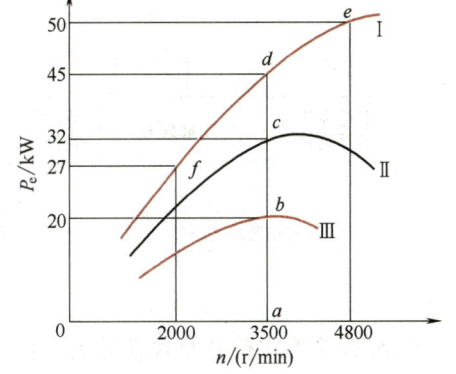

图 1-12 某汽油发动机的一组特性曲线

工况 a：负荷为零（称为发动机空载工况）。

工况 b：负荷 $=\dfrac{25}{45}\times 100\%=44.4\%$。

工况 c：负荷 $=\dfrac{32}{45}\times 100\%=71.1\%$。

工况 d：负荷 $=\dfrac{45}{45}\times 100\%=100\%$（即发动机全负荷工况）。

因此，50%负荷不是指节气门开启一半开度，而是指某一转速下发动机输出功率是节气门全开时发动机输出功率的一半。应当注意的是，不要把负荷与功率混淆，如某一转速时全负荷（如 d 点），并不意味着发动机发出的是最大功率。发动机的最大功率，应当是工况 e 的功率。又如，在工况 f 下，虽然功率比工况 c 小，但却是全负荷。就是说，功率的大小并不代表负荷的大小。

1.5 内燃机名称及型号编制规则

为了便于内燃机的生产管理和使用，我国颁布了 GB/T 725—2008《内燃机产品名称和型号编制规则》。主要内容如下。

1) 内燃机产品名称应符合 GB/T 1883.1—2005 的规定，均按所采用的燃料命名，例如柴油机、汽油机、天然气机。

2) 型号由阿拉伯数字、汉语拼音字母或国际通用的英文缩略字母组成。

1. 内燃机型号组成

内燃机型号由下列 4 部分内容组成。

（1）第 1 部分　由制造商代号或系列符号组成，此部分由制造商根据需要选择的相应 1~3 位字母组成。

（2）第 2 部分　由气缸数、气缸布置形式符号、冲程型式符号和缸径符号组成。

（3）第 3 部分　由结构特征和用途特征符号组成。

（4）第 4 部分　区分符号。同一系列产品需要区分时，由制造厂选用适当符号表示。

内燃机名称及型号的组成如图 1-13 所示。

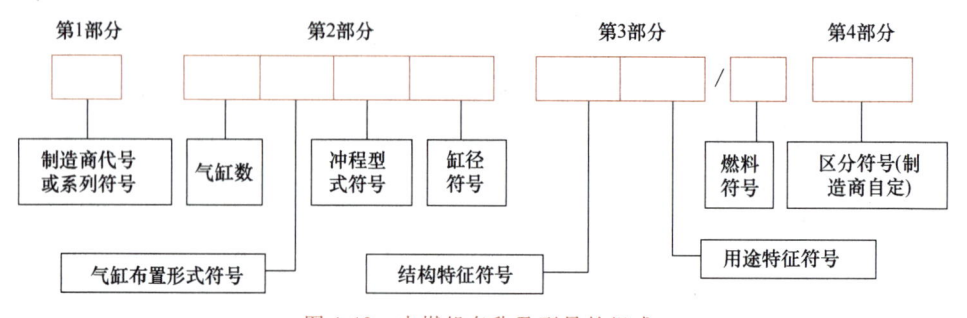

图 1-13　内燃机名称及型号的组成

气缸布置形式符号及含义见表 1-1。结构特征符号及含义见表 1-2。用途特征符号及含义见表 1-3。

表 1-1　气缸布置形式符号及含义

符号	含义	符号	含义
无符号	多缸直列及单缸	H	H 形
V	V 形	X	X 形
P	卧式		

表 1-2　结构特征符号及含义

符号	含义	符号	含义
无符号	冷却液冷却	DZ	可倒转
F	风冷	Z	增压
N	凝气冷却	ZL	增压中冷
S	十字头式		

表 1-3　用途特征符号及含义

符号	含义	符号	含义
无符号	通用型及固定动力（或制造商自定）	L	林业机械
T	拖拉机	Y	农用三轮车（或其他农用车）
M	摩托车	J	铁路机车
G	工程机械	D	发电机组
Q	汽车	CZ	船用主机，左机基本型
C	船用主机，右机基本型		

2. 型号编制示例

（1）柴油机型号

G12V190ZLD：十二缸、V 型、四冲程、缸径 190mm、冷却液冷却、增压中冷、发电用（G 为系列代号）。

R175A：单缸、四冲程、缸径 75mm、冷却液冷却（R 为系列代号，A 为区分符号）。

YZ6102Q：六缸直列、四冲程、缸径 102mm、冷却液冷却、车用（YZ 为制造商代号）。

8E150C-1：八缸、直列、二冲程、缸径 150mm、冷却液冷却、船用主机、右机基本型（1 为区分符号）。

（2）汽油机型号

IE65F/P：单缸、二冲程、缸径 65mm、风冷、通用型。

492Q/P-A：四缸、直列、四冲程、缸径 92mm、冷却液冷却、汽车用（A 为区分符号）。

（3）双燃料发动机

12V26/32ZL/SCZ：十二缸、V 型、缸径 260mm、行程 320mm、冷却液冷却、增压中冷、燃料为柴油/沼气双燃料。

3. 内燃机常用燃料符号

内燃机常用燃料符号见表 1-4。

表 1-4　内燃机常用燃料符号

符号	燃料名称	备注
无符号	柴油	—
P	汽油	—
T	天然气	管道天然气
CNG	压缩天然气	—
LNG	液化天然气	—
LPG	液化石油气	—
Z	沼气	各类工业化沼气允许用 1~2 个字母的形式表示
W	煤矿瓦斯	浓度不同的瓦斯允许用 1 个小写字母的形式表示,如"Wd"表示低浓度瓦斯
M	煤气	各类工业化煤气允许在 M 后加 1 个字母区分煤气类型
S SCZ	柴油/天然气双燃料 柴油/沼气双燃料	其他双燃料用两种燃料的字母表示
M	甲醇	—
E	乙醇	—
DME	二甲醇	—
FME	生物柴油	—

思考题

1. 什么是发动机排量、燃烧室容积、压缩比?
2. 柴油机与汽油机在可燃混合气形成方式与着火方式上有何不同?它们在结构上有何区别?
3. 汽油发动机通常由哪些机构与系统组成?它们各有什么功用?
4. 发动机的主要性能指标有哪些?
5. 什么是发动机的外特性和发动机的负荷?
6. 桑塔纳 3000 型轿车 AJR 发动机为四冲程、四缸直列、自然吸气、火花塞点燃、二气门的电控发动机。其缸径×行程为 $\phi 81mm \times 86.4mm$,压缩比为 9.5,试计算气缸的工作容积、燃烧室容积及发动机排量(容积以 L 为单位)。

第2章　曲柄连杆机构

2.1　概述

曲柄连杆机构的功用是把燃气作用在活塞顶面上的压力转变为曲轴的转矩，向工作机械输出机械能；同时将活塞的往复运动转变为曲轴的旋转运动。

曲柄连杆机构由机体组、活塞连杆组（活塞、活塞环、连杆等）和曲轴飞轮组（曲轴、飞轮等）3部分组成，如图2-1所示。

从第1章发动机的工作原理叙述可知，在发动机做功时，气缸内的最高温度可达2800K，最高压力可达3.0~6.5MPa，发动机转速可达3000~6000r/min，则活塞每秒要行经100~200个行程。此外，与可燃混合气和燃烧废气接触的部件（如气缸、气缸盖、活塞组等）还将受到化学腐蚀的作用。可见，曲柄连杆机构的工作条件相当恶劣，它要承受高温、高压、高速和化学腐蚀作用。

图2-1　曲柄连杆机构

动画：曲柄连杆机构

由于曲柄连杆机构是在高压下做变速运动，所以它在工作中的受力情况非常复杂，例如，在气缸中做往复运动的机件（如活塞等），要受到气体压力、往复惯性力的作用；旋转机件（如曲轴、飞轮等）要受到旋转惯性力的作用；相对运动的机件要受到摩擦力的作用等。在这些力的作用下，曲柄连杆机构（包括机体组）各有关零件会受到压缩、拉伸、弯曲和扭转作用。同时，通过活塞作用在气缸壁上的侧压力有使发动机机体翻倒的趋势，惯性力传到机体后，会引起发动机的振动。因此，为保证发动机工作可靠，应尽量减小磨损和振动，在结构和选材上以及发动机在汽车车架上的安装都必须采取相应的控制措施。

2.2 机体组

机体组主要由气缸体、气缸套、气缸盖、气缸垫、曲轴箱及油底壳等组成，如图 2-2 所示。机体组是发动机的支架，是曲柄连杆机构、配气机构和发动机各系统主要零部件的装配基体。气缸盖用来封闭气缸顶部，并与活塞顶和气缸壁一起形成燃烧室。另外，气缸盖和机体内的水套、油道，以及油底壳又分别是冷却系统和润滑系统的组成部分。

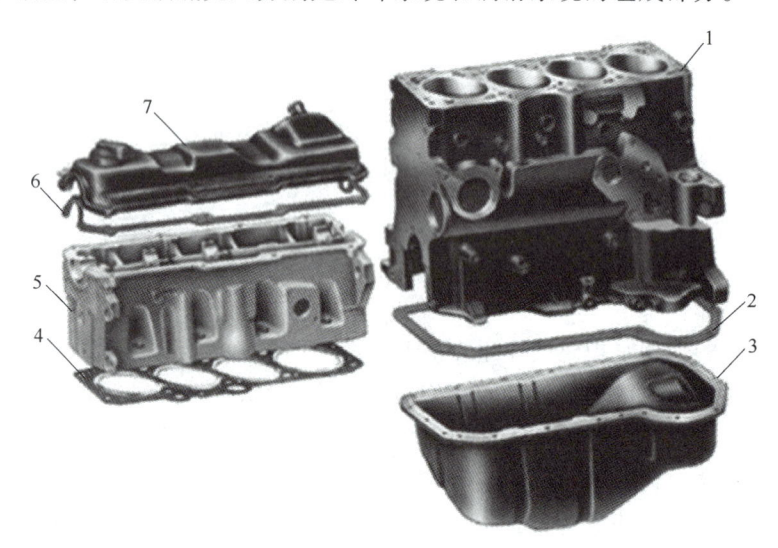

图 2-2　机体组

1—气缸体　2、6—衬垫　3—油底壳　4—气缸垫　5—气缸盖　7—气缸盖罩

2.2.1　气缸体

水冷式发动机的气缸体与曲轴箱通常铸成一体，简称气缸体，气缸体内孔一般镶入气缸套，其内表面形成气缸工作表面。气缸体承受高温高压气体的作用，因而要求气缸体应具有足够的强度和刚度，且耐磨和耐蚀。为减小发动机的整体质量，还要求气缸体结构紧凑、质量较小。气缸体一般用高强度灰铸铁或铝合金铸造。在轿车发动机上越来越多地采用铝合金气缸体。

1. 气缸体结构型式

根据结构型式不同，气缸体可分为一般式、龙门式和隧道式 3 种，如图 2-3 所示。

一般式气缸体（图 2-3a）的下表面与曲轴轴线在同一平面上，其特点是高度低、质量小、便于机械加工，但刚度较小。它多用于中小型汽油发动机，如 BJ492Q、CA488-3、夏利 372Q、马自达 MAZDAB6 型发动机等。

龙门式气缸体（图 2-3b）的下表面低于曲轴轴线。这种气缸体的刚度和强度较大，但工艺性较差。强化的轿车汽油机和柴油机多采用此种结构型式，如捷达、宝来、上海桑塔纳轿车、CA6102、EQ6100 等。

隧道式气缸体（图 2-3c）的主轴承孔是整体式的，如同隧道一样，多用于窄型滚动轴

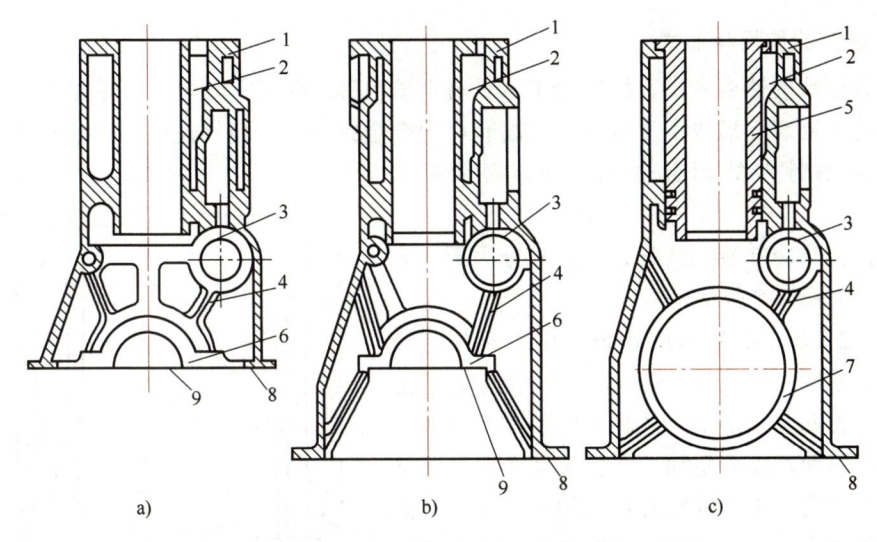

图 2-3 气缸体结构型式

a）一般式气缸体　b）龙门式气缸体　c）隧道式气缸体

1—气缸体　2—水套　3—凸轮轴孔座孔　4—加强肋　5—湿缸套　6—主轴承座
7—主轴承孔　8—安装油底壳的加工面　9—安装主轴承盖的加工面

承支承的组合式曲轴。隧道式气缸体的刚度大，主轴承孔的同轴度好，但是由于大直径滚动轴承的圆周速度不能很大，因此限制了隧道式机体在高速发动机上的应用，该类气缸体主要用于负荷较大的柴油机，如6135Q等发动机。

2. 冷却方式

为了保证气缸表面能在高温下正常工作，必须对气缸体和气缸盖随时进行强制冷却。冷却方式可分为水冷和风冷两种，如图2-4所示。汽车发动机多采用水冷的方式，气缸体周围和气缸盖中均有流入冷却液的空腔，称为水套，气缸体和气缸盖上的水套是相互连通的。利用水套中的冷却液流过高温零件的周围而带走多余的热量。风冷式发动机一般将气缸体与曲轴箱分开铸造，在气缸体与气缸盖的外表面铸有散热片，用来增强散热效果。

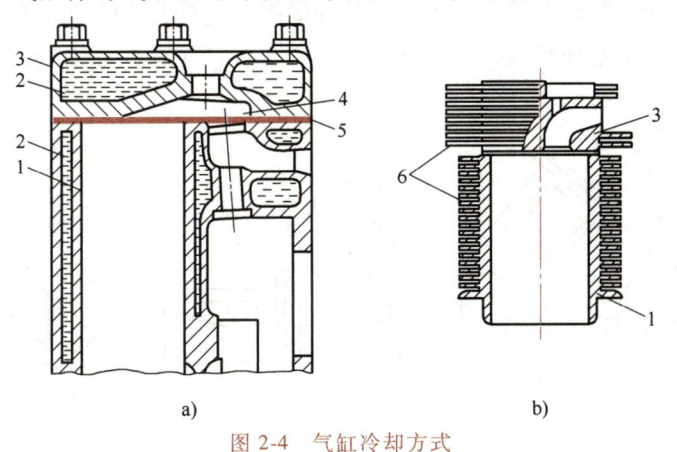

图 2-4　气缸冷却方式

a）水冷　b）风冷

1—气缸体　2—水套　3—气缸盖　4—燃烧室　5—气缸垫　6—散热片

33

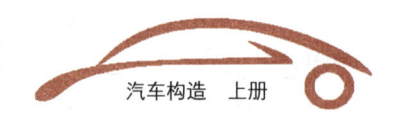

3. 气缸套的作用与形式

气缸表面耐磨性要求高，同时为了减少材料的浪费，广泛应用的方法是在气缸内镶入耐磨性较好的气缸套，形成工作表面。气缸套可用合金铸铁或合金钢制造，以延长气缸使用寿命。对于耐磨性差的铝合金气缸体，必须镶气缸套。

根据是否与冷却液相接触，气缸套分为干式和湿式两种，如图2-5所示。

干式气缸套（图2-5a）外圆表面不直接与冷却液接触，壁厚一般为1～3mm。气缸套可通过上端凸肩进行轴向定位。干式气缸套的外圆表面和气缸套座孔内表面均需要精加工，以保证必要的几何精度和便于拆装。干式气缸套具有刚度较大，气缸中心距小等优点；但内外表面都需要精加工，散热不良，拆装不方便。汽油机气缸体多装用干式气缸套。

湿式气缸套（图2-5b）与冷却液直接接触，壁厚一般为5～9mm，缸套外表面有两个保证径向定位的凸出圆环带B和A，分别称为上支承定位带和下支承密封带。气缸套可利用上端的凸缘C进行轴向定位。装配后的气缸套应高出气缸体顶面0.05～0.15mm，以便压紧密封。气缸套下部装有密封圈以防漏水。湿式气缸套具有散热性好，气缸体铸造方便，易拆装等优点；但气缸体刚度小，易漏水、漏气。柴油机气缸体多装用湿式气缸套。

发动机在使用一段时间后，若气缸磨损严重，则可将气缸经多次镗削后，更换气缸套恢复到标准尺寸。

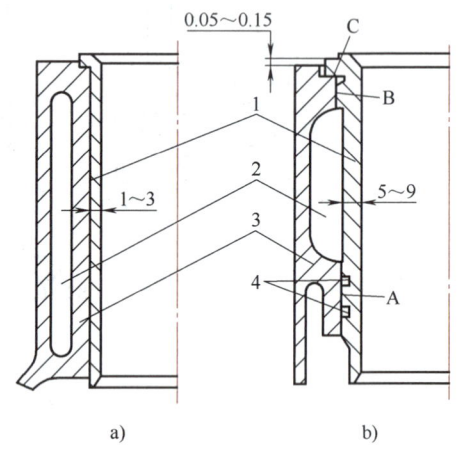

图2-5 发动机气缸套
a）干式气缸套 b）湿式气缸套
1—气缸套 2—水套 3—气缸体 4—密封圈

4. 多缸发动机布置形式

对于多缸发动机，气缸布置形式决定了其外形结构，对发动机气缸体的刚度和强度也有影响，并关系到汽车的总体布置情况。汽车发动机气缸布置基本上有3种形式：直列式（单列式）、V型和水平对置式，如图2-6所示。

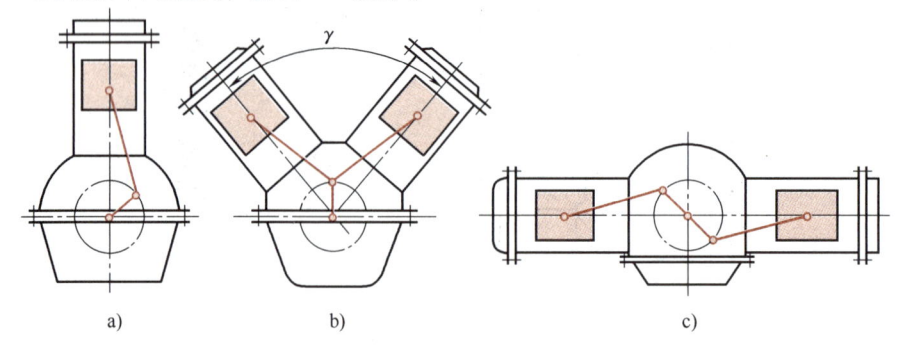

图2-6 多缸发动机布置形式
a）直列式 b）V型 c）水平对置式

(1) 直列式 直列式发动机的各个气缸排成一列，一般是竖直布置的（图2-6a）。但为了降低发动机的高度，有时也把气缸布置成倾斜的甚至是水平的。此种发动机结构较简单，但长度较长，所以六缸以下发动机常用这种形式。

(2) V型 发动机左右两列气缸中心线的夹角小于180°，称为V型发动机（图2-6b）。其优点是大大缩短了发动机的长度，降低了发动机的高度，增加了气缸体的刚度，结构十分紧凑，质量小，多用在大排量、高功率的高级轿车上。此结构的缺点是形状复杂，加工较为困难，发动机的宽度有所增加。德国大众汽车公司专属技术将V型发动机每侧气缸再进行小角度错开，即两个小V形状组成一个大W形状。W型发动机比V型发动机更节省空间，质量更小，但发动机宽度更大。大众旗下的辉腾6.0L和奥迪A8L6.0L发动机都采用W12，布加迪威龙采用8.0LW16发动机。

(3) 水平对置式 水平对置式发动机左右两列气缸中心线的夹角等于180°（图2-6c）。其优点是高度更低，轿车总体布置更为方便；缺点是发动机的宽度大大增加。目前，斯巴鲁、保时捷两家汽车公司采用水平对置式发动机。

2.2.2 气缸盖与气缸垫

1. 气缸盖

气缸盖主要作用是密封气缸上部，并与活塞顶、气缸壁共同构成燃烧室。同时，气缸盖也为其他零件提供安装位置。

气缸盖承受气体力和紧固气缸盖螺栓所造成的机械负荷，同时还与高温燃气接触，承受很高的热负荷。为了保证气缸的良好密封，气缸盖既不能损坏，也不能变形。为此，气缸盖应具有足够的强度和刚度，且耐高温，耐高压，耐蚀。

根据气缸盖的工作条件和性能要求，气缸盖一般采用优质灰铸铁或合金铸铁铸造而成。如东风EQ6100、解放CA6102型发动机气缸盖使用灰铸铁制成，它的优点是强度高、不易变形，缺点是导热性差。南京依维柯SOFIM8142、北京BJ492Q及一些轿车用的发动机多采用铝合金气缸盖，其优点是质量小，导热性好，有利于提高压缩比；但铝合金气缸盖刚度小，使用中易变形。

发动机的气缸盖结构复杂，其上加工有进、排气门座，气门导管孔，火花塞安装孔（汽油机）或喷油器安装孔（柴油机）。在气缸盖内还铸有与气缸体相通的冷却水套、进排气道、燃烧室或燃烧室的一部分。若凸轮轴安装在气缸盖上，则气缸盖上还加工有凸轮轴承孔或凸轮轴轴承座、润滑油道及其传感器等。图2-7所示为上海桑塔纳轿车发动机气缸盖的分解图。

气缸盖的结构型式主要有单体式、块状式和整体式3种，单体式气缸盖和整体式气缸盖的结构型式如图2-8所示。在多缸发动机的一列中，只覆盖一个气缸的气缸盖，称为单体气缸盖。单体气缸盖刚度大，但是采用单体气缸盖在缩小气缸中心距方面受到一定的限制，同时气缸盖冷却液的回流需装设专门的回水管，使结构复杂，一般气缸直径≥140mm的发动机采用单体气缸盖，另外风冷发动机均为单体式气缸盖；在多缸发动机中，能覆盖部分（两个以上）气缸的称为块状气缸盖；在多缸发动机中，全部气缸共用一个气缸盖的，称为整体式气缸盖。采用整体式气缸盖可以缩短气缸中心距和发动机的总长度，但刚度较小，在

受热和受力后容易变形而影响密封，损坏时必须整个更换。这种形式的气缸盖多用于缸径小于105mm的发动机。

2. 汽油机燃烧室

汽油机的燃烧室由活塞顶部及气缸盖上相应的凹部空间组成。由于燃烧室的形状直接影响可燃混合气的形成质量及燃烧状况，所以在设计和制造燃烧室时，应从两方面考虑：一是结构尽可能紧凑，冷却面积要小，以减少热量损失和缩短火焰行程；二是能使可燃混合气在压缩终了时具有一定的气流运动，以提高混合气燃烧速度，保证混合气得到及时和充分燃烧。

汽油机燃烧室的形状和位置主要和气门布置、火花塞的安装位置、活塞顶形状、冷却方式等有关。汽油机常见的燃烧室形状有以下几种（图2-9）。

（1）浴盆形燃烧室（图2-9a） 浴盆形燃烧室的形状像浴盆，气门竖直布置在燃烧室上面。浴盆形燃烧室结构简单、较紧凑，制造工艺好，但气门与气缸轴线平行，进、排气阻力大，充气效率较低，燃烧室面容比（燃烧室表面积与容积之比）较大，对HC排放不利。一汽奥迪100、捷达EA827、北京BJ492QG2型发动机均采用这种结构的燃烧室。

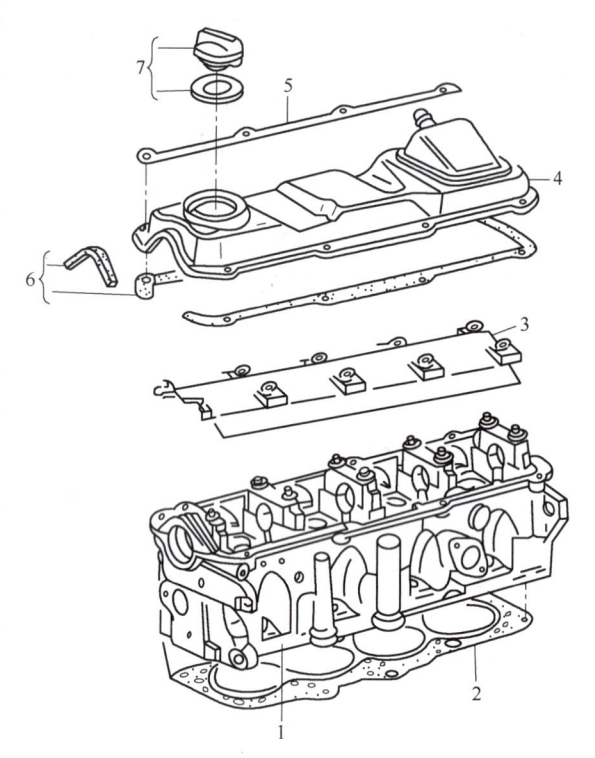

图2-7 上海桑塔纳轿车发动机气缸盖的分解图
1—气缸盖 2—气垫 3—机油反射罩
4—气缸盖罩 5—压条 6—气门罩条 7—加油盖

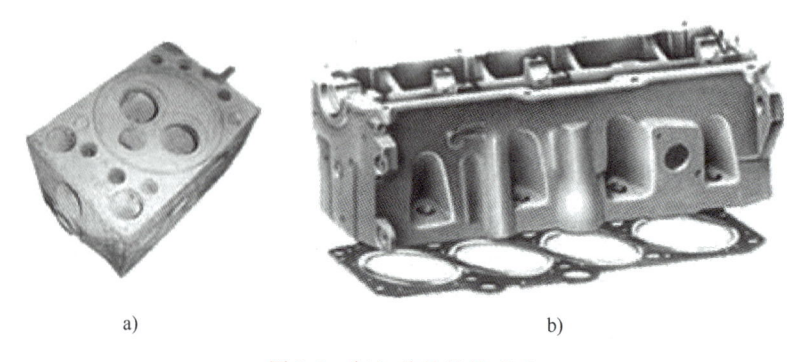

图2-8 气缸盖的结构型式
a) 单体式 b) 整体式

（2）楔形燃烧室（图2-9b） 楔形燃烧室的横向剖面呈楔形，结构紧凑，在压缩行程终了时能产生挤气涡流，进气道比较平直，进气阻力小，充气效率较高，但存在较大的散热面积，对HC排放不利。北京切诺基发动机采用楔形燃烧室。

（3）半球形燃烧室（图2-9c） 这种燃烧室进、排气门呈两列倾斜布置，面容比最小，

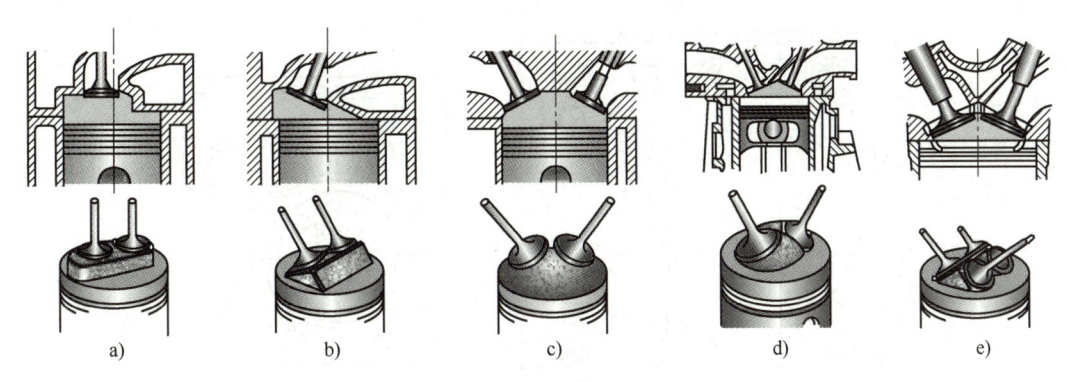

图 2-9 汽油机常见的燃烧室形状

a）浴盆形　b）楔形　c）半球形　d）多球形　e）篷形

结构最紧凑，气门直径较大，气道较平直，充气效率高，火花塞多位于燃烧室中部，火焰传播距离较短，燃烧速度快，动力性、经济性好，HC 排放量较少。但其配气机构较复杂，且 NO_x 排放量较多。目前在轿车汽油发动机上多采用半球形燃烧室，神龙富康轿车 TU 型汽油机即为这种形式的燃烧室。

（4）多球形燃烧室（图 2-9d）　多球形燃烧室是在半球形燃烧室的基础上演变而来的，由两个以上半球形凹坑组成，可布置直径较大的气门或多气门，其结构紧凑，面容比小，火焰传播距离短，气道比较平直，且能产生挤气涡流，但其结构复杂，散热面积大，经济性差。

（5）篷形燃烧室（图 2-9e）　这种燃烧室断面像篷形，也由半球形发展而来。其优点是结构紧凑，充气效率较高，火焰传播距离短，降低了爆燃倾向，可以采用较高压缩比。近年来，在高性能多气门轿车发动机上广泛应用篷形燃烧室，如天津夏利、神龙富康、欧宝 V6、奔驰 320E、三菱 3G81 等轿车均采用这种燃烧室。

3. 气缸垫

气缸垫是气缸盖底面与气缸体顶面之间的密封件，其作用是保持气缸密封不漏气，保持由机体流向气缸盖的冷却液和机油不泄漏。

气缸垫承受拧紧气缸盖螺栓时造成的压力，并受到气缸内燃烧气体高温、高压的作用以及机油和冷却液的腐蚀。气缸垫应该具有足够的强度，并且要耐压、耐热和耐蚀，同时还需要有一定的弹性，以补偿气缸体顶面和气缸盖底面的粗糙度和不平度，以及发动机工作时反复出现的变形。另外，还要求拆装方便，能重复使用，寿命长。气缸垫的构造如图 2-10 所示。

目前在汽车发动机上应用较多的气缸垫有以下几种。

（1）金属-石棉气缸垫（图 2-10a~d）　该类型的气缸垫外层为铜皮或者钢皮，内层采用夹有金属丝或者金属屑的石棉材料，同时为了防止烧蚀，在水孔及燃烧室孔周围有镶边以增加强度。金属材料具有很好的散热性，石棉的耐热性和弹性都较好，可以提高气缸的密封性能。安装时，应该特别注意要把气缸垫光滑的一面朝向气缸体，否则容易被高压气体冲坏。金属-石棉气缸垫是目前使用最多的一种类型的气缸垫。如奥迪 100、大众捷达、丰田凯美瑞等汽车采用的均是这一类型的气缸垫。

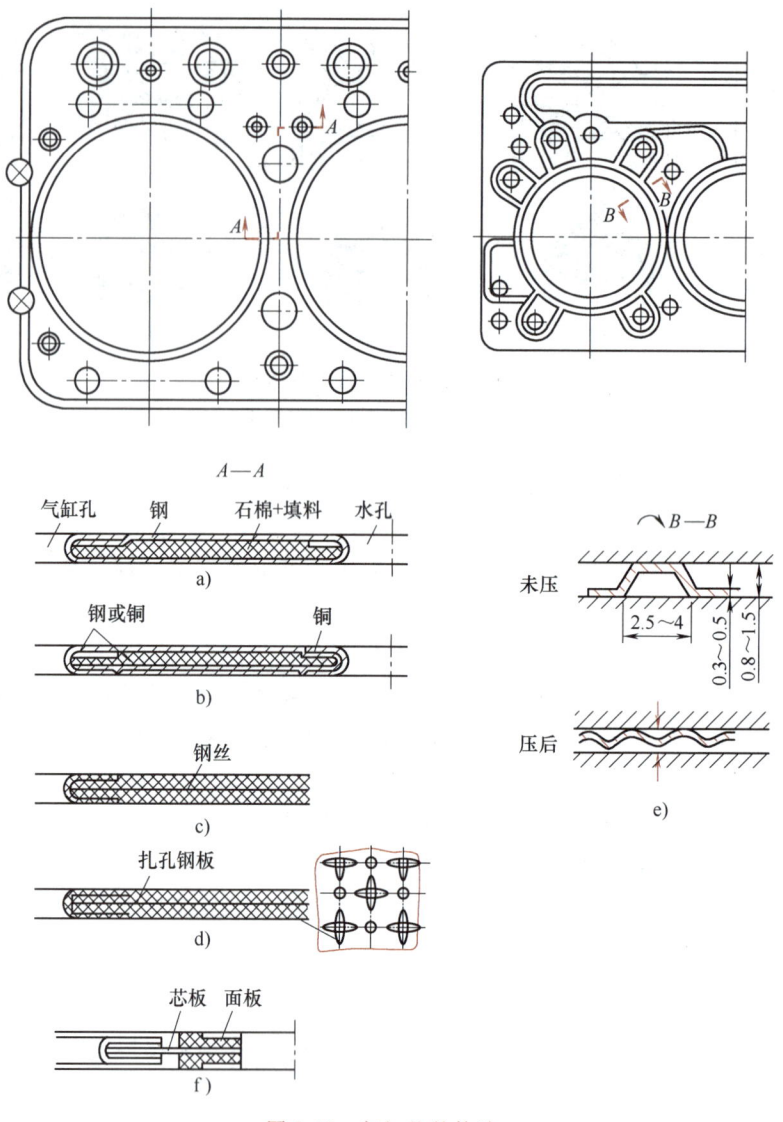

图 2-10 气缸垫的构造

a)、b)、c)、d) 金属-石棉气缸垫　e) 纯金属气缸垫　f) 无石棉气缸垫

（2）纯金属气缸垫（图 2-10e）　该类型气缸垫基本上由单层或者多层金属片（低碳钢或铜）制造而成。为加强密封，在气缸孔、水道孔及机油孔周围冲有弹性凸纹，利用凸纹的弹性实现密封。如红旗 CA7560 型汽车使用的气缸垫即为纯金属气缸垫。

（3）无石棉气缸垫（图 2-10f）　该类型气缸垫是在气缸密封部位采用 5 层薄钢板组成的，并设计成圆形，无石棉夹层，从而消除了气囊的产生，也减少了工业污染。在油孔和水孔周围均包有钢护圈以提高密封性。

近年来，国外一些发动机开始使用耐热密封胶以取代传统的气缸垫，要求气缸盖和气缸体的接合面有较高的加工精度。

气缸盖螺栓用于连接气缸盖和气缸体，为了保证气缸垫均匀平整地夹在气缸体和气缸盖之间，避免气缸盖翘曲变形造成漏气，拧紧螺栓时，必须按由中央对称地向四周扩散的顺序，分 2~3 次进行，最后一次用扭力扳手按维修手册规定的拧紧力矩值拧紧，以免损坏气缸垫和发生漏水现象。拧松与拧紧顺序相反（图 2-11）。如果气缸盖由铝合金制成，则最后必须在发动机冷态下拧紧，这样热起来时会增加密封的可能性，这是因为铝合金气缸盖的热膨胀系数比钢制螺栓的大；而铸铁气缸盖则可以在发动机热态时最后拧紧。

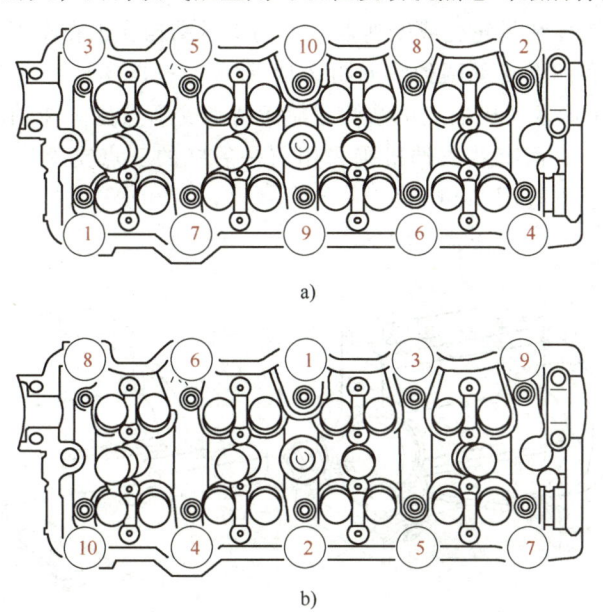

图 2-11 丰田佳美 3S-FE 发动机气缸盖螺栓的拆、装顺序
a）气缸盖拆卸时螺栓拧松顺序 b）气缸盖安装时螺栓拧紧顺序

2.2.3 油底壳

油底壳的主要功用是贮存机油（润滑油）并封闭曲轴箱。油底壳受力较小，一般用薄钢板冲压而成（图 2-12）。其形状取决于发动机的总体布置和机油容量的大小。在有些发动机上，为了加强油底壳内机油的散热，采用了带有散热肋片的铝合金铸造而成的油底壳（图 2-13）。

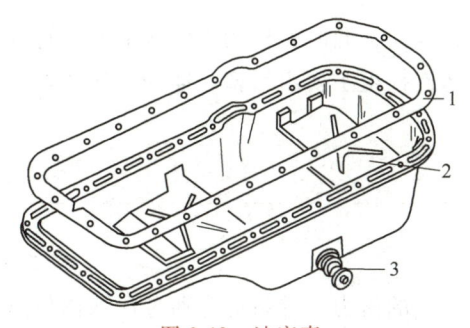

图 2-12 油底壳
1—衬垫 2—挡油板 3—放油螺塞

图 2-13 带有散热肋片的铝合金铸造而成的油底壳

为了保证在发动机纵向倾斜时机油泵能吸到机油，油底壳后部一般做得较深。油底壳内还设有挡油板，防止汽车行驶时油面波动太大。油底壳底部装有具有磁性的放油螺塞，它能

吸附机油中的铁屑，以减少发动机运动件的磨损，在使用一段时间或者更换机油时，需要将放油螺塞上的铁屑除掉。

2.2.4 发动机支承结构

发动机一般通过机体和飞轮壳或变速器壳上的支承结构支承在车架上。发动机的支承方法，一般有三点支承和四点支承两种，如图 2-14 所示。三点支承可布置成前一后二或前二后一形式。图 2-14a 所示发动机的支承结构是前面两个支承点位于曲轴箱的支承上，后面一个支承点在变速器壳上；而有些汽油机则采用前一后二的三点支承形式。采用四点支承法时，前后各有两个支承点（图 2-14b）。

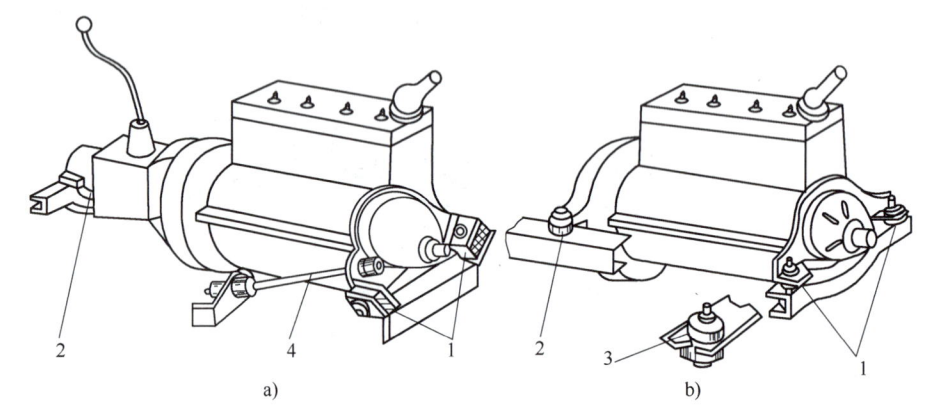

图 2-14 发动机的支承方法
a）三点支承 b）四点支承
1—前支承 2—后支承 3—橡胶垫圈 4—纵向拉杆

发动机在车架上的支承是弹性的，这是为了消除在汽车行驶中车架的扭转变形对发动机的影响，以减少发动机传给底盘和乘员的振动和噪声。

2.3 活塞连杆组

活塞连杆组将活塞的往复运动转变为曲轴的旋转运动，同时将作用于活塞上的力转变为曲轴对外输出的转矩，最终驱动汽车车轮转动。活塞连杆组主要由活塞、连杆、活塞环、活塞销等零部件组成，如图 2-15 所示。

2.3.1 活塞

1. 活塞的功用及工作条件

活塞的主要功用是承受气缸中可燃混合气燃烧产生的压力，并将此力通过活塞销传给连杆，以推动曲轴旋转。此外，活塞顶部与气缸盖、气缸壁共同组成燃烧室。

活塞工作条件恶劣，在工作时，顶部直接与高温、高压且具有腐蚀性的燃气接触，活塞承受周期性变化的气体压力和惯性力的作用，且散热及润滑条件差。因此选用活塞材料时，应考虑其强度、刚度、密度、耐磨性和耐高温性等。

2. 活塞的材料及成型方法

目前，汽油发动机广泛采用铝合金活塞。它具有质量小（约为同样结构的铸铁活塞的 50%~70%）、导热性好（约为铸铁的 3 倍）的优点。缺点是热膨胀系数大，高温下强度和硬度下降较快。这些缺点可通过结构设计、机械加工和热处理来采取各种措施加以弥补。活塞用铝合金材料根据不同的元素或成分，分为共晶铝硅合金和铝铜合金两大类。前者具有耐磨性好、热膨胀系数较小、耐蚀、硬度大、刚度高和疲劳强度好的优点，应用较为广泛，本田 F23A3、一汽奥迪 100、天津夏利 TJ376Q、解放 CA488-3 和解放 CA6102 等发动机均采用此类活塞；后者则由于密度大、热膨胀系数大，在轿车发动机中已基本不用。

汽车柴油机的活塞需承受高机械负荷，故常采用合金铸铁和耐热钢制造。金属陶瓷活塞作为一种新型材料活塞在汽车发动机上已开始使用。

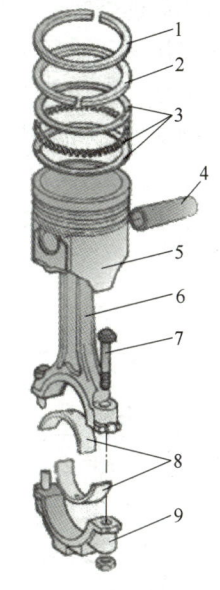

图 2-15 活塞连杆组的组成

1—第一道气环　2—第二道气环
3—组合油环　4—活塞销
5—活塞　6—连杆　7—连杆螺栓
8—连杆轴承　9—连杆盖

铝合金活塞的成型方法有金属型铸造、锻造和液态模锻等。铸造铝活塞成本低，但在高温下强度下降较大，容易出现各种气孔、缩松等铸造缺陷。锻造铝活塞的强度比铸造铝活塞高，导热性也好，适用于强化发动机上，但制造成本高。液态模锻兼有锻造和铸造的特点，能达到少切削甚至无切削、提高金属利用率、扩大合金使用范围、消除铸造缺陷和提高毛坯质量等目的，因此使用较广泛。

3. 活塞的构造

整个活塞可分为活塞顶部、活塞头部和活塞裙部 3 个部分，如图 2-16 所示。

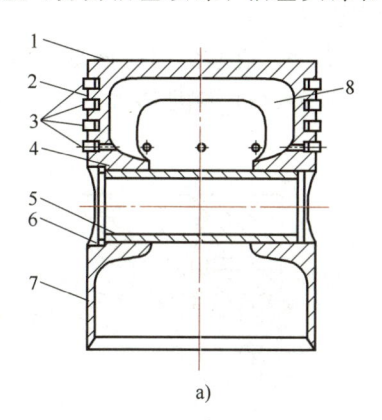

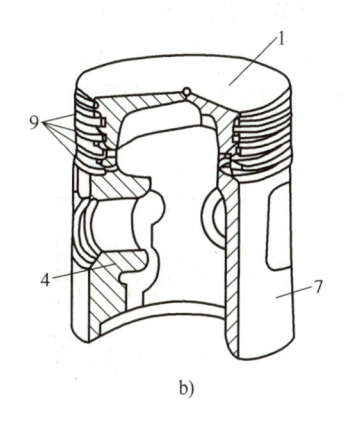

图 2-16 活塞的基本结构

a）全剖　b）部分剖

1—活塞顶部　2—活塞头部　3—活塞环　4—活塞销座　5—活塞销
6—活塞销卡环　7—活塞裙部　8—加强肋　9—环槽

（1）活塞顶部　活塞顶部是燃烧室的组成部分，因而常制成不同的形状，活塞顶部的

形状与选用的燃烧室的形状有关，通常有平顶、凹顶和凸顶等，如图 2-17 所示。汽油机活塞顶部多采用平顶（图 2-17a），其优点是受热面积小，制造工艺简单。有些汽油机为了改善混合气形成和燃烧而采用凹顶活塞（图 2-17b），凹坑的大小还可以用来调节发动机的压缩比。凸顶活塞（图 2-17c）常用于二冲程汽油机。柴油机活塞顶常制成各种形式的凹坑（图 2-17d、e、f），其形状、位置和大小必须与柴油机混合气的形成和燃烧要求相适应。从活塞本身来讲，不管是凹顶、凸顶活塞，由于受热面积都比平顶活塞大，所以顶部温度较高，热负荷较大。

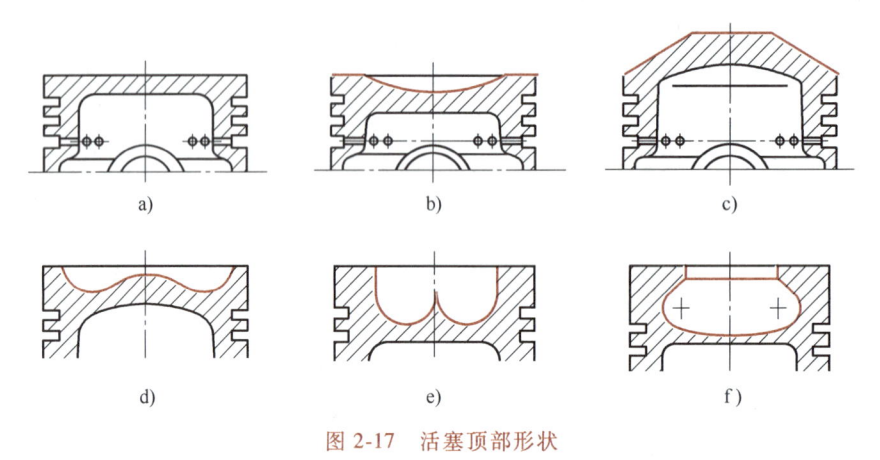

图 2-17 活塞顶部形状
a）平顶 b）凹顶 c）凸顶 d）、e）、f）凹坑

（2）活塞头部 由活塞顶至最下面一道活塞环槽之间的部分称为活塞头部，又称为防漏部。其作用是承受气体压力，并通过活塞销将压力传给连杆，防止漏气，将热量通过活塞环传给气缸壁。活塞头部切有若干环槽，用以安装活塞环。汽油机一般有 2~3 道环槽，上面 1~2 道安装气环，下面 1 道安装油环。在油环槽底面上钻有许多径向小孔，被油环从气缸壁上刮下来的多余机油会经过这些小孔流回油底壳。

减轻第一道气环热负荷的隔热槽原理如图 2-18 所示。活塞头部应该足够厚，从活塞顶到环槽区的断面变化要尽可能圆滑，过渡圆角 R（图 2-18a）应足够大，以减小热流阻力，

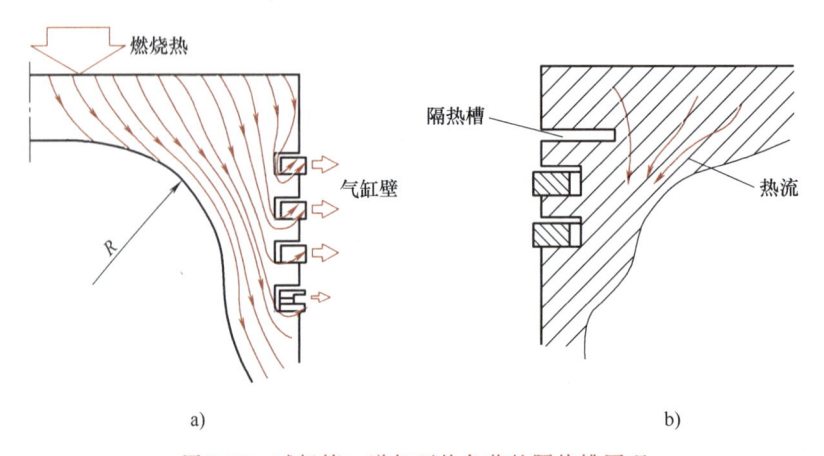

图 2-18 减轻第一道气环热负荷的隔热槽原理
a）由活塞顶到气缸壁的热流 b）活塞隔热槽

便于热量从活塞顶经活塞环传给气缸壁，使活塞顶部的温度不致过高。

有的发动机在第一道气环槽上方设置一道较窄的隔热槽（图 2-18b），其作用是隔断由活塞顶传向第一道活塞环的热流，使部分热量由第二、三道活塞环传出，从而可以减小第一道活塞环的热负荷，改善其工作条件，防止活塞环粘结。

活塞环槽护圈如图 2-19 所示。活塞环槽的磨损是影响活塞使用寿命的重要因素。在热负荷较高的发动机中，由于活塞的第一道环槽温度较高，铝合金材料硬度下降，使环槽磨损严重。为了增强环槽的耐磨性，通常在第一环槽或第一、二环槽处镶嵌耐热护圈（图 2-19a、b）。在高强化直喷式燃烧室柴油机中，在第一环槽和燃烧室喉口处均镶嵌耐热护圈（图 2-19c），以保护喉口不会因为过热而开裂。耐热护圈的材料为热膨胀系数与铝合金接近的镍奥氏体型铸铁或高锰奥氏体型铸铁。

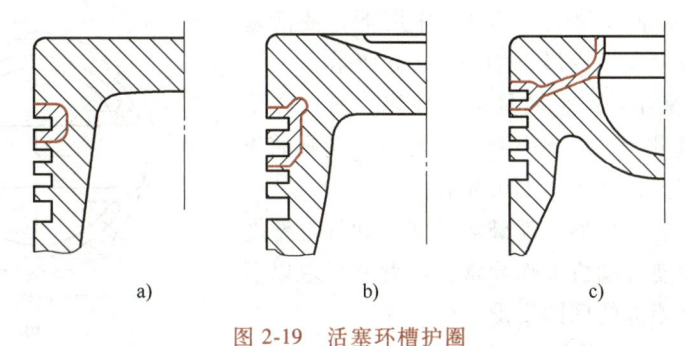

图 2-19 活塞环槽护圈
a）一道护圈 b）二道护圈 c）第一环槽和燃烧室喉口处均镶嵌耐热护圈

（3）活塞裙部 活塞裙部是指油环槽下端面以下的所有部分。其作用是引导活塞在气缸中做往复运动，同时承受气缸壁传给活塞的侧压力，并将活塞头部传下来的气体压力通过活塞销座、活塞销传给连杆。

裙部的形状应该保证活塞在气缸内得到良好的导向，气缸与活塞之间在任何工况下都应保持均匀的、适宜的间隙。间隙过大，活塞敲缸；间隙过小，活塞可能被气缸卡住。此外，裙部应有一定的长度以保证足够的承压面积，以承受侧向力。但裙部较长时，会使活塞高度、质量较大。现代发动机活塞裙部主要有 3 种类型，如图 2-20 所示。短行程的轿车发动机多采用拖板式活塞（图 2-20c）或半拖板式活塞（图 2-20b）。拖板式活塞质量小，在下止点时不会与曲轴平衡块产生运动干涉，从而使发动机连杆缩短，发动机高度降低。而一些载

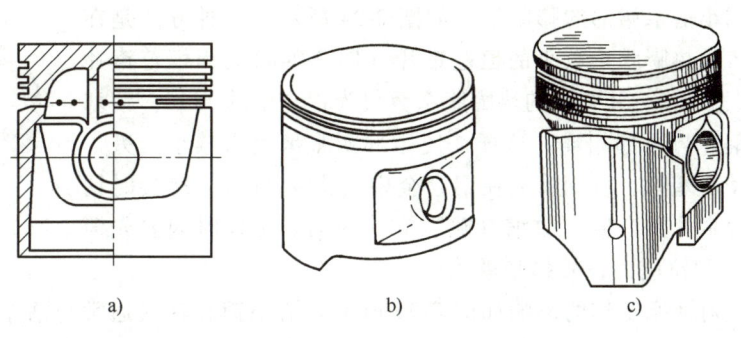

图 2-20 活塞裙部类型
a）全裙式活塞 b）半拖板式活塞 c）拖板式活塞

货汽车用汽油机或柴油机常采用全裙式活塞（图2-20a），主要目的是保证活塞的强度。

发动机工作时，活塞裙部承受膨胀侧向力的一面称为主推力面，承受压缩侧向力的一面称为次推力面。活塞在气体力和侧向力的作用下发生机械变形，而活塞受热膨胀时还发生热变形。这两种变形的结果都是使活塞裙部在活塞销孔轴线方向的尺寸增大，即裙部产生椭圆变形（图2-21），主要原因如下。

1) 在气缸内燃气压力 p 的作用下，活塞顶部在销座孔轴线方向上发生弯曲变形，使销座在轴线方向有向外扩张的趋势，如图2-21a所示。

2) 在气缸壁对活塞的侧压力 F_N 作用下，使活塞沿活塞销的轴线方向发生变形，如图2-21b所示。

3) 在活塞销座孔处，金属量堆积较多，所以在受热后产生的膨胀量最大，由此引起椭圆变形，椭圆的长轴在活塞销轴线方向，如图2-21b所示。

活塞一旦产生椭圆变形，就破坏了活塞和气缸壁之间的正常配合，会使发动机工作异常。因此常采取以下措施来预防和控制裙部的椭圆变形。

1) 采用椭圆锥裙。将活塞裙部断面制成椭圆形，椭圆的长轴在垂直活塞销轴线方向（图2-22）。将活塞销座处凹陷0.5~1.0mm，或截去一小部分。裙部轴向呈锥形，上小下大。这样活塞在工作过程中，受力受热膨胀变形时，形成圆柱形，以保证活塞和气缸壁之间的正常配合。

2) 尽量减少活塞的受热。如使用平顶活塞，活塞裙部加工隔热槽和膨胀槽等，其中横槽称为隔热槽，竖槽称为膨胀槽。开槽活塞如图2-23所示。对汽油机活塞，在裙部开T形槽或π形槽，以达到"横槽隔热，纵槽防胀"的目的，对于柴油机，则不能开纵向槽，以免过度削弱其强度。

3) 采用双金属活塞。即在铝活塞裙部或销座内嵌铸入热膨胀系数小的钢片，以减小活塞裙部的膨胀量，如图2-24所示。一种方法是在活塞销座内镶铸进热膨胀系数小的恒范钢片（图2-24a）。而恒范钢片（镍的质量分数为33%~36%）的热膨胀系数仅为铝合金的1/10。活塞销座通过恒范钢片与裙部相连，这样，使裙部膨胀量大为减小。另一种方法是在浇铸活塞时，将钢筒夹在铝合金中（图2-24b），冷凝时钢筒内外侧的铝合金分别产生"收缩缝隙"和拉应力。工作时因要先消除"收缩缝隙"和拉应力，故膨胀量减小。

活塞销位置对活塞工作的影响如图2-25所示。活塞销孔轴线通常与活塞轴线垂直相交（图2-25a）。这时，当压缩行程结束、做功行程开始，活塞越过上止点时，侧向力方向改变，活塞由次推力面贴紧气缸壁突然转变为主推力面贴紧气缸壁，发生活塞"敲缸"，产生

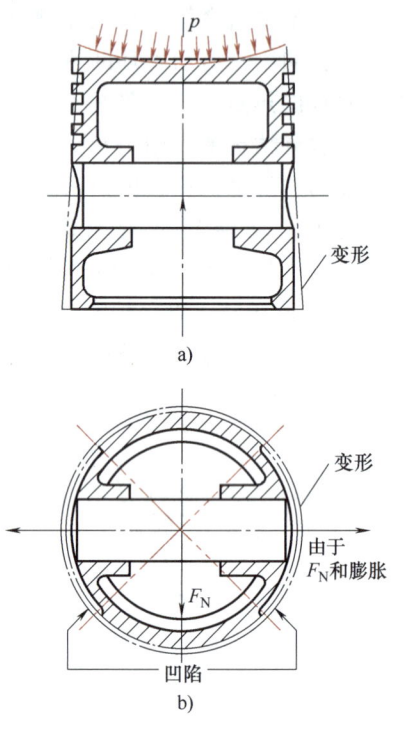

图2-21 活塞裙部的椭圆变形
a) 由于燃气压力 p 的变形
b) 由于侧压力 F_N 的变形

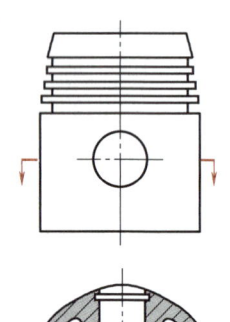

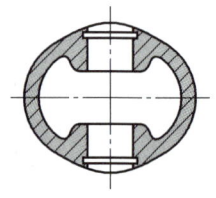

图2-22 椭圆锥裙

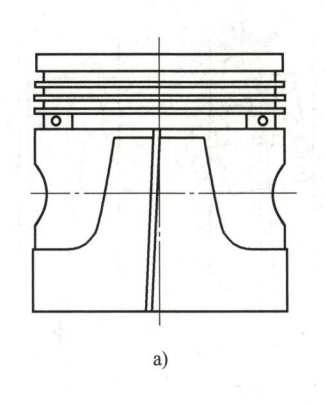

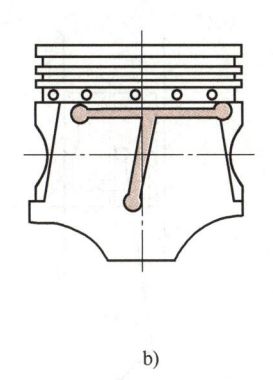

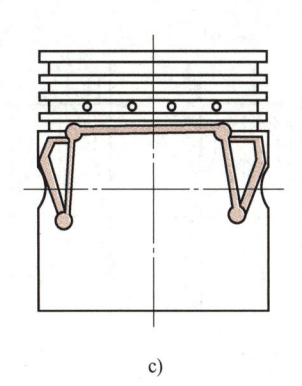

图 2-23 开槽活塞

a)、b) T形槽　c) π形槽

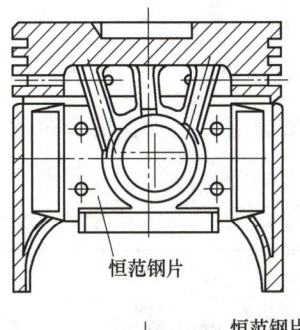

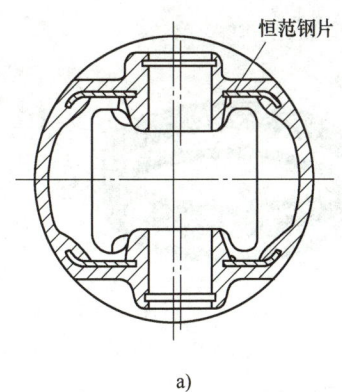

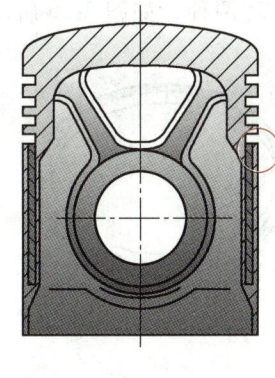

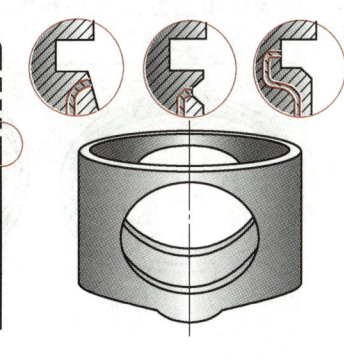

恒范钢片

恒范钢片

图 2-24 双金属活塞

a) 恒范钢片活塞　b) 镶铸筒形钢片活塞

噪声，且有损活塞的耐久性。由于冷态装配间隙的存在，发动机冷车时敲缸现象严重。在许多高速发动机中，活塞销孔轴线朝主推力面一侧偏离活塞轴线 1~2mm（图 2-25b）。压缩压力将使活塞在接近上止点时发生倾斜，活塞在越过上止点时，将逐渐地由次推力面转变为由主推力面贴紧气缸壁，从而减轻了活塞"敲缸"。

4. 活塞的表面处理

根据不同的目的和要求，进行不同的活塞表面处理，可以提高活塞表面的各项性能。如对活塞顶进行硬质阳极氧化处理，可形成高硬度的耐热层，以增大热阻，减少活塞顶部的吸热量；对活塞裙部镀锡或镀锌，可以避免在润滑不良的情况下运转时出现拉缸现象，也可以

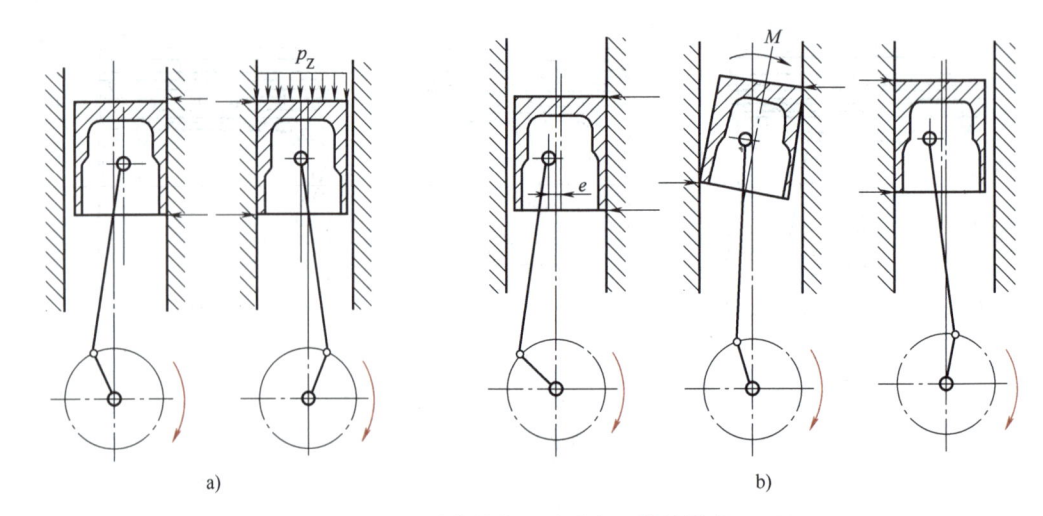

图 2-25 活塞销位置对活塞工作的影响
a) 活塞销对中布置　b) 活塞销偏移布置

起到加速活塞与气缸的磨合作用。在活塞裙部涂覆石墨，石墨涂层可以加速磨合过程，使裙部磨损均匀，在润滑不良的情况下也可以避免拉缸。

2.3.2 活塞环

活塞环按照用途分为气环和油环两种，如图 2-26 所示。

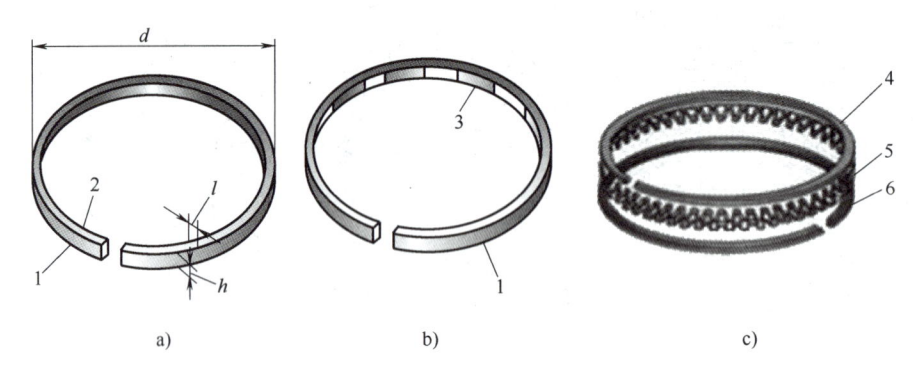

图 2-26 活塞环
a) 气环　b) 整体式油环　c) 组合式油环
1—外圆面　2—内圆面　3—回油孔　4—上刮片　5—衬环　6—下刮片
d—环直径　l—径向厚度　h—环高

气环的主要作用是密封和传热。保证活塞与气缸壁间的密封，防止气缸内的可燃混合气和高温燃气漏入曲轴箱，并将活塞顶部接受的热传给气缸壁，再由冷却系统带走这部分热量。

油环的主要作用是刮除飞溅到气缸壁上的多余的机油，并在气缸壁上涂覆一层均匀的油膜。这样既可防止机油窜入燃烧室，又可减小活塞、活塞环与气缸壁的磨损和摩擦阻力。此外，油环还可起到辅助密封的作用。

活塞环工作时受到气缸中高温、高压燃气的作用，并在润滑不良的条件下在气缸内高速滑动。由于气缸壁面的形状误差，使活塞环在上下滑动的同时还在环槽内产生径向移动。这不仅加重了环与环槽的磨损，还使活塞环受到交变弯曲应力的作用而容易折断。

根据活塞环的功用及工作条件，制造活塞环的材料应具有良好的耐磨性、导热性、耐热性和弹性以及较高的冲击韧度和足够的机械强度。目前广泛应用的活塞环材料有优质灰铸铁、球墨铸铁、合金铸铁和钢带等。第一道活塞环外圆面通常进行镀铬或喷钼处理。多孔性铬层硬度高，并能储存少量机油，可以改善润滑，减轻磨损。钼的熔点高，也具有多孔性，因此喷钼同样可以提高活塞环的耐磨性。

1. 气环

（1）活塞环的三隙 活塞环的三隙包括开口间隙、侧隙、背隙，如图 2-27 所示。

1）开口间隙（δ_1）。开口间隙又称为端隙，是活塞和活塞环装入气缸后切口处的间隙。一般为 0.25~0.50mm。

2）侧隙（δ_2）。侧隙又称为边隙，是环高方向上与环槽之间的间隙。第一道环的侧隙为 0.04~0.10mm；其他气环的侧隙为 0.03~0.07mm。油环的侧隙较小，一般为 0.025~0.07mm。

3）背隙（δ_3）。背隙是活塞环背面与环槽底部间的间隙，一般为 0.5~1mm。

（2）气环的密封原理 从气环漏气的通道只有 3 条：环外圆面与气缸壁之间、环与环槽的侧面之间、切口间隙处。前两处是可以密封的，气环密封原理如图 2-28 所示。

气环在自由状态下是非标准的圆环形，其外廓尺寸略大于气缸直径。当活塞环装入气缸后便产生弹力 p_0，使气环的外圆面与气缸壁贴紧形成第一密封面。气缸内的高压气体不可能通过第一密封面下窜，便进入活塞环的侧隙和背隙中。进入背隙中的气体会形成背压力 p_2 作用在活塞环的背面，加强了第一密封面的密封作用。同时，进入侧隙中的高压气体使环的下侧面与环槽的下侧面贴紧形成第二密封面，高压气体也不可能通过第二密封面泄漏。进入径向间隙中的高压气体只能使环的外圆面与气缸壁更加贴紧。这时漏气的唯一通道就是活塞环的开口端隙。如果几道活塞环的开口相互错开，那么就形成了迷宫式漏气通道，各环间隙处的气体压力递减图如图 2-29 所示。由于侧隙、背隙和端隙都很小，气体在通道内的流动阻力很大，致使气体压力 p 迅速下降，最后漏入曲轴箱内的气体就很少了，一般仅为进气量的 0.2%~1.0%。

（3）气环的切口形状 气缸内的可燃混合燃气漏入曲轴箱的主要通路是活塞环的切口。

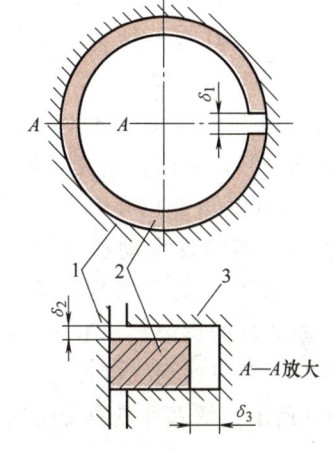

图 2-27 活塞环的三隙

1—气缸 2—活塞环 3—活塞 δ_1—开口间隙 δ_2—侧隙 δ_3—背隙

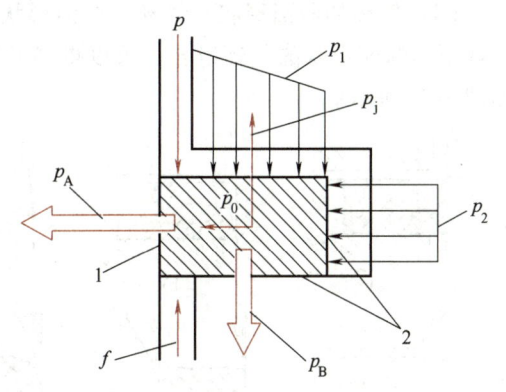

图 2-28 气环密封原理

1—第一密封面 2—第二密封面
p_A—第一密封面压紧力 p_B—第二密封面压紧力
p—气缸内气体压力 p_1—活塞环侧气体压力
p_2—活塞环背压力 p_0—活塞环弹力
p_j—活塞环惯性力 f—活塞环与气缸壁摩擦力

切口形状和开口间隙大小对漏气量有一定影响。开口间隙过大,则漏气严重,使发动机功率减小;开口间隙过小,活塞环受热膨胀后就有可能卡死或折断。第一道气环的温度最高,因而其开口间隙值最大。气环的切口形状如图2-30所示。直切口(图2-30a)工艺性好,但密封性差;阶梯形切口(图2-30b)密封性好,工艺性差;斜切口(图2-30c)的密封性和工艺性介于前两种开口之间,斜角一般为30°或45°,但其锐角部位在套装入活塞时容易折损。四冲程发动机的活塞环在环槽中一般不予周向固定,稍有周向转动对防止环的偏磨损和卡死是有利的。二冲程发动机的缸壁上若开有进、排气口时,要避免活塞环因开口碰到气口边缘而折断,所以利用嵌入活塞的销钉对活塞环进行周向定位,如图2-30d所示,活塞环具有带防转销钉槽的切口。

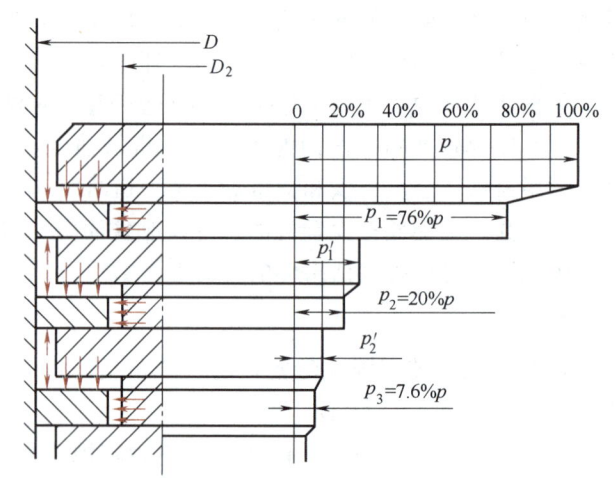

图2-29 各环间隙处的气体压力递减图

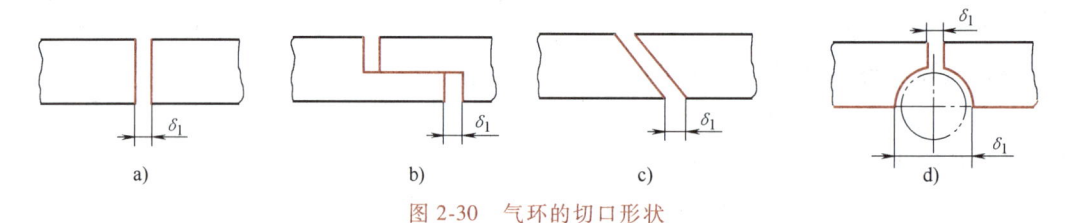

图2-30 气环的切口形状
a) 直切口 b) 阶梯形切口 c) 斜切口 d) 带防转销钉槽的切口

(4) 气环的断面形状　气环的断面形状多种多样,根据发动机的结构特点和强化程度,选择不同断面形状的气环组合,可以得到最好的密封效果和使用性能。常见气环的断面形状如图2-31所示。

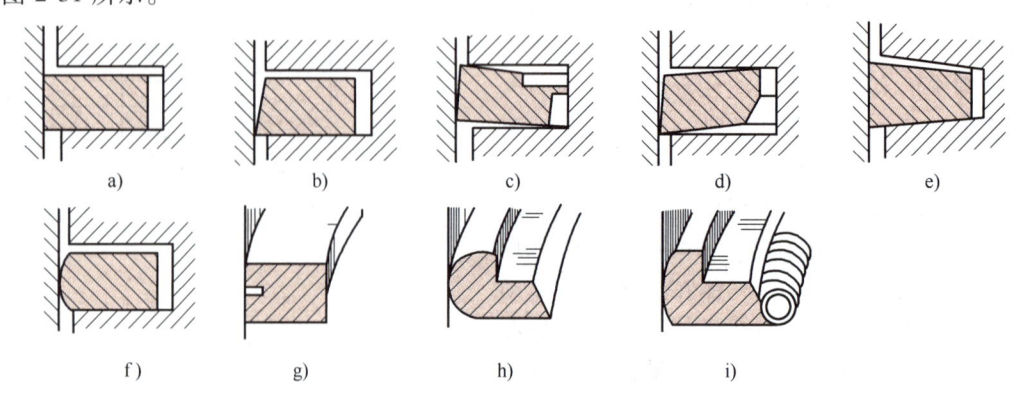

图2-31 常见气环的断面形状
a) 矩形环 b) 锥面环 c) 正扭曲内切环 d) 反扭曲锥面环
e) 梯形环 f) 桶面环 g) 开槽环 h)、i) 顶岸环

1）矩形环（图2-31a）。环的断面为矩形，形状简单，加工方便，与气缸壁接触面积大，有利于活塞散热；但磨合性差，而且在与活塞一起做往复运动时，在环槽内易上下窜动，把气缸壁上的机油不断地挤入燃烧室中，会产生"泵油作用"（图2-32），这使机油消耗量增加，活塞顶及燃烧室壁面积炭，发动机压缩比增加，气环结胶，环与气缸之间的磨损加剧。为了消除或减少有害的泵油作用，广泛采用非矩形断面的扭曲环。

2）锥面环（图2-31b）。环的外圆面为锥角很小的锥面。理论上锥面环与气缸壁为线接触，磨合性好，增大了接触压力和对气缸壁形状的适应能力。当活塞下行时，锥面环能起到向下刮油的作用；当活塞上行时，由于锥面的油楔作用，锥面环能滑越过气缸壁上的油膜而不致将机油带入燃烧室。但锥面环传热性差，不宜用作第一道气环。由于锥角很小，一般不易识别，为避免装错，在环的上侧面标有向上的记号。

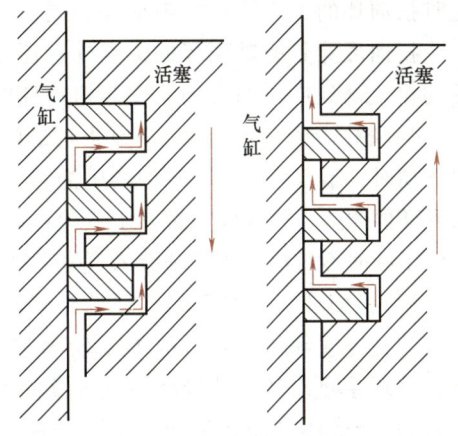

图 2-32　矩形环的泵油作用

动画：矩形环的泵油作用

3）扭曲环（图2-31c、d）。断面不对称的气环装入气缸后，由于弹性内力的作用使断面发生扭转，故此类环称为扭曲环。若将内圆面的上边缘或外圆面的下边缘切掉一部分，整个气环将扭曲成碟子形，则称这种环为正扭曲环（图2-31c）；若将内圆面的下边缘切掉一部分，气环将扭曲成盖子形，则称为反扭曲环（图2-31d）。在环面上切去部分金属称为切台。扭曲环断面扭转原理如图2-33所示。活塞环装入气缸之后，其断面中性层以外产生拉应力，断面中性层以内产生压应力。拉应力的合力 F_1 指向活塞环中心，压应力合力 F_2 的方向背离活塞环中心。由于扭曲环中性层内外断面不对称，使 F_1 与 F_2 不作用在同一平面内而形成力矩 M。在力矩 M 的作用下，使环的断面发生扭转。

扭曲环工作示意图如图2-34所示。当发动机工作时，在进气、压缩和排气行程中，扭曲环发生扭曲，其上下侧面与环槽的上下侧面相接触，从而防止了环在环槽内上下窜动，消除了泵油现象，减轻了环对环槽的冲击而引起的磨损。在做功行程中，巨大的燃气压力作用

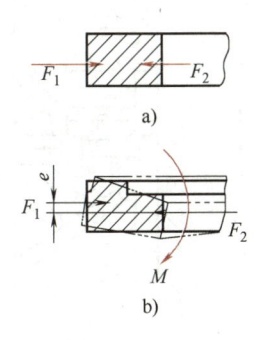

图 2-33　扭曲环断面扭转原理
a）矩形环　b）扭曲环

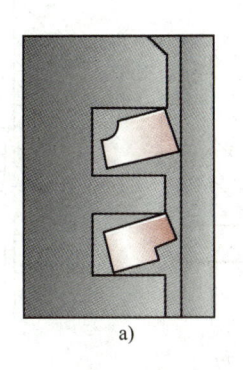

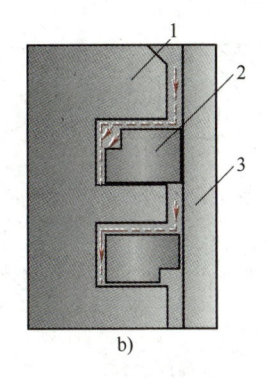

图 2-34　扭曲环工作示意图
a）进气、压缩、排气行程　b）做功行程
1—活塞　2—活塞环　3—气缸套

于环的上侧面和内圆面,足以克服环的弹性内力使环不再扭曲,整个外圆面与气缸壁接触,这时扭曲环的工作特点与矩形环相同。

扭曲环除具有锥面环的优点外,还能减小泵油作用,减小磨损,提高散热能力,目前在发动机上得到广泛的应用。安装扭曲环时,应将内圆切槽向上,外圆切槽向下,不能装反。

4) 梯形环（图2-31e）。梯形环的断面为梯形,其主要优点是抗黏结性好。当活塞头部温度很高时,窜入第一道环槽中的机油容易结焦并将气环粘住。在侧向力换向活塞左右摆动时,梯形环的侧隙、径向间隙都发生变化将环槽中的胶质挤出。楔形环的工作特点与梯形环相似,且由于断面不对称,这类环装入气缸后也会发生扭曲。梯形环多用作柴油机的第一道气环。

5) 桶面环（图2-31f）。环的外圆面为外凸圆弧形。其密封性、磨合性及对气缸壁表面形状的适应性都比较好,但加工较困难。桶面环在气缸内不论上行或下行均能形成楔形油膜,将环浮起,从而减轻环与气缸壁的磨损。

6) 开槽环（图2-31g）。该环是在外圆面上加工出环形槽。在槽内填充能吸附机油的多孔性氧化铁,有利于润滑、磨合和密封。

7) 顶岸环（图2-31h、i）。其断面为"L"形。因为顶岸环距活塞顶面近（图2-35）,做功行程时,燃气压力能迅速作用于环的上侧面和内圆面,使环的下侧面与环槽的下侧面、外圆面与气缸壁面贴紧,有利于密封;由于同样的原因,顶岸环可以减少汽车尾气HC的排放量。

2. 油环

油环分为普通单体油环和组合油环两种。

(1) 普通单体油环 此类油环一般用合金铸铁制造,因为油环的内圆面基本上没有气体力的作用,所以槽孔式油环的刮油能力主要靠油环自身的弹力。为了减小环与气缸壁的接触面积,增大接触压力,在环的外圆面上常加工出环形集油槽,形成上下两道刮油唇,在集油槽底加工有回油孔。由上下刮油唇刮下来的机油经回油孔和活塞上的回油孔流回油底壳。油环的刮油作用如图2-36所示。当活塞下行时,油环在摩擦力和惯性力的作用下紧靠环槽上侧面,此时由油环刮下的机油通过环的下侧隙挤入背隙,在一定压力的作用下,机油从背隙通过回油槽流出,最后流回油底壳。当活塞上行时,由气环和油环刮下的机油从环的上侧隙进入背隙,再从背隙通过回油槽流回到油底壳。

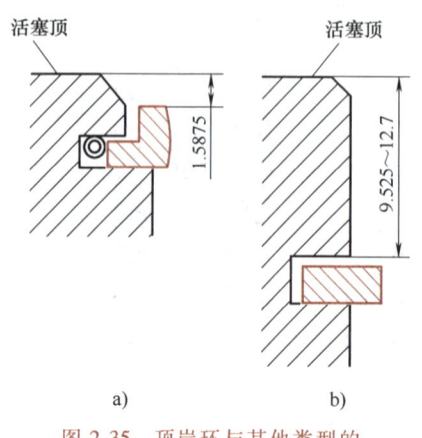

图2-35 顶岸环与其他类型的气环安装位置的比较
a) 顶岸环 b) 其他类型的气环

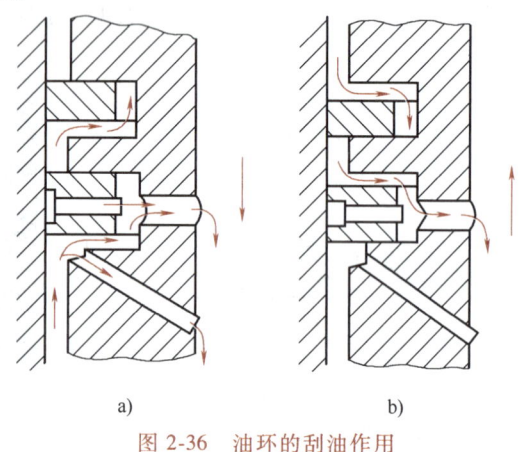

图2-36 油环的刮油作用
a) 活塞下行 b) 活塞上行

普通单体油环结构简单，加工容易，成本低，但刮油效果差，寿命较短，因此，目前在轿车发动机上应用较少。

（2）组合油环 组合油环由上、下刮片和轨形衬簧组合而成，如图 2-37 所示。轨形衬簧不仅使刮片与气缸壁贴紧，而且还使刮片与环槽侧面贴紧。此类环的优点是接触压力大，既可增强刮油能力，又能防止机油上窜。另外，上、下刮片能单独动作，因此对气缸失圆和活塞变形的适应能力强。但钢带组合油环需用优质钢制造，成本高。目前，这种油环在高速汽油机上应用较普遍。

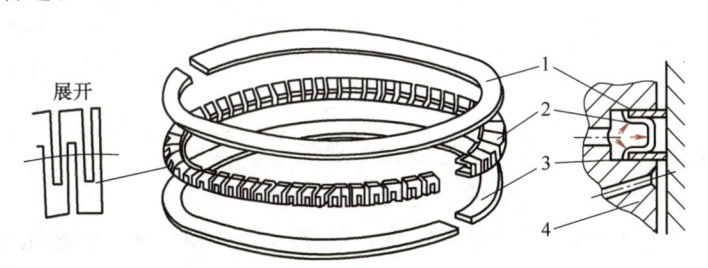

图 2-37 组合油环
1—上刮片 2—轨形衬簧 3—下刮片 4—活塞

2.3.3 活塞销

活塞销的功用是连接活塞和连杆小头，将活塞所承受的气体压力传给连杆。

活塞销在高温下，承受很大的周期性冲击载荷，且由于活塞销在销孔内摆动角度不大，难以形成润滑油膜，因此润滑条件较差（一般靠飞溅润滑），因而要求活塞销必须有足够的强度、刚度和耐磨性，质量尽可能小。

活塞销的材料一般为低碳钢或低碳合金钢，如 20、20Mn、15Cr、20Cr 或 20MnV 等。外表面渗碳淬硬，再经精磨和抛光等精加工，这样既提高了表面硬度和耐磨性，又保证了有较高的强度和冲击韧度。

为了满足活塞销的性能要求，其形状一般制造成空心圆柱体。活塞销的内孔形状如图 2-38 所示。其中圆柱形孔（图 2-38a）加工容易，但活塞销的质量较大；两段截锥形孔（图 2-38b）的活塞销质量较小，且因为活塞销所受的弯矩在其中部最大，所以接近于等强度梁，但锥孔的加工较复杂。组合形孔（图 2-38c）也是按接近等强度梁而设计的，其结构最为合理。

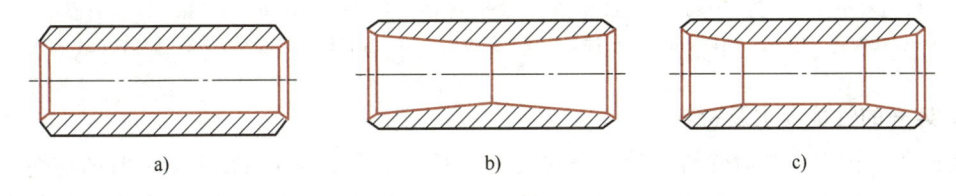

图 2-38 活塞销的内孔形状
a）圆柱形 b）两段截锥形 c）组合形

活塞销与活塞销座孔和连杆小头衬套孔的连接配合，通常采用全浮式（图 2-39）。即在发动机运转过程中，活塞销不仅能在连杆小头衬套内转动，而且能在活塞销座孔内缓慢转动，这使活塞销各工作表面磨损比较均匀。

当采用铝合金活塞时，活塞销座的热膨胀量大于活塞销。为了保证高温工作时有正常的工作间隙（0.01~0.02mm），在冷态装配时活塞销与活塞销座孔为过渡配合。装配时，应先将铝合金活塞预热（70~90℃的水或油中加热），然后将活塞销装入。为了防止活塞销轴向窜动而刮伤气缸壁，在活塞销两端用卡环嵌在销座孔凹槽中加以轴向定位。

2.3.4 连杆

连杆的功用是将活塞承受的力传给曲轴，把活塞的往复运动转变为曲轴的旋转运动。连杆包括连杆体、连杆盖、连杆螺栓和连杆轴承等零件，其结构组成如图2-40所示。

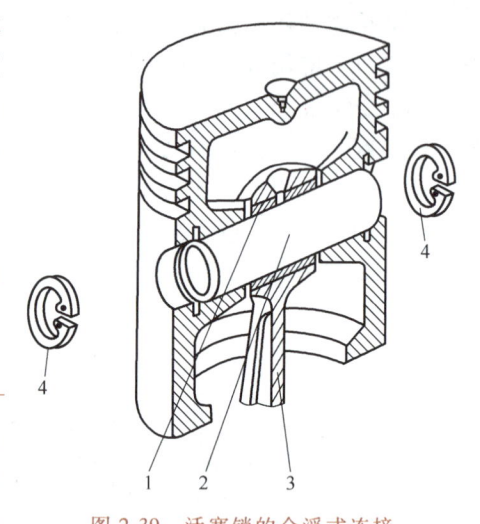

图2-39 活塞销的全浮式连接
1—连杆小头衬套 2—活塞销 3—连杆 4—卡环

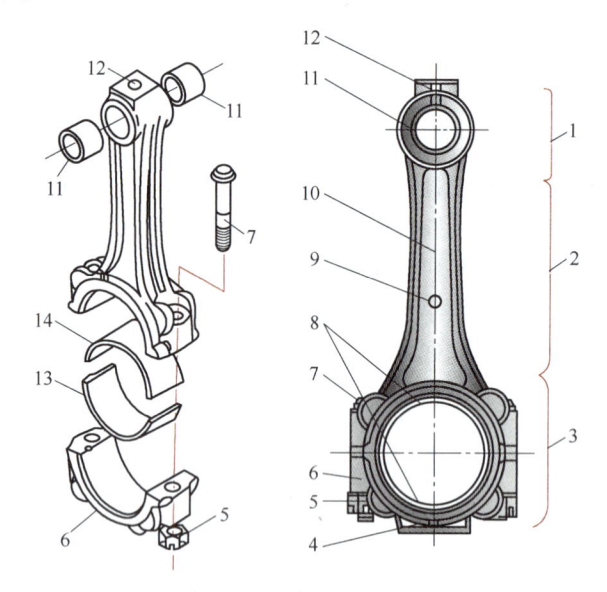

图2-40 连杆的结构组成
1—连杆小头 2—连杆杆身 3—连杆大头 4、9—配对记号 5—螺母 6—连杆盖 7—连杆螺栓 8—连杆轴承 10—连杆体 11—连杆衬套 12—集油孔 13—连杆轴承下轴瓦 14—连杆轴承上轴瓦

1. 连杆的性能要求及材料

连杆在工作中主要承受活塞销传来的气体作用力和活塞连杆组往复运动时的惯性力。此外，还承受连杆大头绕曲轴旋转产生的旋转惯性力的作用。这些力的大小和方向都是周期性变化的，因此，连杆受到的是压缩、拉伸和弯曲等交变载荷。如果连杆在交变载荷作用下发生断裂，则将发生恶性破坏事故；如果连杆刚度不足，也会对曲轴连杆机构的工作产生不良后果。为此，要求连杆要有足够的强度和刚度，质量要尽可能小。

连杆体和连杆盖一般用中碳钢或中碳合金钢（如40Cr、42CrMo、40MnB等）经模锻或辊锻而成。连杆螺栓通常用优质合金钢40Cr或35CrMo制造。一般均经喷丸处理以提高连杆组零件的强度。纤维增强铝合金连杆因其质量小、综合性能好而备受关注。在相同强度和刚度的情况下，纤维增强铝合金连杆比用传统材料制造的连杆要轻30%。

2. 连杆的结构组成

连杆主要由连杆小头1、连杆杆身2和连杆大头3（包括连杆盖）3部分组成，如图2-41所示。

（1）**连杆小头** 连杆小头与活塞销相连。在全浮式连接的连杆小头孔内压装有减摩的青铜衬套。在小头顶部和衬套上加工有集油孔或集油槽，用来收集发动机运转时飞溅的机油，以便润滑活塞销。

（2）**连杆杆身** 杆身断面通常做成工字形，以求在刚度足够的前提下尽可能减少惯性质量。有的连杆在杆身内加工有润滑油道，用来润滑小头衬套。

（3）**连杆大头** 连杆大头与曲轴的曲柄销相连接。为了便于拆装活塞连杆组，通常将连杆大头做成剖分式的，上半部与杆身为一体，被分开的部分叫连杆盖，二者通过特制的连杆螺栓连接。为保证连接的可靠性，连杆螺栓必须以工厂规定的拧紧力矩，分2~3次均匀地拧紧。连杆盖与连杆大头是组合镗孔的，为了防止装配时配对错误，在同一侧刻有配对记号（图2-42），拆装时应注意对应。

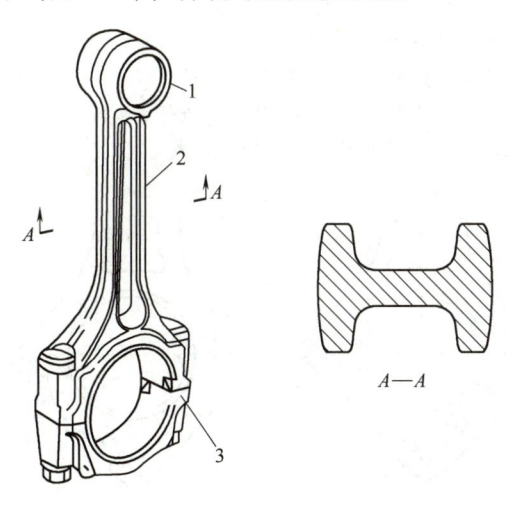

图 2-41 连杆结构
1—连杆小头 2—连杆杆身 3—连杆大头

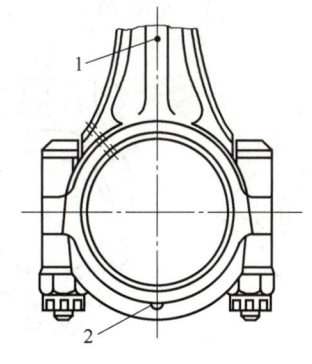

图 2-42 连杆盖与连杆大头配对记号
1、2—配对记号

按连杆大头剖分面的方向可将连杆分为平切口、斜切口两种形式（图2-43）。连杆大头沿着与杆身轴线垂直的方向切开，称为平切口连杆（图2-43a），平切口连杆结构简单、加工方便，连杆螺栓只承受拉伸力，但外形尺寸较大，故多用于连杆大头较小的发动机。有些柴油机的连杆大头尺寸太大，在维修拆装活塞连杆组件时无法从气缸中抽出，可将连杆大头沿着与杆身轴线呈30°~60°（常用45°）夹角的方向切开，即为斜切口连杆（图2-43b）。斜切口连杆的连杆螺栓由于承受较大的剪切力而容易发生疲劳破坏。为此，应该采用能够承受剪切力的定位方法。

平切口连杆利用连杆螺栓上精密加工的圆柱面与精密加工的螺栓孔来实现连杆盖的定位。斜切口连杆的连杆螺栓由于承受较大的剪切力，容易发生疲劳破坏，为此，应该采用能够承受剪切力的定位方式，如锯齿定位、套筒（或定位销）定位、止口定位等，如图2-44所示。

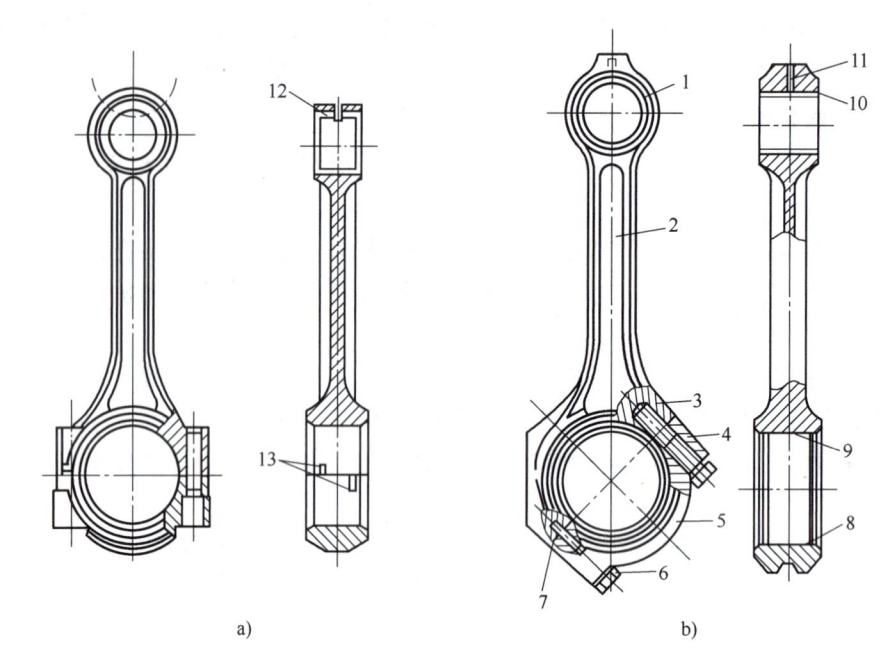

图 2-43 按连杆大头剖分面的方向分类
a）平切口连杆 b）斜切口连杆
1—连杆小头 2—连杆杆身 3—连杆大头 4、6—连杆螺栓 5—连杆盖 7—定位销 8—连杆轴承下轴瓦
9—连杆轴承上轴瓦 10—连杆衬套 11—集油孔 12—集油槽 13—轴承定位槽

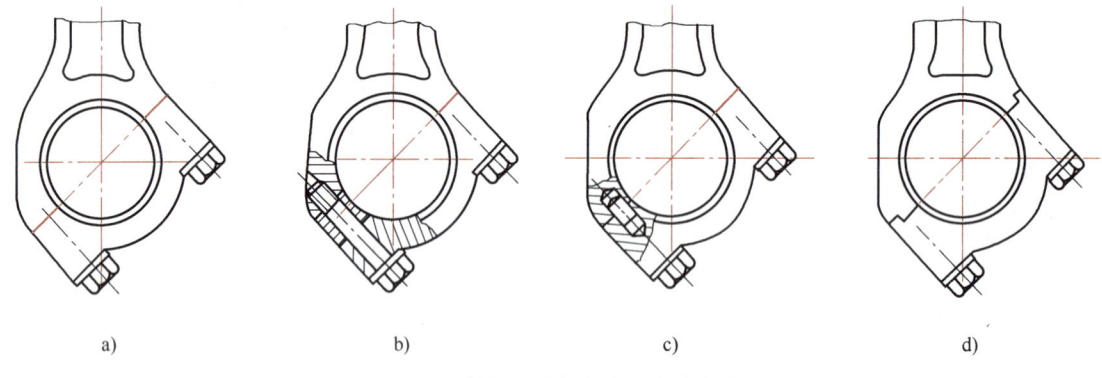

图 2-44 斜切口连杆大头的定位方式
a）锯齿定位 b）套筒定位 c）定位销定位 d）止口定位

1）锯齿定位。如图 2-44a 所示，其优点是锯齿接触面大，贴合紧密，定位可靠，结构紧凑。缺点是对齿距公差要求较严，但现代采用拉削工艺能较好地满足要求，所以这种定位方式在某些柴油机中常被采用。

2）套筒定位。如图 2-44b 所示，是在连杆盖上的每一个连杆螺栓孔中，同心地压入刚度大且剪切强度高的定位套筒。优点是能实现多向定位，定位可靠，拆装连杆大头盖十分方便。缺点是工艺要求高，若孔距不够准确，易发生因过定位（定位干涉）而引起连杆大头孔严重失圆的情况发生，此外，连杆大头孔横向尺寸较大。

定位销定位与套筒定位的原理及优缺点基本相同，如图 2-44c 所示。

3）止口定位。如图2-44d所示，其优点是工艺简单，成本低。缺点是只能实现单向定位，连杆大头横向尺寸较大，不紧凑。

总之，在轿车发动机中斜切口连杆应用很少，一般都采用尺寸紧凑的平切口连杆。

连杆轴承装配在连杆大头孔内，与连杆轴颈（曲柄销）及连杆大头孔配合工作。现代汽车发动机用的连杆轴承是剖分成两半的滑动轴承，由钢背和减磨合金层组成，如图2-45所示。钢背1由1~3mm厚的低碳钢带制成，在其内表面上浇铸0.3~0.7mm厚的减磨合金层4，减磨合金层具有保持油膜、减少摩擦阻力和易于磨合的作用。使用中不允许对轴瓦的合金层进行刮削或镗削等，以免破坏轴承的表面质量，缩短其使用寿命。目前，汽车发动机的轴承减磨合金主要有巴氏合金、铜铅合金、高锡铝合金。

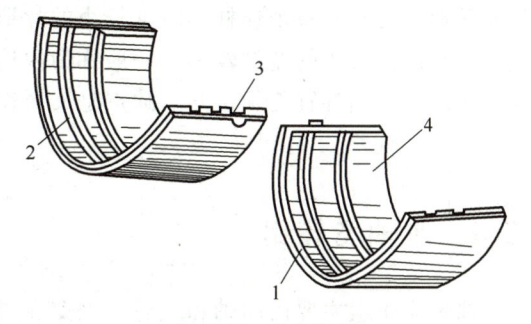

图2-45 连杆轴承
1—钢背 2—油槽 3—定位凸键 4—减磨合金层

连杆轴瓦背面表面粗糙度值应很小。半个轴瓦在自由状态下不是半圆形，当它们装入连杆大头孔内时，靠自身产生的张紧力紧贴在连杆大头孔壁内。轴承背面制有定位凸键，连杆大头上还铣有连杆轴承的定位凹槽，防止轴承转动；轴承内表面开有油槽用以储油和作垃圾槽用。

3. V型发动机连杆

V型发动机左右两个气缸的连杆安装在同一个曲柄销上，其结构随安装形式的不同而不同，如图2-46所示。V型发动机连杆的结构通常有以下3种。

(1) 并列式连杆（图2-46a） 相对应的左右两个气缸的连杆，沿曲轴的长度方向一前一后装配在一个曲柄销（曲轴上的连杆轴颈）上。连杆结构与直列式发动机的连杆基本相同，只是连杆大头宽度稍小一些。并列式连杆左右两列气缸的活塞运动规律相同，但两列气缸沿曲轴纵向需要相互错开一段距离，从而增加了曲轴和发动机的长度。

(2) 主副连杆（图2-46b） 一列气缸的连杆为主连杆，连杆大头直接装配在曲柄销的全长上。另一列气缸的连杆为副连杆，副连杆通过销轴铰接在主连杆体或主连杆盖上。主副连杆不能互换，且副连杆对主连杆作用以附加弯矩。两列气缸中活塞的运动规律和上止点位

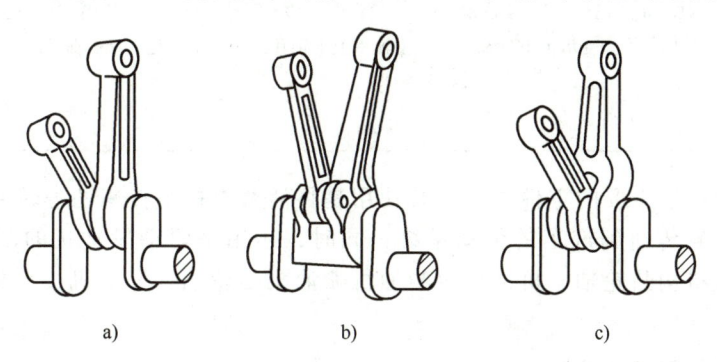

图2-46 V型发动机连杆
a) 并列式连杆 b) 主副连杆 c) 叉形连杆

置均不相同。采用主副连杆的 V 型发动机,其两列气缸不需要相互错开,因而也就不会增加发动机的长度。

(3) 叉形连杆(图 2-46c) 左、右两列对应气缸的两个连杆中,一个连杆的连杆大头制成叉形,跨于另一个连杆的厚度较小的片形大头两端。另一列气缸中的连杆与普通连杆类似,只是连杆大头的宽度较小,一般称为内连杆。此类连杆的优点是两列气缸中活塞的运动规律相同,两列气缸无须错开。缺点是叉形连杆大头结构复杂,制造比较困难,维修也不方便,且刚度较差。

2.4 曲轴飞轮组

曲轴飞轮组主要由曲轴和飞轮以及其他具有不同作用的零件和附件组成,如图 2-47 所示。其零件和附件的种类和数量取决于发动机的结构和性能要求。

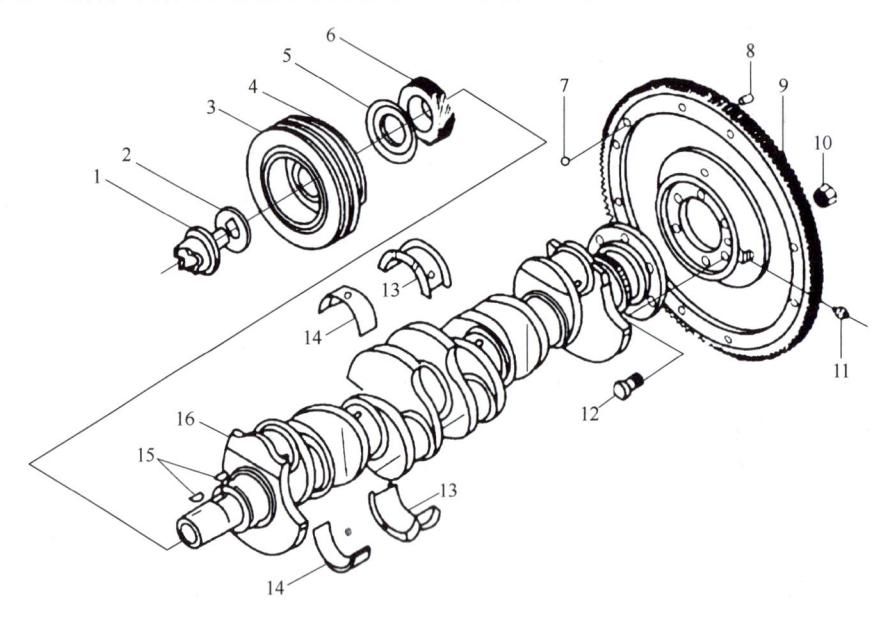

图 2-47 曲轴飞轮组的组成
1—起动爪 2—起动爪锁紧垫圈 3—扭转减振器 4—带轮 5—挡油片 6—正时齿轮
7——、六缸上止点记号 8—圆柱销 9—飞轮齿圈 10—螺母 11—润滑脂嘴 12—连接螺栓
13—推力轴承上下轴瓦 14—主轴承上下轴瓦 15—半圆键 16—曲轴

2.4.1 曲轴

曲轴是发动机最重要的零件之一,其功用是将活塞连杆组传来的力转变为曲轴的旋转转矩,再通过飞轮传递到汽车的传动系统;同时,还用来驱动发动机的配气机构和其他辅助装置(配气机构凸轮轴、机油泵、柴油机喷油泵凸轮轴、发电机、水泵、汽车空调压缩机等)。

1. 曲轴的性能要求及材料

曲轴承受周期性变化的气体作用力、往复惯性力、离心力以及由此产生的转矩、弯矩的

共同作用。因此要求曲轴具有足够的刚度、疲劳强度和冲击韧度,各工作表面要有良好的润滑条件和耐磨性。

汽车发动机曲轴一般由 45、40Cr、40MnB 等中碳钢和中碳合金钢模锻而成,轴颈表面经高频淬火或渗氮处理,最后进行精加工。上海大众轿车及江西五十铃的发动机曲轴采用 F49MnVS,提高了曲轴的韧性,改善了其切削性能。有些汽车发动机也采用高强度的球墨铸铁曲轴。如捷达 EA827、北京切诺基等汽油机以及 6135Q 柴油机均采用球墨铸铁曲轴。球墨铸铁价格便宜,耐磨性能好,轴颈不需硬化处理,同时金属消耗量少,机械加工量也少。为提高曲轴的疲劳强度,消除应力集中,轴颈表面应进行喷丸处理,圆角处要经滚压处理。涡轮增压发动机为了保证曲轴强度,一般仍用合金钢作为曲轴材料。

2. 曲轴结构

汽车发动机曲轴主要由 3 部分组成(图 2-48):前端轴 1、若干个曲拐(由连杆轴颈 3、连杆轴颈两侧的曲柄 4 以及前后两个主轴颈 5 组成)、后端凸缘 6。

曲轴的曲拐数取决于气缸的数目和布置形式。直列式发动机曲轴的曲拐数等于气缸数,V 型发动机曲轴的曲拐数等于气缸数的一半。

多缸发动机曲轴按曲拐之间连接方式不同,分为整体式和组合式两种。整体式曲轴(图 2-48)的各个曲拐及前、后端都做成一个整体,一般采用滑动轴承;组合式曲轴(图 2-49)的各个曲拐分段加工,然后再利用连接件将各个曲拐连成一体,一般采用滚动轴承,并且必须与隧道式气缸体配合使用。发动机多采用整体式曲轴。

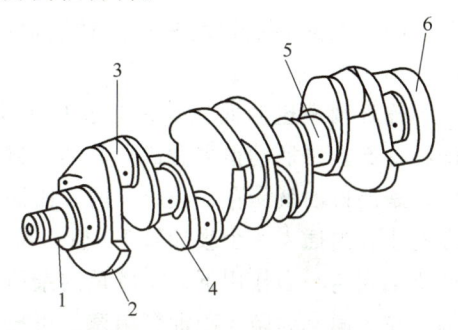

图 2-48 整体式曲轴
1—前端轴 2—平衡重 3—连杆轴颈
4—曲柄 5—主轴颈 6—后端凸缘

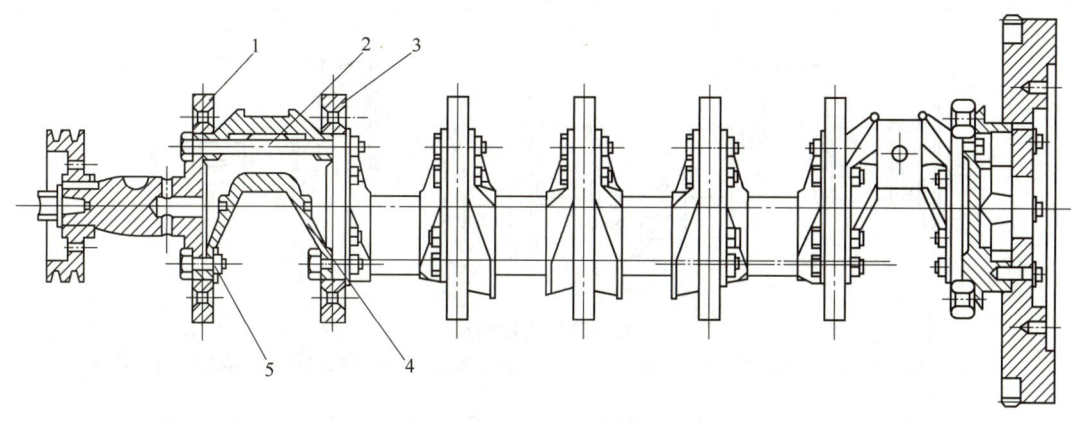

图 2-49 组合式曲轴
1、3—滚子轴承 2—连接螺栓 4—曲柄 5—定位螺栓

曲轴的支承形式如图 2-50 所示。按其主轴颈数目分为全支承曲轴和非全支承曲轴。在相邻两个曲拐之间都设置一个主轴颈的曲轴称为全支承曲轴(图 2-50a),否则为非全支承曲轴(图 2-50b)。全支承可以提高曲轴的抗弯强度和刚度,并可减轻主轴承的载荷,但加工面较多,曲轴主轴承多,机体相应较长,多用于柴油机和负荷较大的汽油机,如上海桑塔

纳、大众 POLO 和一汽宝来、捷达及广州本田雅阁轿车的发动机曲轴。非全支承曲轴长度短，结构紧凑，制造工艺简单，但曲轴的抗弯强度和刚度小，多用于中小负荷的汽油机。

主轴颈和连杆轴颈是发动机中最关键的滑动配合副，均需良好润滑。润滑主油道的机油从气缸体上的油道而来。润滑连杆轴颈的机油则是通过在主轴颈与连杆轴颈之间加工的斜油道而来。曲轴油道如图2-51所示。

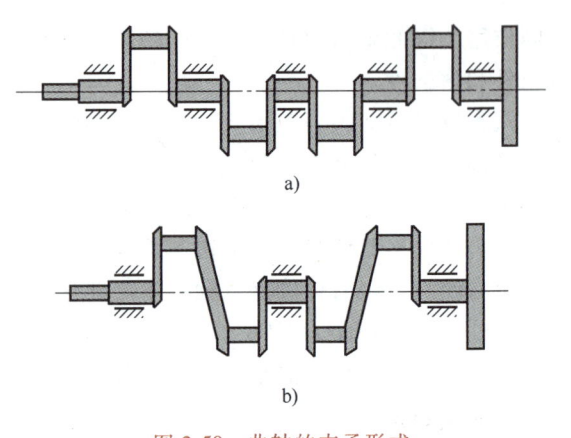

图 2-50 曲轴的支承形式
a) 全支承曲轴 b) 非全支承曲轴

连杆轴颈也叫曲柄销，与连杆大头装配在一起。曲柄销很多做成空心的，目的在于减小质量和离心力。从主轴颈经曲柄孔油道3输送来的机油就储存在油腔5内，曲柄销与轴瓦上钻有径向孔与此油腔相通。有的结构中，在此小孔内插入一个吸油管7，管口位于油腔5的中心。这样，当曲轴旋转时，进入油腔5的机油在离心力作用下，将较重的杂质甩向油腔壁，油腔中的清洁机油就经吸油管流到曲柄销工作表面。为防止吸油管堵塞，可按时旋开螺塞4清除杂质。

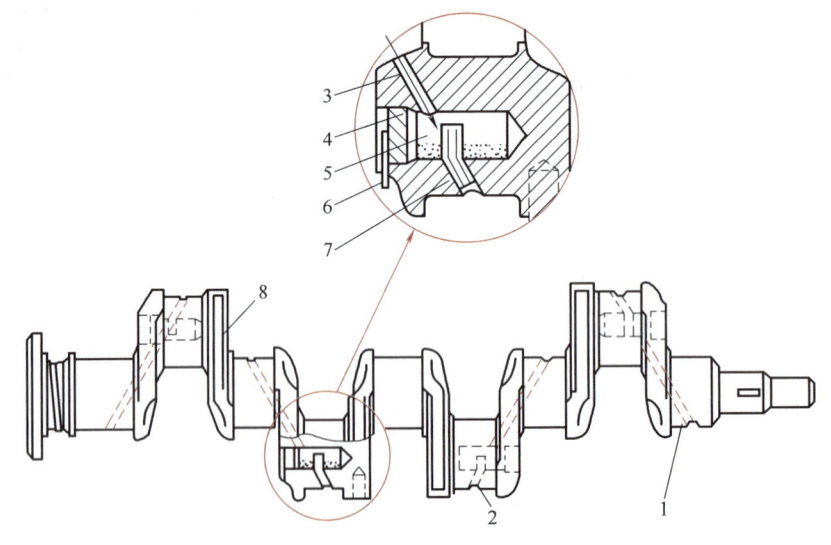

图 2-51 曲轴油道
1—主轴颈 2—连杆轴颈 3—油道 4—螺塞 5—油腔（积污腔）6—开口销 7—吸油管 8—曲柄

曲柄是连接主轴颈和连杆轴颈的部分，曲柄的重心应尽可能靠近曲轴的旋转中心。

平衡重的作用是平衡曲轴飞轮组各机件产生的离心力及其力矩，有时还用来平衡一部分往复惯性力，使发动机运转平稳。对于四缸、六缸等多缸发动机，由于曲轴对称布置，往复惯性力和离心力及其产生的力矩从整体上看都能互相平衡。图 2-52 所示为四缸发动机曲轴平衡重作用示意图，图 2-52a 中曲柄销的离心力 F_1、F_4 与 F_2、F_3 互相平衡，F_1 和 F_2 形成的力偶矩 M_{1-2} 与 F_3 和 F_4 形成的力偶矩 M_{3-4} 也能互相平衡。但两个力偶矩会使曲轴受到弯曲载荷作用，若曲轴刚度不够就会产生弯曲变形，引起主轴颈和轴承偏磨。为了改善其工作条件，一般都在曲柄的相反方向设置平衡重，如图2-52b所示。平衡重所造成的弯矩可以同M_{1-2}和M_{3-4}造成的弯矩平衡。

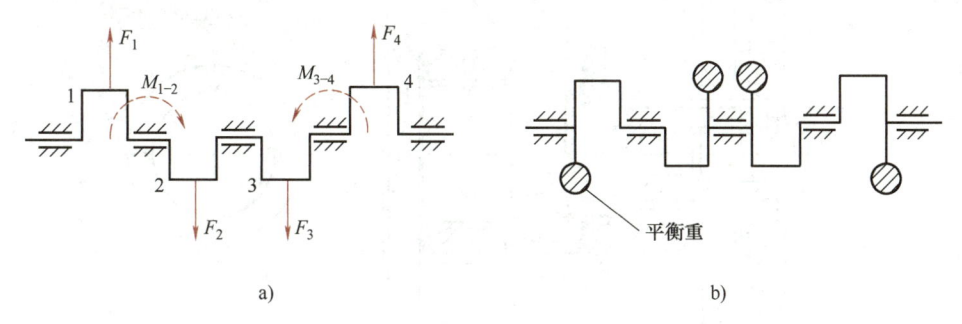

图2-52 四缸发动机曲轴平衡重作用示意图
a）受力平衡 b）设置平衡重

为了在较小的质量下获得较大的离心力，应尽量使平衡重的重心远离曲轴旋转中心。平衡重的设置方法有两种：一种是发动机平衡重与曲轴制成一体（图2-48）；另一种是平衡重单独制造并用螺钉安装在曲轴上（图2-53）。加平衡重会导致曲轴质量和材料消耗增加，锻造工艺复杂。因此，曲轴是否加平衡重，要视具体情况而定。如有的汽车发动机的4曲拐曲轴，各曲拐的离心力和离心力矩本身都能平衡，虽然存在弯矩，但由于采用全支承，本身刚度又大，就不设平衡重；而有的汽车四缸发动机曲轴，虽然本身也能平衡，但由于采用非全支承，曲轴刚度较差，为了减轻曲轴轴承的负荷，也设置了平衡重。

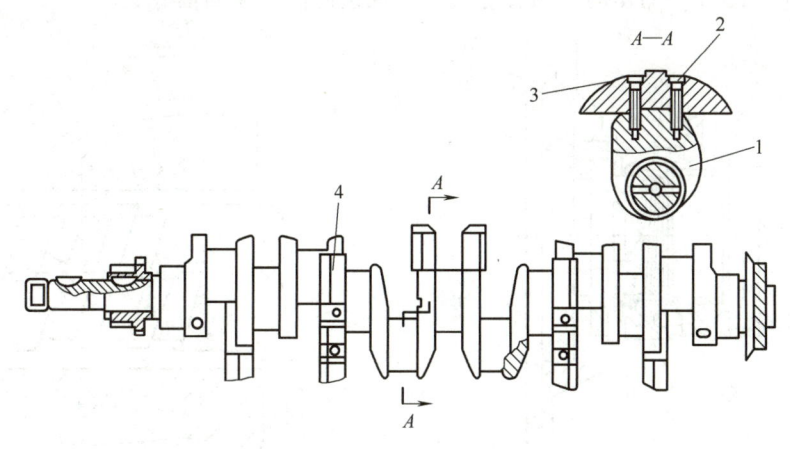

图2-53 菲亚特C40N型汽车发动机曲轴
1—曲柄 2—平衡重紧固螺钉 3—平衡重 4—紧固螺钉焊缝

曲轴前端是第一道主轴颈之前的部分，如图2-54所示。通过键槽和螺栓，安装有驱动配气凸轮轴的正时齿轮7（或链轮、同步带轮），驱动风扇和水泵的带轮2以及油封5、甩油盘6、止推片8等。甩油盘和橡胶油封可实现对曲轴前端机油的密封。在曲轴前端的甩油盘随曲轴旋转，当被齿轮挤出和甩出的机油落到甩油盘上时，由于离心力的作用，被甩到正时齿轮盖的内壁面上的机油沿壁面流回到油底壳中。即使还有少量机油落到甩油盘前面的曲轴轴段上，也会被压配在正时齿轮室盖上的油封挡住。甩油盘的外斜面应向后，不能装反。此外，在一些中、小型发动机的曲轴前端还装有起动爪，以便必要时人力起动发动机。

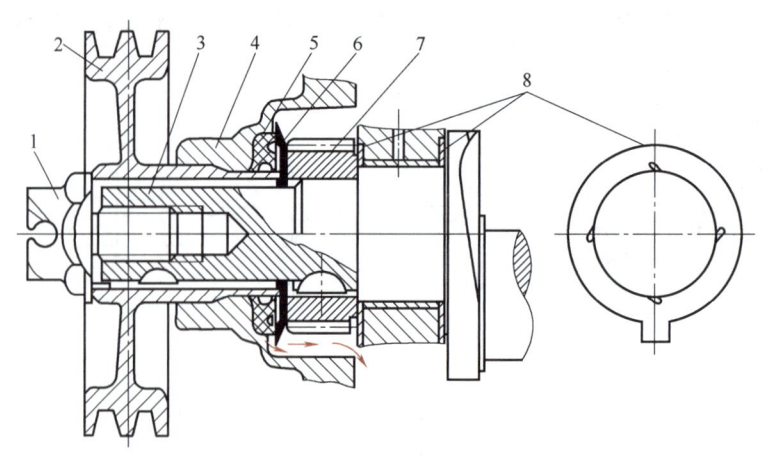

图 2-54 曲轴前端的结构

1—起动爪 2—带轮 3—曲轴 4—正时齿轮室盖 5—油封 6—甩油盘 7—正时齿轮 8—止推片

曲轴后端是最后一道主轴颈之后的部分，其结构如图2-55所示。曲轴后凸缘6与飞轮4通过飞轮螺栓、螺母5装配连接。为防止机油从曲轴后端漏出，通常在曲轴后端车出回油螺纹3或安装其他封油装置。回油螺纹可以是梯形的或矩形的，其螺旋方向应为右旋，回油螺纹的封油原理如图2-56所示。当曲轴旋转时，机油也被带动旋转，因为机油本身有黏性，所以会受到机体后盖孔壁的摩擦阻力F_r。F_r可分解为平行于螺纹的分力F_{r1}和垂直于螺纹的分力F_{r2}，机油在F_{r1}的作用下顺着螺纹槽被推送向前，流回油底壳。

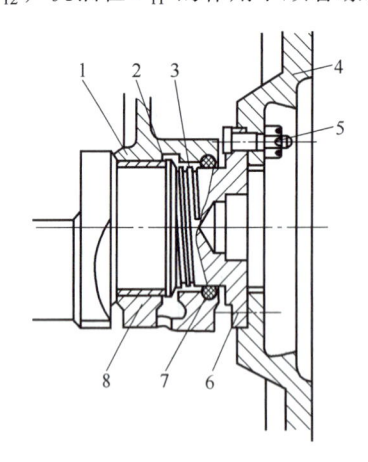

图 2-55 曲轴后端的结构

1—轴承座（气缸体） 2—甩油盘 3—回油螺纹 4—飞轮
5—飞轮螺栓、螺母 6—曲轴后凸缘 7—油封 8—轴承盖

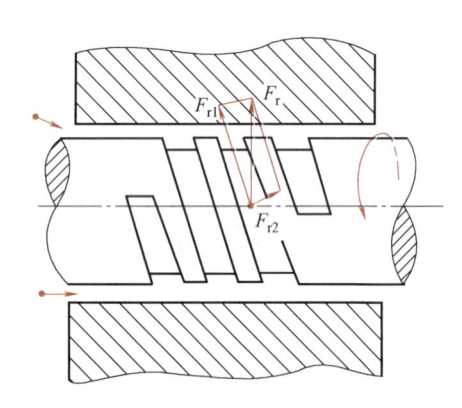

图 2-56 回油螺纹的封油原理

3. 曲轴轴承

发动机工作时，曲轴经常受到离合器施加于飞轮的轴向力作用而有轴向窜动的趋势。曲轴的轴向窜动将破坏曲柄连杆机构各零件间正确的相对位置，故必须用推力轴承（一般是滑动轴承）加以限制；而曲轴在受热膨胀时又应有一定的自由伸长量，所以曲轴上只能有一处轴向定位装置。一般采用的滑动推力轴承形式（图2-57）有三种。

(1) 半圆环止推片（图 2-57a） 半圆环止推片一般为 4 片，上、下各两片，分别安装在机体和主轴承盖浅槽中，用定位舌 3 定位，防止转动。装配时，需将减摩合金层（止推面）2、7 朝向曲轴的止推面，不能装反。半圆环止推片应用最为广泛，上海桑塔纳 2000GSi 发动机、本田 F23A3 发动机均采用半圆环止推片。

(2) 翻边轴瓦（图 2-57b） 翻边轴瓦是将轴瓦两侧的翻边作为止推面，在止推面上浇注减磨合金。轴瓦止推面与曲轴止推面之间留有 0.06～0.25mm 的间隙，从而限制了曲轴的轴向窜动量。红旗 CA7220E 轿车发动机即采用翻边轴瓦轴承进行轴向定位。

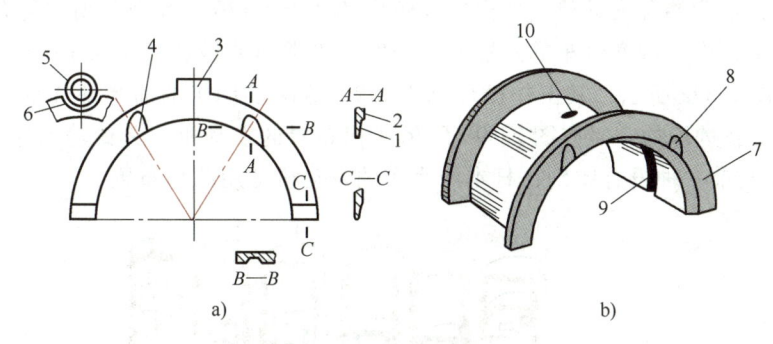

图 2-57 滑动推力轴承形式
a) 半圆环止推片 b) 翻边轴瓦
1—钢背 2、7—减摩合金层（止推面） 3—定位舌 4、8—储油槽 5—定位销 6—定位销槽 9—环形油槽 10—油孔

(3) 止推轴承环 止推轴承环为两片止推圆环，分别安装在第一主轴承盖的两侧。

4. 曲轴形状

曲轴的形状和各曲拐的相对位置取决于发动机的气缸数、气缸布置形式和各缸的做功行程交替顺序（即发火次序）。当气缸数和气缸布置形式确定之后，曲拐布置就只取决于发动机发火次序。在设计发动机发火次序时，应注意：发动机每完成一个工作循环，各缸都应发火一次，且各缸的做功间隔应力求均匀。对于缸数为 i 的四冲程发动机，其发火间隔角为 $720°/i$；应使连续做功的两缸相距尽可能远些，避免相邻两缸发生进气重叠现象，同时降低主轴承负荷；V 型发动机左右两气缸尽量交替做功；曲拐布置尽可能对称、均匀，以使发动机工作平稳。

常见多缸发动机曲拐布置和发火次序如下。

(1) 直列四缸四冲程发动机 发火间隔角为 720°/4＝180°。采用全支承曲轴时，其 4 个曲拐对称布置于同一平面内（图 2-58），具有良好的平衡性。发动机做功顺序有两种方式，即 1—2—4—3 或 1—3—4—2，若以第二种做功顺序为例，则直列四缸发动机的工作循环见表 2-1。

动画：直列四缸四冲程发动机的曲拐布置

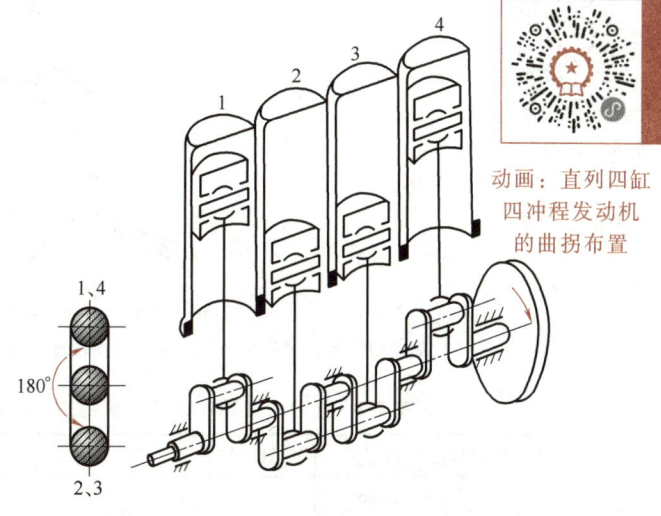

图 2-58 直列四缸四冲程发动机的曲拐布置

表 2-1 直列四缸发动机的工作循环（做功顺序 1—3—4—2）

曲轴转角/(°)	第一缸	第二缸	第三缸	第四缸
0~180	做功	排气	压缩	进气
180~360	排气	进气	做功	压缩
360~540	进气	压缩	排气	做功
540~720	压缩	做功	进气	排气

（2）直列六缸四冲程发动机 发火间隔角为 720°/6 = 120°。6 个曲拐均匀布置于夹角互呈 120°的 3 个平面内。国产汽车的六缸四冲程发动机常用的做功顺序为 1—5—3—6—2—4，其曲拐布置如图 2-59a 所示，其工作循环见表 2-2，这时发动机的前半部气缸与后半部气缸的做功行程是交替进行的；对应图 2-59b 所示曲拐布置的发动机，其做功顺序为 1—4—2—6—3—5，性能与前一种没有差别，日本产汽车的发动机常用此种布置。

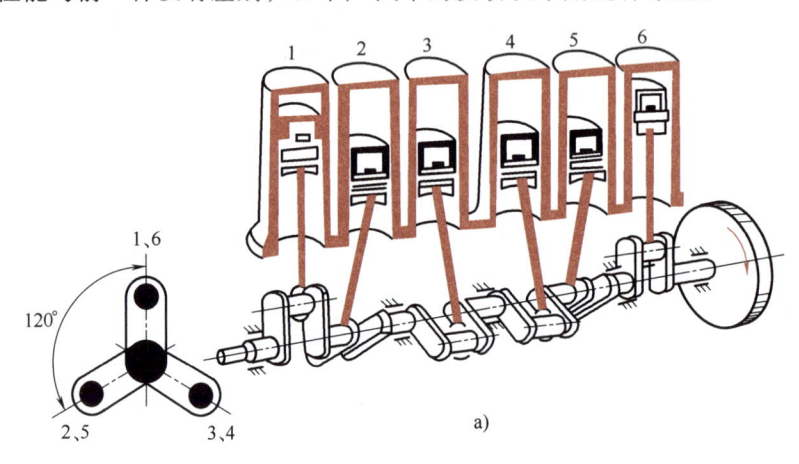

动画：直列六缸四冲程发动机的曲拐布置

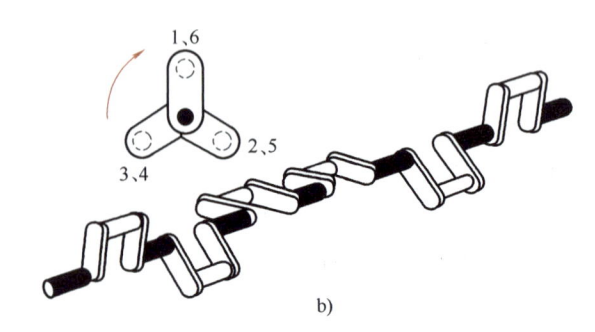

图 2-59 直列六缸四冲程发动机的曲拐布置
a）做功顺序为 1—5—3—6—2—4 的曲拐布置 b）做功顺序为 1—4—2—6—3—5 的曲拐布置

表 2-2 直列六缸四冲程发动机的工作循环（做功顺序 1—5—3—6—2—4）

曲轴转角/(°)		第一缸	第二缸	第三缸	第四缸	第五缸	第六缸
0~180	0~60	做功	排气	进气	做功	压缩	进气
	60~120			压缩	排气		
	120~180		进气			做功	

(续)

曲轴转角/(°)		第一缸	第二缸	第三缸	第四缸	第五缸	第六缸
180~360	180~240	排气	进气	压缩	排气	做功	压缩
	240~300						
	300~360			做功	进气		
360~540	360~420	进气	压缩			排气	做功
	420~480						
	480~540			进气	压缩		
540~720	540~600	压缩	做功			进气	排气
	600~660			进气	做功		
	660~720		排气			压缩	

(3) V6四冲程发动机 V型发动机的形式比较多，两列气缸的夹角有60°、90°和15°之分，曲拐的数量也不一样。15°夹角的VR6发动机是大众公司的专利产品，它与直列六缸发动机差不多，也有6个曲拐，也是空间布置。做功间隔角是120°，做功顺序是1—6—3—5—2—4。一般60°和90°夹角的V6四冲程发动机有3个曲拐，互成120°布置，属于空间曲拐布置，如图2-60所示。面对发动机的冷却风扇，右列气缸用R表示，由前向后气缸号分别为R1、R2、R3；左列气缸用L表示，气缸号分别为L1、L2、L3。做功顺序R1—L3—R3—L2—R2—L1，也可以简述为1—6—3—5—2—4。其工作循环见表2-3。

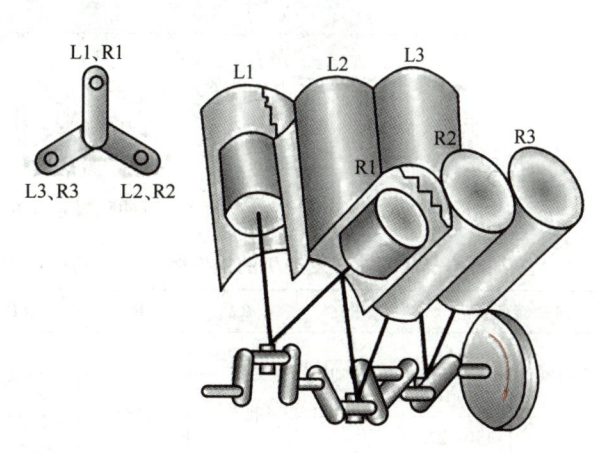

图2-60 V6四冲程发动机的空间曲拐布置

表2-3 V6四冲程发动机的工作循环（做功顺序 R1—L3—R3—L2—R2—L1）

曲轴转角/(°)		R1	R2	R3	L1	L2	L3
0~180	0~60	做功	排气	进气	做功	进气	压缩
	60~120						
	120~180			压缩	排气		
180~360	180~240	排气	进气			压缩	做功
	240~300						
	300~360			做功	进气		
360~540	360~420	进气	压缩			做功	排气
	420~480						
	480~540			排气	压缩		
540~720	540~600	压缩	做功			排气	进气
	600~660			进气	做功		
	660~720		排气			压缩	

（4）V8 四冲程发动机 V8 四冲程发动机的发火间隔角为 720°/8＝90°，V 型发动机左右两列中相对应的一对连杆共用一个曲拐，所以，V8 四冲程发动机只有 4 个曲拐，4 个曲拐在空间互成 90°，其空间曲拐布置如图 2-61 所示。做功顺序基本上有两种，即 R1—L1—R4—L4—L2—R3—L3—R2 和 L1—R1—L4—R4—R2—L3—R3—L2，也可以分别简述为 1—5—4—8—6—3—7—2 和 5—1—8—4—2—7—3—6。第一种做功顺序的 V8 四冲程发动机的工作循环见表 2-4。

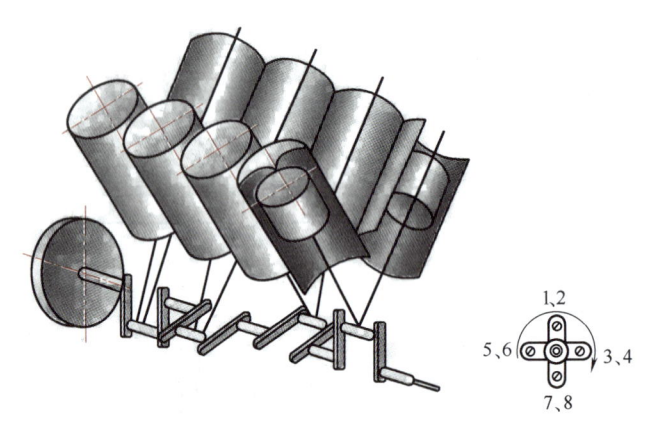

图 2-61　V8 四冲程发动机的空间曲拐布置

表 2-4　V8 四冲程发动机的工作循环（做功顺序 R1—L1—R4—L4—L2—R3—L3—R2）

曲轴转角/(°)		R1	R2	R3	R4	L1	L2	L3	L4
0～180	0～90	做功	做功	排气	压缩	压缩	进气	排气	进气
	90～180		排气	进气					压缩
180～360	180～270	排气			做功	压缩	压缩	进气	
	270～360		进气	压缩		排气			做功
360～540	360～450	进气			排气		做功	压缩	
	450～540		压缩	做功		进气			排气
540～720	540～630	压缩			进气		排气	做功	
	630～720		做功	排气		压缩			进气

除此之外，还有三缸发动机，它的工作顺序是 1—3—2，五缸发动机的工作顺序是 1—2—4—5—3，十缸发动机的工作顺序是 1—10—5—7—2—8—3—9—4—6 等。从理论上讲，直列六缸发动机的振动最小，运转平顺性最好，一般不需要使用平衡重即可实现曲轴的平衡。所以，市场上绝大多数的卡车发动机都采用直列六缸的布置型式，一些高档轿车也采用这种布置形式，比如经典的宝马直六发动机、奔驰 S 级发动机等。

2.4.2　曲轴扭转减振器

当发动机工作时，曲轴在周期性变化的转矩作用下，各曲拐之间发生周期性相对扭转的现象称为扭转振动，简称扭振。当发动机转矩的变化频率与曲轴扭转的自振频率相同或成整数倍时，就会发生共振。共振时扭转振幅增大，并导致传动机构磨损加剧，发动机功率下降，甚至使曲轴断裂。为了消减曲轴的扭转振动，现代汽车发动机多在扭转振幅最大的曲轴前端装有扭转减振器。汽车发动机常用的曲轴扭转减振器有橡胶摩擦式扭转减振器、干摩擦式扭转减振器和硅油-橡胶扭转减振器等。

1. 橡胶摩擦式扭转减振器

图 2-62 所示为发动机曲轴上装的橡胶摩擦式扭转减振器。减振器圆盘 3 的毂部用螺栓与带轮 6 及带轮毂 2 紧固在一起，减振器圆盘 3 和惯性盘 5 都同橡胶垫 4 硫化粘接在一起。发动机工作，曲轴发生扭转振动时，减振器圆盘与曲轴一起振动，由于惯性质量滞后于减振器圆盘，因而在两者之间产生相对角振动，使橡胶垫 4 扭转变形而发生内摩擦，从而消耗扭转振动的能量，减小振幅，达到减振的效果。

橡胶摩擦式扭转减振器结构简单，工作可靠，制造容易，在汽车上广泛应用，但其阻尼作用小，橡胶容易老化，故在大功率发动机上较少应用。

2. 干摩擦式扭转减振器

图 2-63 所示为一种干摩擦式扭转减振器。两个惯性盘 1 松套在风扇带轮 6 的轮毂上（之间有衬套），两个惯性盘在带轮与平衡重 4 之间可轴向移动，但不能相对转动。在带轮 6 与一惯性盘之间以及平衡重 4 与另一惯性盘之间各有一摩擦片 5。装在两个惯性盘之间的弹簧 2 使惯性盘压紧摩擦片。这样，当曲轴带动带轮、平衡重发生扭转振动时，由于惯性盘、带轮、平衡重与摩擦片之间的干摩擦消耗了曲轴扭转振动的能量，振幅减小。

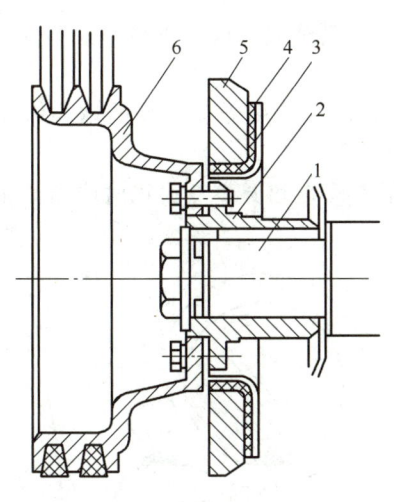

图 2-62 橡胶摩擦式扭转减振器
1—曲轴前端 2—带轮毂 3—减振器圆盘
4—橡胶垫 5—惯性盘 6—带轮

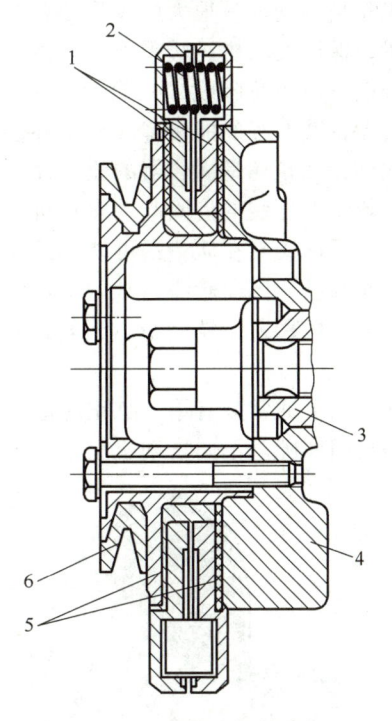

图 2-63 干摩擦式扭转减振器
1—惯性盘 2—弹簧 3—曲轴
4—平衡重 5—摩擦片 6—带轮

3. 硅油-橡胶扭转减振器

图 2-64 所示为硅油-橡胶扭转减振器。由钢板冲压而成的减振器壳体 2 与曲轴连接。侧

盖3与减振器壳体组成密封腔，滑套着扭转振动惯性质量1，在封闭腔内注满高黏度硅油。橡胶环6主要作为弹性体，并用来密封硅油和支承扭转振动惯性质量。当发动机工作时，减振器壳体与曲轴一起旋转，扭转振动惯性质量则被硅油的黏性摩擦阻尼和衬套的摩擦力所带动。由于扭转振动惯性质量相当大，因此它做匀速转动。于是在扭转振动惯性质量与减振器壳体之间产生相对运动。曲轴的振动能量被硅油的内摩擦阻尼吸收，从而减小了扭转振幅。

硅油-橡胶扭转减振器的主要优点是体积小、质量小和减振性能稳定等，缺点是硅油散热较差，因而容易升温而降低硅油黏度，减弱对曲轴的扭振衰减作用。

图 2-64 硅油-橡胶扭转减振器
1—扭转振动惯性质量 2—减振器壳体 3—侧盖 4—注油螺塞 5—衬套 6—橡胶环

2.4.3 飞轮

飞轮是转动惯量很大的盘形零件，如图 2-65 所示。其主要作用是储存做功行程的一部分能量，保证发动机运转平稳。在做功行程中发动机传输给曲轴的能量，除对外输出外，还有部分能量被飞轮吸收，从而使曲轴的转速不会升高很多。在排气、进气和压缩3个行程中，飞轮将其储存的能量释放出来补偿这3个行程所消耗的功，从而使曲轴转速不致降低太甚。此外，飞轮还是离合器的驱动件，它将发动机的转矩传递给汽车传动系；起动机也要通过飞轮轮缘上压装的齿圈起动发动机。

为了保证飞轮在质量尽可能小的前提下具有足够的转动惯量，应使飞轮的大部分质量都集中在轮缘上，因而轮缘通常做得宽而厚。

飞轮一般用灰铸铁制造，当轮缘速度超过 50m/s 时，要采用强度较高的球墨铸铁或铸钢制造。

在飞轮上通常刻有第一缸正时记号（图 2-66），用来检查和调整点火正时或喷油正时以及调整气门间隙。不同发动机上止点记号也不尽相同。

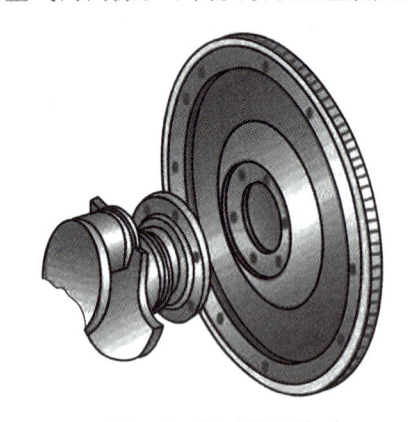

图 2-65 发动机飞轮

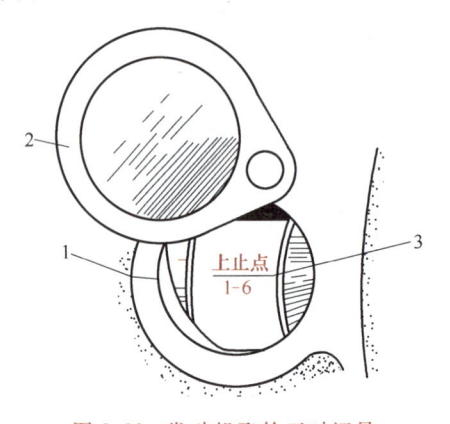

图 2-66 发动机飞轮正时记号
1—离合器外壳的记号 2—观察孔盖板 3—飞轮上的记号

飞轮外缘上的齿圈是热压装配的，齿圈磨损失效后可以更换，但拆装齿圈时应注意加热后进行。

多缸发动机的飞轮应与曲轴装配后一起进行动平衡校验，通过曲轴上的平衡重和飞轮圆周的钻孔达到动平衡。否则，在旋转时因质量不平衡而产生的离心力将引起发动机振动，并加速主轴承的磨损。为了在拆装时不破坏它们之间的平衡状态，飞轮与曲轴之间应有严格的相对位置，因而常用定位销或布置不对称螺栓予以保证。

2.4.4 标准飞轮质量与双质量飞轮

1. 标准飞轮质量

发动机标准飞轮质量包括曲柄连杆机构、飞轮和离合器三者的质量。发动机全负荷，且标准飞轮质量的发动机和变速器转速（纵坐标）随时间（横坐标）变化时，振动幅度和频率的变化情况，称为标准飞轮质量的振动曲线，如图2-67所示。

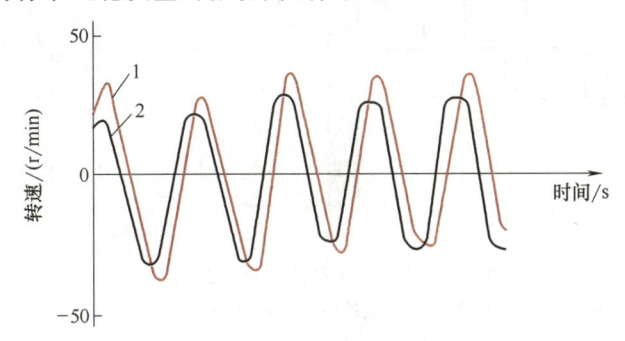

图 2-67 标准飞轮质量的振动曲线
1—变速器振动幅度和频率曲线　2—发动机振动幅度和频率曲线

由图2-67可知，发动机输出和变速器输入的振动频率和幅度是相近的，一旦二者叠加在一起，就会发生共振，使变速器和车身产生噪声，严重时会损坏相关机件。为此，有的发动机装用双质量飞轮。

2. 双质量飞轮

双质量飞轮的结构组成如图2-68所示。所谓双质量飞轮，就是将一个飞轮分成两部分，

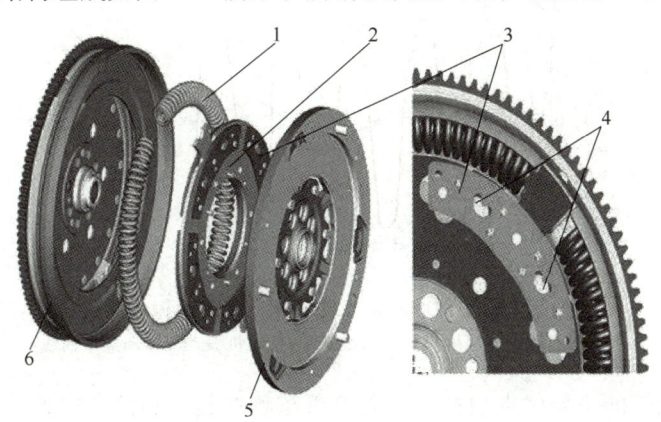

图 2-68 双质量飞轮的结构组成
1—弹簧减振器　2—法兰盘　3—摆锤　4—滚子　5—次级飞轮　6—初级飞轮

一部分保留在原来发动机一侧的位置上，起到原来飞轮的作用，用于起动和传递发动机的转矩，这一部分称为初级飞轮。另一部分则放置在传动系变速器一侧，用于提高变速器的转动质量，这一部分称为次级飞轮。两部分飞轮之间有一个环形的油腔，在腔内装有弹簧减振器和法兰盘，由法兰盘将两部分飞轮连接为一个整体。借助于这种系统可以隔离发动机曲轴的扭转振动，抑制扭振从发动机传到变速器。

装用双质量飞轮的振动系统如图2-69所示。在该系统中扭转减振器6把初级飞轮2和次级飞轮3连接在一起。

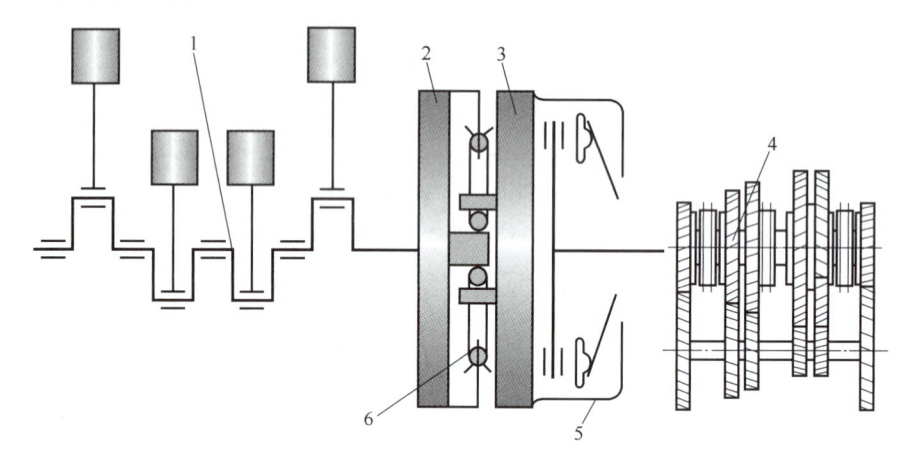

图2-69 装用双质量飞轮的振动系统
1—曲柄连杆机构 2—初级飞轮 3—次级飞轮 4—变速器 5—离合器 6—扭转减振器

装用双质量飞轮的振动系统的振动曲线如图2-70所示。由图可知，变速器振动幅度和频率曲线1同发动机振动幅度和频率曲线2明显不同。这样发动机产生的扭转振动完全与变速器隔离，它们产生共振的可能性大大减小，而变速器和车身产生的振动噪声就有可能不再出现。尤其能把发动机低速区域内的不均衡性完全过滤掉，这样就给降低怠速转速和使发动机主要运转在低速区提供了可能性，也因此实现了整车燃油经济性的提升。

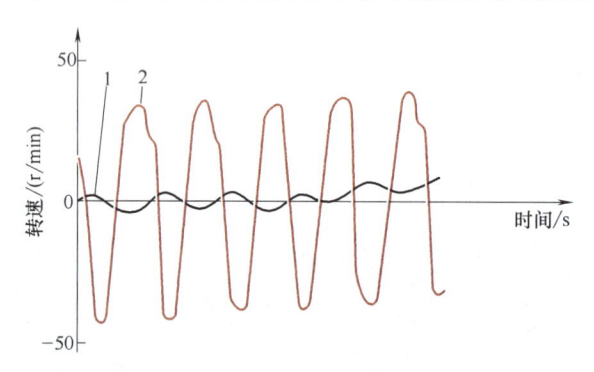

图2-70 装用双质量飞轮的振动系统的振动曲线
1—变速器振动幅度和频率曲线 2—发动机振动幅度和频率曲线

装用双质量飞轮的主要优点包括：显著改善车辆在起步和停车时的噪声；车辆可以在更低速下运行，从而减少燃油消耗；由于从动盘没有扭转减振器，降低了手动变速器中同步器上的力，使换档更平稳；负载较小，使用寿命长。

思考题

1. 曲柄连杆机构的功用是什么？由哪些主要零件组成？
2. 根据气缸体结构型式不同，可分为哪几种类型？各自特点是什么？
3. 什么是干式气缸套？什么是湿式气缸套？采用湿式气缸套如何防止漏水？
4. 活塞的作用是什么？整个活塞可分为哪几部分？
5. 活塞裙部在使用过程中为什么会产生椭圆变形？预防裙部变形的主要措施有哪些？
6. 活塞环包括哪两种？各自的作用是什么？
7. 扭曲环装入气缸后为什么会发生扭曲？它有何优点？装配时应注意什么？
8. 全浮式活塞销有什么优点？活塞销为什么要轴向定位？
9. 曲拐布置形式与发动机做功顺序有何关系？
10. 曲轴为什么要轴向定位？怎样定位？为什么曲轴只能有一处定位？
11. 曲轴上的平衡重起什么作用？为什么有的曲轴上没有平衡重？
12. 请用表格形式列出做功顺序为 1—2—4—3 的四缸四冲程发动机的工作循环。

第3章 配气机构

3.1 概述

1. 功用

发动机配气机构的功用是按照发动机的工作顺序和工作循环的要求，定时开启和关闭各缸的进、排气门，使新鲜充量进入气缸，废气及时从气缸排出。所谓新鲜充量，对于汽油机就是汽油与空气形成的可燃混合气，对于柴油机则为纯净空气。

2. 充气效率

进入气缸内的新鲜充量越多，发动机的有效功率和转矩越大。新鲜充量充满气缸的程度，用充气效率（也称充气系数）Φ_C 表示。所谓充气效率就是发动机每一工作循环进入气缸的实际充量（新鲜可燃混合气或空气）M 与理想状态下充满气缸工作容积的新鲜充量 M_C 的比值。即

$$\Phi_C = \frac{M}{M_C}$$

充气效率 Φ_C 越高，表明进入气缸的新鲜空气或可燃混合气的质量越大，可燃混合气燃烧时放出的热量越大，发动机输出的功率也越大。

对于一定工作容积的发动机而言，充气效率与进气终了时气缸内的压力和温度有关。进气终了时压力越高，温度越低，则一定容积的气体质量越大，因而充气效率越高。

由于进气系统对气流的阻力造成进气终了时气缸内气体压力降低，又由于上一循环中残留在气缸内的高温废气，以及燃烧室、活塞顶、气门等高温零件对进入气缸内的新鲜气体的加热，使进气终了时气体的温度升高，实际充入气缸的新鲜气体质量总是小于理想状态下充满气缸工作容积的新鲜气体质量，也就是说充气效率总是小于1。一般四冲程汽油机的充气效率为 0.70~0.85，四冲程非增压柴油机的充气效率为 0.75~0.90，四冲程增压柴油机的充气效率为 0.90~1.05。

影响充气效率的因素很多，就配气机构而言，应使结构有利于减小进气和排气的阻力，而且进、排气门的开启时刻和持续开启时间应适当，使进气和排气都尽可能充分。最佳的配

气机构应保证发动机在大负荷时进气量最多，在部分负荷时要求有较好的燃油经济性。为实现此目的，许多轿车发动机采用了可变气门正时及升程的电子控制技术。

3. 配气机构的分类

配气机构分为气门配气和气口配气两种。汽车发动机多采用气门式配气机构，它由凸轮轴驱动，通过传动机构来控制进、排气门的开闭。气门式配气机构由气门组和气门传动组两部分组成，其零部件组成则与气门的位置、凸轮轴的位置和气门驱动形式等有关。

配气机构按气门布置形式可分为气门顶置式和气门侧置式。气门顶置式配气机构的进气门和排气门置于气缸盖内，倒挂在燃烧室中。由于燃烧室结构紧凑，工艺性好，充气阻力小，具有良好的抗爆性，易于提高发动机的动力性和经济性，因此，现代汽车发动机均采用气门顶置式配气机构。气门侧置式配气机构的进气门和排气门都装置在气缸体的一侧。由于此布置形式的燃烧室结构不紧凑，动力性、经济性差，目前已被淘汰。

配气机构按凸轮轴的布置形式可分为凸轮轴下置式、凸轮轴中置式和凸轮轴上置式；按曲轴和凸轮轴的传动方式可分为齿轮传动式、链条传动式、同步带传动式；按每个气缸气门数可分为二气门式、四气门式、五气门式等。

3.2 配气机构的布置及传动

3.2.1 凸轮轴的布置形式

凸轮轴的布置形式可以分为下置、中置、上置。三者都可用于气门顶置式配气机构。

1. 凸轮轴下置式配气机构

凸轮轴布置在曲轴箱内的配气机构称为凸轮轴下置式配气机构。图3-1所示的凸轮轴下置式配气机构中，气门组包括气门3、气门导管2、气门弹簧4和5、气门弹簧座6、锁片7等；气门传动组包括正时齿轮16、凸轮轴15、挺柱14、推杆13、摇臂10、摇臂轴9等。

发动机工作时，曲轴通过正时齿轮驱动凸轮轴旋转，当凸轮轴转到凸轮的凸起部分顶起挺柱时，通过推杆和调整螺钉12使摇臂绕摇臂轴摆动，压缩气门弹簧，使气门离座，即气门开启。当凸轮的凸起部分离开挺柱后，气门便在气门弹簧预紧力的作用下上升而落座，气门关闭。

四冲程发动机每完成一个工作循环，曲轴旋转两周，各缸的进、排气门各开启一次，此时凸轮轴只旋转一周，因此曲轴与凸轮轴转速之比（及传动比）应为2:1。

凸轮轴下置式配气机构的主要优点是凸轮轴离曲轴近，可采用简单、可靠的齿轮传动方式。缺点是凸轮轴到气门的零件多，传动链长，整个机构的刚度差。在发动机高速运转时，可能破坏气门的运动规律，使气门无法定时启闭。故多用于转速较低的发动机，如解放CA6102、东风EQ6100、北京BJ492Q等发动机。

2. 凸轮轴中置式配气机构

凸轮轴置于气缸体上部的配气机构称为凸轮轴中置式配气机构，如图3-2所示。对于转速较高的发动机，为了减小气门传动机构的往复运动质量，可将凸轮轴1移到气缸体的上部（图3-2a），由凸轮轴经过挺柱2直接驱动摇臂5，省去了推杆12。有些凸轮轴中置式配气机

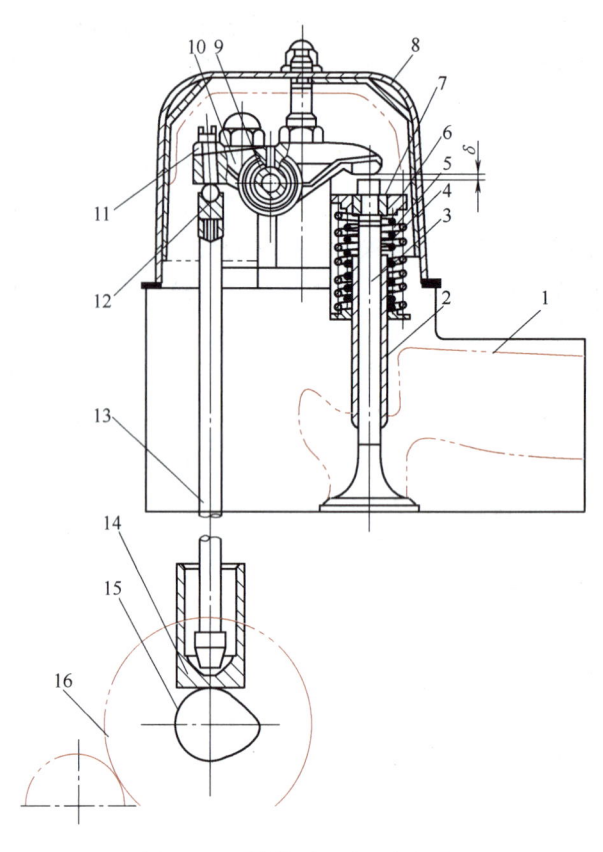

图 3-1 凸轮轴下置式配气机构

1—气缸盖 2—气门导管 3—气门 4—气门主弹簧 5—气门副弹簧 6—气门弹簧座
7—锁片 8—气门室罩 9—摇臂轴 10—摇臂 11—锁紧螺母 12—调整螺钉
13—推杆 14—挺柱 15—凸轮轴 16—正时齿轮

构的组成与凸轮轴下置式配气机构没有什么区别，只是推杆较短而已，如图3-2b所示。这种结构中凸轮轴的中心线距离曲轴中心线较远，一般可通过同步带传动，或者在中间加入一个中间齿轮（惰轮）。南京依维柯8210.22S、玉柴YC6105Q、福特2.5ID和CA6110A等发动机均采用凸轮轴中置式配气机构。

3. 凸轮轴上置式配气机构

凸轮轴置于气缸盖上的配气机构为凸轮轴上置式配气机构。其主要优点是运动件少，传动链短，整个机构的刚度大，适用于高速发动机。由于气门排列和气门驱动形式的不同，凸轮轴上置式配气机构有多种多样的结构型式。气门驱动形式有摇臂驱动、摆臂驱动和直接驱动3种类型。

（1）摇臂驱动、单凸轮轴上置式配气机构 凸轮轴推动液力挺柱6，液力挺柱推动摇臂3，摇臂再驱动气门1、2（图3-3a）；或凸轮轴5直接驱动摇臂，摇臂驱动气门1、2（图3-3b）。夏利TJ376Q型发动机采用的是后一种结构型式。

（2）摆臂驱动、凸轮轴上置式配气机构 图3-4所示为摆臂驱动、凸轮轴上置式配气机构。由于摆臂驱动气门的配气机构比摇臂驱动式刚度更好，更适用于高速发动机，因此在轿

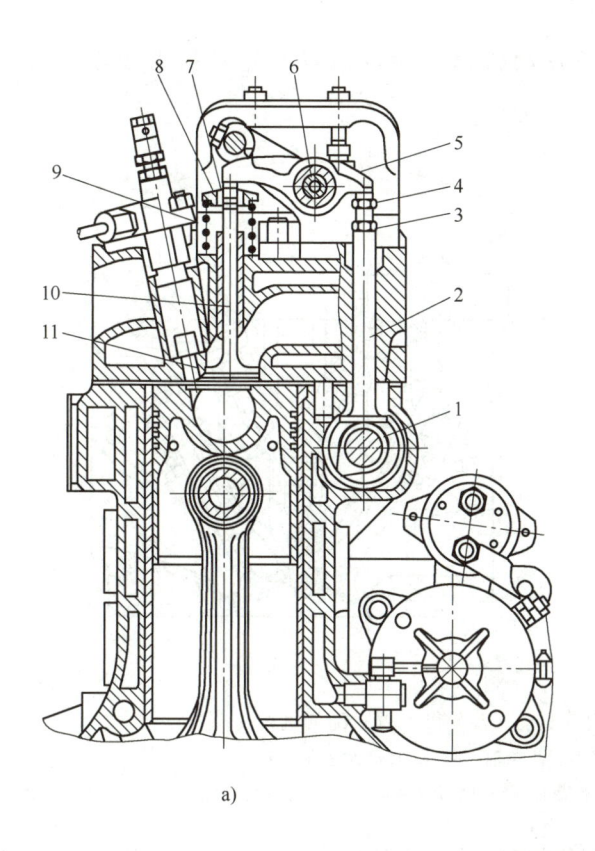

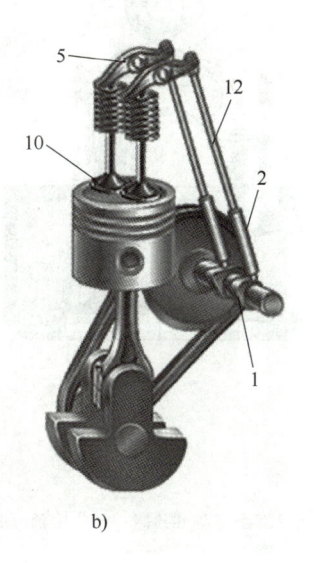

图 3-2　凸轮轴中置式配气机构

a）无推杆　b）有推杆

1—凸轮轴　2—挺柱　3—锁紧螺母　4—气门间隙调整螺钉　5—摇臂　6—摇臂轴
7—气门锁片　8—气门弹簧座　9—气门弹簧　10—气门　11—气门座圈　12—推杆

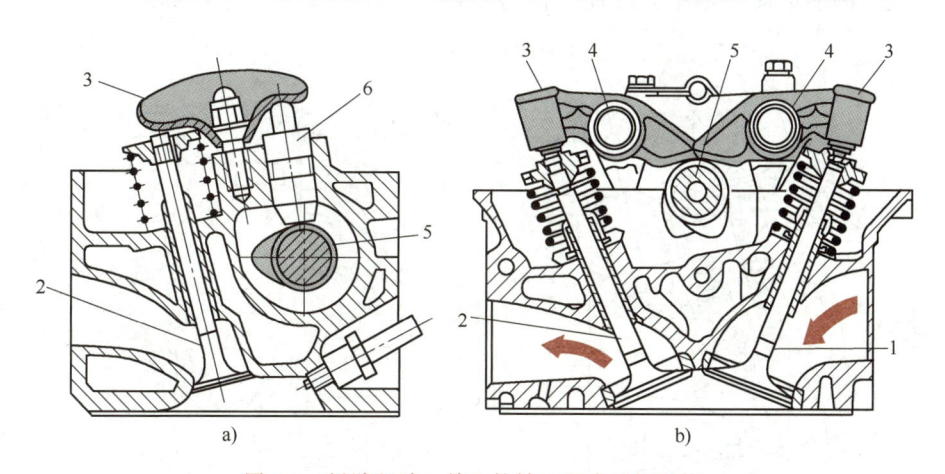

图 3-3　摇臂驱动、单凸轮轴上置式配气机构

a）液力挺柱推动摇臂　b）凸轮轴直接驱动摇臂

1—进气门　2—排气门　3—摇臂　4—摇臂轴　5—凸轮轴　6—液力挺柱

车发动机上的应用比较广泛。如 CA488-3、SH680Q、克莱斯勒 A452、奔驰 QM615、奔驰 M115 等发动机均采用单上置凸轮轴摆臂驱动式配气机构（图 3-4a）；而本田 B20A、尼桑

VH45DE、三菱 3G81、富士 EJ20 等发动机都采用双上置凸轮轴摆臂驱动式配气机构（图 3-4b）。

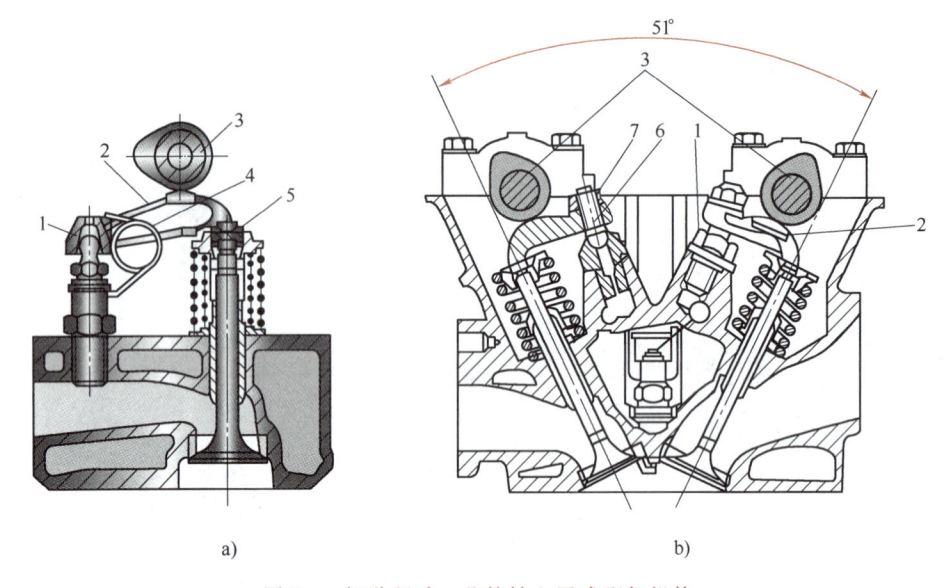

图 3-4 摆臂驱动、凸轮轴上置式配气机构
a）单上置凸轮轴　b）双上置凸轮轴

1—摆臂支座　2—摆臂　3—凸轮轴　4—弹簧扣　5—气门间隙调整块　6—气门间隙调整螺钉　7—锁紧螺母

（3）直接驱动、凸轮轴上置式配气机构　图 3-5 所示为直接驱动、凸轮轴上置式配气机构。在这种配气机构中，凸轮通过吊杯形机械挺柱驱动气门（图 3-5a）；或通过吊杯形液力挺柱驱动气门（图 3-5b）。与上述各种型式的配气机构相比，直接驱动式配气机构的刚度最大，驱动气门的能量损失最小。因此，在高度强化的轿车发动机上得到广泛的应用。如奥

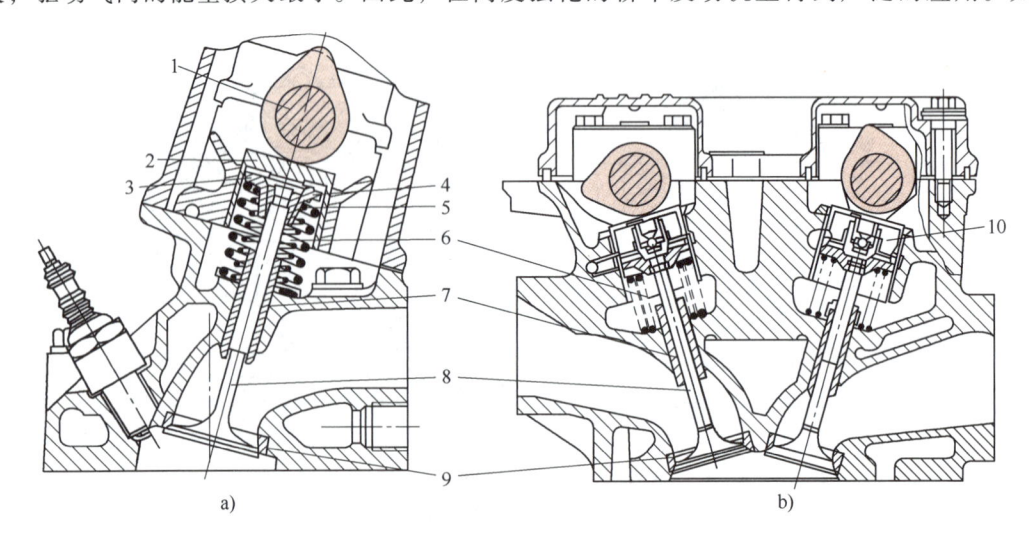

图 3-5 直接驱动、凸轮轴上置式配气机构
a）单上置凸轮轴　b）双上置凸轮轴

1—凸轮轴　2—吊杯形机械挺柱　3—气门间隙调整垫片　4—气门弹簧座　5—气门锁夹
6—气门弹簧　7—气门导管　8—气门　9—气门座圈　10—吊杯形液力挺柱

迪、捷达、桑塔纳、马自达6、欧宝V6、奔驰320E，还有依维柯8140.01、8140.21等均为直接驱动式配气机构。

3.2.2 凸轮轴的传动方式

凸轮轴由曲轴驱动，曲轴与凸轮轴之间的传动方式有齿轮传动、链传动和同步带传动。

1. 齿轮传动

凸轮轴下置、中置式配气机构大多数采用圆柱正时齿轮传动。圆柱正时齿轮传动机构如图3-6所示。一般由曲轴到凸轮轴只需一对正时齿轮传动，必要时可加装中间齿轮。为了使齿轮传动平稳，减小噪声和磨损，正时齿轮多采用斜齿轮并用不同材料制成。在中、小功率发动机上，曲轴正时齿轮用钢来制造，而凸轮轴正时齿轮则用铸铁或夹布胶木制成。为了保证装配时配气和点火正时，齿轮上都有正时记号，装配时必须使记号对齐。

2. 链传动

链传动非常适用于凸轮轴上置式配气机构。链传动机构如图3-7所示。为使链条工作时具有一定的张力而不致脱链，该机构装有链条张紧器3和导链板9等。链传动的工作可靠性不如齿轮传动，其传动性能在很大程度上取决于链条的制造质量。

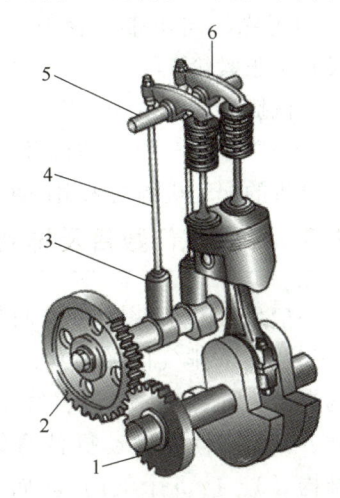

图3-6 圆柱正时齿轮传动机构
1—曲轴正时齿轮 2—凸轮轴正时齿轮 3—挺柱 4—推杆 5—摇臂轴 6—摇臂

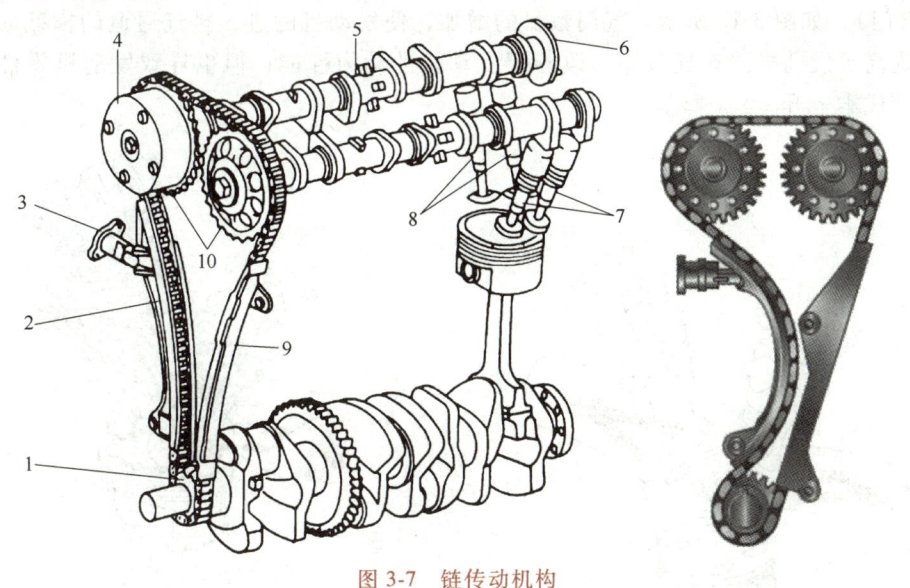

图3-7 链传动机构
1—曲轴正时齿轮 2—张紧器导板 3—链条张紧器 4—智能型可变配气正时控制器
5—进气凸轮轴 6—正时转子 7—排气门 8—进气门 9—导链板 10—凸轮轴正时链轮

3. 同步带传动

近年来，在一些轿车装用的高速发动机上还广泛地采用同步带传动。同步带传动机构如

图3-8所示。这种同步带用氯丁橡胶制成，中间夹有玻璃纤维和尼龙织物，以增加强度。采用同步带传动，对于减少结构质量、降低噪声及成本都有很大帮助。在使用中不能使同步带接触水或机油，否则会引起跳齿。为使传动可靠，同步带需保持一定的张紧度，故设置了张紧轮3。

一汽捷达、高尔夫、宝来、上海桑塔纳、大众POLO等轿车的发动机及马自达轿车F8型发动机的配气机构均采用同步带传动。

3.2.3 每缸气门数目及排列方式

一般发动机都采用每缸两气门，即一个进气门和一个排气门的结构。随着发动机转速的提高，需要进一步改善气缸的换气性能。因此，目前高性能发动机普遍每缸采用多气门结构（3、4、5个气门）。如日本丰田、德国大众VR6等汽车发动机采用每缸三气门结构；广州本田雅阁、奥迪V8、欧保V6、奔驰320E型等汽车发动机采用每缸四气门结构（图3-9）；一汽捷达王EA113、日本三菱3G81型发动机采用每缸五气门结构（3个进气门、2个排气门），如图3-10所示。气门数目的增加，使发动机的进、排气通道的横截面积大大增加，提高了发动机的充气效率，改善了发动机的动力性能；但也导致发动机零件数目增加，制造成本上升。

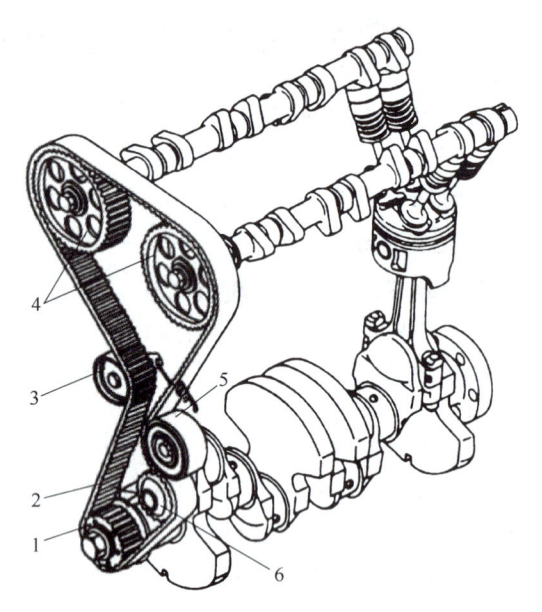

图3-8 同步带传动机构

1—曲轴正时同步带轮 2—同步带 3—张紧轮 4—凸轮轴正时同步带轮 5—中间轮 6—水泵传动同步带轮

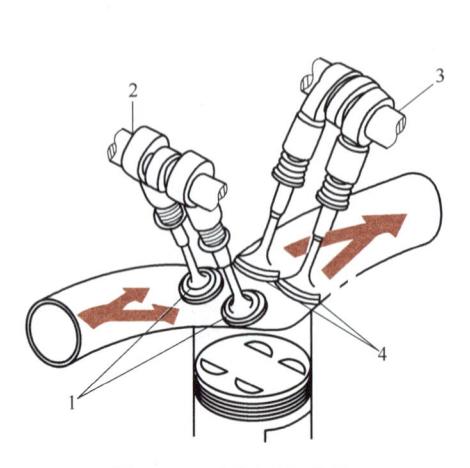

图3-9 四气门配气机构

1—进气门 2—进气凸轮轴 3—排气凸轮轴 4—排气门

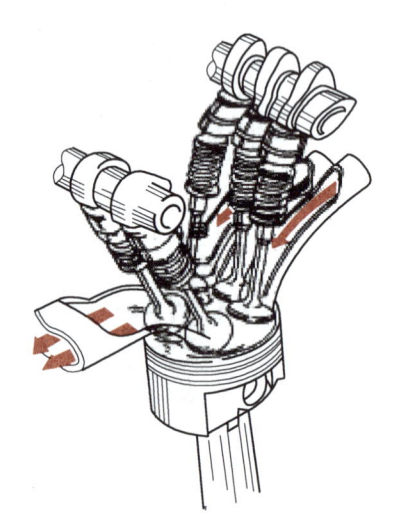

图3-10 五气门配气机构

当每缸采用四气门时，气门排列方式有两种。一种是同名气门排成两列，如图3-11a所示，由一根凸轮轴通过 T 形驱动杆同时驱动所有气门，但由于两个气门串联，会影响进气门充气效率，并且使前后两排气门热负荷不均匀，故这种方案不常采用。另一种方案是同名气门排成一列（图 3-11b），这种结构在产生进气涡流、保证排气门及缸盖热负荷均匀性等方面都具有相当的优越性，但一般需要两根凸轮轴。

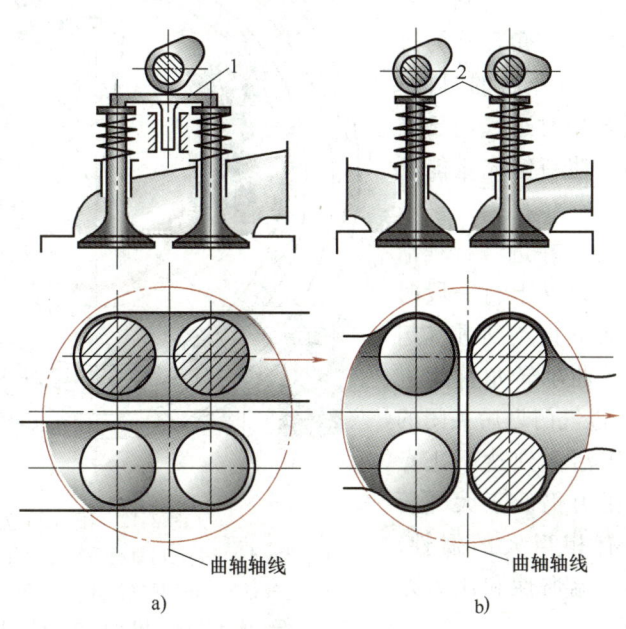

图 3-11　四气门机构的布置
a）同名气门排成两列　b）同名气门排成一列
1—T 形驱动杆　2—气门尾端的从动盘

3.3　配气定时

以曲轴转角表示的进、排气门开闭时刻及其开启的持续时间称为配气定时，又称配气相位。通常用相对于上、下止点曲拐位置的曲轴转角的环形图来表示，这种图形称为配气相位图，如图 3-12 所示。配气相位图是表示曲轴旋转 720°气门的工作过程，为了简化起见把工作过程画在一个图形中。

配气相位是影响充气效率的重要因素之一，直接影响发动机的动力性和经济性。理论上，四冲程发动机的进气门应在活塞处于上止点时开启，处于下止点时关闭；排气门则是在活塞处于下止点时开启，处于上止点时关闭。进气时间和排气时间各占 180°曲轴转角。但实际上由于发动机转速很高，活塞每一行程历时相当短，例如，某轿车发动机在转速为 5000r/min 时，一个行程历时仅为 60/(5000×2)s＝0.006s。在这么短的时间内换气，会导致进气不足，排气不净，从而使发动机的功率下降。

实际上，气门的开启和关闭时刻并不是恰好在上、下止点的时刻，而是分别提前和迟后一定的曲轴转角。因此，现代发动机普遍采取延长进、排气时间的方法，以改善进、排气状况，从而提高发动机的动力性。

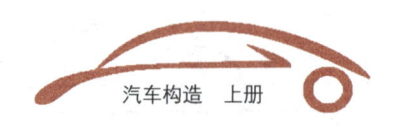

1. 进气定时

（1）进气提前角 α　在排气行程接近终了、活塞到达上止点之前，进气门便开始开启。从进气门开始开启到活塞移到上止点所对应的曲轴转角，称为进气提前角 α。进气门提前开启的目的，是为了保证进气行程开始时进气门已经开大，减小进气阻力，使新鲜充量能顺利地充入气缸。

（2）进气迟后角 β　在进气行程活塞到达下止点过后，活塞又上行一段时间，进气门才关闭。从下止点到进气门关闭所对应的曲轴转角称为进气迟后角 β。进气门迟后关闭的目的，是由于活塞到达下止点时，气缸内压力仍低于大气压力，气流还有相当大的惯性，仍可以利用气流惯性和压力差继续进气。

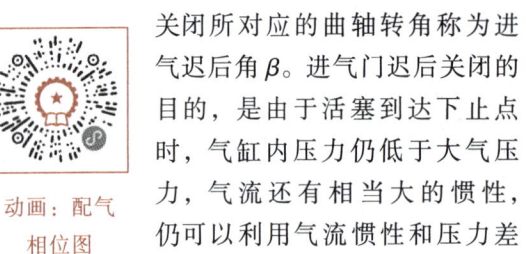

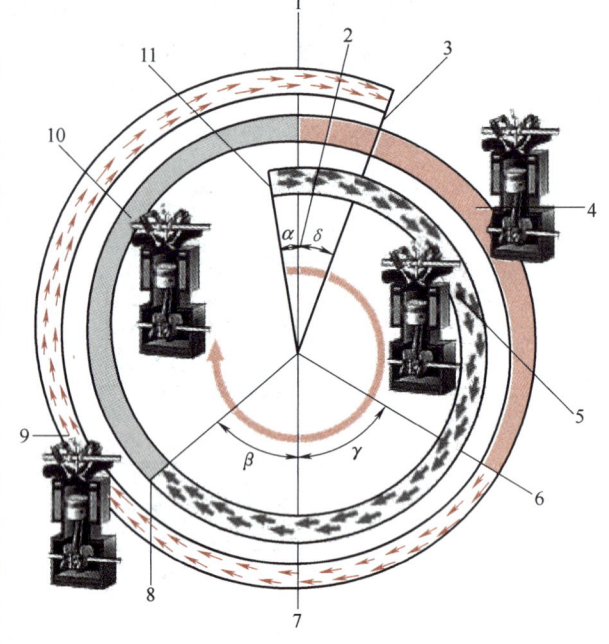

图 3-12　配气相位图

1—上止点　2—气门重叠　3—排气门关　4—做功行程
5—进气行程　6—排气门开　7—下止点　8—进气门关
9—排气行程　10—压缩行程　11—进气门开

动画：配气相位图

这样，整个进气行程持续时间（进气持续角）为 180°+α+β 曲轴转角。α 角一般为 0°~30°，β 角一般为 30°~80°。

2. 排气定时

（1）排气提前角 γ　在做功行程接近终了，活塞到达下止点之前，排气门便开始开启。从排气门开始开启到下止点所对应的曲轴转角 γ 称为排气提前角。排气门提前开启的原因是当做功行程的活塞接近下止点时，气缸内的气体虽然有 0.3~0.4MPa 的压力，但对活塞做功的作用已经不大，这时若稍开排气门，气缸内的废气在此压力作用下可迅速地排出；待活塞到达下止点时，气缸内只剩约 0.115MPa 的压力，此时排气门的开度进一步增加，可降低活塞上行的排气阻力，高温废气迅速排出，还可防止发动机过热。

（2）排气迟后角 δ　在排气行程接近终了，活塞越过上止点后，排气门才关闭。从上止点到排气门关闭所对应的曲轴转角称为排气迟后角 δ。排气门迟后关闭的原因是由于活塞到达上止点时，气缸内的残余废气压力继续高于大气压力，加之排气时气流有一定的惯性，仍可以利用气流惯性和压力差把废气排放得较充分。

这样，整个排气过程持续时间（排气持续角）为 180°+γ+δ 曲轴转角。γ 角一般为 40°~80°、δ 角一般为 10°~30°。

3. 气门重叠

由于进气门在上止点前即开启，而排气门在上止点后才关闭，这就出现了在一段时间内进、排气门同时开启的现象，这种现象称为气门重叠，同时开启的曲轴转角（α+δ）称为气门重叠角。在这一重叠时间内，由于进气歧管内的新鲜充量气流和排气歧管内的废气流的流动惯性都比较大，致使气缸内的气体在短时间内是不会改变流向的。因此，只要气门重叠角选择适当，就不会有废气倒流入进气歧管和新鲜充量随同废气排出的可能性。但应注意，如果气门重叠角过大，当汽油机小负荷运转，节气门开度极小，进气管内真空度很大，废气会倒流入进气管内。这样既会造成废气稀释，又会引起进气管内"放炮"现象。

对于结构型式、转速各不相同的发动机，其配气相位也各不相同。合理的配气相位应根据发动机性能要求，通过反复试验确定。

3.4 配气机构的主要零部件

3.4.1 气门组

图 3-13 所示为气门组。气门组主要包括气门、气门导管、气门座（图 3-13 中未画出）、气门弹簧等零件。气门组应保证气门能够实现气缸的密封，因此要求：①气门头部与气门座必须贴合紧密；②气门杆在气门导管内孔中上、下滑动自如，无卡滞现象；③气门弹簧两端面与气门杆中心线垂直，以保证气门头部在气门座上不偏斜；④气门弹簧弹力足以克服气门及气门传动件的惯性力，使气门能及时关闭，并保证气门紧压在气门座上，以实现密封。

1. 气门

气门由头部和杆部两部分组成，如图 3-14 所示。头部用来封闭气缸的进、排气通道，杆部则主要为气门的运动进行导向。

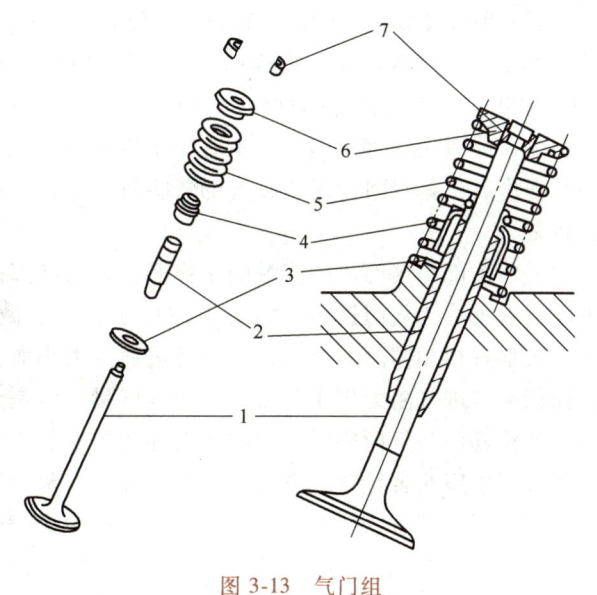

图 3-13 气门组

1—气门 2—气门导管 3—气门弹簧垫圈
4—气门油封 5—气门弹簧 6—气门弹簧座 7—气门锁夹

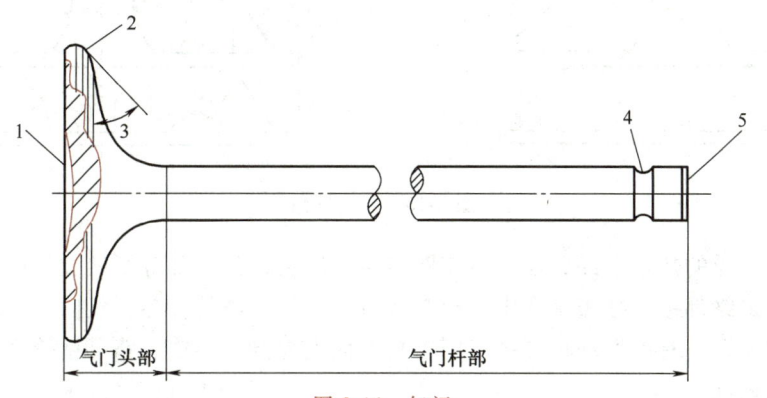

图 3-14 气门

1—气门顶面 2—气门锥面 3—气门锥角 4—气门锁夹槽 5—气门尾端面

气门头部温度很高（进气门头部达 300~400℃，排气门头部达 700~900℃），而且还要承受气体压力、气门弹簧力以及气门传动组零件惯性力的作用，其冷却和润滑条件又较差。因此，要求气门必须具有足够的强度、刚度、耐热和耐磨能力。

气门分为进气门和排气门。进气门的材料采用合金钢（如铬钢或镍铬钢等），排气门则采用耐热合金钢（如硅铬钢等）。为节约成本，有的发动机排气门头部用耐热合金钢制造，而杆部则用合金钢制造，然后将两者堆焊在一起。

(1) **气门头部** 气门头部的形状有平顶、喇叭形顶和球面顶，如图 3-15 所示。

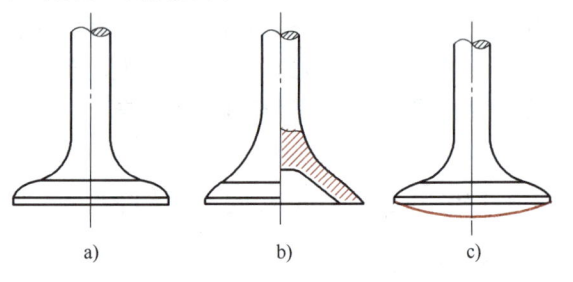

图 3-15 气门头部的形状
a) 平顶 b) 喇叭形顶 c) 球面顶

目前用得最多的是平顶气门（图 3-15a），其结构简单，制造方便，吸热面积小，质量也较小，进、排气门都可采用。喇叭形顶气门（图 3-15b）头部与杆部的过渡部分具有一定的流线型，可以减少进气阻力，但其顶部受热面积大，故适用于进气门，而不宜用于排气门。球面顶气门（图 3-15c）适用于排气门，因为其强度高，排气阻力小，废气的清除效果好，但球形的受热面积大，质量和惯性力大，加工较复杂。

气门头部与气门座圈接触的工作面，是与杆部同心的锥面，通常将这一锥面与气门顶部平面的夹角称为气门锥角，如图 3-16 所示，一般做成 45°（少数为 30°）。在气门升程 H 和气门头部直径相同的情况下，气门通过面的大小取决于 h。显然进气门锥角较小时，气门通过面较大，进气阻力较小，可以增加进气量。但是锥角过小，会使气门头部边缘变薄，易变形，致使气门与气门座圈之间的密封性变差。较大的气门锥角可提高气门头部边缘的刚度，便于气门落座时自行对正中心，接触良好，有利于密封和传热，也有利于挤掉密封锥面上的积炭。气门头部边缘应有一定的厚度，一般为 1~3mm。

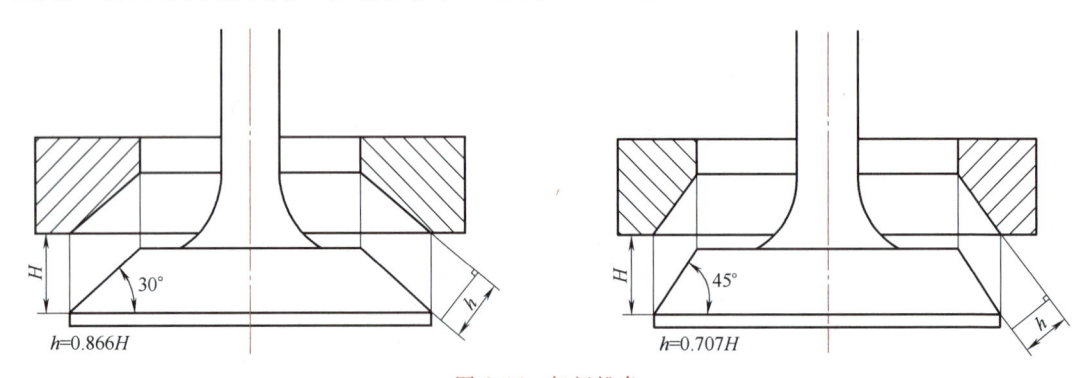

图 3-16 气门锥角
$h=0.866H$ $h=0.707H$

气门头部接受的热量一部分经气门座圈传给气缸盖；另一部分则通过气门杆和气门导管传给气缸盖，最终都被气缸盖水套中的冷却液带走。为了增强传热，气门与气门座圈的密封锥面必须严密贴合。有的发动机在排气门密封锥面上焊接一层镍、铬、钴等金属元素的特种合金，以提高硬度。

为提高气缸的充气效率，多数发动机进气门的头部比排气门的大，但在排气门数目少于进气门数目的发动机中（如3个或2个进气门），排气门头部直径大于进气门头部直径。

（2）气门杆部 气门杆部为气门的运动导向，承受侧压力及传热。气门杆部尾端的形状取决于气门弹簧座的固定方式，如图3-17所示。常用的结构是用剖分成两半的锥形锁片4来固定气门弹簧座3（图3-17a），这时气门杆1的尾端可切出环形槽来安装锁片，国产492Q发动机采用此固定方式；也可以用锁销5（图3-17b）来固定气门弹簧座，对应的气门杆尾端应有一个用来安装锁销的径向孔，解放CA6102型发动机采用这种固定方式。

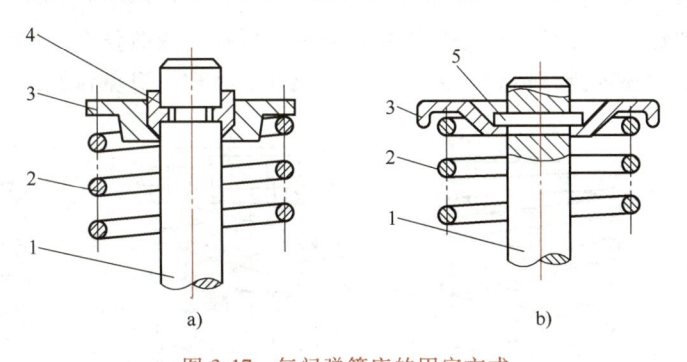

图 3-17 气门弹簧座的固定方式
a) 锁片固定 b) 锁销固定
1—气门杆 2—气门弹簧 3—气门弹簧座 4—锥形锁片 5—锁销

2. 气门导管

气门导管的功用是起导向作用，保证气门做直线往复运动，使气门与气门座能正确贴合。此外，还将气门杆接受的热量部分地传给气缸盖。气门导管和气门座如图3-18所示。

气门导管的工作温度较高（约200℃），而且润滑条件较差，靠配气机构工作时飞溅起来的机油来润滑气门杆和气门导管孔。气门导管一般由灰铸铁、球墨铸铁或铁基粉末冶金制造。

在以一定的过盈将气门导管压入气缸盖上的气门导管座孔之后，再精铰气门导管内孔，以保证气门导管与气门杆的正确配合间隙。为了防止气门导管在使用过程中松落，有的发动机对气门导管用卡环定位（图3-18）。气门杆与气门导管之间一般留0.05~0.12mm间隙，使气门杆能在导管中自由运动。

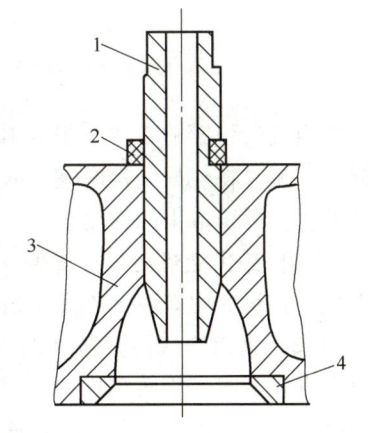

图 3-18 气门导管和气门座
1—气门导管 2—卡环
3—气缸盖 4—气门座

3. 气门座

气门座可直接在气缸盖上镗出，它也有相应的锥面。气门座的作用是靠其内锥面与气门锥面的紧密贴合密封气缸，并接受气门传来的热量。气门座可直接在气缸盖上加工出来，也可用合金铸铁或奥氏体钢制成单独的气门座圈，再镶嵌到气缸盖相应的座孔中，构成镶嵌式气门座（图3-18）。镶嵌式气门座可使铝合金和铸铁气缸盖的使用寿命得以延长，但导热性差，加工精度要求高，公差配合严格。因此，也有一些铸铁气缸盖不镶气门座圈，直接在气缸盖上镗出气门座。

气门与气门座之间的配合要严密,为此,二者要配对研磨,研磨好的零件不能互换,以保证密封良好,即气门不能互换。

4. 气门弹簧

气门弹簧的功用是使气门迅速回位,紧密闭合,并防止气门在发动机振动时发生跳动,破坏密封性。为此,气门弹簧(图3-19)应有足够的刚度和一定的安装预紧力。

气门弹簧一般为等螺距圆柱形螺旋弹簧(图3-19a),其材料为高碳锰钢、铬钒钢等冷拔钢丝,加工后要进行热处理。经抛光或喷丸处理后可提高疲劳强度,增强弹簧的工作可靠性。此外,弹簧表面还要进行镀锌、镀铜、磷化或发蓝处理,避免弹簧锈蚀。

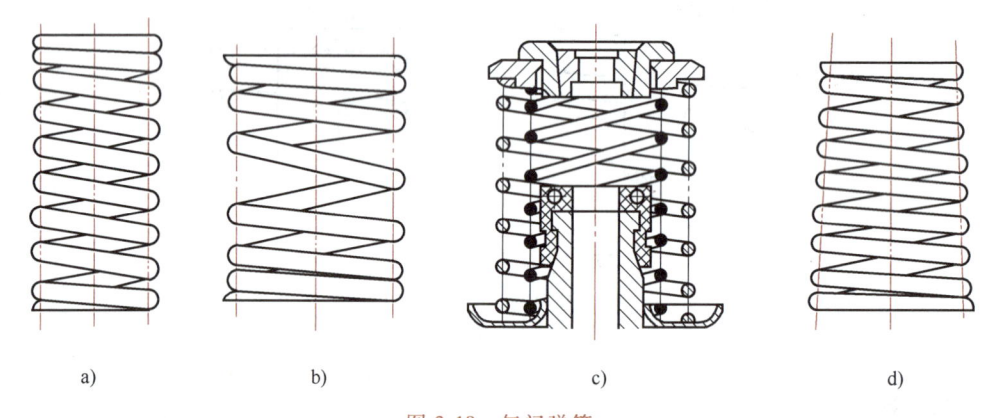

图 3-19 气门弹簧

a)等螺距圆柱气门弹簧　b)变螺距气门弹簧　c)双气门弹簧　d)锥形气门弹簧

当气门弹簧的工作频率与其固有的振动频率相等或为整数倍时,气门弹簧就会发生共振。共振时将使配气定时遭到破坏,使气门发生反跳和冲击,甚至使弹簧折断。为防止共振的发生,可采取下列措施。

(1) 采用变螺距气门弹簧(图3-19b)　某些高性能汽油机采用变螺距气门弹簧。变螺距气门弹簧的固有频率不是定值,从而可以避开共振。

(2) 采用双气门弹簧(图3-19c)　在柴油机和高性能汽油机上广泛采用每个气门安装两个直径不同,旋向相反的内、外弹簧。由于两个弹簧的固有频率不同,当一个弹簧发生共振时,另一个弹簧能起到阻尼减振作用。采用双气门弹簧可以减小气门弹簧的高度,而且当一个弹簧折断时,另一个弹簧仍可维持气门工作。弹簧旋向相反,可以防止折断的弹簧圈卡入另一个弹簧圈内使其不能工作或损坏。一汽捷达、一汽宝来、上海桑塔纳、大众POLO及本田雅阁轿车的发动机均采用双气门弹簧。

(3) 采用锥形气门弹簧(图3-19d)　锥形气门弹簧的刚度和固有振动频率是沿弹簧轴线方向变化的,因此可以消除发生共振的可能性。

5. 气门旋转机构

当气门工作时,如能产生缓慢的旋转运动,可使气门头部周向温度分布比较均匀,从而减小气门头部的热变形。同时,气门旋转时,在密封锥面上产生轻微的摩擦力,能够清除锥面上的沉积物。气门旋转机构如图3-20所示。

在图3-20a所示的低摩擦型自由旋转机构中,气门锁片并不直接与弹簧座接触,而是装

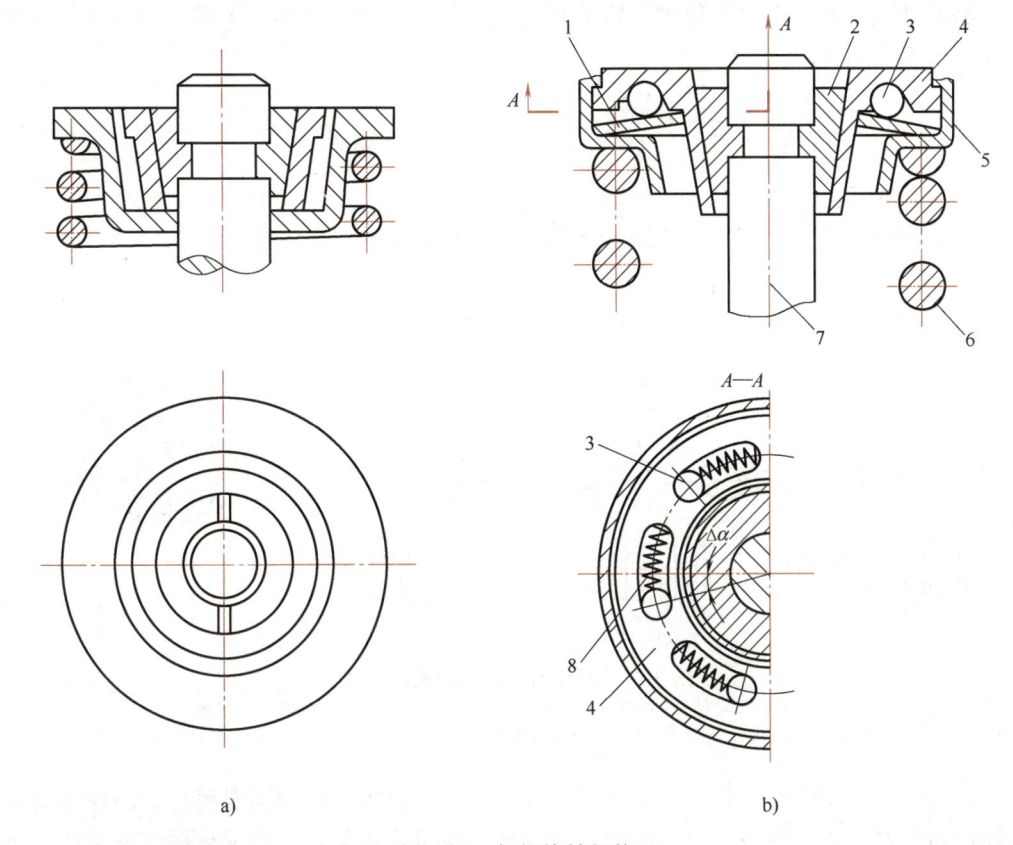

图 3-20 气门旋转机构

a) 低摩擦型自由旋转机构　b) 强制旋转机构

1—碟形弹簧　2—气门锁夹　3—钢球　4—旋转机构壳体　5—气门弹簧座　6—气门弹簧　7—气门　8—回位弹簧

在一个锥形套筒中,后者的下端支承在弹簧座平面上,套筒端部与弹簧座接触面上的摩擦力不大,而且在发动机运转振动力作用下,在某一短时间内可能为零,这就使气门有可能自由地做不规则运动。

有的发动机采用图 3-20b 所示的强制旋转机构,使气门每开一次便转过一定的角度。在旋转机构壳体 4 中,有 6 个变深度的槽,槽中装有带回位弹簧 8 的钢球 3。当气门关闭时,气门弹簧 6 的力通过气门弹簧座 5 与碟形弹簧 1 直接传到旋转机构壳体上。当气门升起时,不断增大的气门弹簧力将碟形弹簧压平而迫使钢球沿着凹槽的斜面滚动,带着碟形弹簧、气门弹簧和气门一起转过 $\Delta\alpha$ 角。在气门关闭过程中,碟形弹簧的载荷减小而恢复原状,钢球即在回位弹簧的作用下回到原来的位置。

3.4.2　气门传动组

气门传动组的功用是使进、排气门按发动机配气相位规定的时刻开、闭,且保证有足够的开度。气门传动组主要包括凸轮轴、挺柱、推杆、摇臂等零件。

1. 凸轮轴

凸轮轴主要由凸轮 1 和凸轮轴轴颈 2 等组成(图 3-21),使气门及时开、闭,并保证气

门有足够的升程。对于下置凸轮轴的汽油机还具有用以驱动分电器等的螺旋齿轮4和用以驱动汽油泵的偏心轮3。

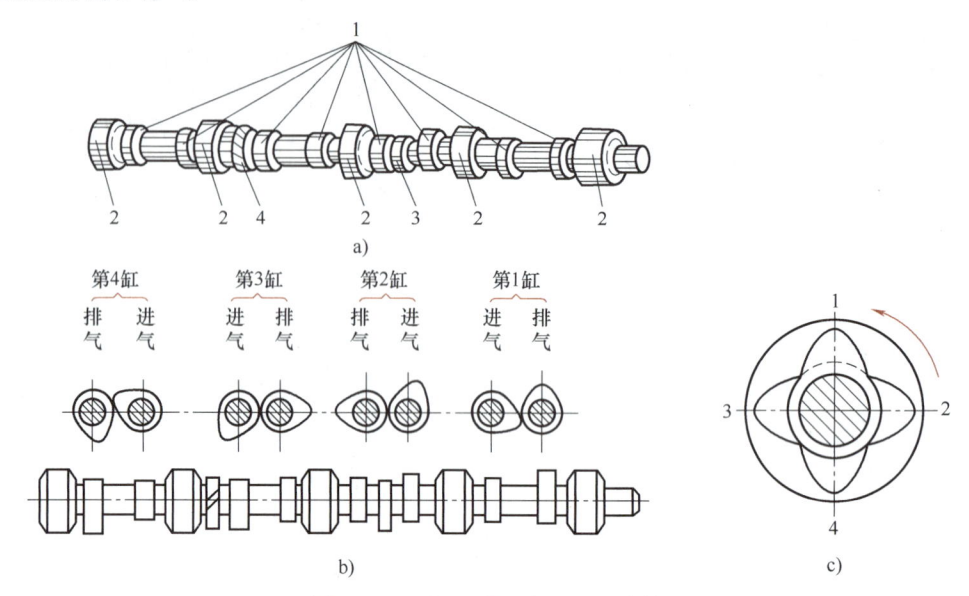

图 3-21 四缸四冲程汽油机凸轮轴
a）发动机凸轮轴 b）进、排气凸轮的相对角位置 c）凸轮轴旋转方向
1—凸轮 2—凸轮轴轴颈 3—驱动汽油泵的偏心轮 4—驱动分电器等的螺旋齿轮

凸轮受到气门间歇性开启的周期性冲击载荷，因此要求凸轮表面要耐磨，凸轮轴要有足够的韧性和刚度。凸轮轴一般用优质钢锻造制成，也可采用合金铸铁或球墨铸铁铸造。凸轮和轴颈表面经热处理后精磨，以提高耐磨性。

发动机工作时，凸轮轴的变形会影响配气相位，因此有的发动机凸轮轴采用全支承以保证有足够的支承刚度，如图3-21a所示的发动机凸轮轴有5个轴颈2。对于下置式凸轮轴轴颈的直径是由前向后依次减小的，以便安装。而有些上置式凸轮轴的轴承采用的是剖分结构，则各凸轮轴轴颈的直径相等。

由图3-21b可以看出，同一气缸的进、排气凸轮的相对角位置是与既定的配气相位相适应的。发动机各个气缸的进（或排）气凸轮的相对角位置应符合发动机各缸的点火顺序和点火间隔时间的要求。因此，根据凸轮轴的旋转方向以及各缸进（或排）气凸轮的工作次序，就可判定发动机的发火次序。就四缸四冲程发动机而言，每完成一个工作循环，曲轴需旋转两周，而凸轮轴只旋转一周，在此期间，每个气缸都要进行一次进（或排）气，且各缸进（或排）气的时间间隔相等，即各缸进（或排）气凸轮彼此间的夹角均为 $360°/4 = 90°$。如图3-21c所示，发动机的凸轮轴旋转方向（从前端向后看）为逆时针方向，则该发动机的点火顺序为1—2—4—3。若六缸四冲程发动机的凸轮轴沿逆时针方向旋转，其点火顺序为1—5—3—6—2—4，任何两个相继点火的气缸进（或排）气凸轮间的夹角均为 $360°/6 = 60°$。六缸四冲程发动机凸轮相对角位置的投影图如图3-22所示。

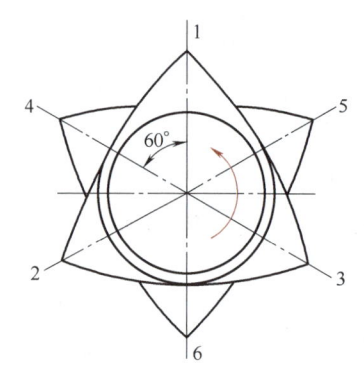

图 3-22 六缸四冲程发动机凸轮相对角位置的投影图

凸轮轴由曲轴通过传动装置（正时齿轮副、正时链轮或同步带）驱动。图 3-23 所示为正时齿轮传动及正时标记，小齿轮与大齿轮分别用键联结安装在曲轴和凸轮轴的前端，传动比为 2∶1。在装配曲轴和凸轮轴时，必须将两个齿轮上的正时标记对准，以保证正确的配气相位和点火时刻。

为了限制凸轮轴在工作中产生的轴向移动或螺旋齿轮在传动时产生的轴向力，凸轮轴需要轴向定位。对于由螺旋齿轮传动的凸轮轴，若凸轮轴轴向移动量过大，会影响配气定时。止推片轴向定位如图 3-24 所示，凸轮轴止推片 4 用螺钉固定在气缸体上，止推片与正时齿轮之间应留有适当的间隙（通常为 0.05～0.20mm），此间隙即为凸轮轴最大轴向移动量。最大轴向移动量的大小可通过更换隔圈 5 来调整。

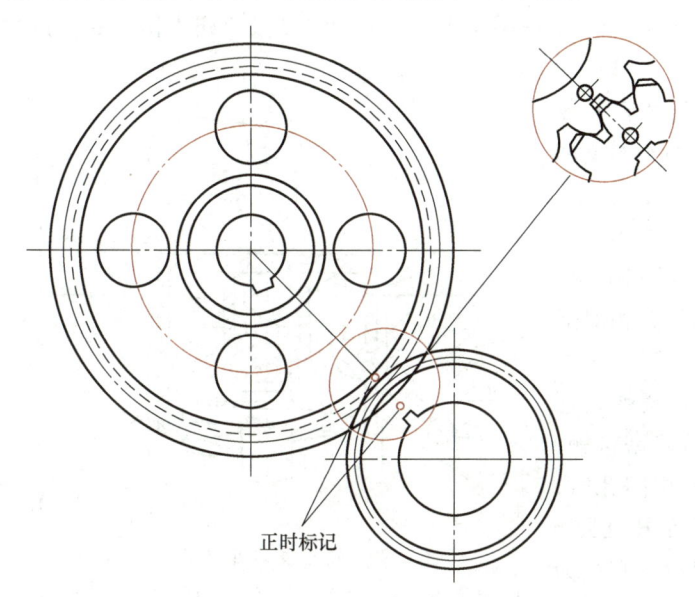

图 3-23　正时齿轮传动及正时标记

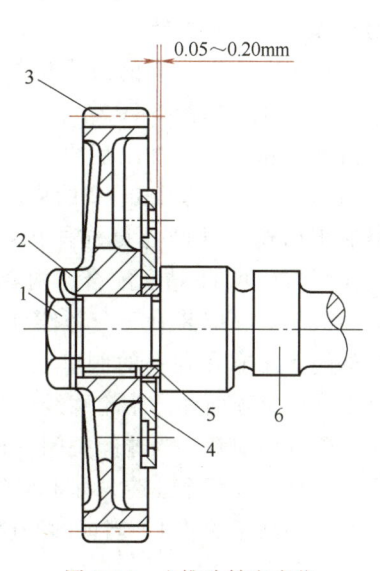

图 3-24　止推片轴向定位
1—螺母　2—锁紧垫圈　3—正时齿轮
4—止推片　5—隔圈　6—凸轮轴

2. 挺柱

挺柱的功用是将来自凸轮的运动和作用力传给推杆或气门，同时还承受凸轮所施加的侧向力。有的挺柱在顶部装有调整螺钉，以调整气门间隙。

制造挺柱的材料有合金钢、镍铬合金铸铁和冷激合金铸铁等。挺柱可分为机械挺柱和液力挺柱两大类，每一类中又有平面挺柱和滚子挺柱等多种结构型式。

(1) 机械挺柱　气门顶置式配气机构采用的机械挺柱有筒式和滚轮式两种结构型式，如图 3-25 所示。筒式挺柱（图 3-25a）下部圆周钻有通孔，飞溅的机油落入筒内并从筒壁上的小孔流出，对挺柱底面及凸轮加以润滑。

挺柱工作时，由于受凸轮侧向推力的作用，会稍有倾

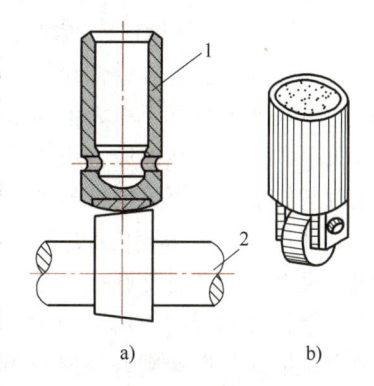

图 3-25　机械挺柱
a) 筒式　b) 滚轮式
1—挺柱　2—凸轮轴

斜，并且由于侧向推力方向是一定的，将引起挺柱与气门导管之间的单面磨损，同时挺柱与凸轮固定不变地在一处接触，也会造成磨损不均匀。为此，有的挺柱在结构上制成球面，而且把凸轮面制成带锥度形状（图3-25a）。这样凸轮与挺柱底面的接触点偏离挺柱轴线，当挺柱被凸轮顶起上升时，接触点的摩擦力使其绕自身轴线转动，以达到均匀磨损的目的。

筒式挺柱结构简单，质量小，广泛应用在中、小型发动机上。滚轮式挺柱（图3-25b）可以减小磨损，但结构较复杂，质量较大，多用于大缸径柴油机上。

（2）液力挺柱 在配气机构中预留气门间隙将使发动机工作时，配气机构产生撞击和噪声。为了消除这一弊端，有些发动机尤其是轿车发动机采用液力挺柱，借以实现零气门间隙。气门及其传动件因温度升高而膨胀，或因磨损而缩短，都会由液力作用来自行调整或补偿。许多轿车（如红旗CA7220、奥迪A6、上海桑塔纳、大众POLO及广州本田雅阁）的发动机都装用了液力挺柱。

轿车发动机采用的液力挺柱安装在凸轮与气门之间，如图3-26所示。圆筒挺柱体9是由上盖和圆筒经加工后再用激光焊接为一体的薄壁零件。液压缸12的内孔和外圆都要经加工研磨，外圆与挺柱体内孔精密配合，内孔则与柱塞11精密配合，两者都有相对运动。液压缸底部装有一个补偿弹簧13，把单向球阀5压靠在柱塞的阀座上，补偿弹簧还可以使柱塞顶面和凸轮轮廓线保持紧密接触，以消除气门间隙。当球阀关闭柱塞中间孔时，可将挺柱分成两个油腔，即上部的低压油腔6和下部的高压油腔1。当球阀开启后，则成为一个通腔。

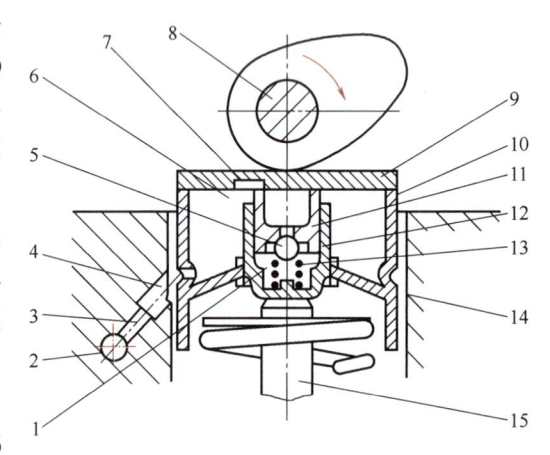

图3-26 轿车发动机的液力挺柱
1—高压油腔 2—气缸盖油道 3—量油孔 4—斜油孔
5—单向球阀 6—低压油腔 7—键形槽 8—凸轮轴
9—挺柱体 10—柱塞焊缝 11—柱塞 12—液压缸
13—补偿弹簧 14—缸盖 15—气门杆

当挺柱体外圆上的环行油槽与缸盖上的斜油孔4对齐时（图3-26中的位置），发动机润滑系统中的机油由气缸盖油道2经量油孔3、斜油孔4和挺柱体侧面的油孔流入液压挺柱的低压油腔。位于上盖底部的键形槽7可将机油引入柱塞上方的低压油腔，这时缸盖主油道与液压挺柱的低压油腔连通。当凸轮转动时，挺柱体与柱塞下移，液压缸底部容积减小，油压升高，加上补偿弹簧的作用，使单向球阀关闭，形成高压油腔。由于液体的不可压缩性，液压挺柱犹如刚体一样移动，打开气门。此时气缸盖油道不再向低压油腔供油。

液压挺柱到达下止点后开始上行时，由于气门弹簧和凸轮下压的作用，高压油腔继续关闭，直至转到凸轮基圆接触处，气门关闭，此时，气门杆、液压缸不再上移，高压油腔容积在补偿弹簧弹力的作用下增大，高压油腔压力下降，在主油道油压的作用下，克服补偿弹簧弹力，推开单向球阀，使两腔相通充满机油。这时挺柱体顶面仍和凸轮紧贴，当气门杆受热膨胀时，柱塞和液压缸做轴向相对运动，高压油腔内的油液可经过柱塞与液压缸之间的间隙挤入低压油腔，因此，可以不预留气门间隙。

液力挺柱结构复杂，加工精度要求高，是不可拆卸的组件，磨损后无法调整只能更换。

安装前需要将液力挺柱中的空气排除，以免工作时产生额外噪声。

3. 推杆

推杆（图3-27）位于挺柱和摇臂之间，其功用是将挺柱传来的运动和作用力传给摇臂。推杆一般用冷拔无缝钢管制成，两端焊上球头和球座（图3-27c），也可以用中碳钢制成球头或球座与杆身锻成一体的实心推杆（图3-27a）。对于用铝合金制造的发动机，宜采用锻铝或硬铝制造推杆，并在其两端压入钢制球头和球座（图3-27b），其目的是当发动机温度变化时，不因为材料热膨胀系数的不同而引起气门间隙的改变。推杆两端的球头或球座均需淬硬和磨光，以提高耐磨性。

4. 摇臂

摇臂实际上是一个双臂杠杆，如图3-28所示。其功用是将推杆或凸轮传来的运动和力改变方向，作用到气门杆端使气门开启。

图3-28a所示摇臂是由45钢冲压而成的，以摇臂轴为支点，两臂不等长，两边臂长的比值（称为摇臂比）为1.2~1.8。短臂端加工有螺纹孔，用来拧入气门间隙调整螺钉2。长臂端加工成圆弧面，是推动气门的工作面。由于摇臂工作面与气门杆尾端面的接触应力很大，且有相对滑移，因此磨损严重，通常圆弧工作面需在淬火后磨光。摇臂应有足够的强度和刚度以及较小的质量，一般由锻钢、可锻铸铁、球墨铸铁或铝合金制造，且将摇臂断面制成"T"字形或"工"字形。

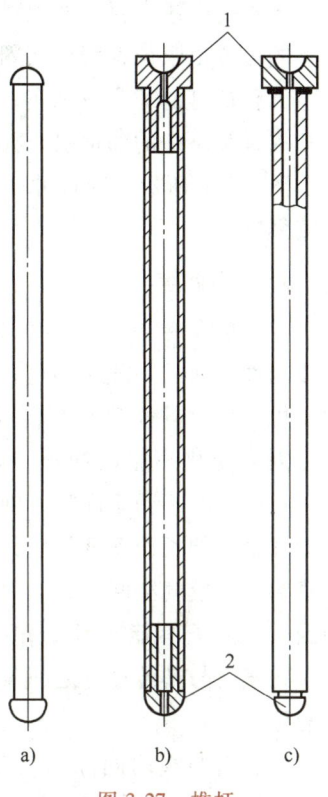

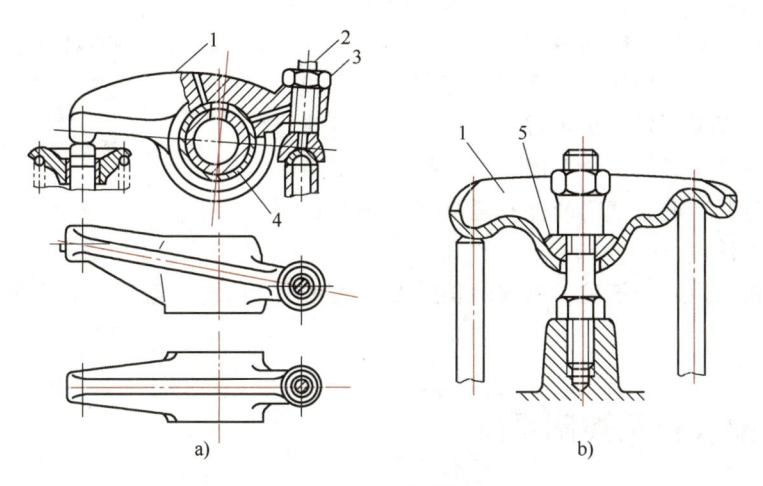

图3-27 推杆
1—球座 2—球头

图3-28 摇臂
a）45钢冲压制成的摇臂　b）薄板冲压而成的摇臂
1—摇臂　2—气门间隙调整螺钉　3—锁紧螺母　4—摇臂衬套　5—摇臂支点球座

摇臂孔内镶有衬套并通过空心的摇臂轴支承在轴座上,摇臂轴固定在气缸盖上。摇臂在轴上的位置由限位弹簧或挡圈限定。摇臂衬套与摇臂轴,摇臂工作面与气门杆尾端面,气门间隙调整螺钉的球头或球座,以及推杆的球座或球头均需要润滑。为此将机油从机体经气缸盖和摇臂轴座中的油道引入摇臂轴,再从摇臂轴、摇臂衬套和摇臂上的油孔流向摇臂两端。

图 3-28b 所示为薄板冲压而成的摇臂,它与液力挺柱联用,所以摇臂上不安装气门间隙调整螺钉。

5. 气门间隙

发动机在冷态下,当气门处于关闭状态时,气门与传动件之间的间隙称为气门间隙。如图 3-29 所示。发动机工作时,气门及其传动件,如挺柱、推杆等,都将因为受热膨胀而伸长。如果气门与其传动件之间,在冷态时不预留间隙,则在热态下由于气门及其传动件膨胀伸长而顶开气门,破坏气门与气门座之间的密封,造成气缸漏气,从而使发动机功率下降,起动困难,甚至不能正常工作。为此,在装配发动机时,在气门与其传动件之间需预留适当的间隙,即气门间隙。

最适当的气门间隙由发动机制造厂根据试验确定。在冷态时,进气门的间隙一般为 0.25～0.30mm,排气门的间隙为 0.3～0.35mm。气门间隙既不能过大,也不能过小。如果间隙过小,发动机在热态下可能造成气门关闭不严,发生漏气,导致发动机功率下降,甚至烧坏气门;如果间隙过大,在气门与气门座以及各传动件之间将产生撞击声,而且加速磨损,同时也会使气门的开启持续时间减少。

汽车使用过程中,应按原厂规定值定期地检查和调整气门间隙,以保证发动机正常工作。气门间隙的检查与调整应在冷态气门完全关闭、气门挺柱落于凸轮基圆位置时进行。调整气门间隙有逐缸调整法和二次调整法两种方法。

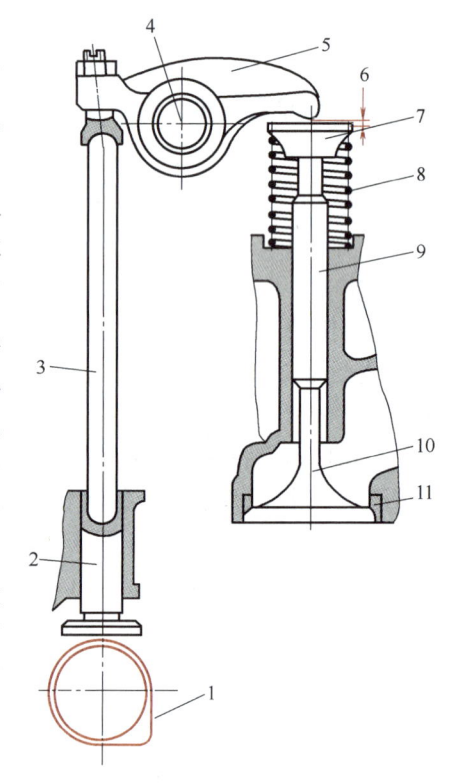

图 3-29 配气机构的气门间隙
1—凸轮 2—挺柱 3—推杆 4—摇臂轴
5—摇臂 6—气门间隙 7—气门弹簧座
8—气门弹簧 9—气门导管
10—气门 11—气门座

有的发动机采用液力挺柱,挺柱的长度能自动变化,随时补偿气门的热膨胀量,故不需要预留气门间隙。

3.5 可变配气相位控制系统

当发动机高速运转时,需要更多的可燃混合气,这就需要增加气门升程或延长气门打开时间,以满足提高发动机动力性的要求;反之,当发动机低速运转时,需要较少的可燃混合气时,通过减小气门升程或缩短气门打开时间来实现,以达到节省燃料的目的。

但是传统发动机的气门升程和配气相位是固定不变的，这种固定不变的气门定时很难兼顾到发动机不同转速的工作需求，可变配气相位控制技术可解决这一矛盾。可变配气相位控制系统要求发动机工作时，配气相位角大小可以根据发动机转速的不同进行调节，高、低转速下都可以获得理想的进气量，从而提升发动机燃烧效率。在低速和怠速工况下，改善发动机转矩的输出，提高燃油经济性，而高速下则提高进气效率，以增加发动机的输出功率。

可变配气相位控制技术包括可变气门正时技术和可变气门正时与升程技术两大类。

1. 可变气门正时

可变气门正时（Variable Valve Timing，VVT）的原理就是根据发动机的运行情况，调整进气量和排气量，控制气门开合的时间和角度，使进入的充量达到最佳，从而提高燃烧效率，使发动机的转矩和功率可以得到进一步提高。

日产汽车公司可变气门正时技术仅改变进气门的气门正时，称为气门正时控制（Valve Timing Control，VTC）。该技术主要由进气凸轮轴前端之控制器总成、气门正时控制电磁阀、发动机控制模块（ECM）及各传感器构成，其结构组成如图3-30所示。

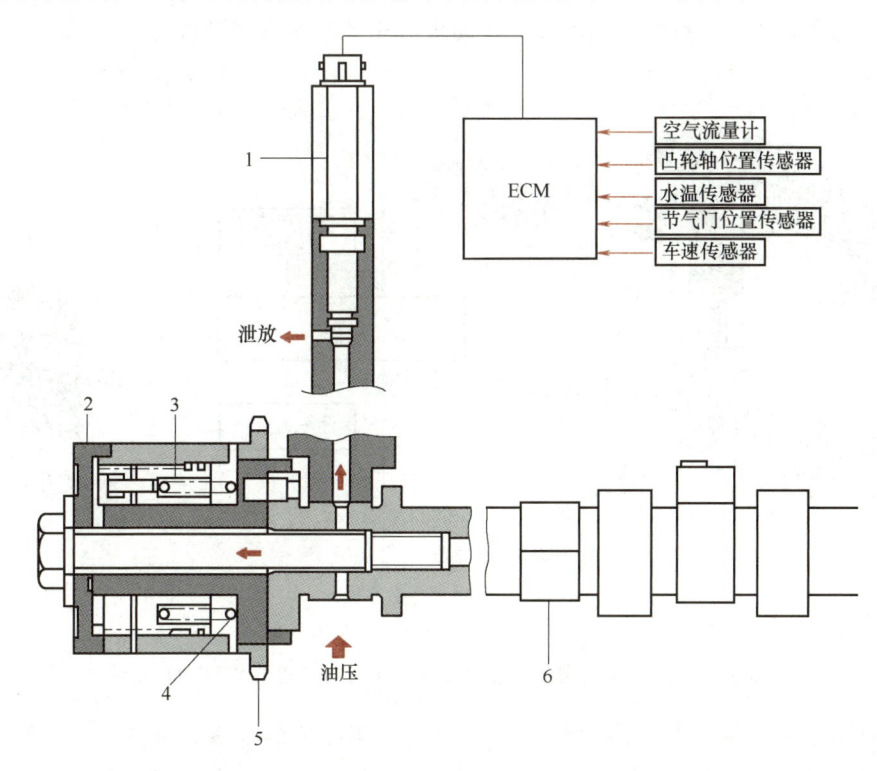

图3-30　日产汽车公司可变气门正时控制（VTC）的结构组成
1—气门正时控制电磁阀　2—控制器总成　3—活塞　4—回位弹簧　5—凸轮轴链轮　6—进气凸轮轴

ECM根据各传感器信号，控制气门正时控制电磁阀断电或通电。当电磁阀断电时，阀打开，油压从电磁阀泄放，进气门正常时间开闭，由于气门重叠角度最小，故怠速平稳；且由于进气门较晚关闭，故较高转速时充气效率高。当电磁阀通电时，阀关闭，油压进入控制器，使进气凸轮轴位置改变，进气门提前打开，延迟关闭，在较低转速时，即可得到较高转矩。

2. 可变气门正时与升程

赛车发动机采用长升程设计，以获得高转速时强大的功率输出，但在低转速时会工作不稳；普通民用车则采用兼顾高低转速的气门升程设计，但会在高转速区域损失动力。而采用可变气门正时与升程（Variable Valve Timing & Lift，VVTL）控制的发动机，气门升程能随发动机转速的改变而改变。在高转速时，采用长升程来提高进气效率，让发动机的"呼吸"更顺畅；在低转速时，采用短升程，能产生更大的进气负压及更多的涡流，让空气和燃油充分混合，进而提高低转速时的转矩输出。

(1) 智能可变气门正时与升程系统 基于VVT，VVTL采用凸轮转换机构，从而使发动机在不同的转速工况下由不同的凸轮控制，及时调整进气门和排气门的升程和开启持续时间。为了提高发动机转速和获得更高的输出率，可变气门升程系统对气门开启和关闭时刻进行了优化，大大提高了燃油经济性。丰田汽车公司的智能可变气门正时与升程（Variable Valve Timing&Lift-intelligent，VVTL-i）系统如图3-31所示，当发动机低、中转速时，由凸轮轴上的低、中速凸轮驱动摇臂，使进、排气门动作。一旦发动机高转速运行时，来自传感器的信号使ECM控制机油控制阀动作，调节摇臂活塞液压系统，使高速凸轮工作，这样进气门和排气门的升程和开启持续时间增加，发动机的充气效率得以提高。

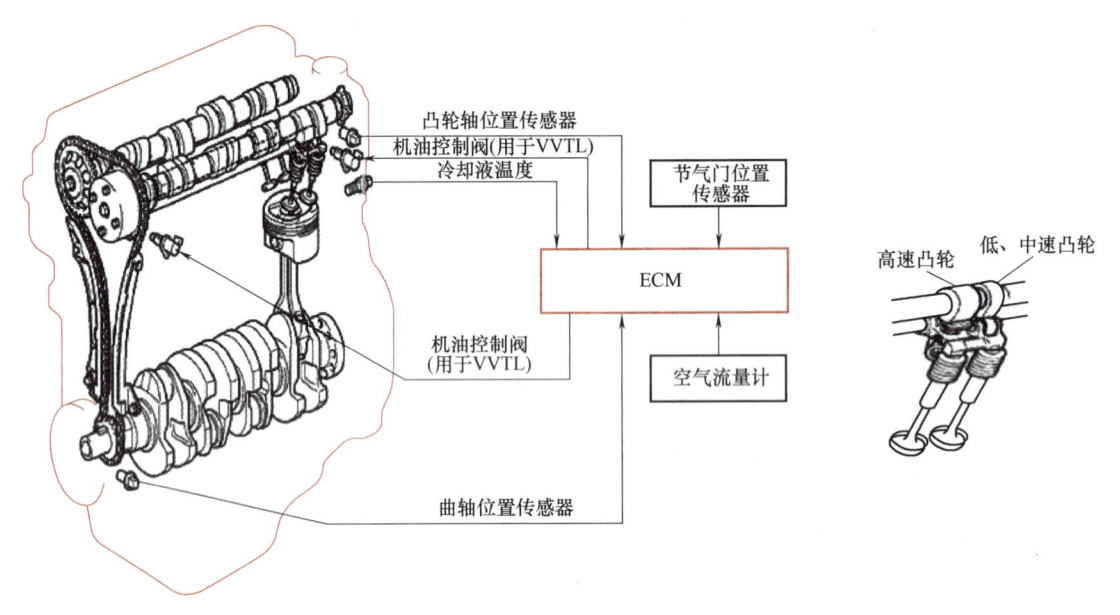

图3-31 丰田汽车公司的智能可变气门正时与升程（VVTL-i）系统

ECM接收各传感器信号，经由修正及气门正时实际值的反馈，确立气门正时目标值，以占空比的方式控制机油油压控制阀，改变进气门正时。同时根据曲轴位置传感器信号和冷却液温度传感器确定低、中速气门升程或高速气门升程，从而控制机油油压控制阀动作，改变气门升程。

智能可变气门正时与升程（VVTL-i）系统的工作过程如下。

当发动机低、中速运转时，凸轮轴上只有小角度的低、中速凸轮顶到摇臂，使两个气门动作，此时高速凸轮也会推动摇臂衬垫，但由于摇臂衬垫处于自由状态，不会影响摇臂和两个气门动作，如图3-32所示。

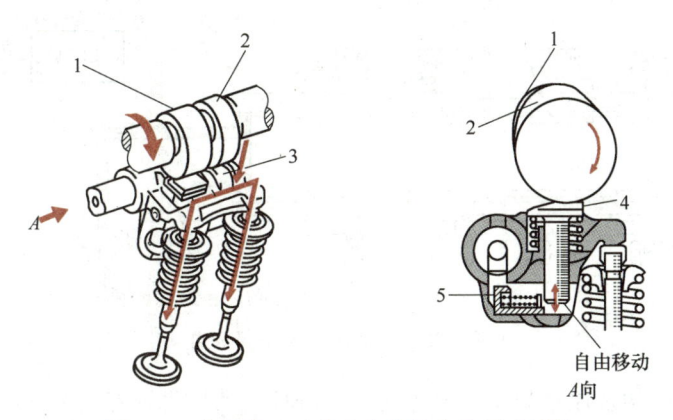

图 3-32　凸轮轴上只有小角度的凸轮顶到摇臂

1—高速凸轮　2—低、中速凸轮　3—滚柱　4—摇臂衬垫　5—摇臂销

当发动机处于低、中转速时，ECM 读取各传感器信号，控制机油压力控制阀关闭，回油侧开启，机油回流，如图 3-33 所示。

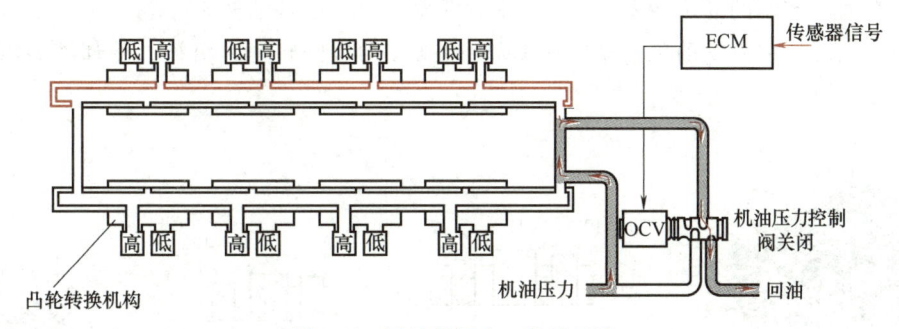

图 3-33　回油侧开启，机油回流

当发动机高转速运转时，机油压力推动摇臂销，摇臂销插栓在摇臂衬垫下，使摇臂衬垫锁住。由于高速凸轮轮廓比低速凸轮轮廓大，高速凸轮推动摇臂衬垫，此时由高速凸轮驱动两个气门，气门的升程和开启持续时间得以延长，如图 3-34 所示。

当发动机高速运转时，机油压力控制阀开启，机油直接通往凸轮转换机构上，使高速凸轮起作用，如图 3-35 所示。

（2）可变气门正时与气门升程电子控制机构　本田汽车公司在 20 世纪 90 年代

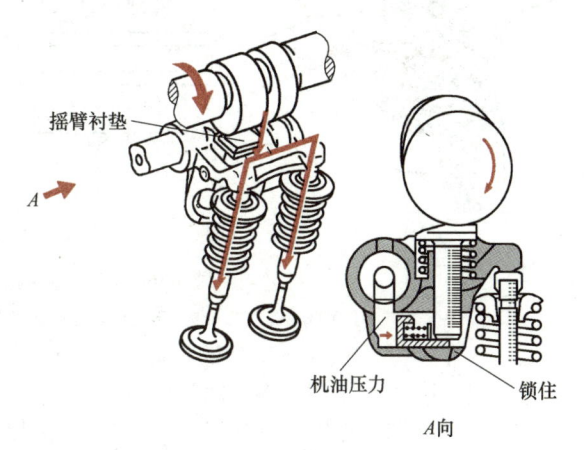

图 3-34　凸轮轴上只有大角度的凸轮顶到摇臂

推出了既可改变气门正时，又能改变气门升程的可变气门正时与气门升程电子控制（Variable Valve Timing and Valve Life Electronic Control，VTEC）机构。进气门的正时与升程随转速的不同而改变，使发动机在低速时具有较高的燃烧效率和较低的燃油消耗，而在高速时则可以充分地发挥其强劲的动力，从而改善汽车的动力性和经济性。

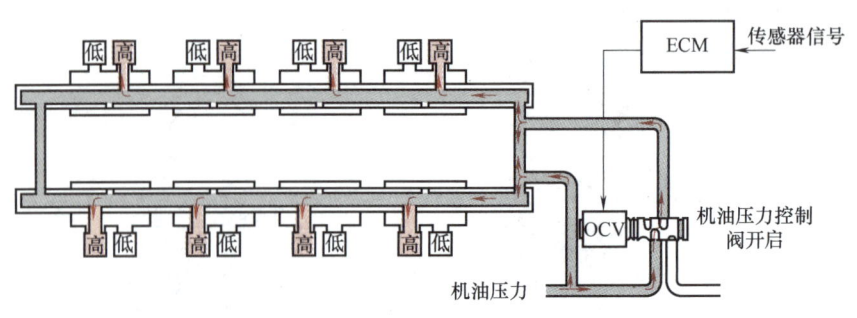

图 3-35 机油压力控制阀开启

VTEC 机构的结构及原理如图 3-36 所示。VTEC 发动机每缸有 4 个气门（2 进 2 排）、凸轮轴上对应每个气缸有 3 个进气凸轮和 2 个排气凸轮。3 个进气凸轮大小和形状各不相同，中间凸轮 11 升程最大，适合发动机高速时双进气门工作的配气相位要求；主凸轮 10、次凸轮 12 适合发动机低速时单气门工作的配气相位要求，次凸轮升程最小，只使气门产生一个很小的开度。进气门摇臂也因此分成 3 个部分，即主摇臂、中间摇臂和次摇臂。3 根摇臂轴的内部装有液压控制的同步活塞 4 和 5、正时活塞 6 以及阻挡活塞 13。液压系统的油压来自发动机润滑系统，并由发动机控制模块 ECM 根据发动机的转速、负荷、冷却液温度和车速等参数进行控制。

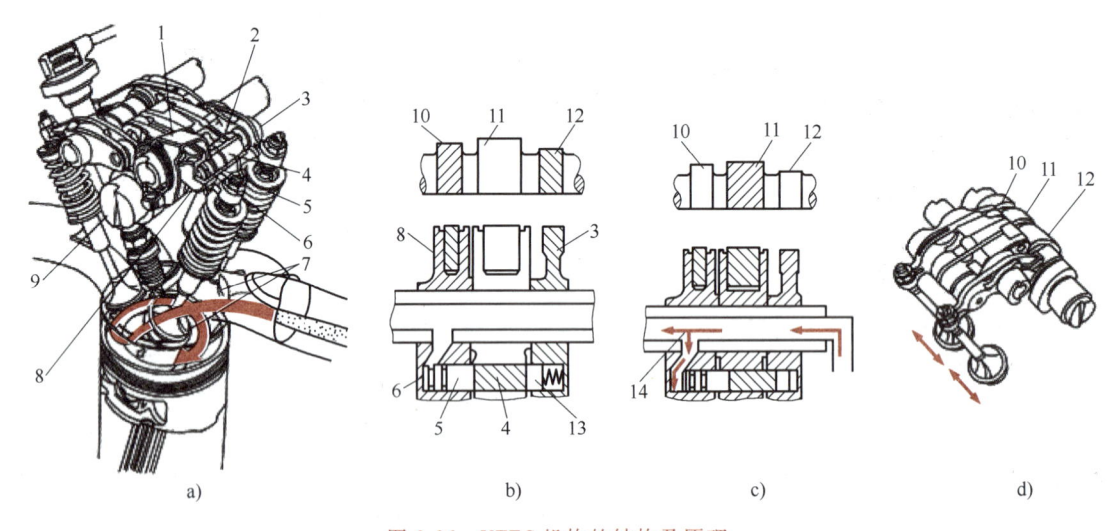

图 3-36 VTEC 机构的结构及原理
a）VTEC 机构的结构　b）低转速时主凸轮和次凸轮分别驱动两个进气门
c）高转速时中间凸轮驱动两个进气门　d）VTEC 机构凸轮驱动气门
1—正时板　2—中间摇臂　3—次摇臂　4、5—同步活塞　6—正时活塞　7—进气门　8—主摇臂
9—凸轮轴　10—主凸轮　11—中间凸轮　12—次凸轮　13—阻挡活塞　14—油路

1）低速状态。发动机低速运转时，主摇臂 8、中间摇臂 2 和次摇臂 3 是彼此分离独立动作的。此时，主凸轮与次凸轮 10 分别驱动主摇臂 8 和次摇臂 3 以控制进气门 7 的开闭。由于次凸轮 12 的升程很小，因而进气门 7 只稍微打开。虽然此时中间摇臂 2 已被中间凸轮 11 驱动，但由于中间摇臂 2 与主摇臂 8、次摇臂 3 是彼此分离的，故不影响进气门 7 的正常开闭。即低速时，VTEC 机构不工作，进气门的开闭情况与普通顶置凸轮轴式配气机构的

相同。

2）高速状态。当发动机达到某一高转速时，发动机控制模块（ECM）将控制液压系统，由正时活塞 6 推动 3 根摇臂内的同步活塞 4、5 移动，并使 3 根摇臂锁成一体而一起动作。此时，由于中间凸轮 11 较主凸轮 10 高，所以便由中间凸轮 11 来驱动整个摇臂，并且使进气门 7 开启时间延长，开启的升程增大，从而达到改变进气门正时和进气门升程的目的。当发动机转速降低至某一设定值时，摇臂中的同步活塞 4、5 端的油压也将由 ECM 控制而降低，同步活塞将回位弹簧推回原位，3 根摇臂又将彼此分离独立工作。

VTEC 系统的工作原理如图 3-37 所示。发动机转速、负荷和冷却液温度等信号输入 ECM 后，经运算处理，ECM 将决定是否对配气机构实行 VTEC。若实行 VTEC，ECM 使 VTEC 电磁阀的电磁绕组通电，使电磁阀在电磁力的作用下吸起，来自油泵的油压便作用在同步活塞上。VTEC 电磁阀开启后，控制系统还可以通过 VTEC 压力开关反馈信号给 ECM，以便监控系统工作。

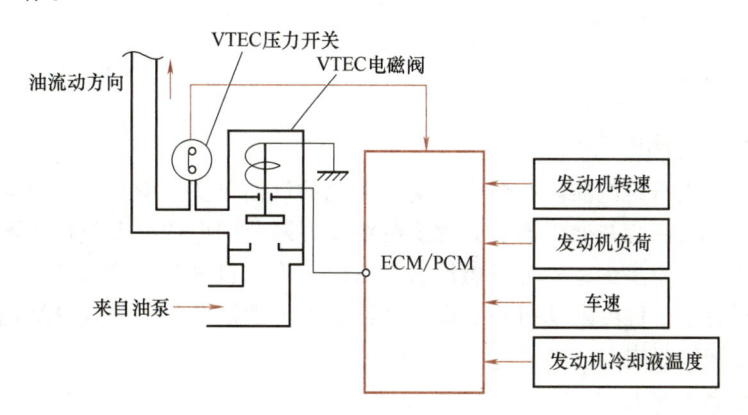

图 3-37　VTEC 系统的工作原理

思考题

1. 配气机构的功用是什么？
2. 什么是充气效率？
3. 为什么一般在发动机的配气机构中要保留气门间隙？气门间隙过大或过小有何危害？
4. 凸轮轴的布置形式有哪几种？凸轮轴的传动方式又有哪几种？
5. 什么是配气相位和配气相位图？
6. 凸轮轴的功用有哪些？
7. 如何根据凸轮轴判定发动机的工作顺序？
8. 为什么有的发动采用 VTEC 技术？
9. 简述本田汽车公司的 VTEC 系统的结构及工作原理。

第4章　电控汽油喷射燃料供给系统

4.1　概述

1. 汽油机供给系统的功用

汽油机所用的燃料是汽油。在燃烧之前，雾化的汽油与空气按一定比例混合形成均匀的混合气。汽油与空气混合并处于能着火燃烧的浓度界限范围内的混合气称为可燃混合气。可燃混合气中汽油含量的多少，称为可燃混合气浓度。汽油机燃料供给系统的功用是根据发动机各工况的不同要求，供给发动机一定数量和浓度的可燃混合气，进入气缸燃烧，并将做功后产生的废气排到大气中。

2. 汽油及其使用性能

汽油是石油制品，它是多种烃的混合物，其主要化学成分是碳（C）和氢（H）。汽油在气缸里燃烧时，若氧气充足且与汽油蒸气混合均匀，则燃烧完全，其燃烧产物为二氧化碳（CO_2）和水（H_2O）；若缺氧或混合得不均匀，则燃烧不完全，会产生一氧化碳 CO 和碳氢化合物（HC）。CO 和 HC 都是有害排放物，污染环境。

汽油的主要使用性能有蒸发性、抗爆性和氧化安定性。汽油使用性能的好坏对发动机的动力性、经济性、可靠性和使用寿命都有很大的影响。因此，车用汽油需要满足许多要求。

(1) 蒸发性　在发动机工作时，汽油只有先从液态蒸发成气态，并与一定比例的空气混合成为可燃混合气后，才能在气缸中燃烧。因此，汽油蒸发性的好坏，对所形成的可燃混合气质量有很大的影响。

汽油的蒸发性可用汽油的蒸馏试验来测定，就是通过加热测定蒸发出馏分时的温度和终馏温度，又分别被称为10%、50%、90%蒸发温度和终馏点。此温度越低，表明汽油中重馏分含量越少，越有利于可燃混合气均匀分配到各缸，使燃烧更完全。

蒸发性过低的汽油，其重馏分汽油不易挥发，特别是冬季时，来不及蒸发燃烧的重馏分流到曲轴箱中会稀释润滑油，使润滑油性能变差，加速气缸磨损，缩短发动机使用寿命。蒸发性过高，会增加汽油的蒸发损失，不仅浪费了汽油，而且增加了对大气环境的污染。为减少汽油的蒸发损失，现代汽车普遍安装了汽油蒸发吸收装置。夏季时，蒸发性太强，会导致发动机油路发生气阻现象。气阻现象是燃料供给系统中汽油产生节气太多，供油量不能满足发动机工作需要的现象。

（2）抗爆性 抗爆性是指汽油在发动机气缸中燃烧时，避免产生爆燃的能力，也就是抗自燃的能力。它是汽油的一项重要使用性能指标。汽油的抗爆性一般用辛烷值表示，辛烷值越高，汽油的抗爆性越好。

我国原来用马达法辛烷值（Motor Octane Number，MON）作为汽油的抗爆性指标，并以此划分汽油牌号，现在改用研究法辛烷值（Research Octane Number，RON）。同一种汽油的 RON 比其 MON 高 6~10 个单位。

美国从 1970 年开始用抗爆指数代替 RON 作为汽油的抗爆性指标。抗爆指数定义为 RON 和 MON 的平均值，即

$$抗爆指数 = \frac{RON+MON}{2}$$

目前我国生产的车用汽油执行的标准是 GB 17930—2016《车用汽油》，第 V 阶段车用汽油牌号有 89 号、92 号、95 号和 98 号 4 个牌号。

选择汽油牌号的主要依据是发动机压缩比的高低。一般情况下，压缩比越高，选择的汽油牌号越高。具体车辆选用汽油牌号时，应按照汽车使用说明书推荐的辛烷值范围去选择相应牌号的汽油。

（3）氧化安定性 氧化安定性是指汽油在常温和液态下的抗氧化能力，也可称为化学安定性，主要取决于原油的产地，加工炼制方法及汽油的组分。表示汽油氧化安定性的指标是实际胶质和诱导期。安定性差的汽油在储运和使用中经常因热、光等作用变黄，产生胶质。

3. 可燃混合气成分的表示方法

可燃混合气成分即可燃混合气浓度，通常用空燃比或过量空气系数来表示。

（1）空燃比 进入发动机的空气质量与燃油质量之比称为空燃比，用符号 α 表示（多为欧美国家采用），空燃比也即燃烧 1kg 燃料实际供给的空气量。

理论上，1kg 汽油完全燃烧时需要 14.7kg 空气。因此，对于汽油机而言，空燃比 14.7 的可燃混合气称为理论混合气。若可燃混合气的空燃比小于 14.7，则说明汽油含量有余，空气不足，可称之为浓混合气；若空燃比大于 14.7 的可燃混合气，空气有余，可称为稀混合气。应当指出，对于不同的燃料，其理论空燃比数值是不同的。

（2）过量空气系数 燃烧 1kg 燃料实际供给的空气质量与理论上完全燃烧 1kg 燃料所需的空气质量之比称为过量空气系数，用符号 Φ_a 表示，即

$$\Phi_a = \frac{燃烧 1kg 燃料实际供给的空气质量}{完全燃烧 1kg 燃料所需的理论空气质量}$$

由上述定义表达式可知：无论使用何种燃料，$\Phi_a = 1$ 的可燃混合气称为理论混合气；$\Phi_a < 1$ 的称为浓混合气；$\Phi_a > 1$ 的则称为稀混合气。

4. 可燃混合气成分对发动机性能的影响

可燃混合气成分对发动机性能的影响，可通过试验获得。图 4-1 所示为可燃混合气成分与发动机性能的关系。图中纵坐标为 P_e 和 b_e 的相对值。在功率坐标上，以使用各种浓度的混合气所得到的各个不同功率值中的最大值 100%；而在燃油消耗率坐标上，则以各个燃

油消耗率值中的最小值为100%。

（1）经济混合气 当 $\Phi_a = 1$ 时，理论上气缸中所含空气中的氧正好能使气缸中的燃料完全燃烧。但实际上，由于气缸中可燃混合气的成分不可能绝对均匀地分布，以及残余废气的存在而影响火焰中心的形成和火焰的传播，而使理论混合气不可能得到完全燃烧。要想达到完全燃烧，必须是稀混合气。

从图4-1可以看出，该发动机在 $\Phi_a = 1.11$ 时，燃油消耗率最低。试验证明，对于不同的汽油机，当燃用 $\Phi_a = 1.05 \sim 1.15$ 的可燃混合气时，燃烧完全，经济性最好，故称这种混合气为经济混合气。

如果混合气过稀，会造成发动机过热、进气管回火、动力性和经济性下降。因此，不能对发动机供给过稀的混合气。实际上当混合气稀到 $\Phi_a = 1.3 \sim 1.4$ 时，使火焰不能传播，以致发动机不能稳定运转，甚至缺火停转，故此 Φ_a 值称为过量空气系数的火焰传播下限值。

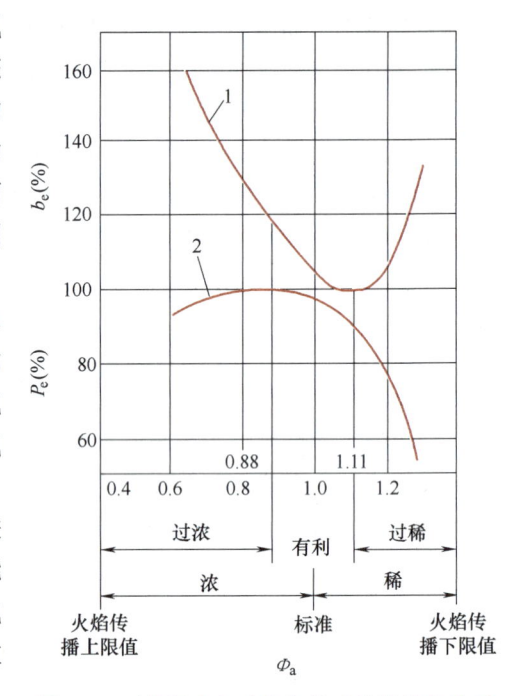

图4-1 可燃混合气成分与发动机性能的关系
1—燃油消耗率 b_e 曲线　2—发动机功率 P_e 曲线

（2）功率混合气 从图4-1可以看出，该发动机在 $\Phi_a = 0.88$ 时，输出功率最大。试验证明，对于不同的汽油机，当燃用 $\Phi_a = 0.85 \sim 0.95$ 的可燃混合气时，燃烧速度最快，热损失最小，这时发动机的有效功率最大，故称此种混合气为功率混合气。

如果混合气过浓，由于燃烧不完全，会造成燃烧室积炭、排气冒黑烟、排气管放炮、动力性和经济性下降。当混合气浓到 $\Phi_a = 0.4 \sim 0.5$ 时，由于燃烧过程中严重缺氧，也将使火焰不能传播，此 Φ_a 值称为过量空气系数的火焰传播上限值。

由以上分析可知，为了保证发动机可靠运转，混合气成分 Φ_a 应在 $0.8 \sim 1.2$ 范围内调节。在节气门全开的情况下，所用可燃混合气的 $\Phi_a = 0.85 \sim 0.95$ 时可获得较大功率；当 $\Phi_a = 1.05 \sim 1.15$ 时，发动机可获得较好的经济性。混合气成分必须在火焰传播界限内（$\Phi_a = 0.4 \sim 1.4$），否则，发动机运转不稳定，直至熄火。

5. 发动机各工况对可燃混合气浓度的要求

发动机工况是发动机工作情况的简称。

随着汽车行驶速度和牵引功率的不断变化，汽车发动机的转速和负荷也在很大范围内频繁变动。汽车发动机工作时有以下特点：①工况变化范围很大，负荷从0到100%，转速从最低稳定转速变到最高转速，且有时工况变化非常迅速；②在汽车行驶的大部分时间内，发动机是在中等负荷下工作的，轿车发动机负荷经常是40%～60%，而货车则为70%～80%。为适应发动机工况的这种变化，可燃混合气成分应该随发动机转速和负荷进行相应的调整。汽车发动机各工况对可燃混合气浓度的要求如下所述。

(1) 稳定工况对混合气成分的要求　　发动机的稳定工况是指发动机已经完全预热，进入正常运转，且在一定时间内转速和负荷没有突变。稳定工况可分为怠速、小负荷、中等负荷、大负荷和全负荷等。

1) 怠速和小负荷工况。怠速工况是指发动机对外无功率输出，且以最低稳定转速运转的情况。此时，混合气燃烧后所做的功，只用于克服发动机内部的阻力，并使发动机保持最低转速稳定运转。汽油机怠速转速一般为（800±100）r/min。在怠速工况下，节气门处于关闭状态。此时，吸入气缸内的可燃混合气不仅数量极少，而且汽油雾化蒸发也不良；进气管中的真空度很高，当进气门开启时，气缸内压力仍高于进气管压力，结果使得气缸内的混合气废气率较大。此时，为保证混合气能正常燃烧，燃料供给系统应提供较浓的可燃混合气（$\Phi_a = 0.6 \sim 0.8$），节气门略开大。进入小负荷时，由于进入的空气量略有增加，可燃混合气的品质逐渐改善，因而可燃混合气浓度可以减小至 $\Phi_a = 0.7 \sim 0.9$。虽然可燃混合气浓度略有减小，但仍属浓混合气，目的是保证汽油机在小负荷工况的稳定性。

2) 中等负荷工况。汽车发动机的大部分工作时间都处于中等负荷状态。此时，节气门已有足够大的开度，上述影响因素已不复存在。因此，应供给 $\Phi_a = 1.05 \sim 1.15$ 的经济混合气，以获得最佳的燃油经济性。

3) 大负荷和全负荷工况。在大负荷时，节气门开度已超过75%，此时应随着节气门开度的开大而逐渐地加浓混合气以满足发动机功率的要求。在节气门全开之前所有的部分负荷工况都应按经济混合气配制，只是在全负荷工况时，节气门已经全开，此时为了获得该工况下的最大功率，必须供给 $\Phi_a = 0.85 \sim 0.95$ 的功率混合气。在从大负荷过渡到全负荷工况的过程中，混合气的浓度应逐渐变化。

(2) 过渡工况对混合气成分的要求　　汽车在运行中主要的过渡工况有冷起动、暖机、加速和急减速等几种。

1) 冷起动。冷起动时，发动机要求供给很浓的混合气，以保证混合气中有足够的汽油蒸气，使发动机能够顺利起动。但在冷起动时燃料和空气的温度很低，汽油蒸发率很小，为了保证冷起动顺利，要求提供 $\Phi_a = 0.2 \sim 0.6$ 的极浓混合气。

2) 暖机。发动机冷起动后，各气缸开始依次点火做功，发动机温度逐渐上升进行暖机。发动机在暖机过程中，由于温度较低燃油雾化较差，因此，也需要 $\Phi_a = 0.4 \sim 0.8$ 的浓混合气，而且随着发动机温度升高而 Φ_a 逐渐增大，直至达到正常工作温度时为止，发动机进入怠速工况。

3) 加速。发动机的加速是指发动机的转速突然迅速增加的过程。此时，驾驶人猛踩加速踏板，节气门开度突然加大，进气管压力随之增加。由于汽油的流动惯性和进气管压力增大后汽油蒸发量的减少，大量的汽油颗粒沉积在进气管壁面上，形成较厚油膜。而进入气缸内的实际混合气则瞬间被稀释，严重时会出现过稀，使发动转速下降。为了避免这一现象发生，在发动机加速时，应向进气管喷入一些附加汽油以弥补加速时的暂时稀释，从而获得良好的加速性能。

4) 急减速。当汽车急减速时，驾驶人迅速松开加速踏板，节气门突然关闭，此时由于惯性作用发动机仍保持很高的转速。因此，进气管真空度急剧增高，促使附着在进气管壁面上的汽油蒸发汽化，并在空气量不足的情况下进入气缸内，造成混合气过浓，严重时甚至熄火。因此，发动机急减速时应供给较稀的混合气（急减速断油），以免上述现象发生。

综上所述，车用汽油机在正常运转时，在小负荷和中负荷工况下，要求能随着负荷的增加供给由较浓逐渐变稀的混合气成分；当进入大负荷范围直到全负荷工况下，又要求混合气由稀变浓，最后使浓度加到能保证发动机输出最大功率。

4.2 电控汽油喷射系统的类型及典型电控汽油喷射系统

汽油喷射是用喷油器将一定数量和压力的汽油直接喷射到气缸或进气歧管中，与进入的空气混合而形成可燃混合气。

4.2.1 电控汽油喷射系统的类型

1. 按喷射方式分类

按喷射方式来分，电控汽油喷射系统（图 4-2）可以分为缸内喷射和进气管喷射两大类。

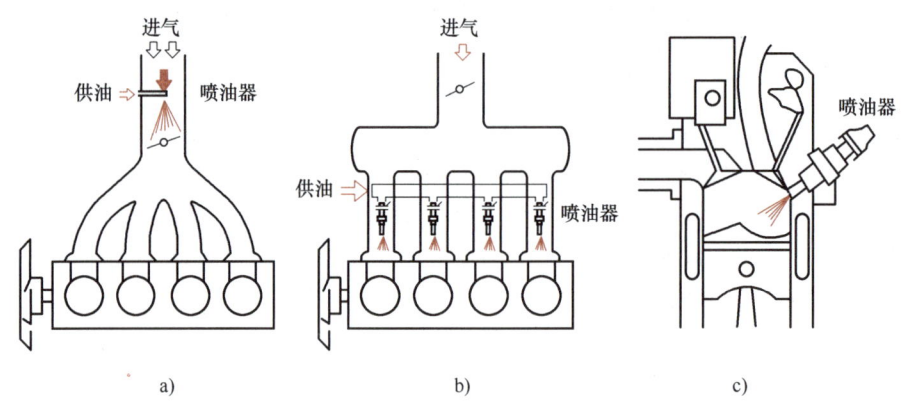

图 4-2 汽油机电控汽油喷射系统的基本类型
a）单点喷射 b）多点喷射 c）缸内喷射

(1) 缸内喷射 该喷射方式是将喷油器安装在缸盖上直接向缸内喷油，如图 4-2c 所示。因此，要求喷油器阀体能承受燃气产生的高温高压。另外，发动机设计时需保留喷油器的安装位置。缸内喷射是近几年来燃油喷射技术的发展趋势之一。

(2) 进气管喷射 该喷射方式是目前普遍采用的喷射方式，根据喷油器和安装位置的不同该方式又可分为以下两种。

1）单点喷射方式。单点喷射（Single Point Injection，SPI）系统是在节气门上方有一个中央喷射装置，将汽油喷入进气流，形成混合气进入进气歧管，再分配到各缸中，如图 4-2a 所示。因此，单点喷射又称为节气门喷射或中央喷射。

2）多点喷射方式。多点喷射（Multi Point Injection，MPI）系统是在各缸进气口处装有一个喷油器，由电子控制单元控制进行分缸单独喷射或分组喷射，汽油直接喷射到各缸的进气门前方，再与空气一起进入气缸形成混合气，如图 4-2b 所示。多点喷射又称为多气门喷射、顺序燃油喷射或单独燃油喷射。多点喷射系统是直接向进气门前方喷射，是目前最普遍的喷射系统。

2. 按空气量的检测方式分类

按空气量的检测方式分类，电控汽油喷射系统可以分为 D 型电控汽油喷射系统（间接式检测方式）和 L 型电控汽油喷射系统（直接式检测方式）两大类。

（1）D 型电控汽油喷射系统（间接式检测方式） D 是德语"Druck（压力）"的第一个字母。D 型电控汽油喷射系统利用绝对压力传感器检测进气管内的绝对压力，电子控制单元根据进气管内的绝对压力和发动机转速推算出发动机的进气量，再根据进气量和发动机转速确定基本喷油量。D 型电控汽油喷射系统也称为速度密度式（Speed-Density）汽油喷射系统。D 型电控汽油喷射系统如图 4-3 所示。

（2）L 型电控汽油喷射系统（直接式检测方式） L 是德语"Luftmengen（空气流量）"的第一个字母。L 型电控汽油喷射系统也称为质量流量式（Mass-Flow）汽油喷射系统，它利用空气流量计直接测量发动机的进气量，电子控制单元根据发动机转速信号和空气流量信号确定基本喷油量。由于该系统消除了推算进气量的误差影响，其测量的准确程度高于 D 型，故对混合气浓度的控制更精确。L 型电控汽油喷射系统如图 4-4 所示。

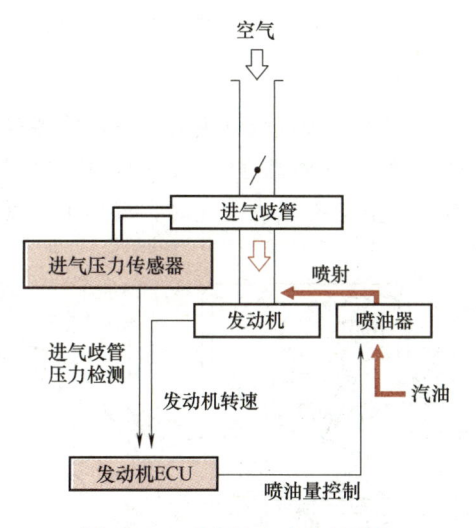

图 4-3 D 型电控汽油喷射系统

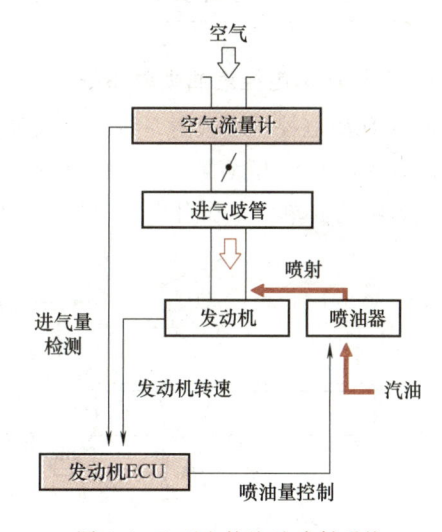

图 4-4 L 型电控汽油喷射系统

3. 按有无反馈信号分类

按有无反馈信号分类，电控汽油喷射系统可分为开环控制系统和闭环控制系统。

（1）开环控制系统（无氧传感器） 开环控制系统是将通过试验确定的发动机各工况的最佳供油参数预先存入电子控制单元，在发动机工作时，电子控制单元根据系统中各传感器的输入信号判断自身所处的运行工况，并计算出最佳喷油量，通过对喷油器喷射时间的控制，来控制混合气的浓度，使发动机优化运行。

（2）闭环控制系统（有氧传感器） 在该系统中，发动机排气管上加装了氧传感器，根据排气中含氧量的变化，判断实际进入气缸的混合气空燃比，再通过电子控制单元（Electronic Control Unit，ECU）与设定的目标空燃比值进行比较，并根据误差修正喷油器喷油量，使空燃比保持在设定的目标值附近。

电控汽油喷射系统的类型和特点见表 4-1。

表 4-1 电控汽油喷射系统的类型和特点

基本类型			结构特点	混合气形成过程
间接喷射	多点喷射系统	L 型、LH 型	通过空气流量传感器和发动机转速传感器确定基本喷油脉宽；每个进气歧管各安装一个喷油器；喷油压力约 0.25MPa	喷油器将定量的汽油向各缸进气歧管喷射，与空气混合为可燃混合气吸入气缸内
		D 型	通过进气压力传感器和发动机转速传感器确定基本喷油脉宽；每个进气歧管各安装一个喷油器；喷油压力约 0.25MPa	同上
	单点喷射系统		通过空气流量传感器(或进气压力传感器或节气门位置传感器)和发动机转速传感器确定基本喷油脉宽；在节气门上方安装一个喷油器；喷油压力约 0.10MPa	喷油器将定量的汽油喷射在节气门上方，与空气混合为混合气吸入发动机气缸内
直接喷射			通过空气流量传感器(或进气压力传感器)和发动机转速传感器确定基本喷油脉宽；在各缸燃烧室安装一个喷油器；喷油压力约 12.0MPa	喷油器将定量的汽油喷射到燃烧室内，与空气混合为可燃混合气

4.2.2 典型电控汽油喷射系统简介

1. 博世 D 型电控汽油喷射系统

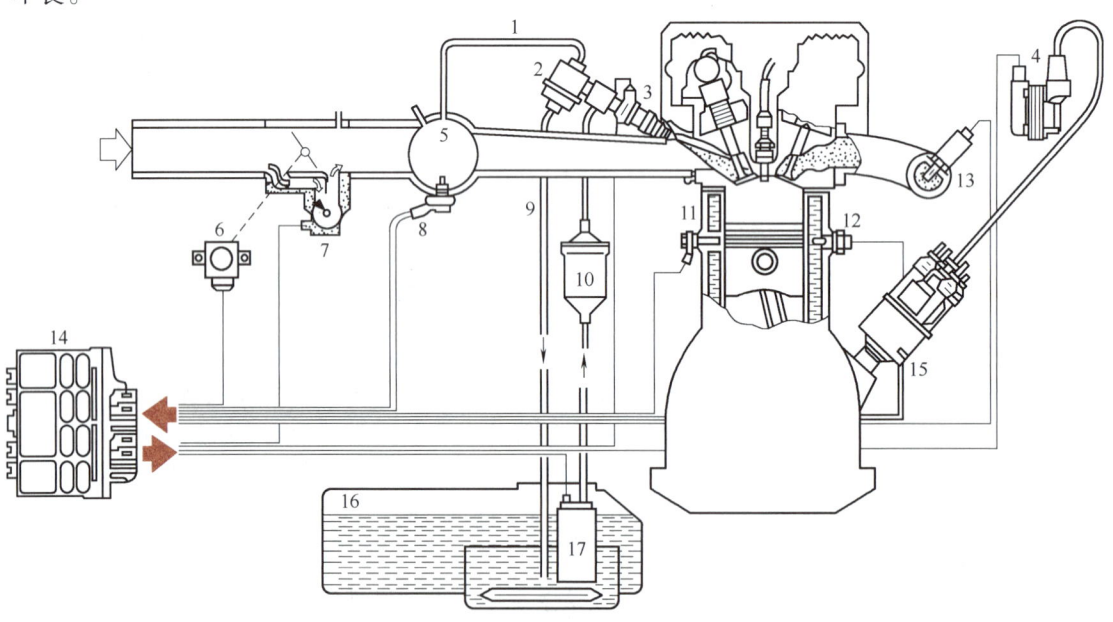

博世 D 型电控汽油喷射系统的组成如图 4-5 所示。它采用进气歧管绝对压力传感器检测进气歧管内绝对压力（真空度）的变化，所测得的变化作为发动机进气量的间接检测信号。其特点是结构简单、工作可靠，但控制精度稍差，当大气状态有较大变化时，汽车车速反应不良。

图 4-5 博世 D 型电控汽油喷射系统的组成

1—真空管　2—油压调节器　3—喷油器　4—点火器和点火线圈　5—进气歧管　6—节气门位置传感器　7—怠速空气阀　8—进气压力传感器和进气温度传感器　9—回油管　10—汽油滤清器　11—爆燃传感器　12—冷却液温度传感器　13—氧传感器　14—电控单元　15—分电器和霍尔传感器　16—汽油箱　17—电动汽油泵

2. 博世 L 型电控汽油喷射系统

博世 L 型电控汽油喷射系统是在博世 D 型电控汽油喷射系统的基础上，于 20 世纪 70 年代发展起来的多点、间歇式电控汽油喷射系统，其组成如图 4-6 所示。它以发动机的进气量和发动机转速作为基本控制参数，从而提高了喷油量的控制精度。

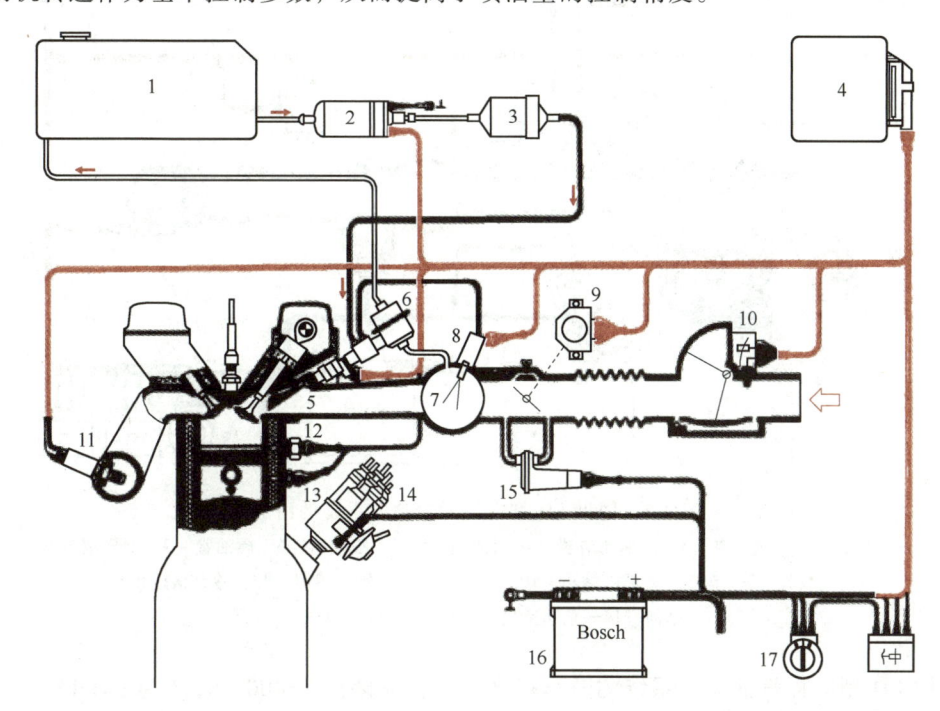

图 4-6 博世 L 型电控汽油喷射系统的组成

1—汽油箱　2—电动汽油泵　3—汽油滤清器　4—电控单元　5—喷油器　6—油压调节器　7—进气歧管
8—冷起动阀　9—节气门开关　10—空气流量计　11—氧传感器　12—冷却液温度传感器
13—温度时间开关　14—分电器　15—怠速空气阀　16—蓄电池　17—点火开关

汽油箱内的汽油被电动汽油泵吸出并加压至 0.2～0.35MPa，经汽油滤清器 3 滤除杂质后被送至燃油分配管。燃油分配管与安装在各缸进气歧管上的喷油器相通。在燃油分配管的末端装有油压调节器 6，用来调节油压使其保持稳定。发动机的进气量由汽车驾驶人通过加速踏板操纵节气门来控制，由安装在进气管上的空气流量计 10 计量，且空气流量计能将进气量变化转变为电信号传输给电控单元。节气门开度越大，进气量就越多。

3. 博世 LH 型电控汽油喷射系统

博世 LH 型电控汽油喷射系统是在博世 L 型电控汽油喷射系统的基础上发展起来的。两者在系统组成和工作原理上极为相似。博世 LH 型电控汽油喷射系统的组成如图 4-7 所示。LH 型系统与 L 型系统的共同特点是系统中采用空气流量计检测进气量，电控单元根据发动机转速信号和空气流量信号确定基本喷油量。不同之处是 LH 型系统采用热线式空气流量计，而 L 型采用翼片式空气流量计。热线式空气流量计无运动部件，进气阻力小，信号反应快，测量精度高。另外，LH 型电控汽油喷射系统的电控装置采用大规模数字集成电路，运算速度快，控制范围广，功能更加完善。

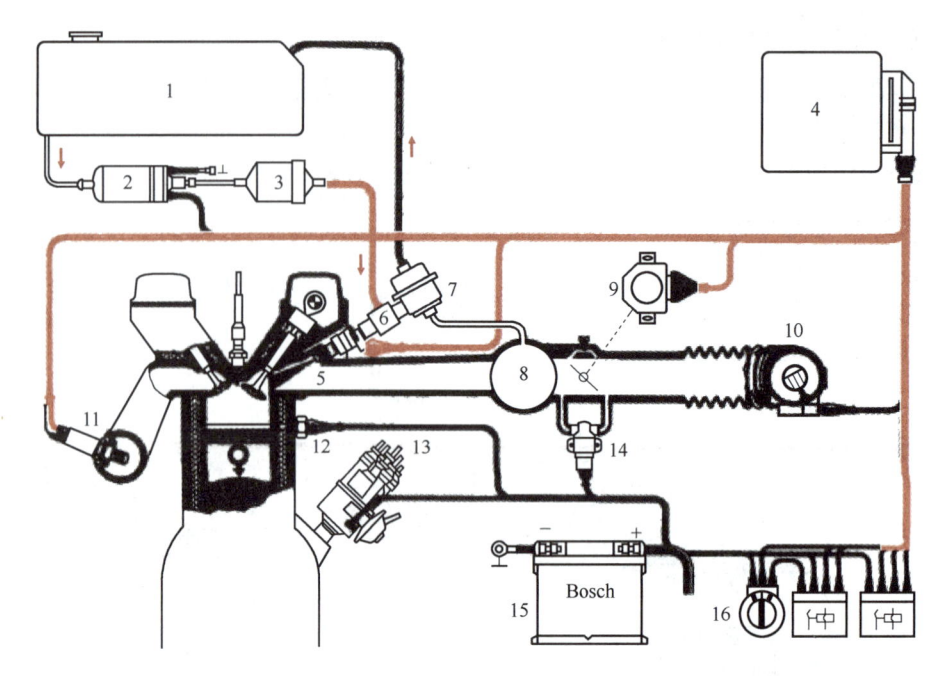

图 4-7 博世 LH 型电控汽油喷射系统的组成

1—汽油箱 2—汽油泵 3—汽油滤清器 4—电控单元 5—喷油器 6—燃油管 7—油压调节器
8—进气歧管 9—节气门位置传感器 10—节气门 11—氧传感器 12—冷却液温度传感器
13—分电器 14—怠速空气阀 15—蓄电池 16—点火开关

采用 LH 型电控汽油喷射系统的轿车很多，如雷克萨斯 LS400、日产 MAXIMA、马自达 626、奔驰 600SE 等。

4. 博世 M 型电控汽油喷射系统

博世 M 型电控汽油喷射系统的组成如图 4-8 所示。它是将 L 型电控汽油喷射系统与电子点火系统结合起来，用一个由大规模集成电路组成的数字式微型计算机同时对这两个系统进行控制，从而实现了汽油喷射与点火的最佳配合，进一步改善了发动机的起动性、怠速稳定性、加速性、经济性和排放性。该系统广泛地用于轿车发动机上，如宝马 535i、奥迪 V8 等的发动机。

点火提前角的调节和触点闭合角的控制完全由电控单元完成。该系统预先将发动机在各种工况下的最佳点火提前角制成点火特性脉谱图，并以数字形式存储在电控单元内。在发动机工作时，电控单元根据运行工况以及发动机温度、进气温度、节气门位置等信息确定一个最佳点火提前角，使发动机在最佳经济性、动力性和排放性的状况下运行。

5. 电控汽油喷射系统的优点

电控汽油喷射系统最突出的优势是能实现空燃比的精确控制，使发动机的综合性能得以提高。与传统的化油器发动机相比，电控汽油喷射系统具有以下优点。

1）进气阻力小，提高了发动机的充气效率。电控汽油喷射系统没有喉管，减小了进气阻力，提高了发动机的充气效率，从而提高了发动机的动力性。

2）汽油雾化性能良好，使油气混合更均匀。由于增大了喷射压力，喷射的汽油颗粒

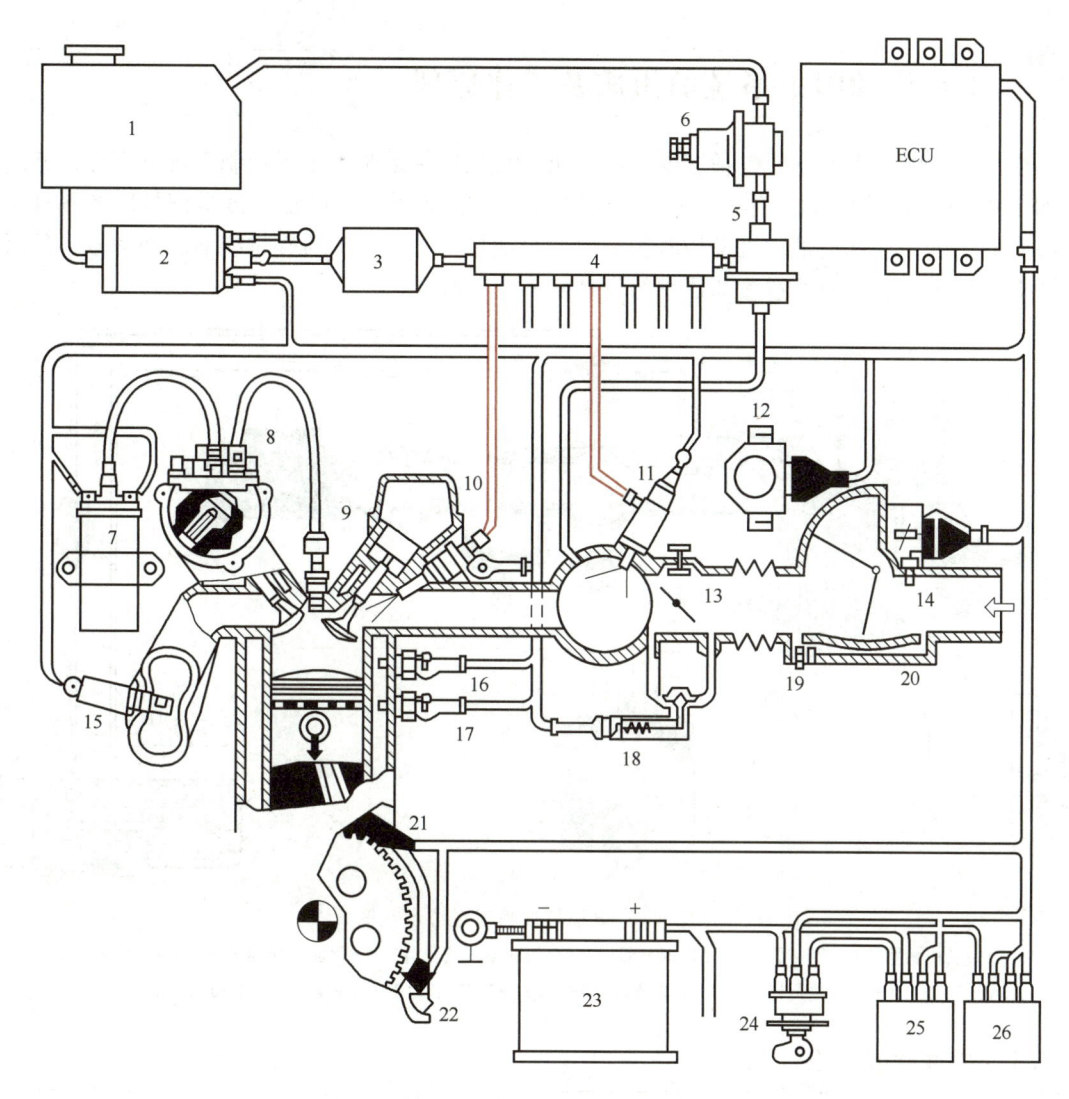

图 4-8 博世 M 型电控汽油喷射系统的组成

1—汽油箱 2—电动汽油泵 3—汽油滤清器 4—燃油分配器 5—油压调节器 6—油压脉动缓冲器 7—点火线圈
8—分电器 9—火花塞 10—喷油器 11—冷起动喷嘴 12—节气门位置传感器 13—怠速调节螺钉
14—进气温度传感器 15—氧传感器 16—热时阀开关 17—温度传感器 18—补充空气阀
19—怠速混合气调节螺钉 20—空气流量计 21—曲轴位置传感器 22—发动机转速传感器
23—蓄电池 24—点火开关 25—主继电器 26—汽油泵继电器

小,雾化良好,有助于各缸形成均匀的混合气,使各缸均可良好燃烧,降低了油耗和排气污染。此外,还能使发动机冷起动较为容易,提高暖机性能。

3)空燃比控制精度高,能根据发动机负荷的变化,精确控制混合气的空燃比,在发动机不同工况下,还能对喷油量进行修正,可使发动机始终处在最佳空燃比状态下工作。

4)可实现汽车减速断油控制,既能降低排放量,也能节省燃油。

5)电控汽油喷射系统配用排放控制系统后,大大降低了 HC、CO 和 NO_x 等有害气体的排放。

4.3 电控汽油喷射系统的组成及工作原理

电控汽油喷射系统主要包括燃油供给系统、空气供给系统、电子控制系统三部分，其组成如图4-9所示。发动机工作时，电子控制系统根据传感器检测的空气流量信号以及各种工况参数的信号，计算出发动机燃烧时所需要的汽油量，并向喷油器提供喷油脉冲信号，然后将加有一定压力的汽油通过喷油器供给发动机各个气缸。

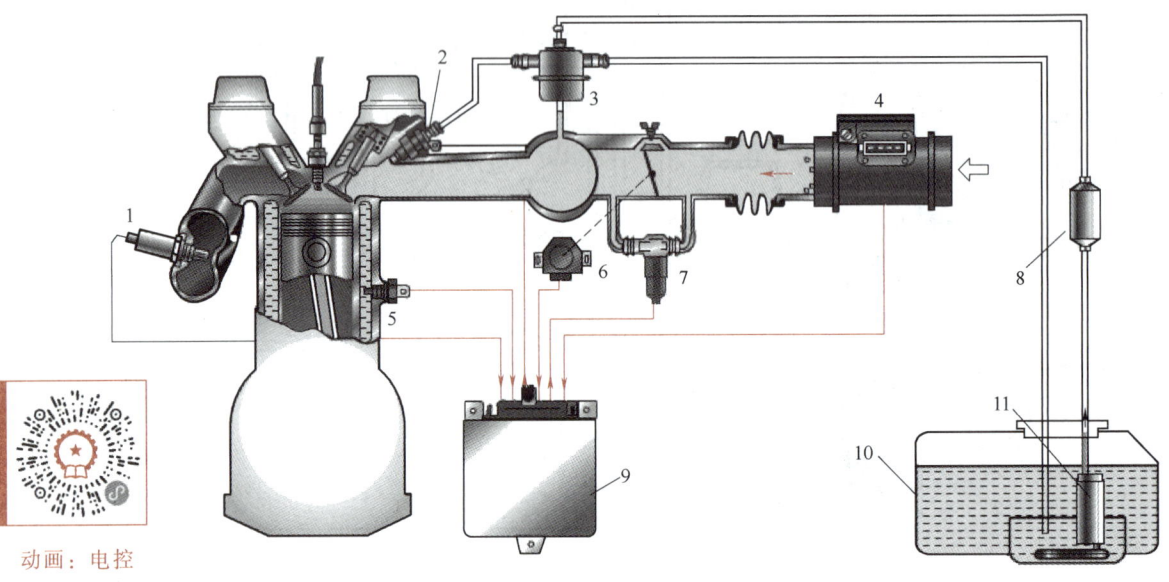

动画：电控汽油喷射系统

图4-9 电控汽油喷射系统示意图

1—氧传感器　2—喷油器　3—油压调节器　4—热线式空气流量计　5—水温传感器　6—节流阀位置开关
7—怠速执行器　8—汽油滤清器　9—电子控制单元　10—汽油箱　11—电动汽油泵

4.3.1 燃油供给系统

燃油供给系统的组成与布置如图4-10所示，主要包括汽油箱、电动汽油泵、汽油滤清器、喷油器和油压调节器等，用以完成汽油的储存、输送及清洁的任务。其工作过程是电动汽油泵2将汽油从汽油箱1中泵出，经汽油滤清器3滤清后进入燃油管，经油压调节器6调节汽油压力，使汽油压力与进气压力之差保持恒定。燃油管将汽油输送给冷起动阀和各喷油器，喷油器5根据电子控制单元输出的喷油信号，定时定量地将汽油喷射到进气歧管内。

1. 汽油箱

汽油箱的功用是储存汽油。其数目、容量、形状及安装位置均随车型而异。汽油箱的容量应使汽

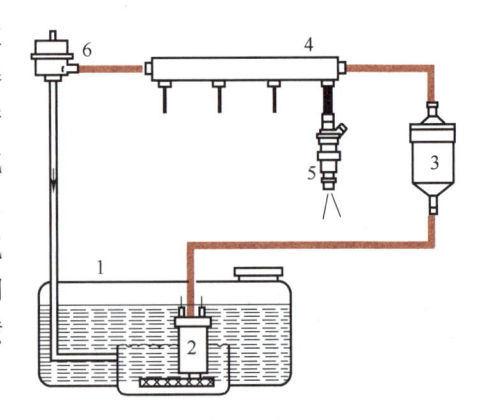

图4-10 燃料供给系统的组成与布置

1—汽油箱　2—电动汽油泵　3—汽油滤清器
4—燃油油轨　5—喷油器　6—油压调节器

车的续驶里程达300~600km。

图4-11所示为货车汽油箱。汽油箱体是用薄钢板冲压焊接而成的。汽油箱上部设有加油管12，管内带有可拉出的加油延伸管8，延伸管底部有滤网10。加油管用汽油箱盖7盖住。在汽油箱上还装有油面指示传感器3、出油开关5和放油螺栓6等。出油开关经输油管与汽油滤清器1相通。汽油箱内装有挡油板，可减轻汽车行驶时汽油的振荡。

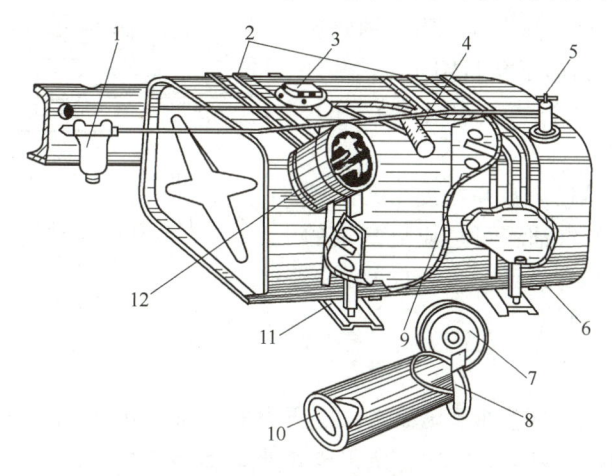

图4-11 货车汽油箱
1—汽油滤清器 2—固定箍带 3—油面指示传感器 4—传感器浮子 5—出油开关 6—放油螺栓
7—汽油箱盖 8—加油延伸管 9—挡油板 10—滤网 11—汽油箱支架 12—加油管

汽油箱通常远离发动机，以减少火灾的发生。为改善汽车行驶的稳定性，汽油箱安装的位置应较低。在载货汽车上，汽油箱通常装在车架外侧、驾驶人座位下方或货台下面，而轿车的汽油箱一般位于后排座椅下部。图4-12所示为某款轿车汽油箱。

为了防止汽油在行驶中因振荡而溅出和箱内汽油蒸气的泄出，汽油箱应是密闭的，但会产生以下两种情况。一种是在密闭的汽油箱中，当汽油输出而油面降低时，箱内将产生一定的真空度，真空度过大时汽油将不能被汽油泵吸出而影响发动机的正常工作；另一种是，在外界温度高的情况下，汽油蒸气过多将使箱内压力过大。这两种情况都要求汽油箱能在必要时与大气

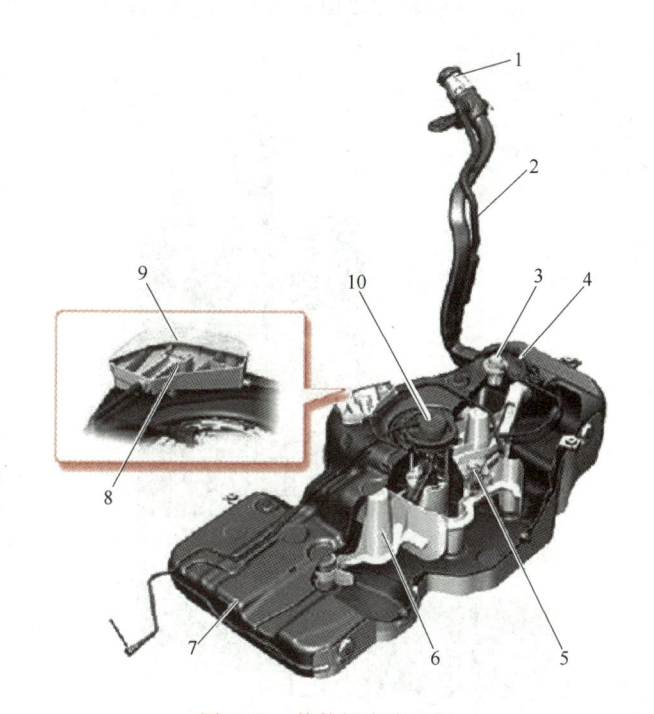

图4-12 某款轿车汽油箱
1—加油口 2—加油时排气管 3、5—驻车防漏线（带有压力保持阀）
4—止回阀位置 6—防晃隔板 7—汽油箱 8—迷宫式结构
9—膨胀腔 10—供油和传感器单元（带有一体式汽油滤清器）

105

相通。为此，一般采用装有空气阀和蒸气阀的汽油箱盖，如图4-13所示。汽油箱盖内有垫圈，用以封闭加油管口。

当汽油箱内压力低到0.098MPa以下时，空气阀1被打开，空气便进入汽油箱内（图4-13a），使汽油泵能正常供油。当汽油箱内的汽油蒸气过多，其压力高于0.11MPa时，蒸气阀2被顶开，汽油蒸气泄到大气中（图4-13b），以保持油箱内的正常压力。

近年来金属汽油箱逐渐被高密度聚乙烯塑料汽油箱所替代。塑料汽油箱可适应更复杂的车身结构、更紧凑的车身设计，可完成复杂形状的成型，提高空间利用率。

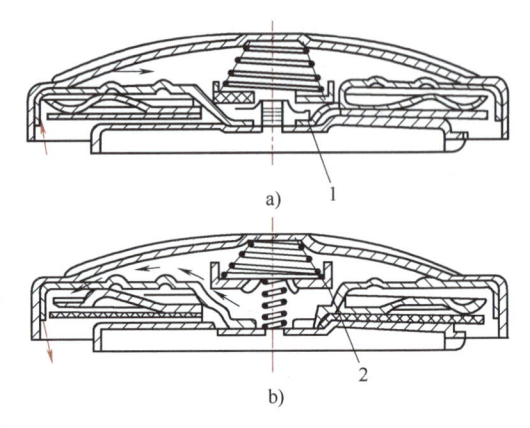

2. 电动汽油泵

电动汽油泵的作用是向燃油系统输送一定压力的汽油。电动汽油泵有内装式和外装式两种，内装式电动汽油泵安装在油箱内，所以噪声小，不易产生气阻。按照泵油原理的不同，汽油泵可分为滚柱泵、涡轮泵、内齿轮泵和侧槽泵4种。目前，轿车广泛采用内装式涡轮泵。

涡轮式电动汽油泵主要由永磁直流电动机3、卸压阀4、单向出油阀5等组成，其结构如图4-14所示。

图4-13 装有空气阀和蒸气阀的汽油箱盖
a）进入空气　b）泄出蒸气
1—空气阀　2—蒸气阀

动画：电动汽油泵

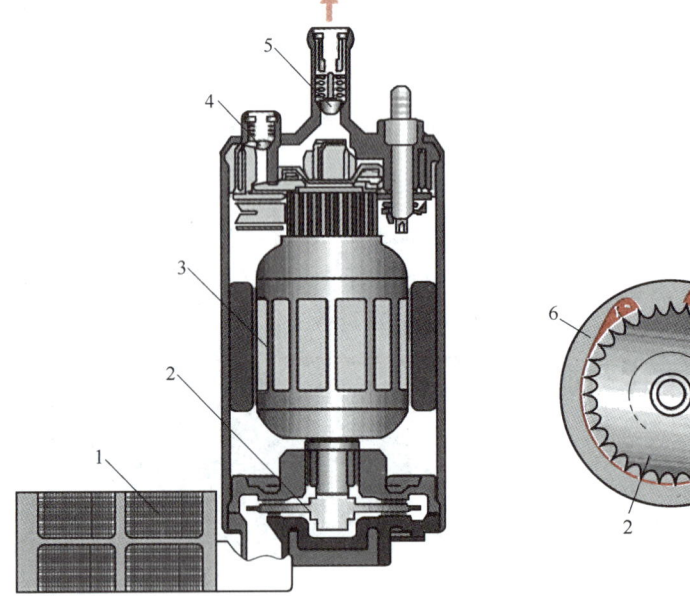

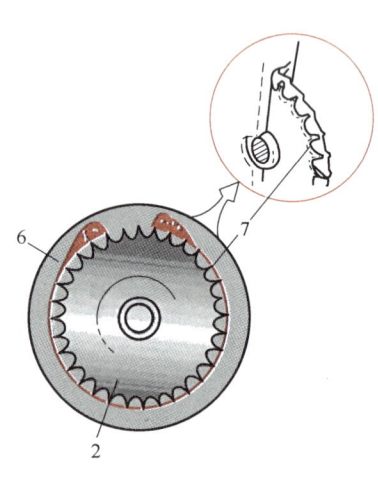

图4-14 涡轮式电动汽油泵的结构
1—滤网　2—叶轮　3—永磁直流电动机　4—卸压阀　5—单向出油阀
6—泵壳体　7—叶片

电动机转子与油泵转子同轴，由壳体封闭为一体，内部充满汽油。电动汽油泵工作时，永磁电动机驱动油泵转子一起旋转，将汽油加压后从出油口泵出。汽油流经电动机时对电动机进行冷却，在使用时，不要等油箱中的汽油全部耗尽后再加油，以免烧坏油泵。

涡轮泵主要由叶轮、叶片、泵壳体和泵盖组成，叶轮安装在汽油泵电动机的转子轴上。油泵电动机通电时，叶轮与电动机电枢一起转动，由于叶轮（转子）的外圆有很多齿槽，在其前后利用摩擦而产生压力差，重复运转则泵内产生涡流而使压力上升，由泵室输出。这种泵由于使用薄型叶轮，所需转矩较小，可靠性高。此外由于不需消声器，故可小型化。

为了防止管路堵塞时造成油压过高，汽油泵设有卸压阀。当油泵出口压力达到 0.35 ~ 0.5MPa 时，卸压阀打开，泄出的汽油返回油箱。出油口一端设有单向阀，防止发动机熄火后供油管路中汽油倒流，以维持一定的残余油压，便于下次起动发动机。

3. 汽油滤清器

汽油滤清器的作用是滤除汽油中的杂质，防止燃油系统阻塞，减少机械磨损，以保证发动机正常工作。

不可拆式纸质滤芯汽油滤清器如图 4-15 所示，它由一个中央多孔筒 1、折叠纸质滤芯 2 和一个多孔滤纸外衬筒组成。纸质滤芯的孔径约为 10μm，后面串接一个纤维制成的过滤网，以提高滤清效果。汽油滤清器的滤芯除纸质滤芯外，还有金属片缝隙式和多孔陶瓷滤芯。多孔陶瓷滤芯结构简单、节省金属、滤清效能高；但不易清洗，使用寿命短。

电控汽油喷射发动机的汽油滤清器滤芯大多不能单独更换，一般每行驶 40000km 或两年可进行整体更换。更换汽油滤清器时，应首先释放汽油压力，并注意汽油滤清器壳体上的箭头标记为汽油流动方向。

图 4-15 不可拆式纸质滤芯汽油滤清器
1—中央多孔筒　2—折叠纸质滤芯
3—多孔滤纸外衬筒

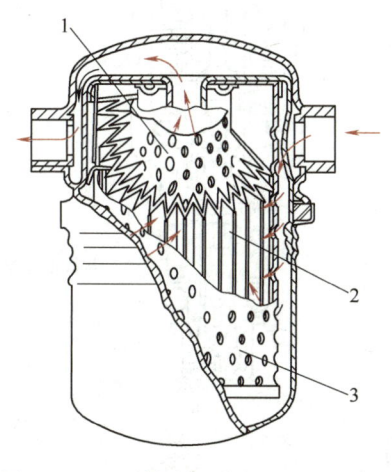

4. 喷油器

喷油器的作用是在电控单元的控制下向各缸进气歧管定时定量地喷油。喷油器如图 4-16 所示，主要由滤网 1、电插头 2、电磁线圈 3、回位弹簧 4、衔铁 5、针阀 6、轴针 7 组成。喷油器内装有电磁线圈 3，喷油器头部的针阀 6 与衔铁 5 制成一体。当电磁线圈不通电时，针阀在回位弹簧 4 的作用下将喷油孔封住。当发动机电子控制单元接通喷油器电路时，电磁线圈通电，产生的电磁力将衔铁和针阀吸起，使燃油从针阀头部的环形间隙喷出，一般针阀的升程约 0.1mm。当电磁线圈断电时，在回位弹簧的作用下，针阀立即将阀口关闭，喷油器停止喷油。电控单元每次控制喷油器电磁线圈通电的时间被称为喷油脉宽，一般为 2 ~ 10ms，喷油器的喷油量取决于针阀开启时间长短，开启时间越长，喷油量越多。

5. 油压调节器

油压调节器（图 4-17）的作用是调节供油总管的燃油压力，使供油总管的燃油压力与进气歧管的压力之差保持恒定值。这样喷油器的喷油量不受进气压力的影响，而由喷油器的开启时间决定，油压调节器的结构如图 4-17a 所示。由金属壳体组成的内腔被膜片分成两室，膜片的一侧为预压缩的弹簧，在弹簧室内有一真空管与节气门后方的进气压力相通；膜

片的另一侧为一定压力的燃油。当燃油压力超过预调压力时，油压克服弹簧压力使膜片向下移动，由膜片控制的阀门将回油孔开启，多余的燃油流回油箱，使燃油压力下降。燃油供给系统的压力随进气歧管压力的变化而变化，但燃油供给系统的压力与进气压力之差是恒定的，该数值约为 0.25MPa，如图 4-17b 所示。燃油压力与进气歧管压力之差由油压调节器中的弹簧弹力限定，调节弹簧预紧力即可改变两者的压力差，也即改变喷油压力。

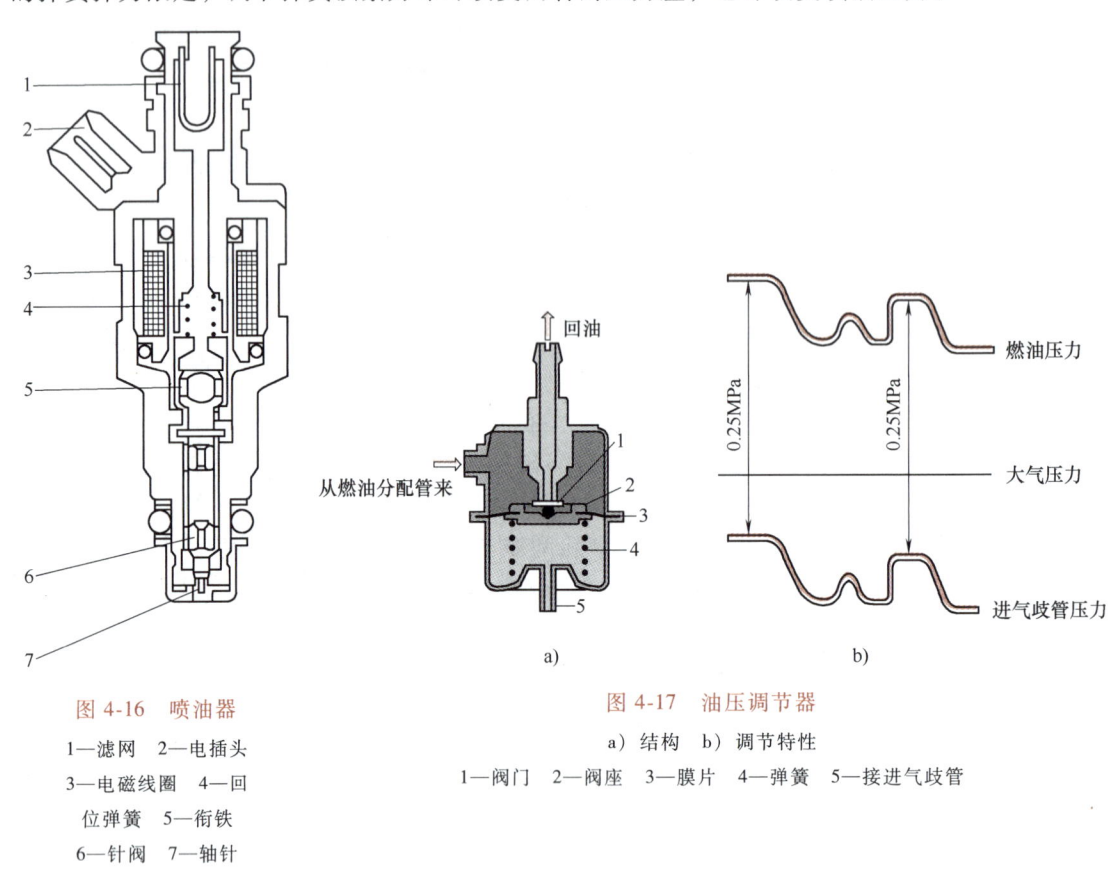

图 4-16 喷油器
1—滤网 2—电插头 3—电磁线圈 4—回位弹簧 5—衔铁 6—针阀 7—轴针

图 4-17 油压调节器
a）结构 b）调节特性
1—阀门 2—阀座 3—膜片 4—弹簧 5—接进气歧管

4.3.2 空气供给系统

空气供给系统的组成如图 4-18 所示。空气供给系统主要包括空气滤清器、空气流量计、节气门、怠速空气阀、进气总管、进气歧管等，用以完成空气的清洁、调节和输送任务。

空气流量计装在空气滤清器后，直接测量发动机吸入的进气量，再通过节气门进入各缸进气歧管。节气门由驾驶人通过加速踏板操纵，控制进气量的大小。在节气门旁通道上装有怠速空气阀，以控制怠速进气量的大小，从而实现怠速控制。

节气门总成包括控制进气量的节气门通道和怠速运行的空气旁通道。节气门位置传感器与节气门轴向连接，用来检测节气门的开度。

1. 空气流量计

空气流量计的作用是检测发动机的进气量，并将进气量转换成电信号输入发动机电子控制单元，作为燃油喷射和点火控制的主控制信号。空气流量计分为体积流量型（如叶片式、

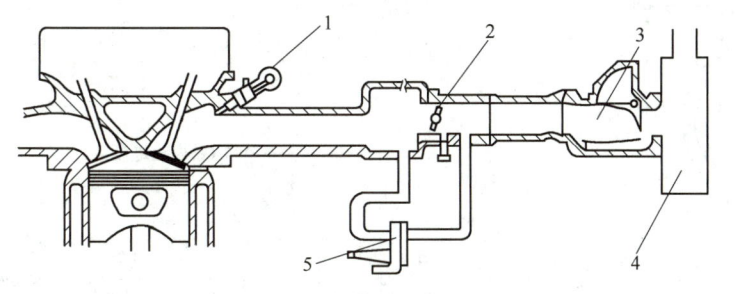

图 4-18 空气供给系统的组成

1—喷油器 2—节气门 3—空气流量计 4—空气滤清器 5—急速空气阀

卡门旋涡式）和质量流量型（如热丝式和热膜式）。

（1）叶片式空气流量计 叶片式空气流量计的结构如图 4-19 所示。叶片式空气流量计主要由测量叶片、缓冲叶片、回位弹簧、电位计、旁通气道等组成，此外还包括怠速调整螺钉、油泵开关及进气温度传感器等。在流量计内设有缓冲室和缓冲叶片，利用缓冲室内的空气对缓冲叶片的阻尼作用，可减小因发动机进气量急剧变化而引起的测量叶片脉动。这种传感器的结构简单、可靠性高；但进气阻力大，响应较慢且体积较大。在 20 世纪 70 年代至 20 世纪 80 年代，其在日本的轿车上应用较多。

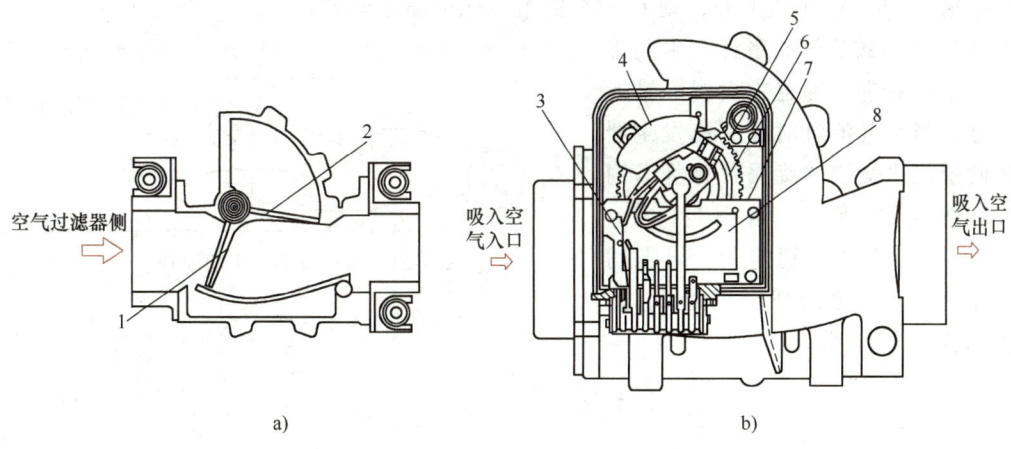

图 4-19 叶片式空气流量计的结构

a）叶片部分结构 b）电位计部分结构

1—测量叶片 2—缓冲叶片 3—汽油泵节点 4—平衡配重 5—调整齿圈
6—回位弹簧 7—电位计部分 8—印制电路板

叶片式空气流量计是一种利用力矩平衡原理和电位器原理而开发研制的流量传感器。其工作原理如图 4-20 所示。当吸入发动机的空气通过空气流量计主通道时，叶片将受到吸入空气气流的压力及回位弹簧的弹力控制，空气流量增大，则气流压力增大，使叶片偏转，叶片转角增大，回位弹簧弹力增加，直到两力平衡为止。与此同时，电位计中的滑臂与叶片转轴同轴偏转，使接线插头"V_C"与"V_S"间的电阻减小，U_S 电压值降低，电控单元根据空气流量计送入的 U_S/U_B 的信号，感知空气流量的大小。U_S/U_B 的电压比值与空气流量成反比，且线性下降。当吸入空气的空气流量减小时，叶片转角减小，接线插头"V_C"与"V_S"

109

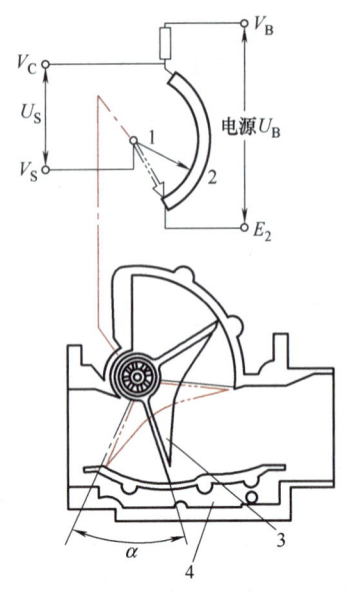

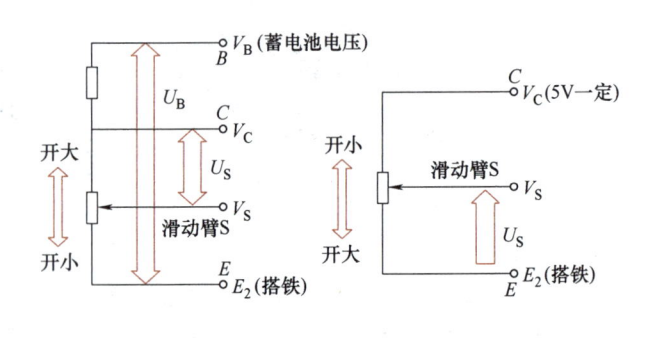

图 4-20 叶片式空气流量计的工作原理

1—电位计滑臂　2—电位计镀膜电阻　3—叶片　4—旁通气道

间的电阻值增大，U_S 电压值上升，则 U_S/U_B 的电压比值随之增大。

（2）卡门旋涡式空气流量计　卡门旋涡式空气流量计在进气通道中设置一锥形涡流发生器，当空气流过时在涡流发生器后面产生两列规律交错的旋涡（称为卡门旋涡），如图 4-21 所示。当满足 $h/l = 0.281$ 时，两列旋涡才是稳定的。设卡门旋涡的频率为 f，管道的截面积为 A，则空气的体积流量为 q_V 为

$$q_V = Av = A\frac{\beta df}{St} = kf \tag{4-1}$$

式中，v 为空气流速（m/s）；St 为斯特劳哈尔数；β 为直径比，$\beta = d/D$，D 为管道直径；d 为锥体直径（mm）；k 为比例常数。

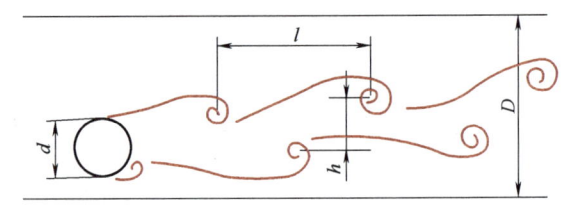

图 4-21 卡门旋涡产生的原理

由式（4-1）可知，体积流量与卡门旋涡式空气流量计的输出频率成正比。利用这一原理，只要检测出卡门旋涡的频率便可求出空气的体积流量。

根据旋涡频率的检测方式不同，卡门旋涡空气流量计可以分为光学检测式和超声波检测式两种类型。

1) 光学检测式卡门旋涡空气流量计。光学检测式卡门旋涡空气流量计的工作原理

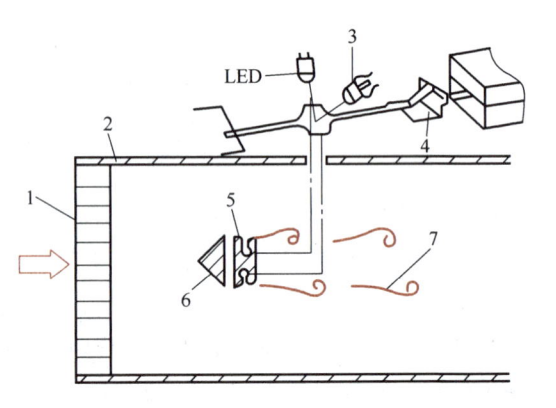

图 4-22 光学检测式卡门旋涡空气流量计的工作原理

1—空气进口　2—管路　3—光敏晶体管　4—板弹簧
5—导孔　6—旋涡发生器　7—卡门旋涡

如图4-22所示。光学检测方式是利用涡流发生器产生旋涡时，其两侧压力会发生变化的特点来检测涡流频率的。

空气流经过涡流发生器时，产生的旋涡会使涡流发生器后面两侧的压力发生波动，这个波动经压力导向孔作用在反光镜上，使反光镜发生振动，反光镜将发光二极管投射的光反射给光敏晶体管，光敏晶体管便产生与涡流频率相对应的脉冲电压信号。频率高对应于进气量大。

2）超声波检测式卡门旋涡空气流量计。超声波检测式卡门旋涡空气流量计的工作原理如图4-23所示。超声波检测方式是利用旋涡会引起空气疏密变化的特点来检测旋涡频率的。

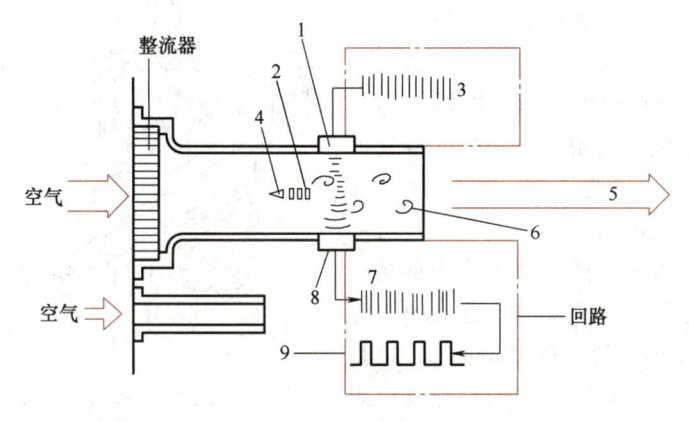

图4-23　超声波检测式卡门旋涡空气流量计的工作原理
1—超声波发射探头　2—涡流稳定板　3—超声波信号发生器　4—涡流发生器　5—通往发动机
6—卡门旋涡　7—与涡流数对应的脉冲信号　8—超声波接收探头　9—接ECU

超声波信号发生器发出超声波，并经超声波发射探头向涡流的垂直方向发射超声波，另一侧的超声波接收探头接收到随空气疏密变化而变化的超声波，经接收回路放大处理后形成与涡流频率相对应的矩形脉冲波。频率高对应进气量大。

(3) 热丝式与热膜式空气流量计　热丝式与热膜式空气流量计是用于检测吸入发动机空气的质量流量的传感器。热丝式空气流量计的发热元件是铂金属丝，热膜式空气流量计的发热元件是铂金属膜。铂金属发热元件的响应速度快，检测精度不受进气气流脉动的影响（气流脉动在发动机大负荷、低转速运转时最为明显）。此外，该传感器还具有进气阻力小、无磨损部件等优点，因此目前大多数中高档轿车都采用这种传感器。

在进气气流的冷却作用下，铂金属发热元件在单位时间内的散热量H和发热元件的温度T_H与进气气流温度T_G之差成正比。设发热元件的加热电流为I、电阻值为R_H，则气流的质量流量Q_m与加热电流I之间的函数关系式为

$$Q_m = \sqrt[n]{\left(\frac{R_H K_T}{T_H - T_G}\right) I^2} \tag{4-2}$$

式中，K_T为温度系数，其值与进气温度T_G有关，$K_T=(0.15\% \sim 0.18\%)/℃$；发热元件的电阻值$R_H$与自身温度$T_H$有关，温度升高，阻值增大。

由式（4-2）可知，通过控制发热元件的温度T_H与进气气流温度T_G之差为一恒定值，就可以根据发热元件的加热电流I求得进气气流的质量流量Q_m。在热丝式与热膜式流量传

感器中，采用了恒温差控制电路来实现流量检测。

1）热丝式空气流量计。热丝式空气流量计的结构如图 4-24 所示，它主要由铂金热丝、温度补偿电阻和控制电路等部分组成。铂金热丝和温度补偿电阻安装在取样管内，铂金热丝的作用是感知空气流量，温度补偿电阻能对进气温度进行补偿修正，控制电路、铂金热丝与温度补偿电阻的温差保持不变，并将空气流量转化为电压信号。由于取样管置于主空气通道中央，因此这种检测方式称为主流检测方式。

热丝式空气流量计的工作原理如图 4-25 所示。在空气通道中放置热丝电阻 R_H，其热量被空气吸收。热丝周围通过的空气质量流量越大，被带走的热量越多。将热丝电阻 R_H 和温度补偿电阻 R_T 分别置于惠斯顿电桥电路的两个桥臂上，控制电路控制热丝与吸入空气的温度差保持不变（一般为100℃），从而消除了进气温度对测量值的影响。当空气质量流量增大时，由于空气带走的热量增多，为保持热丝温度，控制电路使热丝电阻 R_H 通过的电流增大，反之，则减小。信号取样电阻 R_S 也是惠斯顿电桥电路的一个桥臂，将通过热丝电阻 R_H 的电流信号转化为空气流量计的输出电压信号。

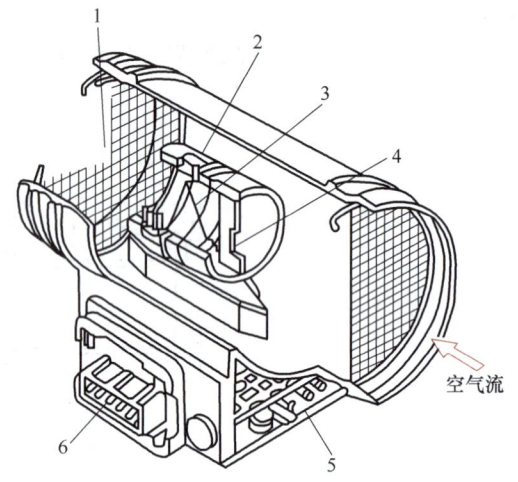

图 4-24 热丝式空气流量计的结构

1—金属网 2—取样管 3—铂金热丝 4—温度补偿电阻 5—控制电路 6—接线端子

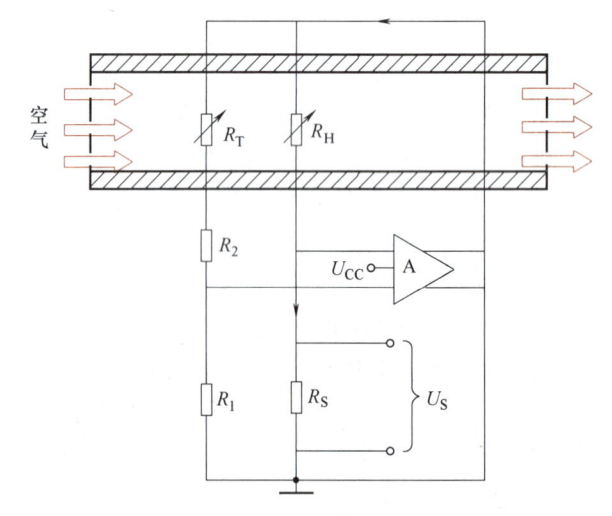

图 4-25 热丝式空气流量计的工作原理

R_H—热丝电阻 R_T—温度补偿电阻 R_S—信号取样电阻 R_1—电桥电阻 R_2—精密电阻 U_S—输出信号电压 U_{CC}—电源电压 A—混合集成电路

当热丝沾污后，其热辐射降低，会影响测量精度。为保证测量精度，热丝式空气流量计一般都有自洁功能。发动机转速超过 1500r/min，关闭点火开关使发动机熄火后，控制系统自动将热丝电阻加热到 1000℃ 以上并保持 1s，以便将附在热丝上的粉尘烧掉。

2）热膜式空气流量计。热膜式空气流量计的结构如图4-26所示，其工作原理与热丝式空气流量计基本相同。它采用热膜取代铂金热丝，热膜是由发热金属铂固定在树脂薄片上制成的。热膜式空气流量计具有结构简单、工作可靠等特点，而且不需要额外加热以消除热膜上的污染物，将传感元件的热传导部件安装在传感器后方（沿空气流动方向），可以防止沉积物对传感元件产生影响。这种流量计的主要缺点是空气流速不均匀，易影响测量精度。采用这种空气流量计的车型有上海大众的桑塔纳2000型时代超人、帕萨特B5、奥迪A6、宝来等。

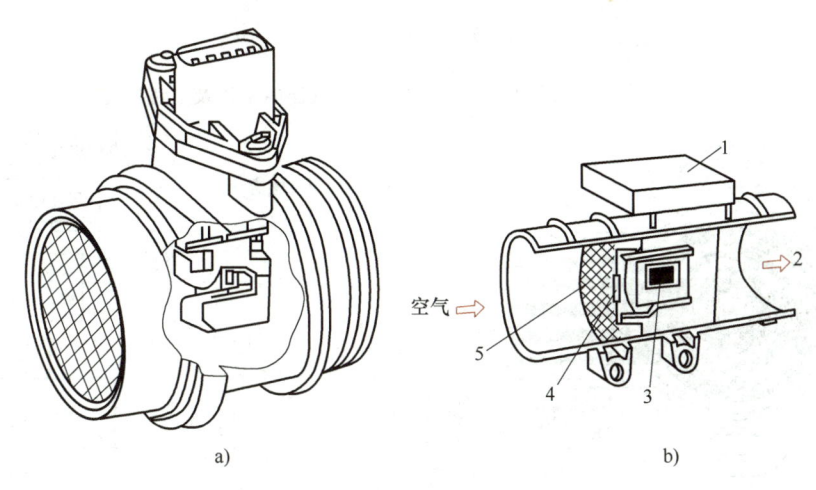

图 4-26 热膜式空气流量计的结构
a）外观 b）内部结构
1—控制电路 2—进气 3—热膜 4—温度补偿电阻 5—金属网

2. 节气门位置传感器

节气门位置传感器的功用是将节气门开度转换成电信号输入ECU，以便ECU判断发动机的工况（如怠速工况、部分负荷工况、大负荷工况等），并根据发动机不同工况对混合气浓度的需求来控制喷油时间。

节气门位置传感器一般安装在节气门体上节气门轴的一端。常用的节气门位置传感器有线性可变电阻式、触点与可变电阻组合式（综合式）两种。

（1）线性可变电阻式节气门位置传感器 线性可变电阻式节气门位置传感器采用线性电位计，由节气门轴带动电位计的滑动触点动作，其结构及电路原理如图4-27所示。ECU通过节气门位置传感器可以获得节气门从全闭到全开的所有开启角度的、连续变化的电压信号，以及节气门开度的变化速率，从而更精确地判定发动机的运行工况。

（2）触点与可变电阻组合式节气门位置传感器 触点与可变电阻组合式节气门位置传感器是在线性可变电阻式节气门位置传感器的基础上加装了一个怠速开关，其结构如图4-28a所示，传感器与ECU的连接电路原理如图4-28b所示。ECU通过VC端子给传感器提供5V标准电压，节气门位置信号通过VTA端子输送给ECU，E_2端子搭铁。

（3）节气门控制组件 国产大众桑塔纳、捷达、帕萨特等车系均采用了节气门控制组件，其结构如图4-29所示。它将节气门电位计、节气门控制器电位计、节气门控制器及怠速开关合为一体。节气门控制组件由发动机ECU控制，ECU收到怠速开关、节气门电位计

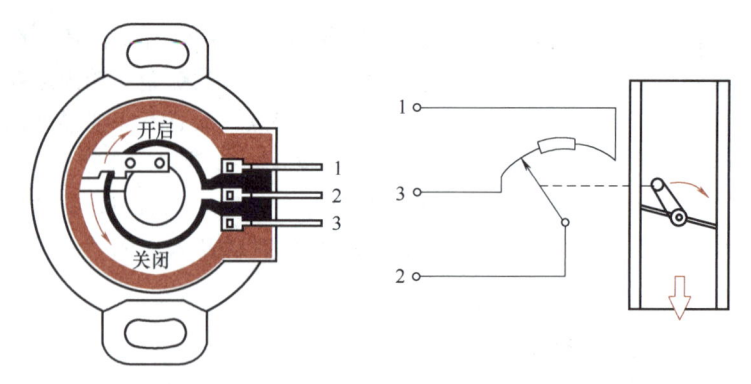

图 4-27 线性可变电阻式节气门位置传感器的结构及电路原理

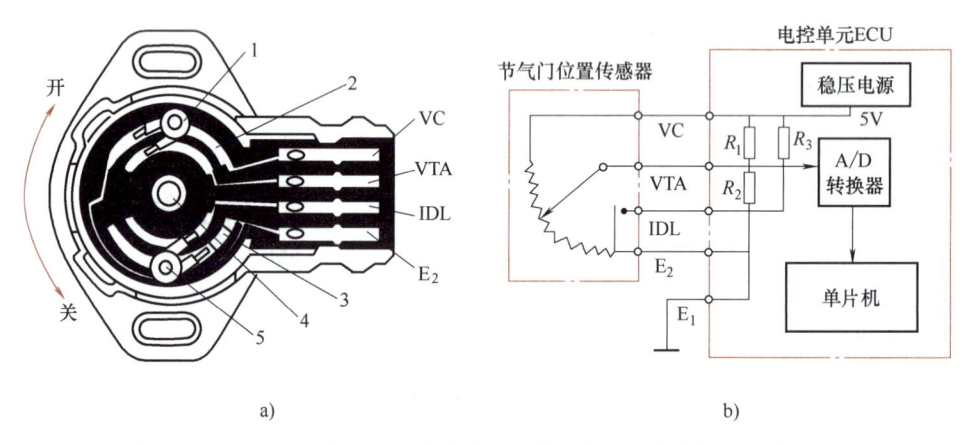

a)　　　　　　　　　　　　　　b)

图 4-28　触点与可变电阻组合式节气门位置传感器的结构及电路原理
a）结构　b）电路原理
1—可变电阻滑动触点　2—镀膜电阻　3—绝缘部件　4—节气门轴　5—怠速触点

和节气门控制器电位计有关目前节气门位置的信号后，控制节气门控制器动作，使发动机转速稳定在规定的怠速转速范围内。注意：节气门壳体不能打开，电位计和怠速开关不能人工调节。

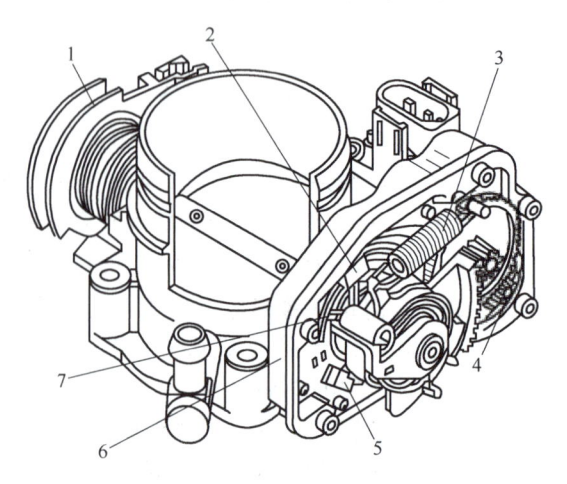

图 4-29　节气门控制组件的结构
1—节气门拉索　2—节气门控制器电位计　3—紧急运行弹簧　4—节气门控制器（怠速电动机）
5—节气门电位计　6—整体式怠速稳定装置　7—怠速开关

大众车系节气门控制组件（J338）的接线如图4-30所示。其中节气门控制组件上端子1为节气门控制器的供电线正极，端子2为节气门控制器的供电线负极，端子3为急速开关信号线，端子4为电子控制单元（ECU）供电线（+5V），端子5为节气门电位计信号线，端子7为供电线负极，端子8为节气门控制器电位计信号线。

如果ECU对节气门控制器的控制出现故障或者电动机损坏，节气门控制组件中的紧急运行弹簧将发生作用，使节气门处于紧急运行位置。

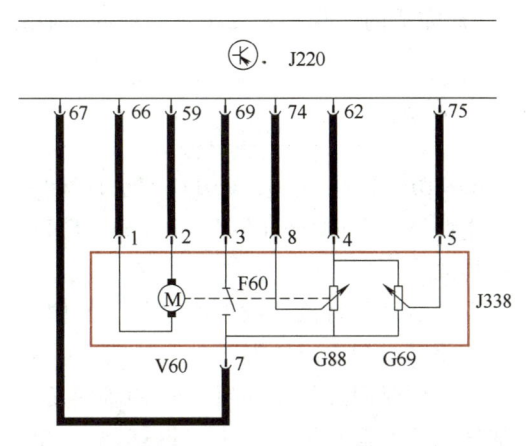

图 4-30 大众车系节气门控制组件（J338）的接线

V60—节气门控制器　F60—急速开关　G88—节气门控制器电位计　G69—节气门电位计
J338—节气门控制组件　J220—电子控制单元

4.3.3 电子控制系统

电子控制系统由检测发动机工况的各传感器、电子控制单元（ECU）和执行器3部分组成，如图4-31所示。

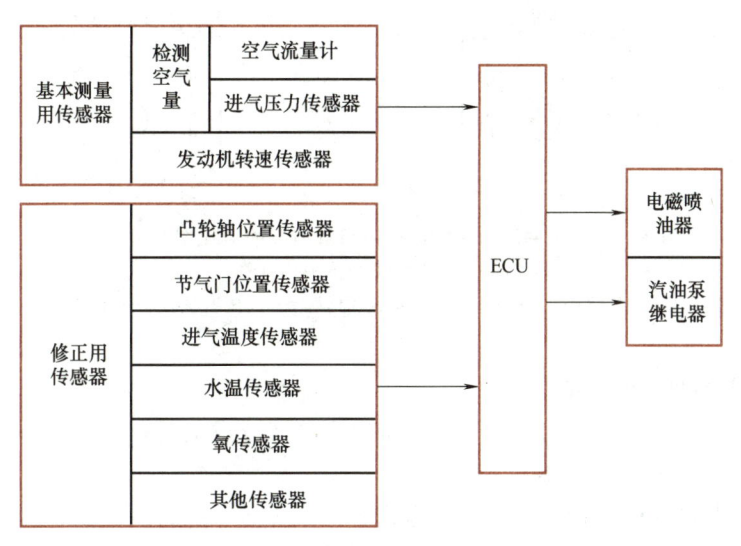

图 4-31 电子控制系统的组成框图

在发动机正常工作时，各传感器不断地检测发动机的转速、空气流量、冷却液温度、进气温度、排气中氧的含量等信号，此信号经输入接口电路输送给ECU。ECU首先根据发动机转速和空气流量信号与存储器中的程序和数据进行对比，计算出相应工况下的基本喷油量，再将基本喷油量转换为基本喷油脉宽，再根据节气门位置、冷却液温度、进气温度等传感器提供的信号加以修正，得到发动机在这一工况下各缸的最佳喷油量，并将计算结果转换为控制信号，向各缸喷油器输出喷油脉冲信号，实现发动机空燃比精确控制。这一切都是在极短的时间内（不大于10ms）完成的，且在发动机工作期间周而复始地进行着。

4.4 汽油机缸内直喷系统

汽油机缸内直喷（Gasoline Direct Injection，GDI）就是直接将燃油喷入气缸内与进气混合的技术，又称燃油分层喷射技术（Fuel Stratified Injection，FSI）。该技术可以进一步提高汽油机热效率与降低汽油机排放。

传统式的电子燃油喷射发动机，是将汽油喷射在进气门外侧的进气歧管中（图4-32a），在进气过程和压缩过程中，利用时间和空间的混合方式，完成可燃混合气的形成，再点火燃烧做功。这样，燃油在气缸内滞留时间过长（接近360°曲轴转角），汽油会附着在进气管壁及进气门上，损耗较大，加速响应性低，极易产生"爆燃"，气缸磨损也加大。而缸内直喷汽油机高压喷油器伸入气缸，将燃油直接喷射到燃烧室内（图4-32b），在缸内形成混合气。这样，喷射正时精确，降低爆燃极限，可提高压缩比；空燃比可达40∶1，实现超稀薄燃烧，降低燃油消耗率，使燃油经济性提高25%左右，同时，动力输出也比进气道喷射的汽油机增加了将近10%。

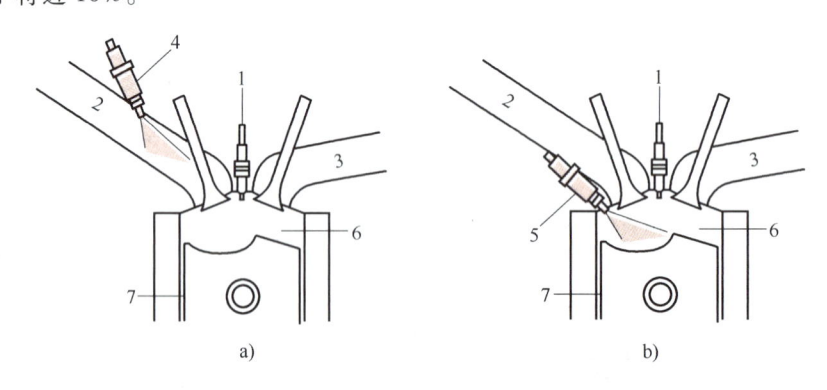

图4-32 进气道喷射与缸内直喷对比图
a) 进气道喷射 b) 缸内直喷
1—火花塞 2—进气歧管 3—排气歧管 4—喷油器 5—高压喷油器 6—燃烧室 7—活塞

1. 缸内直喷汽油机的类型

缸内直喷汽油机按混合气的形成及汽油的喷入形式分类主要有3种，即壁面引导型、气流引导型和喷射引导型，如图4-33所示。

壁面引导型是高压喷油器侧置，火花塞顶置，通过活塞顶部的特殊形状引导油束运动并与空气混合（图4-33a），此种方式可以在火花塞周围形成较大面积的可燃区域。气流引导

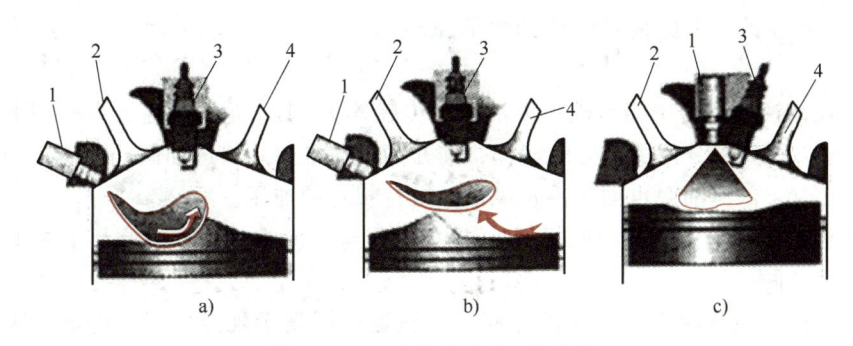

图 4-33 缸内直喷汽油机的分类
a) 壁面引导型　b) 气流引导型　c) 喷射引导型
1—高压喷油器　2—进气门　3—火花塞　4—排气门

型同样采用喷油器侧置、火花塞顶置的形式,利用进气时形成的涡流强化油气混合(图 4-33b)。壁面引导方式和气流引导方式结构型式相似,多用于均质燃烧模式,可以由传统的进气道喷射发动机转化而来,可以实现与进气道喷射发动机共用燃烧室及缸盖毛坯,进而实现发动机的平台化和模块化。喷射引导型是发动机的喷油器设计在缸盖顶部,火花塞设计在发动机的侧面,此种方式在火花塞周围易形成较浓的混合气,这种布置方式比较适合于分层稀薄燃烧,具有较好的燃油经济性。

2. 缸内直喷汽油机的结构组成

缸内直喷汽油机是在传统的电控喷射系统的基础上改进研发的,其燃油供给系统如图 4-34 所示。该系统在其他结构方面无过多的变化,只是在可燃混合气的形成方法上和燃

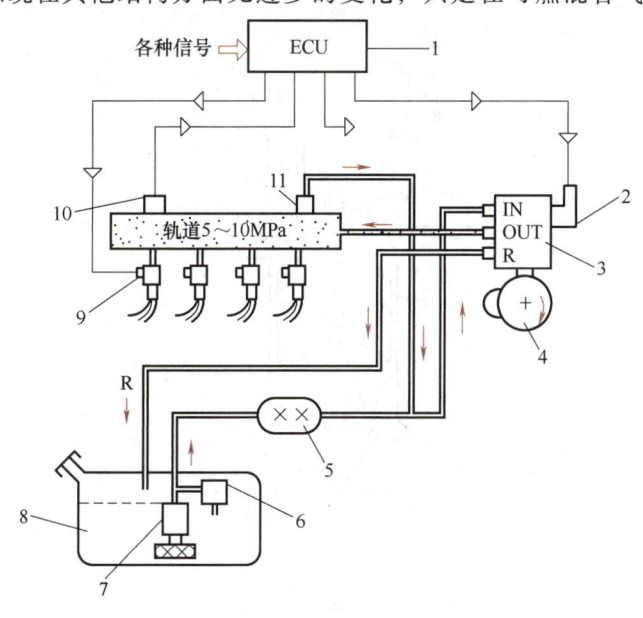

图 4-34 缸内直喷汽油机的燃油供给系统
1—电子控制单元（ECU）　2—停供电磁阀　3—单柱塞高压泵　4—凸轮轴　5—汽油滤清器
6—油压调节器　7—电动汽油泵　8—汽油箱　9—喷油器　10—轨道燃油压力传感器　11—限压阀
▭—低压 300~600kPa　▦—高压 5~10MPa

烧过程方面发生了改变。缸内直喷汽油机的原理如图 4-35 所示。下面就主要组成进行简单介绍。

(1) 轨道燃油压力传感器 轨道燃油压力传感器为 ECU 提供轨道压力的高低，当压力达到 5MPa 时，ECU 指令停供电磁阀动作，推开高压油泵的片状进油阀，使高压油泵停止吸油而停供。此时，低压油泵也同步停止供油，维持规定的油压。

(2) 停供电磁阀 停供电磁阀根据 ECU 指令通电，使推杆动作，高压油泵的进油片阀即打开，停止供油。

(3) 限压阀 限压阀为柱塞式溢流阀，当轨道油压高于规定值时，即泄油降压，维持轨道油压，起保护作用。

(4) 单柱塞高压泵 单柱塞高压泵为往复柱塞泵，由凸轮轴驱动，使燃油轨道的油压不断堆积，产生 5MPa 的喷射油压，经喷油器高速喷入气缸，提高雾化质量，形成旋转的燃气涡流。

(5) 高压旋流式喷油器 高压旋流式喷油器安装在发动机缸盖上，采用 65V 高电压控制喷油，为强劲高频量化控制方式，频率响应性高。由 ECU 直接用脉冲电流控制喷油量的多少，利用特殊的喷孔形状，喷出旋转的油雾，与挤压涡流快速地混合，以便点火燃烧。

(6) 直立式进气管 直立式进气管能产生大进气流，使空气直接流入气缸，充气效果好。与传统的横向进气管相比，它的进气涡流方向是反向旋转，喷油后能在火花塞处形成浓油雾区。

(7) 曲面顶活塞 引导空气产生进气涡流和挤压高速旋转涡流，以便形成理想的分层燃烧的可燃混合气。

视频：缸内直喷发动机工作示意

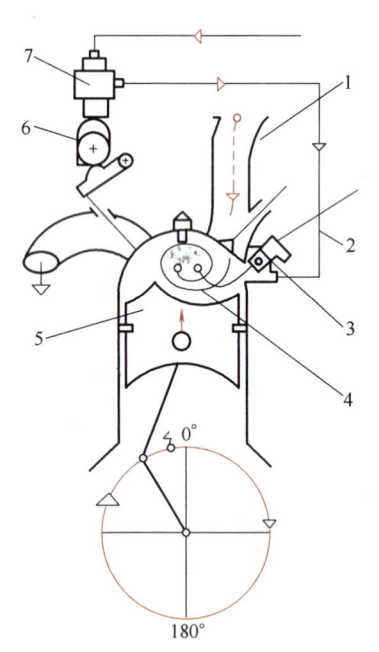

图 4-35 缸内直喷汽油机的原理
1—直立式进气管 2—高压油管 3—高压旋流式喷油器 4—涡流
5—曲面顶活塞 6—凸轮轴 7—单柱塞高压燃油泵

3. 缸内直喷汽油机的燃烧方式

FSI 技术采用了两种不同的燃烧模式，即均质燃烧模式和分层燃烧模式。均质燃烧模式是指在进气行程后期向燃烧室内喷入燃油，在进气行程与压缩行程中完成与空气的充分混合，并在点火时刻使缸内形成较为均匀的混合气，确保稳定点火。分层燃烧模式是指在压缩行程喷入燃油，随着压缩行程的进行，燃油与空气混合，直至点火时刻，从火花塞处至缸壁，燃油浓度由浓到稀，保证有效点火，火焰传播正常，从而提高燃油经济性。缸内直喷汽油机根据工况不同，有不同的喷油时刻和燃烧方式。

发动机在中、小负荷运行时，喷油器在压缩行程中后期将燃油喷入燃烧室（图 4-36），进行分层稀燃，燃油浓度梯度呈现梯度分布，即在缸壁附近分布的大部分是空气，有效地避免了热量传递给缸体水套，提高了燃烧的热效率。

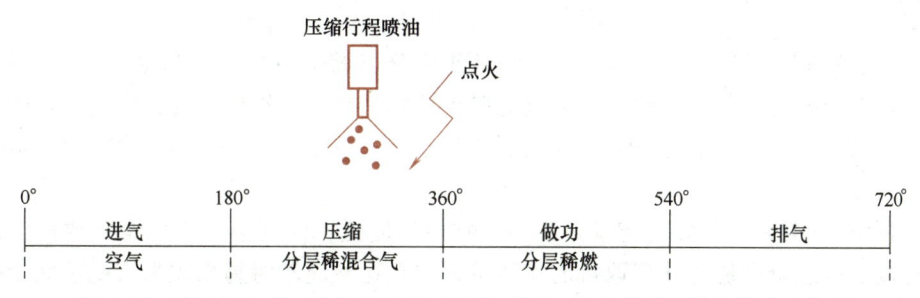

图 4-36 发动机在中、小负荷运行时喷油时刻、点火时刻和燃烧模式示意图

在大负荷或全负荷工况时，缸内直喷发动机在进气行程中将燃油喷入燃烧室（图 4-37），因为油束的移动速度小于活塞的下行速度，使油束周围的压力较低，燃油迅速扩散蒸发，进而形成均质燃烧混合气。

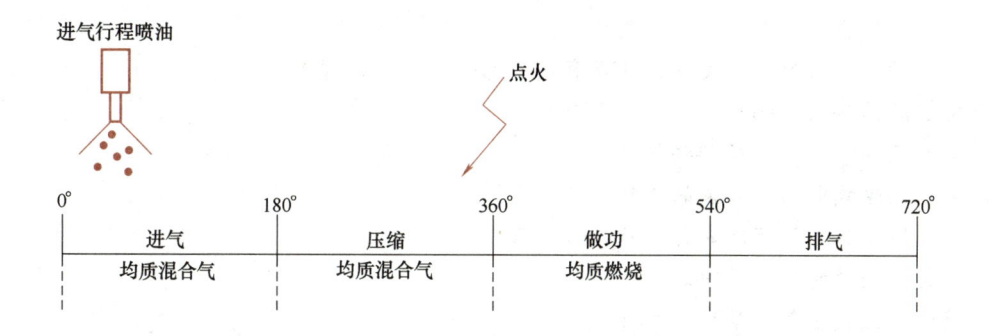

图 4-37 发动机在大负荷或全负荷工况时喷油时刻、点火时刻和燃烧模式示意图

缸内直喷汽油机也可采用多次喷射技术，通常用来改变空燃比的大小和对浓度梯度进行调节。以两次喷射为例，喷油时刻、点火时刻和燃烧模式示意图如图 4-38 所示。第一次在进气行程喷入适量燃油，形成均质稀混合气，第二次在压缩行程后期喷油，形成火花塞附近较浓、周边较稀的分层混合气，再点火燃烧。

4. 缸内直喷汽油机的优势

1）汽油缸内直喷时，可降低缸内温度，增强抗爆燃能力，因此发动机可设计较高的压

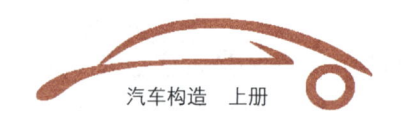

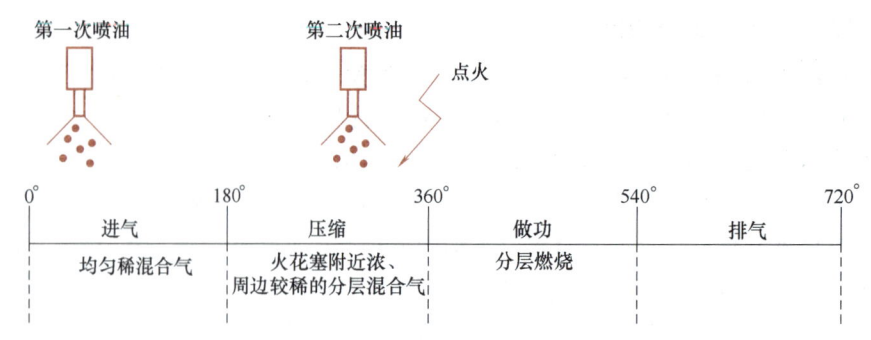

图 4-38 两次喷射喷油时刻、点火时刻和燃烧模式示意图

缩比（11~14），提高汽油机的热效率。同时，缸内温度降低，提高了充气效率，增加了发动机功率。

2）缸内直喷发动机在中、小负荷工况时使用分层燃烧模式，燃油浓度呈现梯度分布，即在缸壁附近分布的大部分是空气，有效地避免了热量传递给缸体水套，提高了燃烧的热效率。由于汽车发动机经常在中等负荷工况下运行，因此分层稀燃可使平均油耗降低15%~20%。

3）进气道喷射发动机在冷起动过程中，缸内温度低，油气蒸发不完全，致使实际喷油量远远超过了按理论空燃比计算取得的喷油量，并且在冷起动时易出现失火或不完全燃烧现象，使HC排放增加。采用缸内直喷技术的发动机可以精确地调节每个循环的空气与燃油比例，结合分层燃烧技术，可以减少发动机冷起动时的HC排放，瞬态响应好。

思考题

1. 汽油机燃料供给系统的作用是什么？
2. 可燃混合气的浓度对发动机性能有何影响？
3. 电控汽油喷射系统的基本类型有哪些？
4. 电控汽油喷射系统有哪些优点？
5. 简述涡轮式电动汽油泵的工作原理。
6. 简述燃油压力调节器的作用及工作原理。
7. 简述喷油器的工作原理。
8. 简述热丝式空气流量计的工作原理。

第5章 柴油机燃料供给系统

5.1 概述

柴油发动机以油耗低、可靠性高、寿命长、大扭矩等特点被世界知名车企所青睐,德国大众、美国通用和日本丰田等汽车公司都生产装载柴油机的轿车,国内一汽大众生产的捷达SDI、宝来TDI、奥迪A6LTDI轿车装用的也是柴油机。

用于乘用车上的柴油机主要采用电子控制燃油喷射系统,电子控制燃油喷射系统在喷油压力和喷油精度上都比较高,可满足对乘用车排放日益严格的要求。

5.1.1 柴油机燃料供给系统的组成

柴油机燃料供给系统中燃料供给装置的主要组成如图5-1所示,主要由柴油箱、喷油泵、喷油器、输油泵及柴油滤清器等组成。图中带箭头的线段表示燃油流向,其中线型为虚

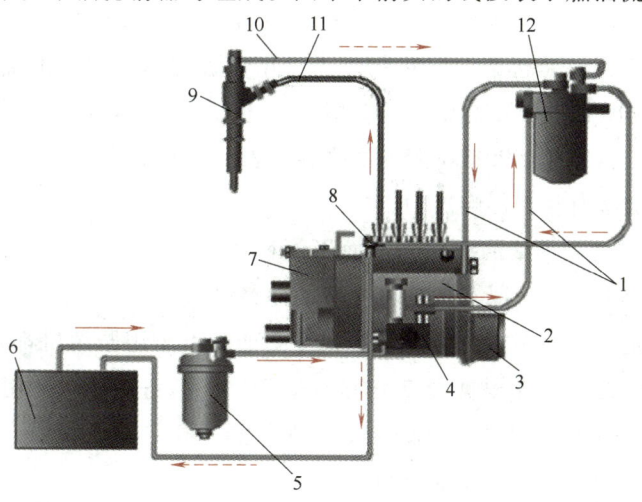

图5-1 燃料供给装置(装有直列柱塞泵)的主要组成

1—低压油管 2—喷油泵 3—供油提前调节器 4—输油泵 5—油水分离器 6—柴油箱
7—调速器 8—限压阀 9—喷油器 10—回油管 11—高压油管 12—柴油滤清器

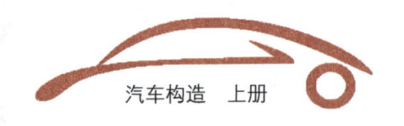

线的代表低压燃油,线型为实线的代表高压燃油。

发动机工作时输油泵 4 从柴油箱 6 内将柴油吸出,将柴油压力提高到 0.15~0.30MPa,经柴油滤清器 12 过滤后,送至喷油泵 2,喷油器将柴油压力进一步提高至 10MPa 以上,通过高压油管 11 泵入喷油器 9,喷油器再将柴油以雾状喷入燃烧室,并与空气混合后自行着火燃烧。输油泵供给的多余柴油以及喷油器顶部回油孔流出的少量柴油,都经回油管 10 流回柴油箱。

柴油机燃料供给系统除上述燃油供给装置外,还包括空气供给装置、可燃混合气形成装置及废气排出装置。空气供给装置由空气滤清器、进气管和进气道组成,有的还装有增压器及中冷器;可燃混合气形成装置为燃烧室;废气排出装置由排气道、排气管和排气消声器组成。

5.1.2 柴油

柴油是在 473~625K 的温度范围内由石油中提炼出来的碳氢化合物,其中碳的质量分数为 87%、氢的质量分数为 12.6%、氧的质量分数为 0.40%。

柴油的使用性能指标主要是燃烧性、蒸发性和凝点。

(1) 燃烧性 燃烧性是指柴油的抗粗暴能力。柴油机工作时,柴油被喷入燃烧室后,并非立即着火燃烧,而要经过一段时间的物理和化学准备,这个准备时间称为备燃期。若备燃期过长,在燃烧开始前,燃烧室内积聚的柴油会过多,致使大量柴油同时燃烧,气缸内压力急剧升高,从而导致柴油机工作粗暴;反之,若备燃期短,会使发动机工作柔和,而且可在较低温度下发火,有利于起动。柴油燃烧性的评定指标是十六烷值,十六烷值高的柴油,自燃点低。但十六烷值过高的柴油喷入燃烧室后,还来不及与空气充分混合就着火,使柴油在高温下裂解分离出大量的游离碳,造成油耗、烟度上升。一般汽车用柴油的十六烷值应在 40~50 范围内。

(2) 蒸发性 蒸发性是指柴油汽化的能力,用馏程表示。柴油的馏程采用 50%、90% 及 95%回收温度。50%回收温度越低,说明柴油中的轻质馏分越多,发动机越容易起动,但同时也会使柴油机工作粗暴。90%和 95%回收温度表示柴油中的重质馏分的多少,对发动机的功率、油耗及排放都有很大影响。

(3) 凝点 凝点是表示柴油冷却到液面不能移动的最高温度。柴油的凝点应比柴油机最低工作温度低 3~5℃以上。凝点过高将会造成油路堵塞。

柴油按其所含重馏分的多少分为重柴油和轻柴油。汽车用柴油机都是高转速的,因此,应采用轻柴油。柴油的牌号即根据凝点编定。在 GB 19147—2016《车用柴油》中,普通柴油按凝点分为 5 号、0 号、-10 号、-20 号、-35 号和-50 号 6 个牌号,它们的凝点分别为 5℃、0℃、-10℃、-20℃、-35℃和-50℃。

为降低柴油的凝点,改善其低温流动性,使用时可在其中掺入裂化煤油或添加降凝剂。

此外,对柴油中的有害成分,如灰分、硫、机械杂质、水分、水溶性酸和碱、实际胶质等也必须严格控制。

5.2 可燃混合气的形成与燃烧及燃烧室

5.2.1 可燃混合气的形成与燃烧

柴油机在进气行程中，进入气缸的是纯空气，在压缩行程接近终了时，才将高压柴油喷入燃烧室。喷油持续时间只占 15°~35° 曲轴转角，所形成的可燃混合气很不均匀，在燃烧室的不同区域以及不同时期，可燃混合气的浓度相差都很大。

根据气缸中压力和温度的变化，可将混合气的形成与燃烧过程按曲轴转角划分为 4 个阶段，气缸压力与曲轴转角的关系如图 5-2 所示。

(1) 备燃期 I　备燃期 I 指喷油器喷油始点 A 到燃烧始点 B 之间的曲轴转角。这一期间进行着燃烧前的物理和化学准备过程。

(2) 速燃期 II　速燃期 II 指从燃烧始点 B 到气缸内压力达最高的点 C 之间的曲轴转角。火焰自火源迅速向四周推进，上一时期积存的柴油以及在此期间陆续喷入的柴油，在已燃气体的高温作用下，迅速蒸发、混合和燃烧，使气缸内压力和温度急剧上升，非增压柴油机此时最高压力可达 6~9MPa，该压力一般出现在供油提前角上止点后 6°~15° 曲轴转角处。这一时期的放热量占每循环放热量的 30% 左右。

(3) 缓燃期 III　缓燃期 III 是指从最高压力点 C 到最高温度点 D 之间的曲轴转角。在此期间，燃烧以很快的速度继续进行，后期由于氧气缺少，废气增加，燃烧速度越来越慢。此期间的压力逐渐下降，但燃气温度在继续升高，最高温度可达 1973~2273K，一般出现在上止点后 20°~35° 曲轴转角处。喷油是在点 D 以前结束的，缓燃期内的放热量占每循环放热量的 70% 左右。

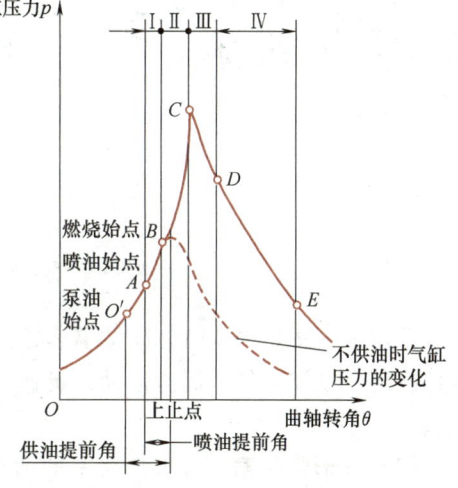

图 5-2　气缸压力与曲轴转角的关系
Ⅰ—备燃期　Ⅱ—速燃期
Ⅲ—缓燃期　Ⅳ—后燃期

(4) 后燃期 IV　后燃期 IV 是从最高温度点 D 到柴油已基本上完全燃烧的点 E 之间的曲轴转角。燃烧是在逐渐恶化的条件下缓慢进行直到停止。在此期间，压力和温度均下降。为防止柴油机过热，应尽量缩短后燃期。加强燃烧室内气体的运动，改善混合气的形成条件，是缩短后燃期的有效措施。

综上所述，柴油机的工作特点是工作粗暴、排气冒烟、噪声大。从喷油开始到燃烧结束，仅占 50°~60° 的曲轴转角，可燃混合气形成的时间极短、空间极小。因此，在这段时间里，提高燃料的雾化程度，加强气流的运动强度，改善燃烧后期的燃烧条件，是提高柴油机动力性和经济性的有效途径。

5.2.2 燃烧室

柴油机可燃混合气的形成与燃烧主要是在燃烧室内进行，所以燃烧室的形状对可燃混合

气的形成和燃烧有着直接的影响。

柴油机燃烧室按结构型式分为两大类：统一式燃烧室和分隔式燃烧室。

1. 统一式燃烧室

统一式燃烧室是由气缸盖底平面和活塞顶内的凹坑及气缸壁组成的。凹坑的形状多采用 ω 形和球形，如图 5-3 所示。

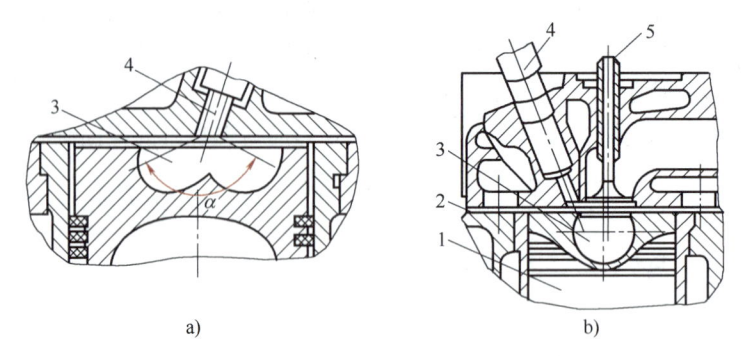

图 5-3 统一式燃烧室

a) ω 形　b) 球形

1—活塞　2—气缸体　3—燃烧室　4—喷油器　5—气门

采用统一式燃烧室时，喷油器直接向燃烧室内喷射柴油，借助油束形状与燃烧室形状的合理匹配，以及空气的涡流运动，迅速形成可燃混合气，故这种燃烧室又称为直接喷射式燃烧室。

（1）ω 形燃烧室　ω 形燃烧室的活塞顶部凹坑的纵剖面为 ω 形，喷入的柴油绝大多数分布在燃烧室的空间，极少部分喷到燃烧室壁面上形成油膜，所以混合气的形成以空间雾化混合为主。

ω 形燃烧室的柴油机起动性能较好，被中小型高速柴油机广泛采用。

（2）球形燃烧室　球形燃烧室位于活塞顶部中央，形状大于半个球。与喷油器相对应的位置，开有缺口与球面相切，柴油从这里顺气流方向喷射到燃烧室壁面上形成油膜。在柴油喷射贯穿空气时或碰到燃烧室壁反射时，必然有少量油粒（约 5%）脱离油束，呈雾状散布在燃烧室空间。这部分柴油在炽热的空气中首先完成着火准备，形成火源，然后靠此火源点燃从燃烧室壁上已蒸发形成的可燃混合气，所以可燃混合气的形成方式以油膜蒸发为主。这种可燃混合气形成方式使发动机工作平稳、柔和、燃烧彻底，但会导致发动机起动性能较差，发动机在低速、低负荷工作时，可燃混合气质量差，排烟较重以及变工况的适应性差等。

2. 分隔式燃烧室

分隔式燃烧室由两部分组成，即主燃烧室和副燃烧室。分隔式燃烧室的结构型式有涡流室式和预燃室式两种（图 5-4）。

（1）涡流室式燃烧室　作为副燃烧室的涡流室多为球形，也有圆柱形的，其容积占燃烧室总容积的 50%～80%。涡流室与主燃烧室用一个或数个通道连通，通道的面积一般为活塞面积的 1.2%～1.5%，通道方向与活塞顶成一定角度并与涡流室相切。这样，在压缩行程

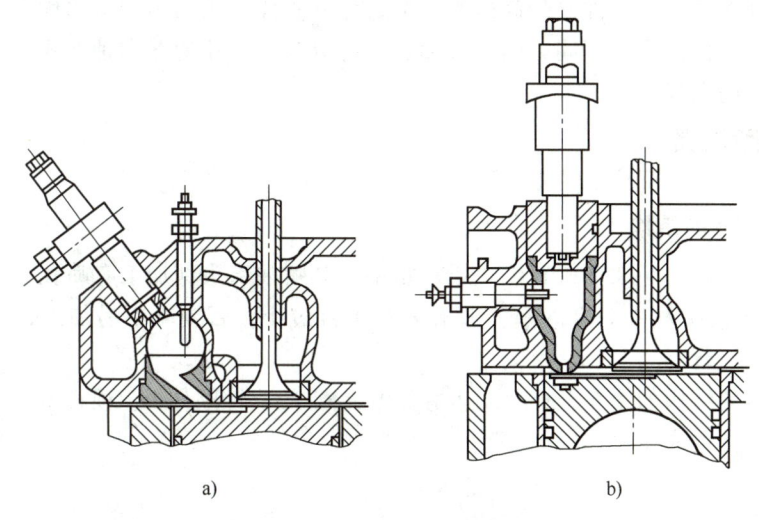

图 5-4 分隔式燃烧室
a）涡流室式　b）预燃室式

中，空气从气缸内被挤入涡流室时，会形成强烈的有规则的涡流运动，喷入涡流室内的燃油，在强烈的空气涡流作用下迅速与空气混合形成可燃混合气，可燃混合气的形成属空间混合。着火后大部分柴油在涡流室内燃烧，未来得及燃烧的部分燃油在做功行程初期与高压燃气一起通过切向通道喷入主燃烧室，形成二次涡流，使之进一步与空气混合燃烧。

涡流室式燃烧室的主燃烧室内气体压力升高较平缓，发动机运转平稳，燃烧噪声小，排气污染少。但由于燃烧室的散热面积大和通道的节流作用，使散热损失和流动损失增加，所以经济性较差；此外，由于喷油压力低，油雾颗粒较大、蒸发慢，所以起动性能也较差。为了保证能冷起动，一般设置电热塞等起动辅助装置。

（2）预燃室式燃烧室　此燃烧室作为副燃烧室的预燃室一般用耐热钢单独制造，再镶入气缸盖内。预燃室容积占燃烧室总容积的 25%~45%，连通预燃室与主燃烧室的通道面积较小，一般只有活塞面积的 0.25%~0.75%，且不与预燃室相切。在压缩行程中，气缸内的空气被挤入预燃室内形成强烈的无规则的湍流运动，喷入预燃室内的柴油受空气湍流的扰动与空气初步混合，形成可燃混合气，可燃混合气的形成属空间混合。少部分的柴油在预燃室内着火燃烧后，预燃室内温度、压力急剧升高，未燃烧的大部分柴油及燃气高速喷入主燃烧室。由于窄小孔道的节流作用再次产生湍流，促使柴油进一步蒸发与空气混合而完全燃烧。

预燃室式燃烧室具有和涡流室式燃烧室类似的特点。

5.3　机械式喷油器

机械式喷油器是柴油机燃料供给系统中实现燃油喷射的重要部件，其功用是根据柴油机混合气形成的特点，将燃油雾化成细微的油滴，并将它喷射到燃烧室特定的部位。

喷油器应满足不同类型的燃烧室对喷雾特性的要求。一般说来，喷柱应有一定的贯穿距离和喷雾锥角，以及良好的雾化质量，而且在喷油结束时不发生滴漏现象。

汽车柴油机广泛采用闭式喷油器。这种喷油器主要由喷油器体、调压装置及喷油嘴等部

分组成。一般针阀由热稳定性好的高速钢制造,而针阀体则采用耐冲击的优质合金钢。

根据喷油嘴结构型式的不同,闭式喷油器又可分为孔式喷油器和轴针式喷油器两种,分别用于不同类型的燃烧室。

5.3.1 孔式喷油器

1. 孔式喷油器的结构

孔式喷油器主要用于柴油机直喷式燃烧室中,其喷油嘴头部加工有喷孔,喷孔数目一般为 1~8 个,喷孔直径为 0.2~0.5mm。喷孔直径不宜过小,否则既不易加工,又容易使喷孔在使用中被积炭堵塞。

孔式喷油器的结构如图 5-5 所示,其主要由针阀 10、针阀体 9、顶杆 6、调压弹簧 5 及喷油器体 7 等零件组成。

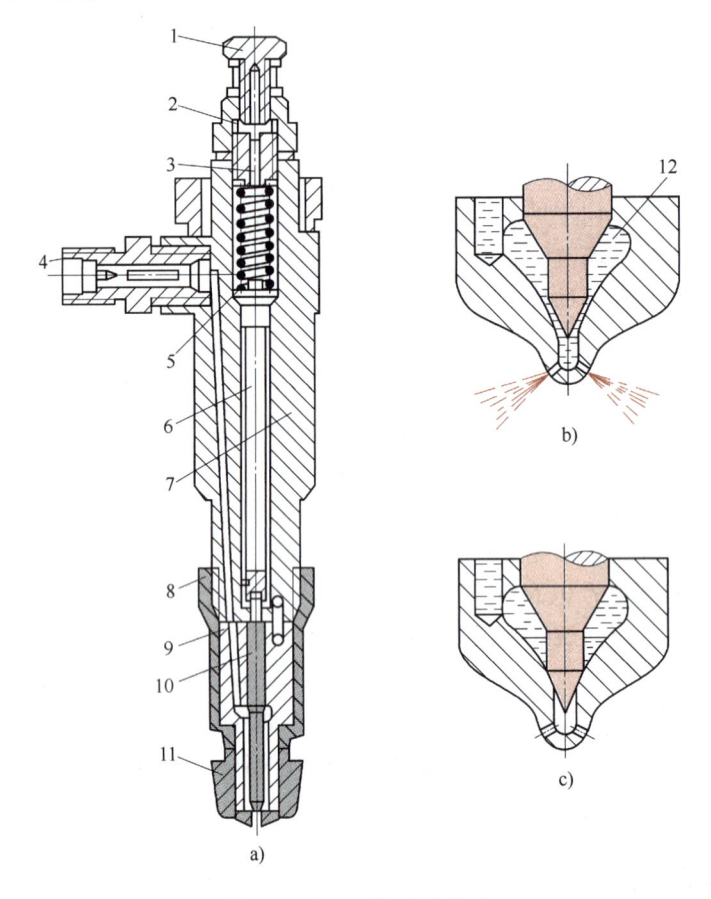

图 5-5 孔式喷油器的结构

a) 结构　b) 喷油嘴喷油　c) 喷油嘴关闭

1—回油管接头　2—调压螺钉护帽　3—调压螺钉　4—油管接头　5—调压弹簧　6—顶杆　7—喷油器体　8—紧固螺套　9—针阀体　10—针阀　11—喷油器锥体　12—环形压力室

由针阀 10 和针阀体 9 构成的喷油嘴通过紧固螺套 8 与喷油器体 7 紧固在一起。针阀的上锥面称为承压锥面,用来承受油压产生的轴向推力,使针阀升起。针阀下端的锥面,称为密封锥面，与针阀体内的密封锥面配合，以实现喷油器内腔的密封。为了保证结合面的密封，针阀的密封锥面与针阀体内的密封锥面都是在精加工之后再配对研磨，以保证其配合精度。调压弹簧5的预紧力通过顶杆6作用在针阀上，将针阀压紧在针阀体内的密封锥面上，使喷油嘴关闭。调压弹簧的预紧力由调压螺钉3调节。

2. 孔式喷油器的工作原理

柴油机工作时，来自喷油泵的高压柴油通过高压油管送到喷油器，经进油管接头4、喷油器体7和针阀体9内的油道，进入喷油嘴内的环形压力室（图5-5b）。油压作用在针阀的承压锥面上，产生向上的推力。当此推力超过调压弹簧的预紧力时，针阀升起并将喷孔打开（图5-5b），高压柴油经喷孔喷入燃烧室。针阀升起的最大高度即针阀升程，由喷油器体（或接合座）的下端面限制。当喷油泵停止供油时，喷油嘴压力室内的油压迅速下降，针阀在调压弹簧的作用下及时回位，将喷孔关闭（图5-5c），终止喷油。

针阀和针阀体是喷油器中最关键的零件，两者合称为针阀偶件。为保证喷油压力且能自由滑动，两者的配合间隙要求很严，应控制在0.002~0.003mm之间。针阀偶件是经过配对研磨的，在拆装和维修过程中应特别注意，不能互换。

在喷油器工作期间，有少量柴油从针阀与针阀体配合表面之间的间隙漏出，并沿顶杆6周围的缝隙上升，最后通过回油管接头1进入回油管，流回柴油滤清器。这部分柴油在漏过针阀偶件时，对偶件起润滑作用。

BenzMB331型柴油机使用的长型喷油嘴、五孔式喷油器，其结构如图5-6所示。在喷油嘴与喷油器体之间设置接合座6，可以简化喷油器体的加工。其结构特点是调压弹簧8下置，靠近喷油嘴，使顶杆7大为缩短，从而减小了运动件的质量和惯性力，有助于消减针阀的跳动。因此，此喷油器也称为低惯量孔式喷油器。

5.3.2 轴针式喷油器

轴针式喷油器与孔式喷油器的工作原理相同、结构相似，只是喷油嘴头部的结构不同而已，其结构如图5-7所示。在轴针式喷油器中，针阀密封锥面以下有一段轴针，它穿过针阀体上的喷孔且稍突出于针阀体之外，使喷孔呈圆环形。因此，轴针式喷油器的喷柱是空心的。轴针可以制成圆柱形或截锥形。圆柱形轴针喷柱的喷雾锥角较小，而截锥形轴针喷柱的喷雾锥角较大。因此，轴针制成不同的形状，可以得到不同形状的喷柱，以适应不同形状燃烧室的需要。

轴针式喷油器一般只有一个喷孔（孔径为1~3mm），喷孔与轴针之间有微小的间隙（0.02~

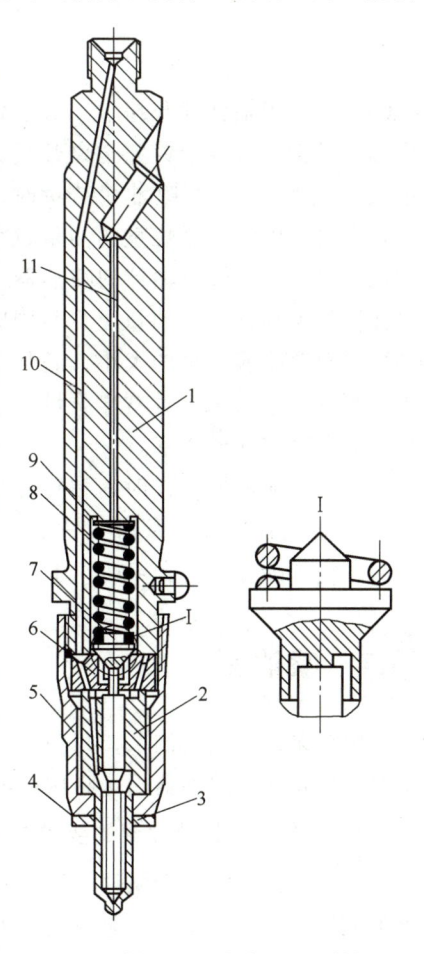

图5-6 低惯量孔式喷油器的结构

1—喷油器体　2—喷油嘴　3—弹性垫圈
4—密封垫圈　5—喷油嘴锁紧螺母
6—接合座　7—顶杆　8—调压弹簧
9—垫圈　10—进油道　11—回油道

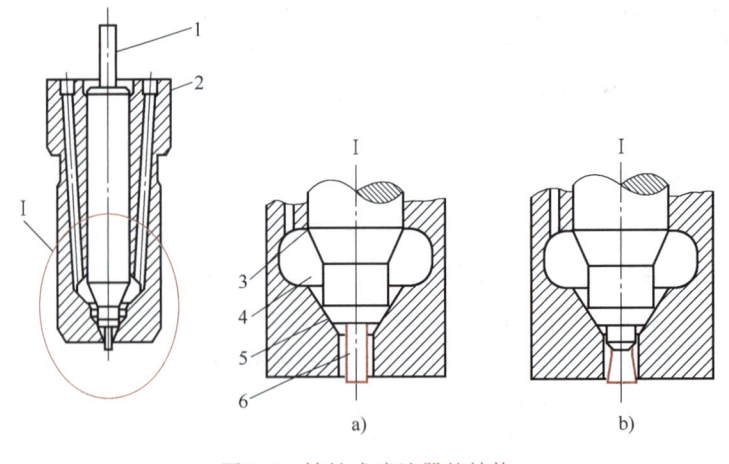

图 5-7 轴针式喷油器的结构

a）圆柱形轴针　b）截锥形轴针

1—针阀　2—针阀体　3—承压锥面　4—压力室　5—密封锥面　6—轴针

0.06mm）。当轴针刚升起时，由于轴针仍在喷孔中，喷出油量较少，直到轴针完全离开喷孔时，喷油量才达到最大（图5-8b）；当喷油快结束时，情况正好相反。这样在备燃期内喷入燃烧室的油量较少，从而使发动机工作比较平稳。圆锥形轴针的喷油器在开始喷油时的喷油量比圆柱形轴针的喷油量更少，同时，不同角度的轴针还可以改变喷雾锥角的大小，满足与燃烧室相配合的要求。因此，它适用于对喷雾质量要求不高的涡流室式燃烧室和预燃室式燃烧室。

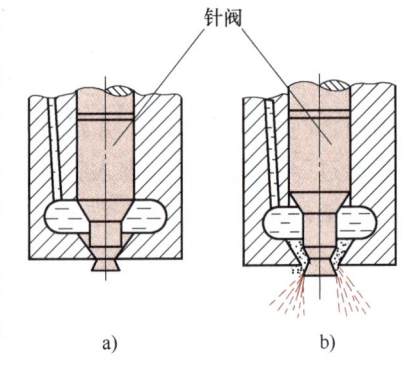

图 5-8 轴针式喷油器的工作原理

a）关闭　b）喷油

轴针式喷油器工作时，轴针在喷孔内往复运动，能清除喷孔中的积炭，喷孔不易堵塞，喷油器工作可靠，同时，由于喷孔较大，一般在1~3mm范围内，因此加工方便。

5.4 喷油泵

喷油泵又称高压油泵，其功用是按照柴油机的运行工况和气缸工作顺序，以一定的规律适时、定量地向喷油器输送高压燃油。

1. 多缸柴油机喷油泵的要求

每个气缸都有一套泵油机构，几个相同的泵油机构装在同一泵体上就构成了多缸柴油机喷油泵。多缸柴油机喷油泵应满足下列要求。

1）各缸供油量相等。在标定工况下各缸供油量相差3%~4%。喷油泵的供油量应随柴油机工况的变化而变化，为此喷油泵必须有供油量调节机构。

2）各缸供油提前角和供油持续角应相等，误差不得大于0.5°曲轴转角。供油提前角也应随柴油机工况的变化而变化，为此应装置喷油提前器。

3）油压的建立和喷油的停止都必须迅速，以防止喷油器发生滴漏现象。

2. 喷油泵的类型

喷油泵种类很多，在汽车柴油机上得到广泛应用的有柱塞式喷油泵和转子分配式喷油泵。此外，还有泵-喷嘴等。

（1）柱塞式喷油泵 柱塞式喷油泵性能良好，工作可靠，为目前大多数柴油机所采用。

（2）转子分配式喷油泵 这种喷油泵只有一对柱塞副，依靠转子的转动可实现燃油的增压与分配。它具有体积小、质量小、成本低、使用方便等优点。

（3）泵-喷嘴（PT） 将喷油泵和喷油器合为一体，直接安装在发动机气缸盖上，可消除高压油管的不利影响，但要求发动机上另加驱动机构。

3. 国产系列喷油泵

由于柴油机的单缸功率变化范围很大，若根据每一种单缸功率所需要的循环供油量来设计和制造喷油泵，那么喷油泵的尺寸规格将数不胜数，给生产和使用都造成诸多不便。喷油泵的系列化是以柱塞行程、泵缸中心距和结构型式为基础，再分别配以不同尺寸的柱塞，组成若干种在一个工作循环内供油量不等的喷油泵。

国产柱塞式喷油泵系列有 A 型泵、B 型泵、P 型泵三种；转子式喷油泵系列有 PDA 型泵和 VE 泵两种。

A、B 系列喷油泵或称 A、B 型喷油泵的基本结构相同，均为直列柱塞式喷油泵的传统结构。P 型喷油泵则另辟蹊径，采用不开侧窗口的箱式封闭泵体，使喷油泵结构得到强化。

5.4.1 A 型喷油泵的结构及工作原理

1. A 型喷油泵的结构

柱塞式喷油泵由泵油机构、供油量调节机构、驱动机构和喷油泵体等部分成。A 型喷油泵的结构如图 5-9 所示。

（1）泵油机构 泵油机构包括柱塞套 7，柱塞 10，柱塞弹簧 14，上、下柱塞弹簧座 13 和 15，出油阀 5，出油阀座 6，出油阀弹簧 4 和出油阀紧座 3 等零件。

柱塞 10 和柱塞套 7 构成喷油泵中最精密的偶件，称为柱塞偶件。正是由于柱塞偶件的精密配合及柱塞的高速运动，才得以实现对燃油的增压。每台喷油泵的柱塞偶件数和与其配套的柴油机气缸数相同。一般柱塞偶件用优质合金钢制造，经过精细加工和配对研磨，使其配合间隙在 0.0015~0.0025mm 范围内。间隙过大，容易漏油，导致油压下降；间隙过小，对偶件润滑不利，且容易卡死。柱塞偶件在使用中不能互换。

图 5-10 所示为柱塞偶件。柱塞头部加工有螺旋槽和直槽，柱塞下部加工有榫舌。柱塞套安装在喷油泵体的座孔中，柱塞套上的油孔与喷油泵内的低压油腔相通。为了防止柱塞套转动，用定位螺钉固定（图 5-9）。

在图 5-9 中，柱塞弹簧 14 的上端通过上柱塞弹簧座 13 支承在喷油泵体上，下端则通过下柱塞弹簧座 15 支承于柱塞尾端。借助柱塞弹簧的预紧力使柱塞始终压紧在挺柱 17 上的供油定时调节螺钉 16 上，同时使挺柱的滚轮 19 始终与喷油泵凸轮 21 保持接触。

出油阀 5 与出油阀座 6 是喷油泵中的另一个精密偶件，称为出油阀偶件。出油阀偶件位于柱塞偶件的上方，出油阀座的下端面与柱塞套的上端面接触，通过拧紧出油阀紧座 3 使两

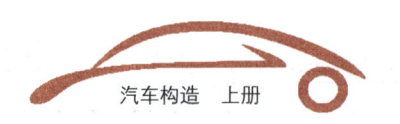

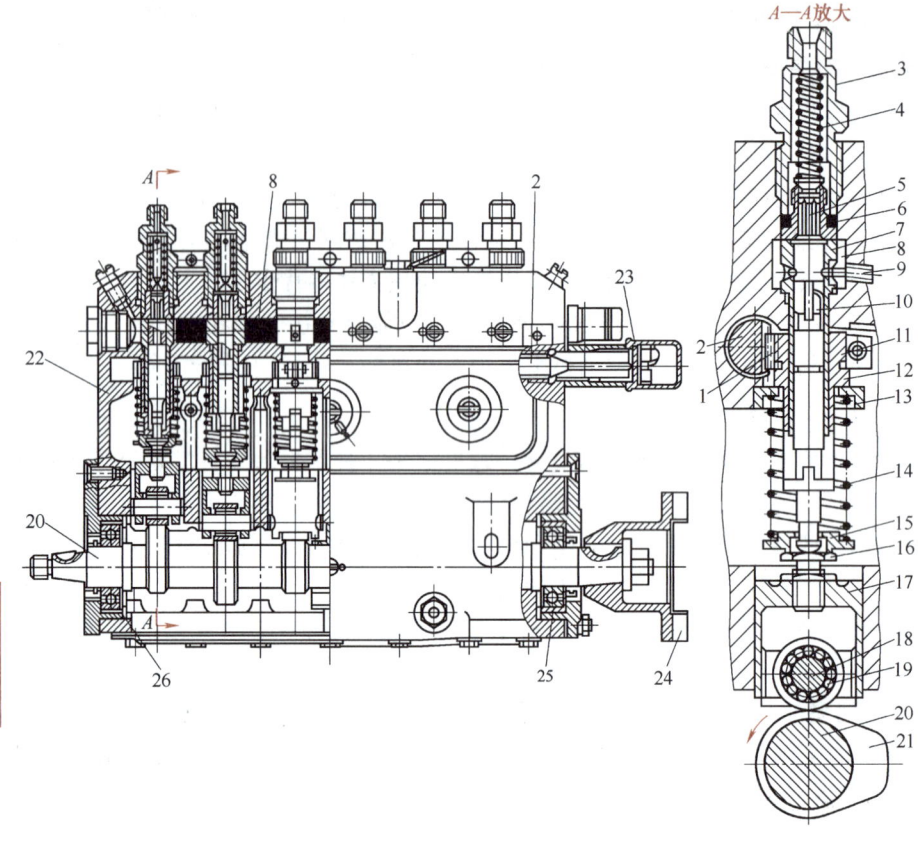

图 5-9 A 型喷油泵的结构

1—齿圈 2—供油量调节齿杆 3—出油阀紧座 4—出油阀弹簧 5—出油阀 6—出油阀座 7—柱塞套
8—低压油腔 9—定位螺钉 10—柱塞 11—齿圈夹紧螺钉 12—油量调节套筒 13、15—上、下柱塞弹簧座
14—柱塞弹簧 16—供油定时调节螺钉 17—挺柱 18—滚轮销 19—滚轮 20—喷油泵凸轮轴
21—凸轮 22—喷油泵体 23—供油量调节齿杆保护螺母 24—联轴器从动盘 25、26—轴承

者的接触面保持密合。同时，出油阀弹簧 4 将出油阀压紧在出油阀座上。

出油阀偶件如图 5-11 所示。出油阀的密封锥面与出油阀座的接触表面经过精细研磨。出油阀减压环带与出油阀座孔的配合间隙很小。减压环带以下的出油阀表面是它在出油阀座孔内往复运动的导向面，导向部分的横截面为十字形。在有些出油阀紧座中设有减容器，以减小高压管路系统的容积，从而改善燃油的喷射过程。此外，减容器还起到限制出油阀最大升程的作用。

（2）供油量调节机构 喷油泵供油量调节机构的功用是根据柴油机负荷的变化通过转动柱塞来改变循环供油量。供油量调节机构或由驾驶人直接操纵，或由调速器自动控制。

A 型喷油泵采用齿杆式供油量调节机构，如图 5-12 所示。它包括调节齿杆 1、调节齿圈 2 和控制套筒 3 等零件。

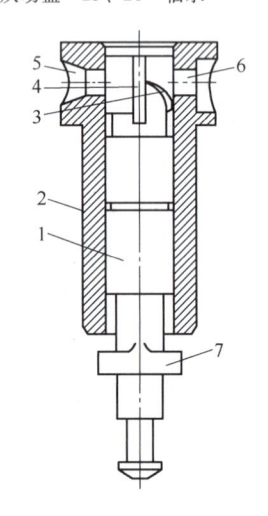

图 5-10 柱塞偶件

1—柱塞 2—柱塞套 3—螺旋槽
4—直槽 5、6—油孔 7—榫舌

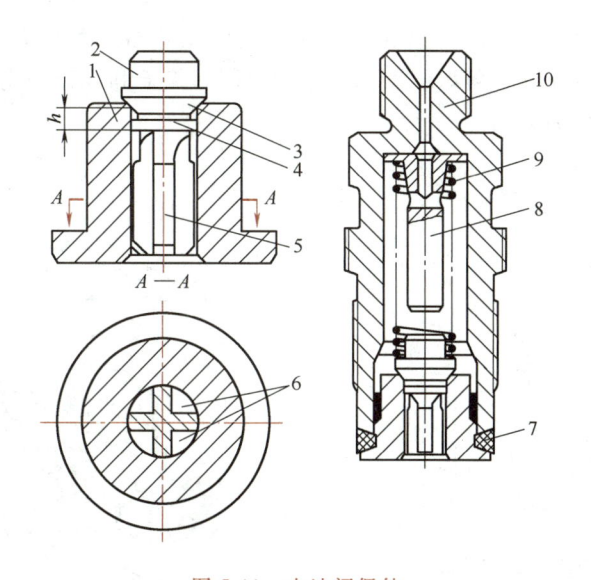

图 5-11 出油阀偶件

1—出油阀座 2—出油阀 3—密封锥面 4—减压环带 5—导向面
6—切槽 7—密封衬垫 8—减容器 9—出油阀弹簧 10—出油阀紧座

动画：出油阀

喷油泵柱塞 4 下端的榫舌嵌入控制套筒 3 的豁口中。控制套筒松套在柱塞套 5 上，其上端装有调节齿圈 2，并用螺钉夹紧，调节齿圈与调节齿杆相啮合。当驾驶人或调速器拉动齿杆时，调节齿圈连同控制套筒带动柱塞相对柱塞套转动，以达到调节供油量的目的。

齿杆式供油量调节机构工作可靠，传动平稳，但制造成本较高，且柱塞偶件之间的中心距较大。

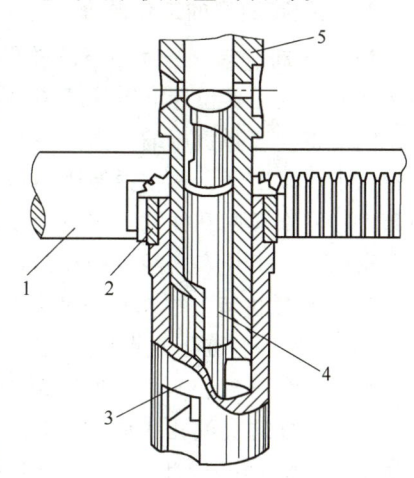

（3）驱动机构 在图 5-9 中，喷油泵的驱动机构包括喷油泵凸轮轴 20 和挺柱 17 组件。凸轮轴的前、后端通过滚动轴承 25 和 26 支承在喷油泵体 22 上。凸轮轴上凸轮 21 的数目与喷油泵的柱塞偶件数相同，各凸轮间的夹角与配套柴油机的气缸数有关，并与气缸工作顺序相适应。凸轮轴一般由曲轴定时齿轮驱动，四冲程柴油机喷油泵凸轮轴的转速是曲轴转速的一半，以实现在凸轮轴一转之内向各气缸供 1 次油。

挺柱体部件安装在喷油泵体上的挺柱孔内，如图 5-13 所示。加长的滚轮销 2 的两端插入挺柱孔 6 的定位长槽 5 中，使挺柱在挺柱孔中只能做上下往复运动，而不能绕其自身的轴线旋转，以避免滚轮与凸轮卡死。滚轮 3 在滚轮销 2 上转动。在滚轮与滚轮销之间镶有滚针轴承 4，也可镶衬套。在挺柱的顶端拧入供油定时调整螺钉 7 和锁紧螺母 8。

图 5-12 齿杆式供油量调节机构

1—调节齿杆 2—调节齿圈 3—控制套筒
4—柱塞 5—柱塞套

（4）喷油泵泵体 泵体是喷油泵的基础零件，泵油机构、供油量调节机构和驱动机构等都安装在喷油泵泵体上，它在工作中承受较大的作用力。因此，泵体应有足够的强度、刚度和良好的密封性。此外，还应该便于拆装、调整和维修。

A型喷油泵泵体为整体式，由铝合金硬模铸造而成，如图5-14所示。其结构紧凑、体积小、质量小。泵体侧面开有窗口，底部用盖板封闭，侧盖和底盖均用螺栓固定，使喷油泵的拆装、调整和维修极为方便。

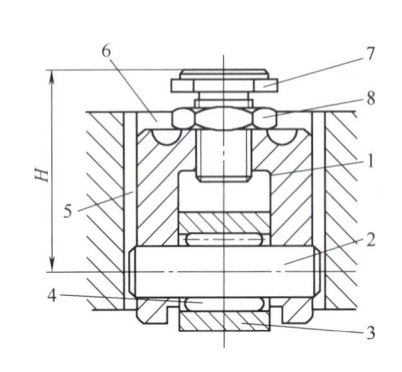

图5-13 挺柱体部件
1—挺柱体 2—滚轮销 3—滚轮 4—滚针轴承
5—定位长槽 6—挺柱孔 7—调整螺钉
8—锁紧螺母

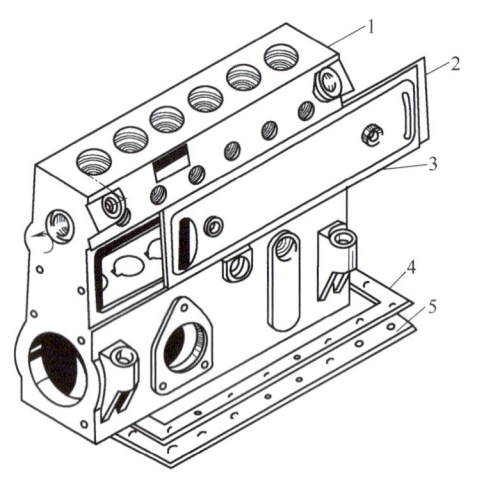

图5-14 A型喷油泵泵体
1—泵体 2、4—衬垫 3—侧盖 5—底盖

2. A型喷油泵的工作原理

（1）运动过程 当喷油泵凸轮轴转动时，若挺柱滚轮在凸轮的基圆面上滚动，则柱塞停在柱塞下止点的位置。若滚轮滚到凸轮的上升段时，则凸轮推动挺柱，挺柱再推动柱塞上移，同时将柱塞弹簧压缩。当滚轮滚到凸轮的顶弧上时，柱塞到达柱塞上止点。随后滚轮在凸轮的下降段滚动，柱塞弹簧则推压柱塞，柱塞又推压挺柱下移，直到滚轮又滚到凸轮的基圆面上，柱塞又回到柱塞下止点为止。即当喷油泵工作时，随着凸轮轴的转动，挺柱和柱塞在柱塞的上、下止点之间分别在挺柱孔和柱塞套中做往复运动（图5-9）。

（2）泵油过程 柱塞式喷油泵泵油原理如图5-15所示。当柱塞顶面下移至柱塞套油孔5以下或柱塞停驻在下止点位置时，柴油从喷油泵的低压油腔经柱塞套油孔5充入柱塞顶部的空腔（又称柱塞腔），如图5-15a所示。在柱塞从其下止点上移的过程中，将有部分柴油从柱塞腔经柱塞套油孔5被挤回低压油腔，这一过程一直延续到柱塞顶面将油孔的上边缘封闭为止（图5-15b）。此后，柱塞继续上移，柱塞腔内的油压骤然增高，克服出油阀弹簧8的预紧力，将出油阀7顶起。当出油阀密封锥面已经离开出油阀座，但减压环带尚在出油阀座孔内时，喷油泵仍然不能供油。仅当减压环带全部离开出油阀座孔之后，高压柴油才能经出油阀上的切槽供入高压油管，并经喷油器喷入燃烧室（图5-15c）。当柱塞上移至图5-15d所示位置时，柱塞上的螺旋槽3将柱塞套油孔5的下边缘打开，此时柱塞腔内的高压柴油经柱塞上的直槽4、螺旋槽3和柱塞套油孔5流回喷油泵的低压油腔，供油终止。由于柱塞腔的油压急剧下降，出油阀在出油阀弹簧和高压柴油的作用下迅速回落。当减压环带的下边缘进入出油阀座孔时，高压油管与柱塞腔的通路被切断，使燃油不能从高压油管流回柱塞腔。当出油阀完全落座之后，高压管路系统的容积因为空出减压环带的体积而增大，致使高压管路系统内的油压迅速降低，喷油器立即停止喷油，从而可以避免喷油器滴漏和其他不正常喷射现象的发生。

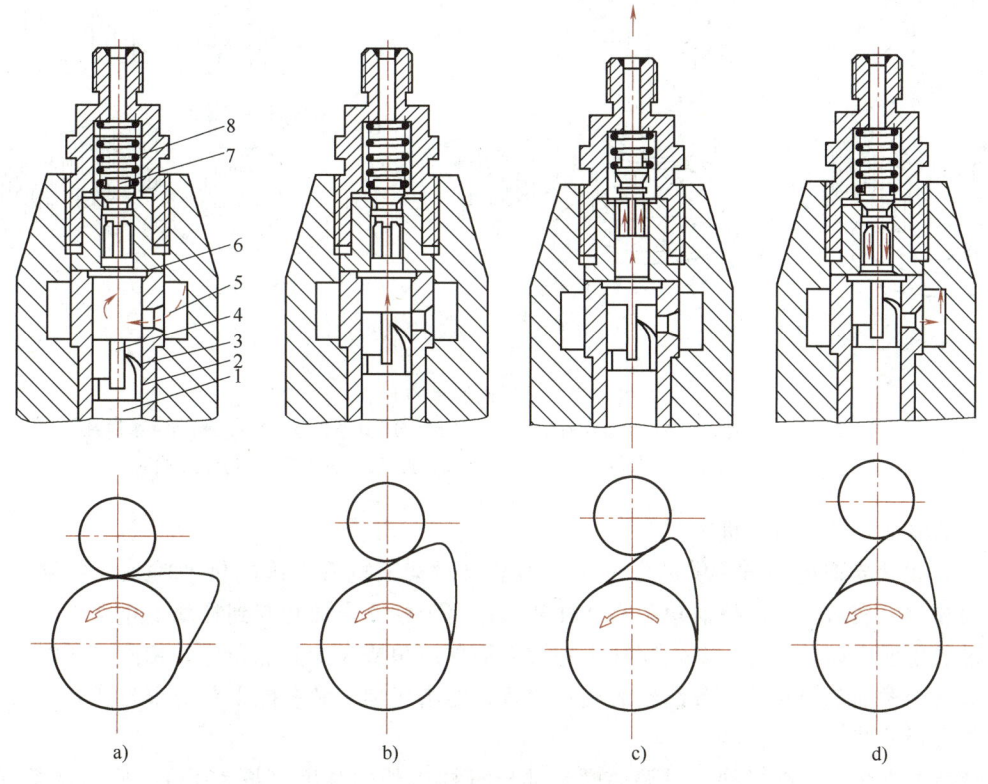

图 5-15 柱塞式喷油泵泵油原理

1—柱塞　2—柱塞套　3—螺旋槽　4—直槽　5—柱塞套油孔　6—出油阀座　7—出油阀　8—出油阀弹簧

柱塞由其下止点移动到上止点所经过的距离称为柱塞行程，也就是喷油泵凸轮的最大升程。由上述泵油过程可知，喷油泵并不是在整个柱塞行程内都供油，只是在柱塞顶面封闭柱塞套油孔到柱塞螺旋槽打开柱塞套油孔这段柱塞行程内供油。这段柱塞行程称为柱塞有效行程。显然，柱塞有效行程越大，供油的持续时间越长，喷油泵每一次的泵油量即循环供油量便越多。欲改变柱塞有效行程，只需转动柱塞即可。

(3) 供油量的调节　当供油量调节机构的调节齿杆拉动柱塞转动时，柱塞上的螺旋槽与柱塞套油孔之间的相对位置发生变化，从而改变了柱塞的有效行程（图 5-16）。当柱塞上的直槽对正柱塞套油孔时，柱塞有效行程为零，这时喷油泵不供油（图 5-16a）。按照图 5-16 中箭头所指示的方向拉动调节齿杆 6，则调节齿圈 11 按箭头方向转动，柱塞有效行程增加，喷油泵循环供油量增多（图 5-16b、c）。如果朝相反方向拉动调节齿杆，则柱塞有效行程减小，循环供油量减少。

利用上述供油量调节原理，可将多缸喷油泵的各缸供油量调匀。操作步骤为：保持调节齿杆不动，拧松调节齿圈紧固螺钉 12，适当地转动控制套筒 10，带动柱塞在柱塞套内转动，改变柱塞的有效行程，便可使供油量或增或减，然后拧紧调节齿圈紧固螺钉。根据需要再拧松另一个调节齿圈的紧固螺钉，重复上述步骤，直到各缸供油量均匀一致为止。这项工作需

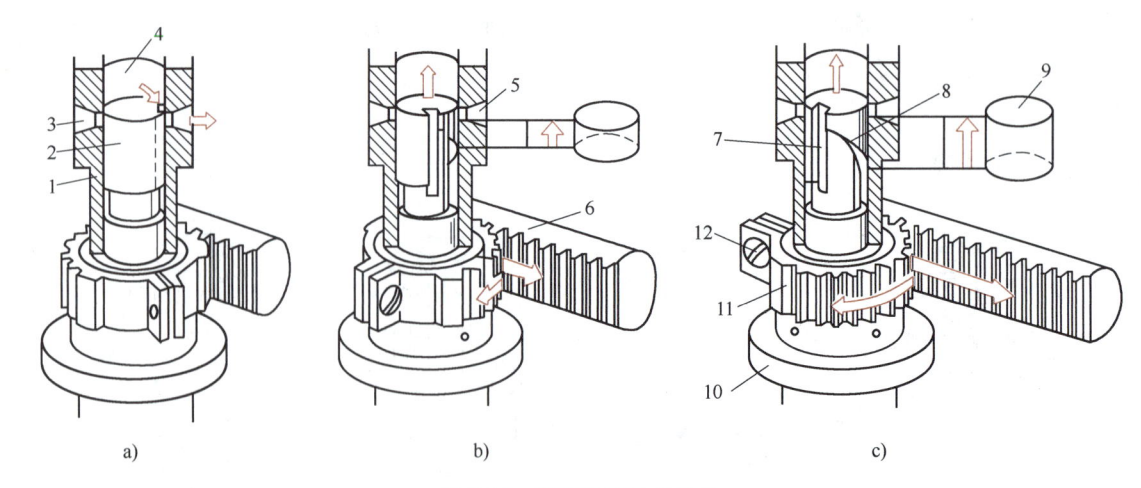

图 5-16 循环供油量的调节

1—柱塞套 2—柱塞 3、5—柱塞套油孔 4—柱塞腔 6—调节齿杆 7—直槽 8—螺旋槽
9—循环供油量容积 10—控制套筒 11—调节齿圈 12—调节齿圈紧固螺钉

在专门的喷油泵试验台上进行。

（4）供油定时的调节 供油定时是指喷油泵对柴油机有正确的供油时刻，而供油时刻用供油提前角表示。供油提前角是指从柱塞顶面封闭柱塞套油孔起到柱塞上止点为止，曲轴所转过的角度。如前所述，多缸喷油泵各缸供油提前角或供油间隔角应该相同。各缸供油间隔角取决于喷油泵凸轮轴上各凸轮的相对位置，但由于加工和装配误差而很难达到一致，因此必须进行调节。

调节的方法是改变供油定时调整螺钉伸出挺柱体外的高度（图 5-13）。旋出调整螺钉，挺柱体的高度 H 增加，柱塞位置升高，柱塞套油孔提前被封闭，供油提前，即供油提前角增大。拧入调整螺钉，则使供油迟后，供油提前角减小。对各缸的供油定时调整螺钉逐个进行调节之后，可以使各缸供油提前角或供油间隔角达到一致。应该指出，这种调节只是用来补偿加工和装配误差，调节的幅度很小。欲同时或较大幅度地改变各缸供油提前角，须借助喷油提前器。

5.4.2 P 型喷油泵的结构特点

P 型喷油泵的工作原理与 A 型喷油泵基本相同，但在结构上却脱离了柱塞式喷油泵的传统结构，具有一些明显的特点。

1. 箱形封闭式喷油泵体

P 型喷油泵采用不开侧窗口的箱形封闭式喷油泵体，大大提高了喷油泵体的刚度，可以承受较高的喷油压力而不发生变形，以适应柴油机不断向大功率、高转速强化发展的需要。

2. 吊挂式柱塞套

P 型喷油泵如图 5-17 所示，喷油泵柱塞 5 和出油阀偶件 3 都装在有连接凸缘的柱塞套 4 内，当拧紧柱塞套顶部的出油阀紧座 1 之后，构成一个独立的组件，然后用柱塞套紧固螺栓 14 将柱塞套凸缘紧固在泵体的上端面上，形成吊挂式结构。这种结构改善了柱塞套和喷油泵体的受力状态。

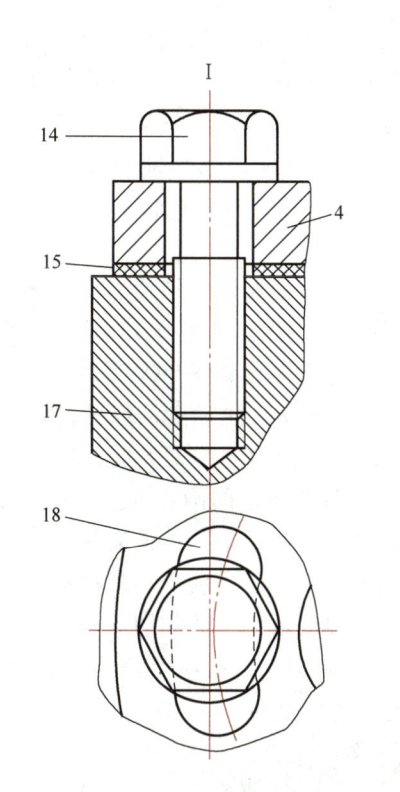

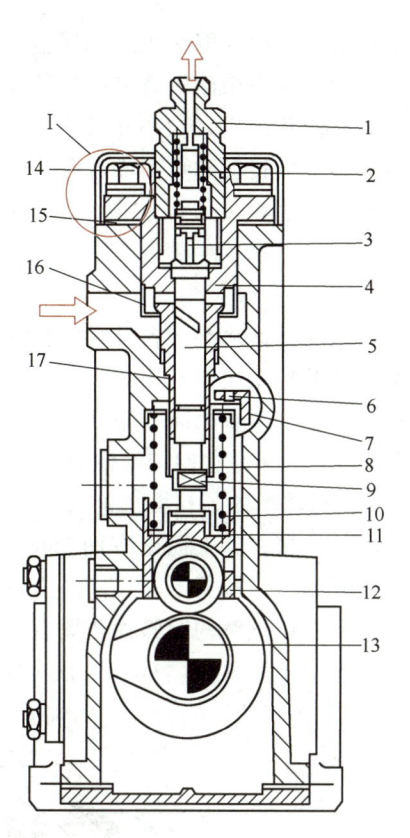

图 5-17 P 型喷油泵

1—出油阀紧座　2—减容器　3—出油阀偶件　4—柱塞套　5—柱塞　6—钢球　7—调节拉杆
8—控制套筒　9—柱塞榫舌　10—柱塞弹簧　11—弹簧座　12—挺柱　13—凸轮轴
14—柱塞套紧固螺栓　15—调节垫片　16—导流罩　17—喷油泵体　18—柱塞套凸缘上的螺栓孔

3. 钢球式供油量调节机构

由图 5-17 可知，P 型喷油泵的供油量调节机构包括调节拉杆 7、控制套筒 8 和嵌入调节拉杆凹槽中的钢球 6。柱塞榫舌 9 嵌入控制套筒的锚口中。移动调节拉杆，通过钢球带动控制套筒使柱塞转动，从而改变供油量。这种供油量调节机构结构简单，工作可靠，配合间隙小。

4. 压力润滑

利用柴油机润滑系统主油道内的机油，可对各润滑部位施行压力润滑。

由图 5-17 可知 P 型喷油泵各缸供油提前角或供油间隔角是利用在柱塞凸缘下面增减调节垫片 15 的方法来进行调节的。调匀各缸供油量则通过转动柱塞套 4 来实现。柱塞套凸缘上的螺栓孔是长圆孔，拧松柱塞套紧固螺栓 14，柱塞套可绕其轴线转动 10°左右。当转动柱塞套时，改变了柱塞套油孔与柱塞的相对位置，从而改变了柱塞的有效行程，即改变了循环供油量。

5.4.3 喷油提前器

喷油提前器实际上是喷油泵供油提前角自动调节装置。

供油提前角对柴油机性能有很大的影响，供油提前角过大或过小均会使柴油机的动力性和经济性恶化。为了保证柴油机有良好的使用性能，必须在最佳供油提前角下工作。当转速和供油量一定时，能获得最大功率和最小燃油消耗率的供油时刻，称为最佳供油提前角。最佳供油提前角随柴油机转速和负荷而变化，转速越高，负荷越大，最佳供油提前角也越大。

汽车柴油机的转速和负荷都在很大范围内变化，所以现代汽车柴油机都装有喷油提前器。这样，当柴油机工况发生变化时，才能自动地进行调节，使喷油泵始终保持最佳供油时刻。

目前广为应用的机械离心式自动喷油提前器，只能响应柴油机转速的变化进行供油提前角的自动调节。其结构型式虽有多种，但工作原理却基本相同。图 5-18 所示为机械离心式自动喷油提前器。整个装置由防护罩 9 密封，其内部包括主动盘 6 和从动盘 1。主动盘凸缘 5 的外侧有两个传动爪 B，它们与喷油泵的驱动轴刚性连接。主动盘凸缘的内侧固定有两个传动销 4 和 7。在传动销的圆柱面上加工有平凹坑，作为提前器弹簧 8 的支座。从动盘 1 与喷油泵凸轮轴刚性连接，其上固定有两个飞锤销 2，在飞锤销的圆柱面上也加工有平凹坑，作为提前器弹簧 8 的另一端支座。飞锤 3 上的销孔套在飞锤销上。提前器弹簧 8 支承在传动销与飞锤销之间，并使飞锤的圆弧面压紧在传动销上。可见，主动盘与从动盘之间为弹性连接，并能相互转动一定的角度。机械离心式自动喷油提前器的参数如图 5-19 所示。

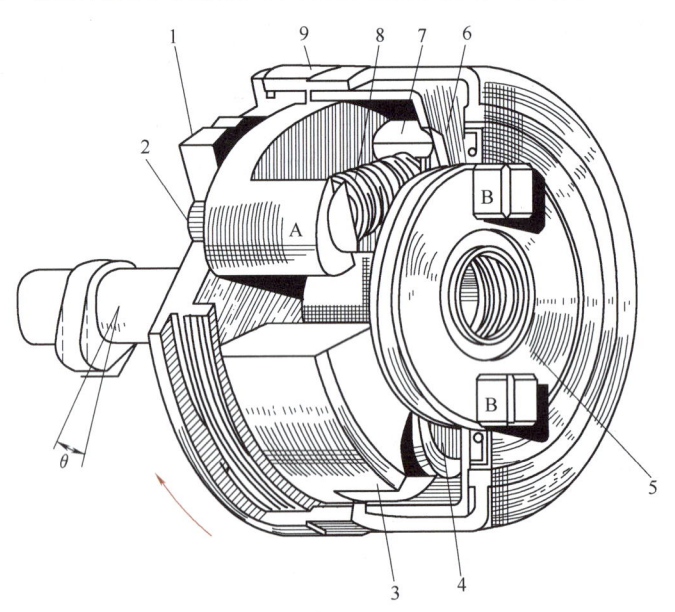

图 5-18　机械离心式自动喷油提前器

1—从动盘　2—飞锤销　3—飞锤　4、7—传动销　5—主动盘凸缘
6—主动盘　8—提前器弹簧　9—防护罩

当柴油机恒速运行时，喷油泵驱动轴通过主动盘凸缘 5、传动销 4 和 7、飞锤圆弧面、飞锤销 2 和从动盘 1 来驱动喷油泵凸轮轴。

若转速升高，则飞锤的离心力 F_f，克服弹簧力使飞锤向外张开。当飞锤的圆弧面沿传动销由内向外滑动时，便带动从动盘或喷油泵凸轮轴相对于主动盘或喷油泵驱动轴顺喷油泵旋转方向转过一定角度，从而使供油提前。喷油提前器的调节范围为 0°~10°。

a)   b)

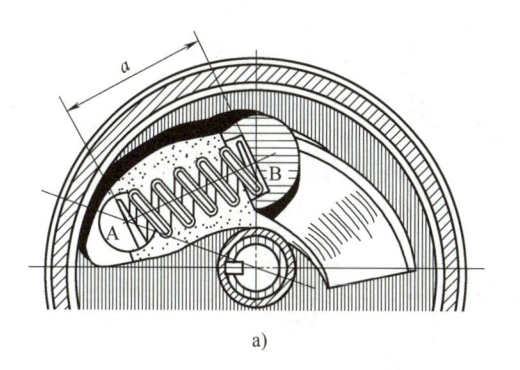

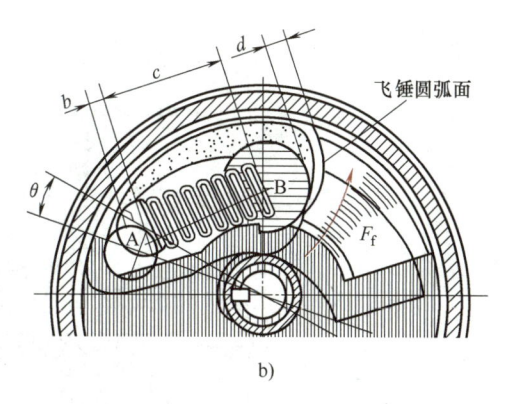

图 5-19 机械离心式自动喷油提前器的参数
a）起始位置　b）终了位置
a—起始时的弹簧长度　b—终了时飞锤销的移动距离　c—终了时的弹簧长度
d—终了时飞锤的移动距离　θ—提前角调节范围　F_f—飞锤离心力

5.5 分配式喷油泵

分配式喷油泵简称分配泵，有转子式和单柱塞式两大类。英国 CAV 公司的 DPA 型分配泵和法国 Sicma 公司的 PRS 型分配泵均属转子式，也称径向压缩式分配泵。德国 Bosch 公司的 VE 型分配泵则为单柱塞式，又称轴向压缩式分配泵。

分配泵与柱塞式喷油泵相比，有以下特点。

1）分配泵结构简单、零件少，体积小，质量小，使用中故障少，容易维修。

2）分配泵精密偶件加工精度高，供油均匀性好，因此不需要进行各缸供油量和供油定时的调节。

3）分配泵的运动件靠喷油泵体内的柴油进行润滑和冷却，因此，对柴油的清洁度要求很高。

4）分配泵凸轮的升程小，有利于提高柴油机转速。

下面以广泛用于轿车和轻型客车柴油机的 VE 型分配泵为例，说明分配泵的结构及工作原理。

1. VE 型分配泵的结构

VE 型分配泵主要由驱动机构、二级滑片式输油泵、高压分配泵头和电磁式断油阀等部分组成，其结构如图 5-20 所示。此外，机械式调速器和液压式喷油提前器也安装在分配泵体内。

由图 5-20 可知，驱动轴 1 由柴油机曲轴定时齿轮驱动。驱动轴带动二级滑片式输油泵 2 工作，并通过调速器驱动齿轮 3 带动调速器轴旋转。在驱动轴的右端通过联轴器与平面凸轮盘连接，利用平面凸轮盘上的传动销带动分配柱塞 8。柱塞弹簧 7 将分配柱塞压紧在平面凸轮盘上，并使平面凸轮盘压紧滚轮。滚轮轴嵌入静止不动的滚轮架上。当驱动轴旋转时，平面凸轮盘与分配柱塞同步旋转，而且在滚轮、平面凸轮和柱塞弹簧的共同作用下，凸轮盘还带动分配柱塞在柱塞套 10 内做往复运动。往复运动使柴油增压，旋转运动则进行柴油分配。

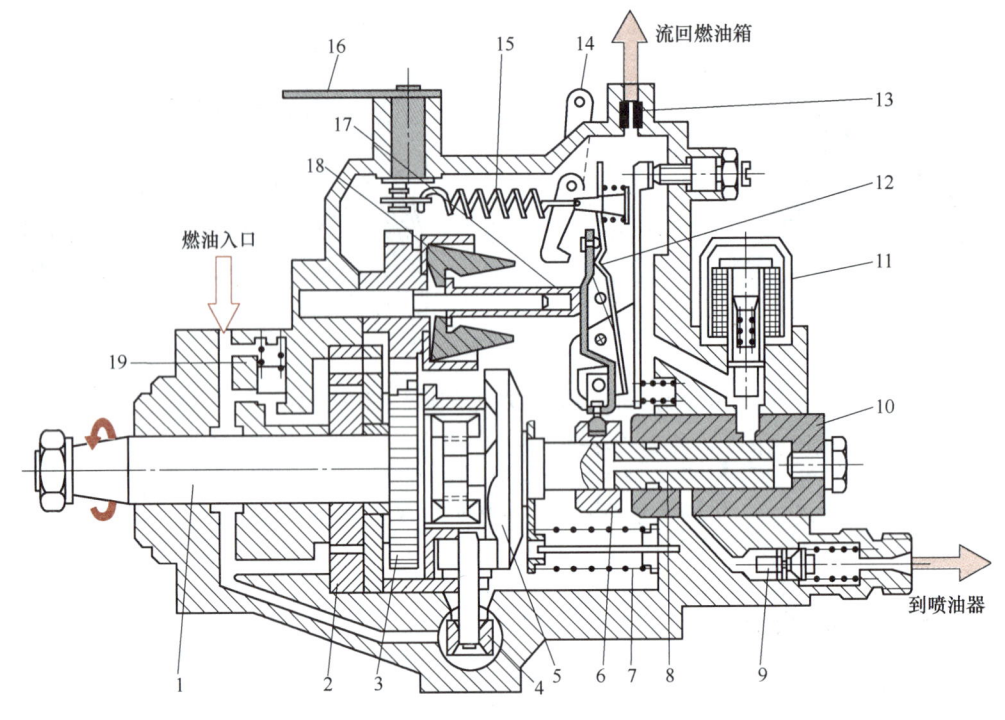

图 5-20 VE 型分配泵

1—驱动轴　2—二级滑片式输油泵　3—调速器驱动齿轮　4—液压式喷油提前器　5—平面凸轮盘
6—油量调节套筒　7—柱塞弹簧　8—分配柱塞　9—出油阀　10—柱塞套　11—断油阀　12—调速器张力杠杆
13—溢流节流孔　14—停车手柄　15—调速弹簧　16—调速手柄　17—调速套筒　18—飞锤　19—调压阀

如图 5-21 所示为滚轮、联轴器及平面凸轮盘。

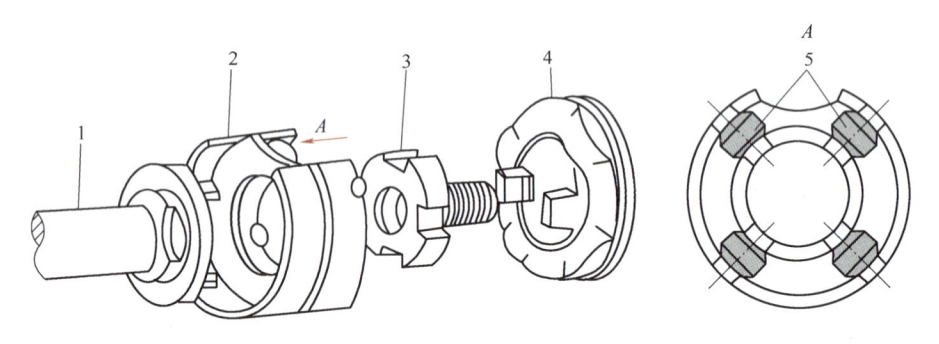

图 5-21　滚轮、联轴器及平面凸轮盘

1—驱动轴　2—滚轮架　3—联轴器　4—平面凸轮盘　5—滚轮

凸轮盘上平面凸轮的数目与柴油机气缸数相同。分配柱塞如图 5-22 所示。在分配柱塞 1 的中心加工有中心油孔 3，其右端与柱塞腔相通，而左端与泄油孔 2 相通。分配柱塞上还加工有燃油分配孔 5、压力平衡槽 4，以及数目与气缸数相同的进油槽 6。

柱塞套上有一个进油孔，以及数目与气缸数相同的分配油道，每个分配油道都连接一个出油阀和一个喷油器。

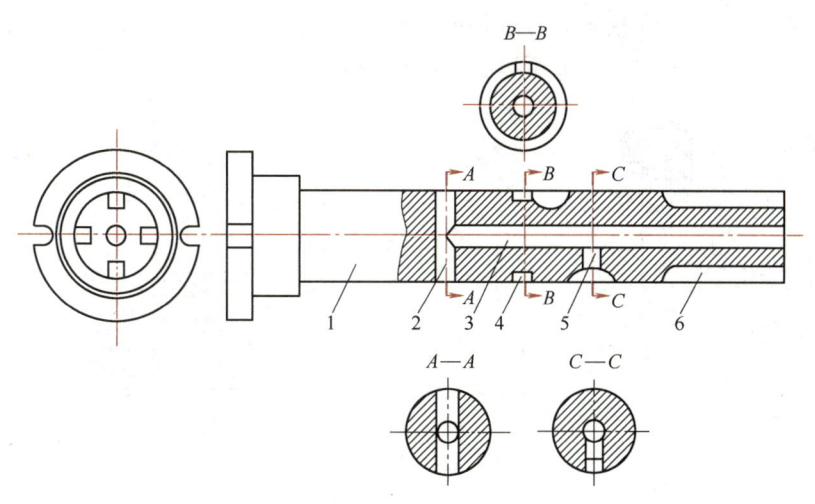

图 5-22 分配柱塞

1—分配柱塞　2—泄油孔　3—中心油孔　4—压力平衡槽　5—燃油分配孔　6—进油槽

2. VE 型分配泵的工作过程

VE 型分配泵的工作过程如图 5-23 所示。

(1) 进油过程 进油过程如图 5-23a 所示，当平面凸轮盘 16 的凹下部分转至与滚轮 17 接触时，柱塞弹簧将分配柱塞从右向左推移至柱塞下止点位置，这时分配柱塞上的进油槽 7 与柱塞套 18 上的进油孔 6 连通，柴油自喷油泵体 19 的内腔经进油道 4 进入柱塞腔 8 和中心油孔 14 内。

(2) 泵油过程 泵油过程如图 5-23b 所示，当平面凸轮盘由凹下部分转至凸起部分与滚轮接触时，分配柱塞在凸轮盘的推动下从左向右移动。在进油槽转过进油孔的同时，分配柱塞将进油孔封闭，这时柱塞腔 8 内的柴油开始增压。与此同时，分配柱塞上的燃油分配孔 20 转至与柱塞套上的一个出油孔 12 相通，高压柴油从柱塞腔经中心油孔、燃油分配孔、出油孔进入分配油道 11，再经出油阀 10 和喷油器 9 喷入燃烧室。

平面凸轮盘每转一周，分配柱塞上的燃油分配孔依次与各缸分配油道接通一次，即向柴油机各缸喷油器供油一次。

(3) 停油过程 停油过程如图 5-23c 所示，分配柱塞在平面凸轮盘的推动下继续右移，当柱塞上的泄油孔 15 移出油量调节套筒 2 并与喷油泵体内腔相通时，高压柴油从柱塞腔经中心油孔和泄油孔流进喷油泵体内腔，柴油压力立即下降，供油停止。

从柱塞上的燃油分配孔 20 与柱塞套上的出油孔 12 相通的时刻起，至泄油孔 15 移出油量调节套筒 2 的时刻止，这期间分配柱塞所移动的距离为柱塞有效供油行程。显然，有效供油行程越大，供油量越多。移动油量调节套筒即可改变有效供油行程，向左移动油量调节套筒，停油时刻提早，有效供油行程缩短，供油量减少；反之，向右移动油量调节套筒，供油量增加。油量调节套筒的移动由调速器操纵。

(4) 压力平衡过程 压力平衡过程如图 5-23d 所示，分配柱塞上设有压力平衡槽 3，在分配柱塞旋转和移动过程中，压力平衡槽始终与喷油泵体内腔相通。在某一气缸供油停止之后，且当压力平衡槽转至与相应气缸的分配油道连通时，分配油道与喷油泵体内腔相通，于是两处的油压趋于平衡。在柱塞旋转过程中，压力平衡槽与各缸分配油道逐个相通，致使各分配油道内的压力均衡一致，从而可以保证各缸供油的均匀性。

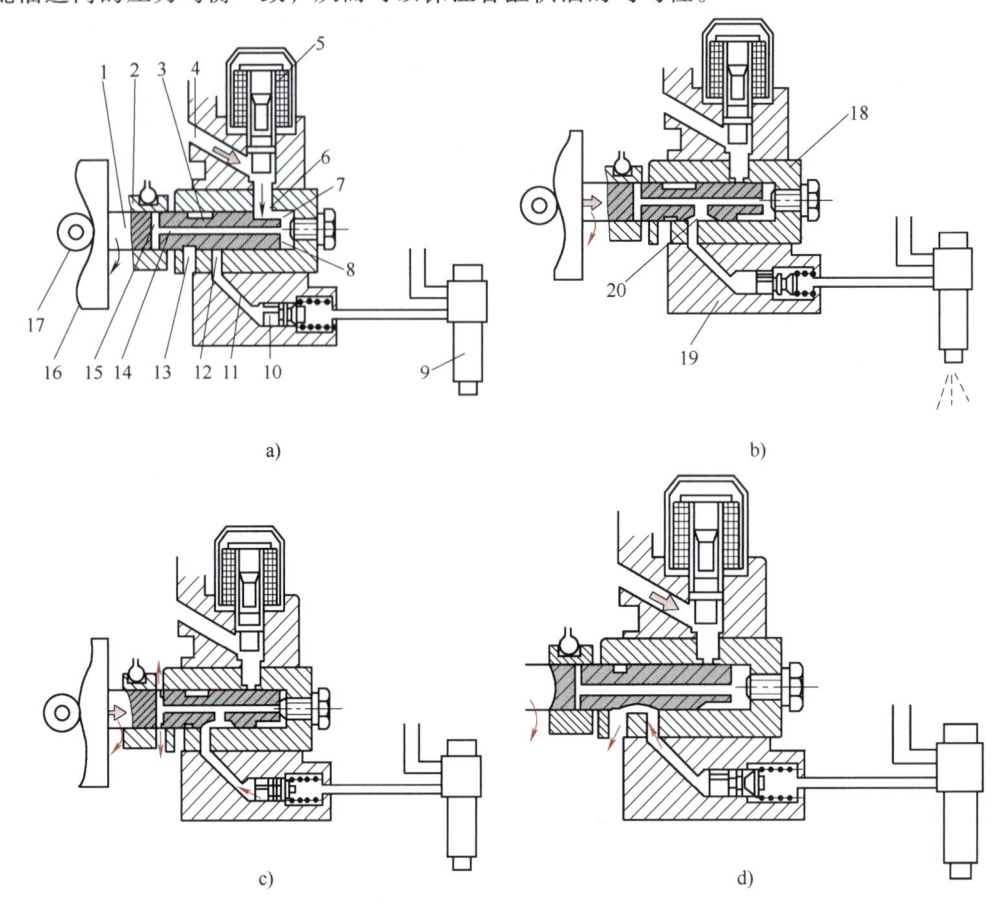

图5-23 VE型分配泵的工作过程

a) 进油过程 b) 泵油过程 c) 停油过程 d) 压力平衡过程

1—分配柱塞 2—油量调节套筒 3—压力平衡槽 4—进油道 5—断油阀 6—进油孔 7—进油槽 8—柱塞腔
9—喷油器 10—出油阀 11—分配油道 12—出油孔 13—压力平衡孔 14—中心油孔 15—泄油孔
16—平面凸轮盘 17—滚轮 18—柱塞套 19—喷油泵体 20—燃油分配孔

3. 电磁式断油阀

VE型分配泵装有电磁式断油阀，其电路和工作原理如图5-24所示。

起动柴油机时，将起动开关2旋至ST位置，这时来自蓄电池1的电流直接流过电磁线圈4，产生的电磁力压缩回位弹簧5，将阀门6吸起，进油孔7开启。

柴油机起动之后，将起动开关旋至ON位置，这时电流经电阻3流过电磁线圈，电流减小；但由于有油压的作用，阀门仍然保持开启。

当柴油机停机时，将起动开关旋至OFF位置，这时电路断开，阀门在回位弹簧的作用下关闭，从而切断油路，停止供油。

4. 液压式喷油提前器

在VE型分配泵的下部安装有液压式喷油提前器，其结构如图5-25所示。在喷油提前器

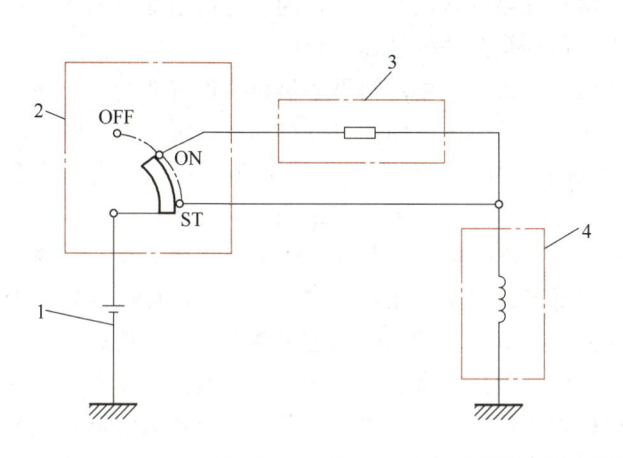

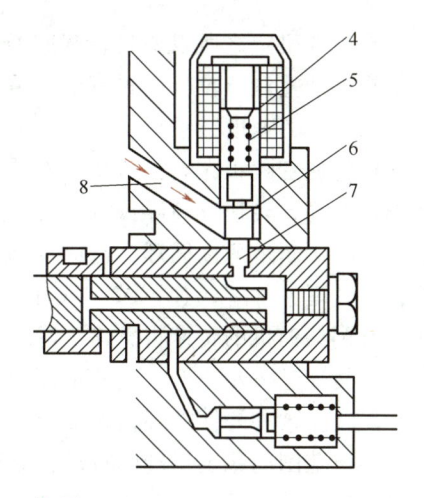

图 5-24 电磁式断油阀的电路和工作原理
1—蓄电池　2—起动开关　3—电阻　4—电磁线圈　5—回位弹簧　6—阀门　7—进油孔　8—进油道

壳体 1 内装有活塞 2，活塞左端与二级滑片式输油泵的入口相通，并有弹簧 5 压在活塞上。活塞右端与喷油泵体内腔相通，其压力等于二级滑片式输油泵的出口压力。当柴油机在某一转速下稳定运转时，作用在活塞左、右端的力相等，活塞处于某一平衡位置。若柴油机转速升高，二级滑片式输油泵的出口压力增大，作用于活塞右端的力随之增加，推动活塞向左移动，并通过连接销 3 和传力销 4 带动滚轮架 7 绕其轴线转动一定的角度，直至活塞两端的力重新达到平衡为止。滚轮架的转动方向与平面凸轮盘的旋转方向正好相反，使平面凸轮提前一定角度与滚轮接触，供油相应提前，即供油提前角增大。反之，若柴油机转速降低，则二级滑片式输油泵的出口压力随之降低，作用于活塞右端的力减小，活塞向右移动，并带动滚轮架向着平面凸轮盘旋转的同一方向转过一定的角度，使供油提前角减小。

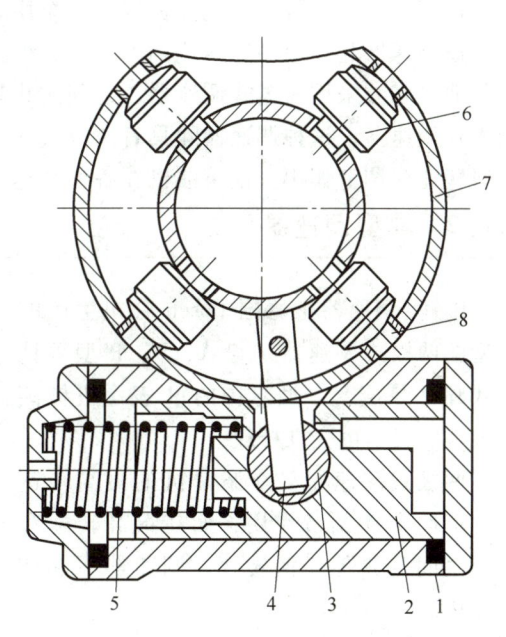

图 5-25 液压式喷油提前器的结构
1—壳体　2—活塞　3—连接销　4—传力销　5—弹簧
6—滚轮　7—滚轮架　8—滚轮轴

5.6 调速器

5.6.1 调速器的功用与类型

调速器是一种自动调节装置，其功用是根据柴油机负荷的变化，自动地调节喷油泵的供油量，以保证柴油机在各种工况下稳定运转。

在柴油机上之所以要安装调速器，是由喷油泵的速度特性决定的。所谓喷油泵的速度特性是指在油量调节拉杆位置不变的情况下，供油量随曲轴转速变化的关系。

喷油泵的速度特性对工况多变的柴油机是非常不利的。当发动机负荷稍有变化时，导致发动机转速变化很大。当负荷突然减小时，若不及时减少喷油泵的供油量，则柴油机的转速将迅速升高，转速升高导致柱塞泵循环供油量增加，循环供油量增加又导致转速进一步升高，这样不断地恶性循环，造成发动机转速越来越高，甚至超出柴油机设计所允许的最高转速，这种现象称"超速"或"飞车"。相反，当负荷骤然增大时，若不及时增加喷油泵的供油量，则柴油机的转速将急速下降，转速降低导致柱塞泵循环供油量减少，循环供油量减少又导致转速进一步降低，这样不断地恶性循环，造成发动机转速越来越低，最后熄火。

要改变这种恶性循环，就要求有一种能根据负荷的变化，自动调节供油量使发动机在规定的转速范围内稳定运转的自动控制机构移动供油拉杆。调速器可以改变循环供油量，使发动机的转速基本不变。因此，柴油机要满足使用要求，就必须安装调速器。

按调速器操作方式的不同，调速器可分为机械式和电子控制式等多种型式。机械式调速器结构简单，工作可靠，性能良好，在车用柴油机上广泛应用。

按调速器起作用的转速范围不同，又可分为两极式调速器和全程式调速器。中、小型汽车柴油机多数采用两极式调速器，起到防止超速和稳定怠速的作用。在重型汽车上则多采用全程式调速器，这种调速器除具有两极式调速器的功能外，还能对柴油机工作转速范围内的任何转速起调节作用，使柴油机在各种转速下都能稳定运转。

5.6.2 典型调速器

RQ型调速器是德国Bosch公司生产的典型的两极式调速器，与A、B、P型等柱塞式喷油泵配套。型号中的R表示机械离心式，Q表示可变杠杆比。

两极式调速器只在柴油机的最高转速和怠速起自动调节作用，而在最高转速和怠速之间的其他任何转速，调速器不起调节作用。

1. RQ型调速器的结构

调速器通常由感应元件、传动元件和附加装置三部分组成。感应元件用来感知柴油机转速的变化，并发出相应的信号。传动元件则根据此信号进行供油量的调节。RQ型调速器的结构如图5-26所示。感应元件包括飞锤12等零件，传动元件是指由角形杠杆10、调速套筒9、调速杠杆2和连接杆18等组成的杠杆系统。

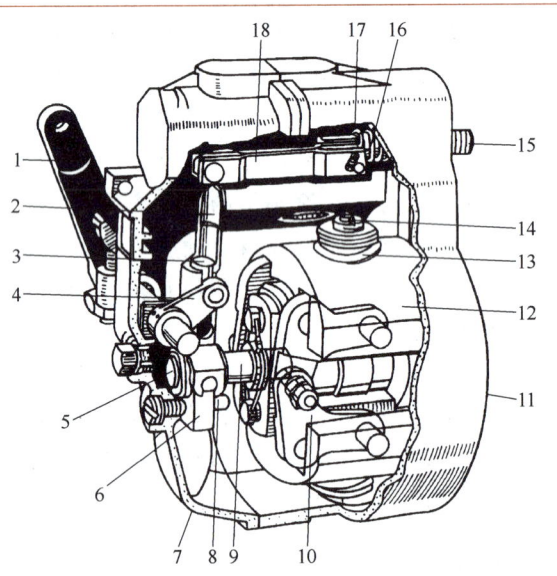

图 5-26 RQ 型调速器的结构

1—调速手柄 2—调速杠杆 3—滑块 4—摇杆
5—滑动销 6—导向挡块 7—调速器盖 8—导向销
9—调速套筒 10—角形杠杆 11—调速器壳体
12—飞锤 13—调速器外弹簧 14—调节螺母
15—供油量调节齿杆 16—间隙补偿弹簧
17—弹簧座 18—连接杆

2. RQ 型调速器的基本工作原理

RQ 型调速器的工作原理如图 5-27 所示。

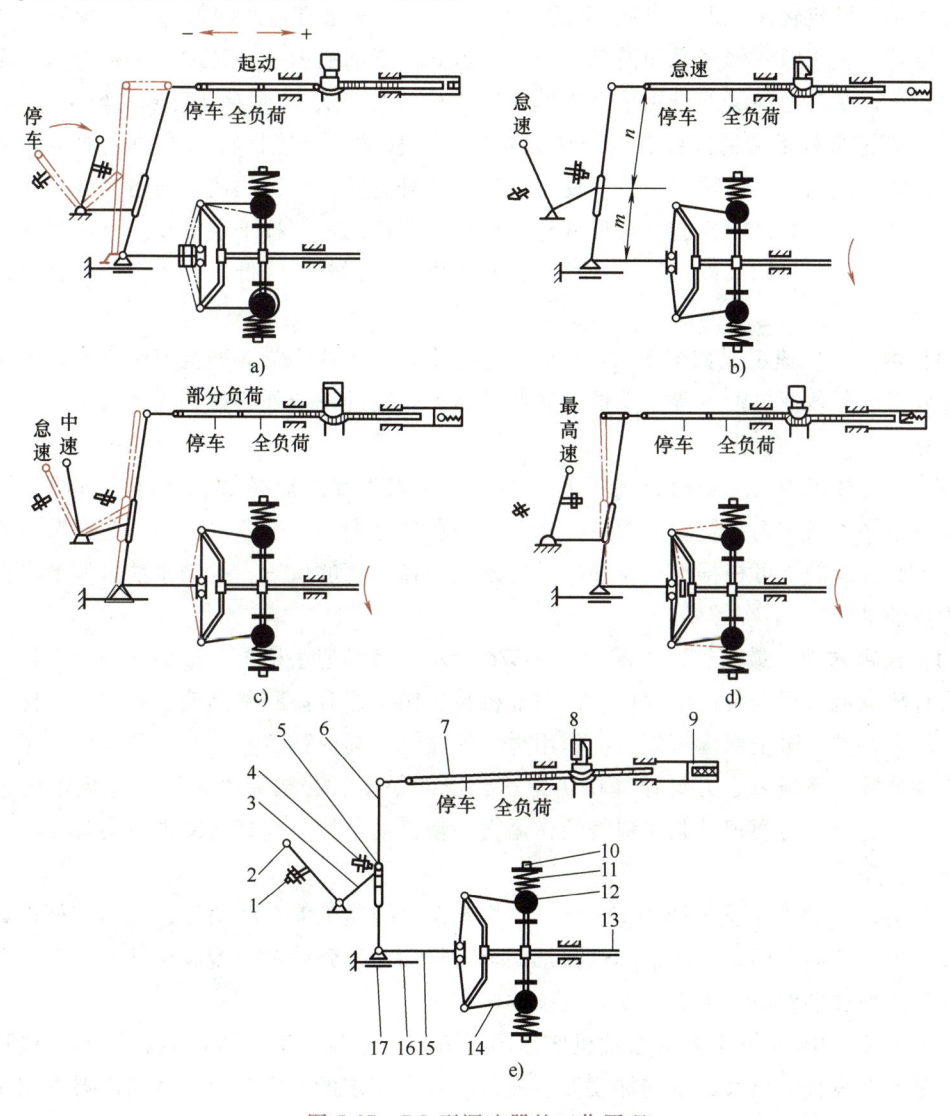

图 5-27　RQ 型调速器的工作原理

a）起动工况　b）怠速工况　c）中速工况　d）最高转速工况　e）停车工况

1—停车挡块　2—调速手柄　3—摇杆　4—最高速挡块　5—滑块　6—调速杠杆　7—供油量调节齿杆
8—喷油泵柱塞　9—供油量限制弹性挡块　10—调节螺母　11—调速弹簧　12—飞锤
13—喷油泵凸轮轴　14—角形杠杆　15—调速套筒　16—导向销　17—铰接点

(1) 起动　起动工况如图 5-27a 所示，将调速手柄 2 从停车挡块 1 移至最高速挡块 4 上。调速手柄带动摇杆 3，摇杆带动滑块 5，使调速杠杆 6 以其下端的铰接点 17 为支点向右摆动，并推动喷油泵供油量调节齿杆 7 克服供油量限制弹性挡块 9 的阻力，向右移到起动油量的位置。起动油量多于全负荷油量，目的是加浓混合气，以利于柴油机低温起动。

(2) 怠速　怠速工况如图 5-27b 所示，柴油机起动后，将调速手柄置于怠速位置。这时调速手柄通过摇杆、滑块使调速杠杆仍以其下端的铰接点支点向左摆动，并拉动供油量调节齿杆左移至怠速油量的位置。

怠速时柴油机转速很低，飞锤12的离心力较小，只能与怠速弹簧力相平衡，飞锤处于内弹簧座与安装飞锤的轴套之间的某一位置。若此时柴油机由于某种原因转速降低，则飞锤离心力较小，在怠速弹簧的作用下，飞锤向回转中心移动，同时带动角形杠杆14和调速套筒15，使调速杠杆下端的铰接点以滑块为支点向左移动，调速杠杆则推动供油量调节齿杆向右移，增加供油量，使转速回升。反之，当转速升高时，飞锤的离心力增大，飞锤压缩怠速弹簧远离回转中心，同样通过角形杠杆和调速套筒使调速杠杆下端的铰接点以滑块为支点向右移动，而供油量调节齿杆则向左移动，减小供油量，转速降低。可见，调速器可以保持怠速转速稳定。

（3）**中速** 中速工况如图5-27c所示，将调速手柄从怠速位置移至中速位置，供油量调节齿杆处于部分负荷供油位置，柴油机转速较高，飞锤进一步外移直到飞锤底部与内弹簧座接触为止。

在中等转速范围内工作时，飞锤的离心力不足以克服怠速弹簧和高速弹簧的共同作用力，飞锤始终紧靠在内弹簧座上而不能移动，即调速器在中等转速范围内不起调节供油量的作用。但此时驾驶人可根据汽车行驶的需要改变调速手柄的位置，拉动供油量调节齿杆增加或减少供油量。

（4）**最高转速** 最高转速工况如图5-27d所示，将调速手柄置于最高速挡块上，供油量调节齿杆相应地移至全负荷供油位置，柴油机转速由中速升高到最高速。此时，飞锤的离心力相应增大，并克服全部调速弹簧的作用力，使飞锤连同内弹簧座一起向外移到一个新的位置。在此位置，飞锤离心力与弹簧作用力达到新的平衡。若柴油机转速超过规定的最高转速，则飞锤的离心力便超过调速弹簧的作用力，使供油量调节齿杆向减油方向移动，从而防止了柴油机超速。

（5）**停车** 停车工况如图5-27e所示，将调速手柄置于停车挡块上，调速杠杆以其下端的铰接点为支点向左摆动，并带动供油量调节齿杆向左移到停油位置，柴油机停车，调速器飞锤在调速弹簧的作用下抵靠在安装飞锤的轴套上。

综上所述，RQ型调速器对柴油机转速的调节，是通过一套杠杆系统把飞锤的位移转变为供油量调节齿杆的位移，以增加喷油泵的供油量来实现的。由于RQ型调速器采用了摇杆和滑块机构，在怠速和最高转速时调速器的杠杆比是不同的，因此称RQ型调速器为可变杠杆比调速器。所谓杠杆比是指供油量调节齿杆的位移与调速套筒位移之比，也等于调速杠杆被滑块分成两段后的长度 n 与 m 之比（图5-27b）。当调速手柄处于怠速位置时，杠杆比较小，仅为1∶1.35。当调速手柄位于最高速位置时，杠杆比为1∶3.23。

此外，为了改善调速器的工作性能，还增加了一些附加装置：如在RQ型调速器盖上装有怠速稳定弹簧，其安装位置刚好与供油量调节齿杆相对，它对调节齿杆的移动起限位和缓冲作用；转矩平稳装置安装在滑动销内，其作用是缓冲高速时喷油泵供油量调节齿杆的振动，借以消除柴油机转矩的波动；转矩校正装置的功用是校正喷油泵供油量随转速的变化特性，也就是校正柴油机转矩随转速变化的特性，以使喷油泵的供油量与吸入气缸的空气量相匹配。

5.7 电控柴油喷射系统

柴油机电控燃油喷射系统的研究开发始于20世纪70年代，柴油机通过采用增压中冷技术、燃烧改进技术和高压喷射技术，改进柴油机的喷雾和燃烧过程，不需要采用电子控制就能满足欧Ⅰ和欧Ⅱ排放标准，因此柴油机的电子控制并没有像汽油机一样很快得到应用推广。20世纪90年代，随着微型计算机技术、电子与传感器技术、汽油机电控技术的发展，尤其是高速强力电磁阀的研制成功，使柴油机电控技术的一系列关键问题得到解决。2000年以后，在欧Ⅲ排放标准的要求下，柴油机的电控技术得到了迅速发展。

5.7.1 电控柴油喷射系统的组成及基本原理

1. 电控柴油喷射系统的组成

柴油机电控系统与汽油机电控系统一样，由传感器、电子控制单元（ECU）和执行器三部分组成。由于控制对象不同、控制内容侧重点不同，在具体要求及构成上也有差异。柴油机电子控制系统如图5-28所示。

（1）传感器 传感器的主要功能是采集柴油机运行参数及状态参数，并将这些物理量转换成电量，输送到电控单元。常见的传感器有温度传感器（冷却液温度、进气温度、排气温度等）、压力传感器（进气压力、燃烧压力等）、转速传感器、曲轴位置和气缸识别传感器、空气流量计、位移传感器（齿杆位置、溢流环位移、喷油提前器位移、针阀升程）、加速踏板位置传感器、氧传感器等。

（2）电子控制单元（ECU） 电子控制单元是柴油机电控系统的核心，其基本功能是采集和处理各种传感器的输入信号，根据柴油发动机工作的要求（喷油量、喷油时刻等），进行控制决策的运算，并输出相应的控制信号，控制执行器工作。

（3）执行器 柴油机的燃油喷射系统类型较多，不像汽油机那么单一，因此，同样是微机控制的柴油机，由于燃油喷射系统的不同，所用的执行器与汽油机执行器也有很大差异。常见的柴油机执行器有电磁喷油器、电磁溢流阀、正时控制阀、压力控制阀、高速电磁阀等。

2. 电控柴油喷射系统的基本原理

传感器采集转速、温度、压力、流量和加速踏板位置等信号，并将实时检测的参数输入计算机。ECU是电控系统的"指挥中心"，对来自传感器的信息同储存的参数值进行比较、运算，确定最佳运行参数。执行机构按照最佳参数对喷油压力、喷油量、喷油时间、喷油规律等进行控制，驱动喷射系统，使柴油机工作状态达到最佳。

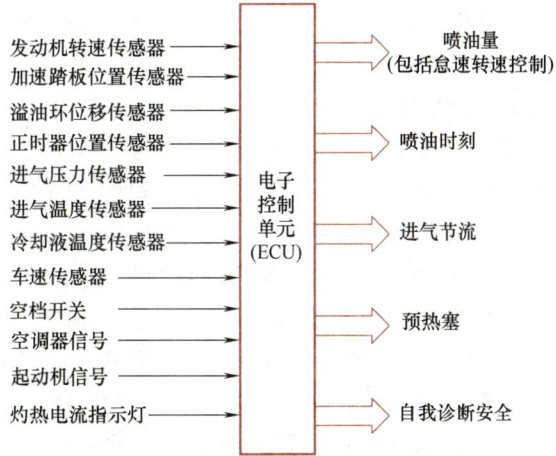

图5-28 柴油机电子控制系统

5.7.2 电控柴油喷射系统的类型

电控柴油喷射系统为适应不同时期的排放法规要求，随着加工和制造技术的进步，先后出现了三代电控柴油喷射系统。这些柴油喷射系统是在不同机械式射油系统的基础上发展起来的。

在传统的柴油机喷射系统基础上，首先发展起来的电控喷射系统是位置式电控系统，称为第一代电控喷射系统，而基于电磁阀的时间控制式电控系统则称为第二代电控喷射系统。第三代电控系统是时间-压力控制式，也称电控共轨式柴油喷射系统，电控共轨式喷射系统是世界内燃机行业公认的20世纪三大突破之一，现已成为柴油机燃油系统的主流。

1. 位置式电控系统

位置式电控系统不仅保留了传统的泵-管-嘴系统，还保留了原喷油泵中的齿条、滑套、柱塞上的斜槽等控制油量的机械传动机构，只是对齿条或者滑套的运动位置予以电子控制。

日本电装（Denso）公司的ECD-V1系统、德国Bosch公司的EDC系统和日本Zexel公司的COVEC系统等都属于位置式电控分配泵系统。日本Zexel公司的COPEC系统，德国Bosch公司的EDR系统和美国Caterpillar公司的PEEC系统等都属于位置控制的电控直列泵系统。

位置式电控分配泵是在VE型分配泵的基础上，将油量控制滑套的控制方式由机械式调速器改为线性比例电磁阀的控制方式，所以其供油和泵油原理和结构特点基本上与VE型分配泵相同，只是在油量控制机构和喷油时刻的控制机构上进行了微小改动，去除了原机械式调速机构，增设了转速传感器、控制油量滑套位置的比例电磁阀、油量控制滑套位置传感器、控制喷射时间的电磁阀、喷射定时器位置传感器等。

2. 时间控制式电控系统

时间控制式电控系统是柴油机第二代电控燃油喷射系统。所谓时间控制，就是用高速强力电磁阀直接控制高压燃油的适时喷射。一般情况下，电磁阀关闭，开始喷油；电磁阀打开，喷油结束。喷油始点取决于电磁阀关闭时刻，喷油量取决于电磁阀关闭的持续时间。传统喷油泵中的齿条、滑套、柱塞上的斜槽和提前器等全部取消，对喷射定时和喷射油量控制的自由度更大。这种系统可以保留原来的喷油泵-高压油管-喷油嘴系统，也可以采用新型的产生高压的燃油系统。与第一代的位置式电控系统相比较，时间控制式具有泵体结构紧凑、控制电路简单等优点。

实施时间控制的系统主要有：日本Zexel公司的Model-1电控分配泵、美国Detroit公司的DDEC电控泵喷嘴、德国Bosch公司的EUP13电控单体泵，日本丰田公司的ECD-Ⅱ电控分配泵等。我国专家欧阳明高和丹麦Sorenson公司研制的泵-管-阀-嘴（Pump/Pipe/Valve/Injector，PPVI）电控燃油喷射系统也属于第二代电控喷射系统。

图5-29所示为ECD-Ⅱ柴油机电控系统的组成。该系统主要由油泵转角传感器2和电磁溢流阀3等组成的喷油量控制系统、着火正时传感器4和正时控制阀5组成的喷油正时控制系统及ECU等组成。

ECD-Ⅱ柴油机电控系统是丰田公司研制的第二代柴油机电控系统，ECD-Ⅱ系统采用时间控制方式。电控系统通过电磁溢流阀对喷油正时和喷油量进行控制，利用着火正时传感器

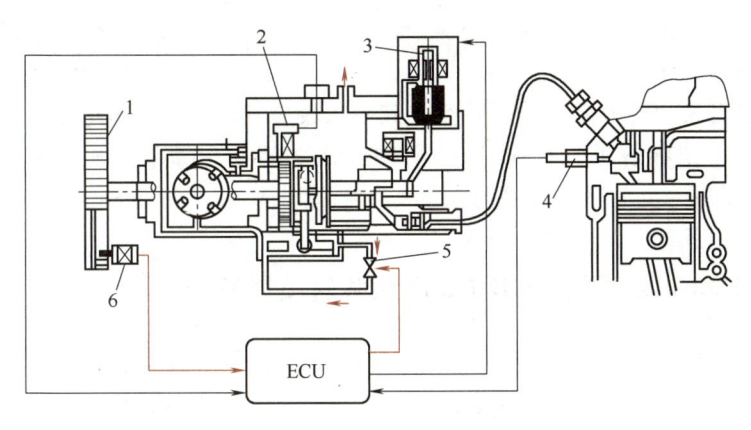

图 5-29　ECD-Ⅱ柴油机电控系统的组成

1—油泵驱动齿型带轮　2—油泵转角传感器　3—电磁溢流阀
4—着火正时传感器　5—正时控制阀　6—曲轴位置传感器

的反馈信息对喷油正时进行修正。

3. 时间-压力控制式电控系统

时间-压力控制式电控系统是柴油机第三代电控燃油喷射系统，也称电控共轨式喷射系统。这是国外于20世纪90年代开发的一种先进的柴油机电控燃油喷射系统，它摒弃了以往传统使用的泵-管-嘴脉动供油的形式，而是用一个高压油泵在柴油机的驱动下，以一定的速比连续将高压燃油输送到共轨（即公共容器）内，高压燃油再由共轨送入各缸喷油器。在这里，高压油泵并不直接控制喷油，而仅仅是向共轨供油以维持所需的共轨压力，并通过连续调节共轨压力来控制喷射压力，采用压力-时间式燃油计量原理，用高速电磁阀控制喷射过程。喷油压力、喷油量及喷油定时由电控单元（ECU）灵活控制。电控共轨式喷射系统主要有以下几方面优点。

1）电控共轨式喷射系统中的喷油压力可柔性调节，根据柴油机不同工况确定对应的最佳喷射压力，优化柴油机综合性能，使喷射压力可不随柴油机转速变化，有利于增大柴油机低速时的转矩和改善低速烟度。

2）电控共轨式喷射系统可独立控制喷油正时，控制范围宽，配合喷射压力（120～200MPa）柔性控制喷射时间，有利于降低NO_x和微粒排放，满足排放法规的要求。

3）电控共轨式喷射系统可进行喷油速率的柔性控制，实现理想喷油规律，易实现预喷射和多次喷射，保证优良的动力性和经济性，有效控制排放。

4）电控共轨式喷射系统由电磁阀控制喷油，控制精度较高，高压油路中不会出现气泡和残压为零的现象；循环喷油量变动小，各缸供油不均匀可得到改善；还能减轻柴油机的振动，降低排放。

电控共轨式喷射系统可分为高压共轨喷射系统和中压共轨喷射系统。高压共轨喷射系统的特点是高压输油泵直接输出高压燃油到共轨容器，压力可达120MPa以上，因此整个系统从高压输油泵到喷油器均处于高压状态。在中压共轨喷射系统中，输油泵输出的燃油是中、低压油，压力在10～30MPa之间。此压力燃油进入共轨，然后进入喷油器。喷油器中有液压放大结构（即增压器），燃油在此被加压到120MPa以上，然后再喷入气缸。因此在中压共

轨喷射系统中，高压区域仅局限在喷油器中。在目前已投入使用的共轨喷射系统中，大多数都是高压共轨喷射系统。

目前国外已开发出许多共轨喷射系统，其中比较典型的有：日本电装公司的ECD-U2高压共轨喷射系统、德国博世（Bosch）公司的高压共轨喷射系统、美国Caterpillar公司的HEUI中压共轨系统（共轨液压式喷射系统）、美国BKM公司的Servojet中压共轨系统（共轨蓄压式电控喷射系统）。

5.7.3 日本Denso公司的ECD-U2高压共轨喷射系统

ECD-U2高压共轨喷射系统是日本Denso公司研发的新型柴油机燃油喷射系统，这种共轨喷射系统主要用于重型载货汽车搭载的柴油机上，日本日野汽车公司、三菱汽车公司和日产汽车公司生产的载重汽车柴油机多数采用ECD-U2系统。

1. 系统组成与工作原理

ECD-U2高压共轨喷射系统由各种传感器、ECU、高压输油泵、共轨、供油压力控制阀、喷油器和二位三通电磁阀（Three Way Valve，TWV）等组成，如图5-30所示。输油泵的主要作用是将低压燃油加压成高压燃油，并将高压燃油供入共轨之中。燃油压力是由通过调节供入共轨中的燃油量来控制的。供油泵内设有供油压力控制阀（Pressure Control Valve，PCV）。它根据ECU送来的电信号，通过PCV在适当时刻的开启和关闭来控制供油量，最终控制共轨内的压力。

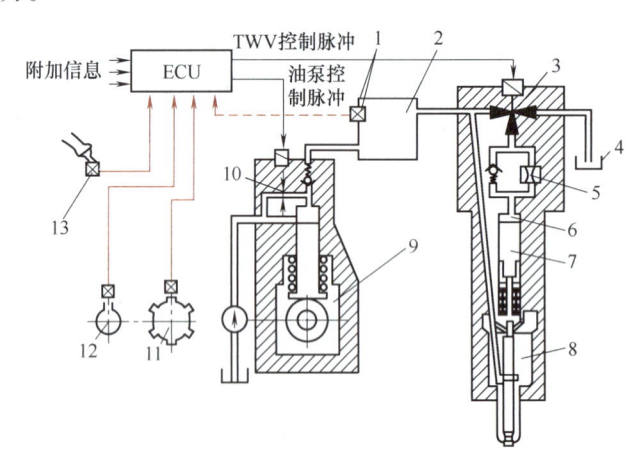

图5-30 ECD-U2高压共轨喷射系统

1—燃油压力传感器 2—共轨 3—二位三通电磁阀 4—燃油箱 5—节流阀 6—控制室
7—液压活塞 8—喷油器 9—高压输油泵 10—供油压力控制阀（PCV）
11—曲轴位置传感器 12—气缸判别传感器 13—节气门踏板位置传感器

输油泵产生的高压燃油由共轨分配到各个气缸的喷油器中。燃油压力由设置在共轨内的燃油压力传感器测出，并由反馈控制系统控制，使根据发动机转速和发动机负荷设定的压力值和实际压力值始终一致。

喷油器控制喷油定时和喷油量。这是通过开启二位三通电磁阀（TWV）进行控制的。当开启二位三通电磁阀时，针阀上部控制室内的高压燃油经过节流孔流出、燃油回路切换，喷油嘴腔内的燃油压力高于针阀开启压力，针阀升起，喷油开始。当关闭二位三通电磁阀时，通过节流孔将高压燃油附加到控制室内，针阀下降，喷油结束。因此，二位三通电磁阀的通电时刻控制喷油始点，二位三通电磁阀的通电时间控制喷油量。

由于任何形式的输油泵输出的油液的流量和压力都是脉动的，因此共轨的基本作用是滤波和稳压，并储存高压燃油，向各个气缸上的喷油器分配燃油。

发动机工作时，高压输油泵输送的高压燃料不断地储存在共轨中，然后通过喷油器上的二位三通电磁阀控制喷油器针阀的开或关，以控制喷射量和喷射时间。共轨压力是根据设置在共轨上的压力传感器，并通过高压输油泵上的供油压力控制阀控制其泵油量，使共轨压力反馈控制在发动机所需要的最佳值上。共轨中的高压燃油施加在喷油器的针阀以及其液压活塞顶上。ECU根据发动机工况，通过事先由试验确定的目标控制量脉谱图，控制喷油器上二位三通电磁阀的开关时刻，由此控制液压活塞顶上的油压，以控制喷射量和喷射时间。

这种高压共轨喷射系统，由于通过液压活塞直接控制针阀升程，所以便于控制喷射率，实现预喷射。同时，通过三通电磁阀的通电时刻及通电持续时间的控制，可任意控制喷射量和喷射时间，而且喷油器、喷射压力、喷射量以及喷射时间等各参数均可独立控制，所以可以实现喷射系统参数的最佳匹配，保证柴油机的性能和排放特性。

2. ECD-U2系统的主要零部件

(1) 高压输油泵　高压输油泵的结构及工作原理如图5-31所示。它的结构和传统系统的直列泵结构相似，通过凸轮和柱塞机构使燃油增加，各柱塞上方配置控制阀。凸轮有单作用型、双作用型、三作用型及四作用型等多种。图5-31a中所示为三作用型凸轮，即在一个凸轮平面上设有3个凸起，这样凸轮轴每转一圈，凸轮工作3次，由此提高每缸输油泵的供油频率，在泵油量一定时，可以减少输油泵的工作缸数。采用三作用型凸轮，可使柱塞单元减少到原先的1/3。向共轨中供油的频率和喷油频率相同，这样可使共轨中的压力平稳。输油泵的工作原理如图5-31b所示。

1）柱塞下行，控制阀开启，低压燃油经供油压力控制阀（PCV）流入柱塞腔；柱塞上行，但控制阀中尚未通电，控制阀仍处于开启状态，吸进的燃油并未升压，经控制阀又流回低压腔。

2）满足必要的供油量定时，控制阀通电使其关闭，则回油流路被切断，柱塞腔内燃油升压。因此，高压燃油经出油阀（单向阀）压入共轨内。控制阀关闭后的柱塞行程与供油量对应。如果控制阀的开启时间（柱塞的预行程）改变，则供油量随之改变，从而可以控制共轨压力。

3）凸轮越过最大升程后，则柱塞进入下降行程，柱塞腔内的压力降低。这时出油阀关闭，压油停止。控制阀处于断电状态并开启，低压燃油将被吸入柱塞腔内，即恢复到1）所述状态。

(2) 供油压力控制阀（PCV）　供油压力控制阀的作用是调整共轨内的燃油压力。方法是调整供油泵供入共轨内的燃油量。所以，控制阀通电和断电的时刻就决定了供油泵向共轨内供入的油量。

(3) 共轨　共轨的结构如图5-32所示。共轨将供油泵输出的高压燃油经稳压、滤波后，分配到各个气缸的喷油器中去。在共轨上装有共轨压力传感器、液流缓冲器和高压溢流阀。

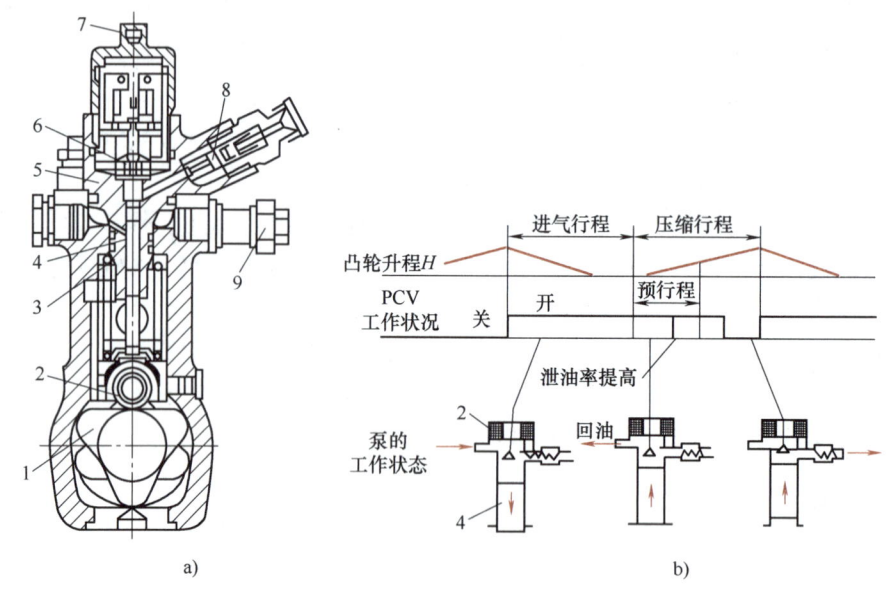

图 5-31 高压输油泵的结构及工作原理
a）高压输油泵的结构 b）高压输油泵的工作原理
1—凸轮 2—挺柱 3—柱塞弹簧 4—柱塞 5—柱塞套 6—供油压力控制阀
7—接头 8—出油阀 9—溢流阀

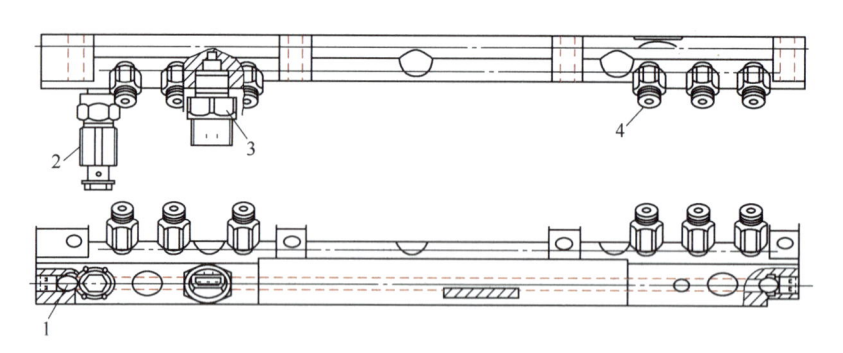

图 5-32 共轨的结构
1—封套 2—高压溢流阀 3—共轨压力传感器 4—液流缓冲器

共轨压力传感器安装在共轨上，随时检测共轨内的燃油压力。共轨内的高压燃油经高压油管，送到安装在气缸盖上的喷油器内，经喷油器内的喷油嘴将燃油喷入燃烧室内。液流缓冲器和高压油管相连，将高压燃油送入喷油器中。和高压溢流阀相连的油管可使燃油流回油箱。液流缓冲器也可使共轨内和高压管路内的压力波动减小，以稳定的压力将高压燃油供入喷油器。而且一旦发生流出的油量过多等情况时，为了不至于损坏发动机，液流缓冲器可将燃油通路切断，停止供油。液流缓冲器的结构如图5-33所示。

高压溢流阀是常闭阀，当共轨油压超过设定值时，此阀开启泄油，使压力降低，以此维持共轨内的压力，其结构如图5-34所示。

（4）电控喷油器 电控喷油器由针阀偶件、液压活塞、节流阀以及二位三通电磁阀（TWV）等组成。喷油器根据ECU送来的电子控制信号，将共轨内的高压燃油以最佳的喷油定时、喷油量、喷油率喷入发动机燃烧室中。二位三通电磁阀的结构如图 5-35a 所示。二位三通电磁阀有内阀（固定）和外阀（可动）两个阀体，两阀同轴精密地配合在一起。内阀和外阀分别具有各自的密封锥面，其工作原理如图 5-35b 所示。

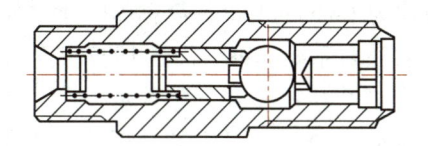

图 5-33　液流缓冲器的结构　　　　图 5-34　高压溢流阀的结构

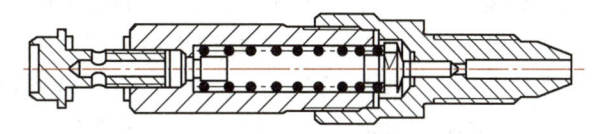

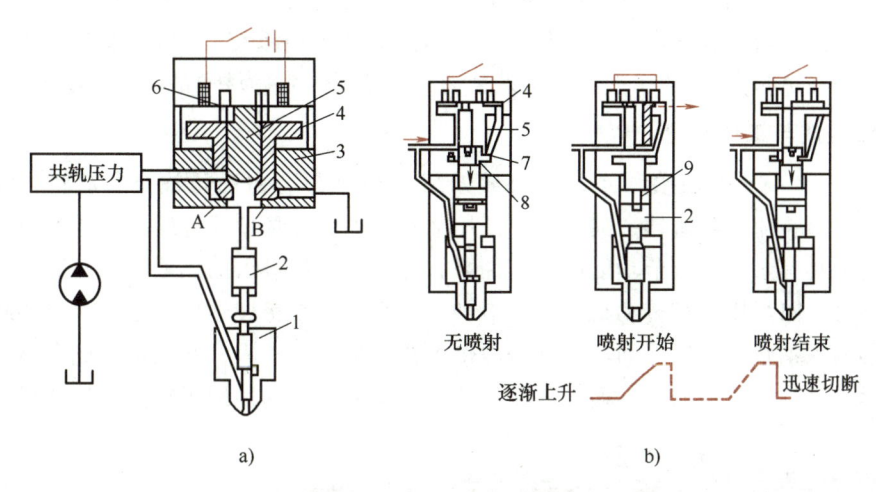

图 5-35　二位三通电磁阀的结构及工作原理
a）二位三通电磁阀的结构　b）二位三通电磁阀的工作原理
1—喷油器　2—液压活塞　3—阀体　4—外阀　5—内阀　6—弹簧
7—内座　8—外座　9—小孔通道

1）不喷油状态。电磁线圈处于不通电状态，外阀在弹簧力和高压油压力的作用下关闭阀口，切断泄油通道。控制室内由共轨的高压燃油使喷油嘴针阀关闭，不喷油。

2）喷油开始状态。电磁阀开始通电，外阀在电磁铁的作用下开启阀口，并关闭共轨与控制室的油路，控制室的油液通过固定的节流孔流出，使控制室的油压下降，即针阀尾部的压力降低，针阀开启，喷射开始。如果持续通电，则针阀上升到最大升程，达到最大喷油率状态。

3）喷油结束状态。电磁阀断电，在弹簧力和燃油压力的作用下，外阀关闭阀口，并打开共轨与控制室的油路，共轨内的高压燃油流入喷油器的控制室内，针阀快速关闭，喷油迅速结束。喷油始点和喷油延续时间由指令脉冲决定，与转速及负荷无关，因此，可以自由控制喷油时间。

ECD-U2 高压共轨喷射系统是完全的"时间-压力调节系统"。喷油量是由喷油器电磁阀通电脉冲宽度决定的。以共轨压力为参数改变脉冲宽度，可以得到一条线性的喷油器的喷油量特性。利用这一特性，在发动机全部工作范围内，可以方便地得到目标设定的调速特性，实现理想的喷油率脉谱图。

5.7.4 德国博世（Bosch）公司的高压共轨喷射系统

德国 Bosch 公司是柴油机输油泵和喷油器制造业的先驱，为了提高轿车柴油机的性能，满足欧洲越来越严格的排放法规，该公司研制出了一种称为 CommonRail（简称 CR 型）的高压共轨喷射系统。Bosch 公司已向市场推出三代高压共轨喷射系统。第一代于 1997 年 7 月批量投放市场，主要应用于轿车，喷射压力达 135MPa。第二代于 2000 年开始批量生产，首次应用在 Volvo 和 BMW 公司的车型上，最大喷射压力提高到 160MPa，并开始使用具有油量调节功能的高压泵和经改进的电磁阀喷油器，喷射过程由预喷射、主喷射和多次喷射组成。它具有喷射压力高、喷油器尺寸紧凑、外形小、喷油量差别小、实行闭环控制、多级喷射等一系列新的特点。第三代压电直接控制式喷油器的共轨喷射系统于 2003 年 5 月开始批量生产，首次应用在 Audi 公司的车型上，这是柴油共轨喷射技术领域内的一次飞跃。

1. 系统组成与工作原理

Bosch 第三代高压共轨喷射系统的组成如图 5-36 所示，由高压油泵、油轨、轨压传感器、油压控制阀、流量限制器、喷油器、高压油管、油量计量单元等组成。燃油由低压电动燃油泵输送给具有泵油量调节功能的高压油泵，分配单元将进入的燃油分成两路：一路供给泵油元件，另一路用以冷却传动机构和润滑轴承。高压油泵将燃油压缩至 135~160MPa 的压力，并将其输入油轨。拧紧在油轨上的压力传感器采集实时压力，并通过集成在高压油泵上的分配单元进行燃油压力调节，而拧紧在油轨上的压力调节阀则用于在汽车加速行驶时快速泄压。

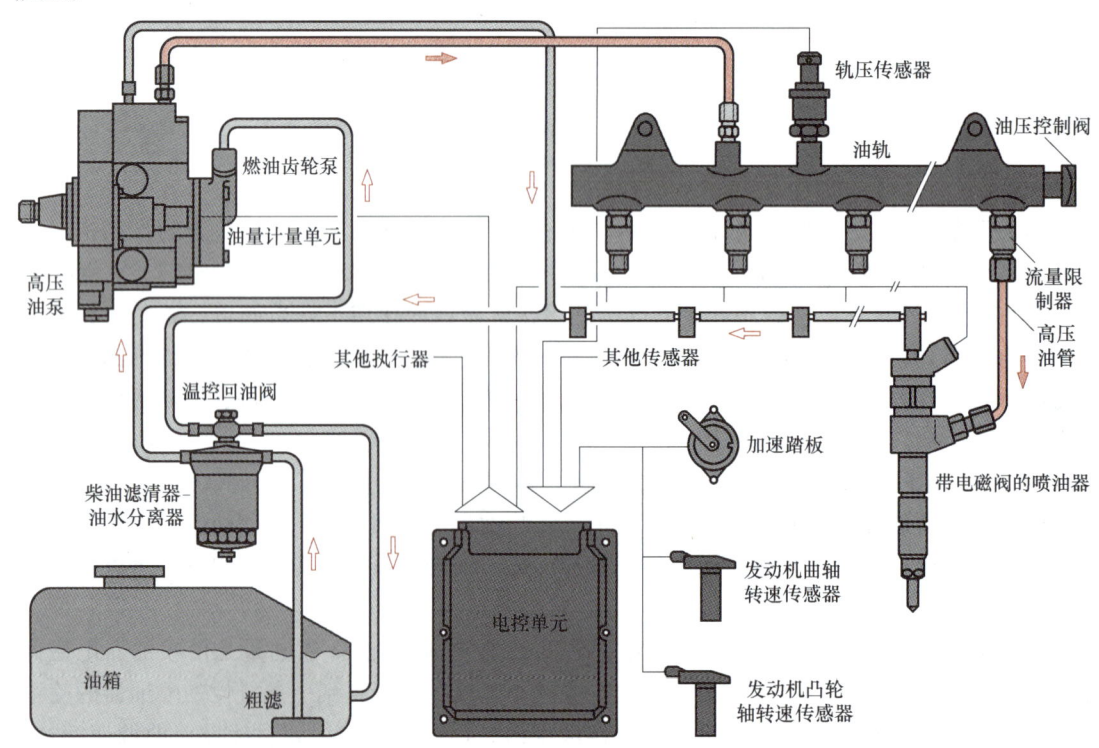

图 5-36 Bosch 第三代高压共轨喷射系统的组成

高压燃油经油轨到喷油器，由电控单元根据运行工况来控制，能精确地调节喷油始点和喷油持续期，并且可柔性塑造喷油曲线（喷油相位、喷油次数和喷油量）的形状。

传统的共轨技术在分段喷油时最多只能将每次喷油过程分成5~7段，然而采用第三代共轨系统后，可按需要将喷射过程分成多段。尽管部分负荷时设定的喷油量进一步减小了，但是燃油计量的精度却提高了。

2. 三缸径向柱塞式高压油泵

Bosch公司在CR型高压共轨喷射系统中采用的三缸径向柱塞式高压油泵，主要作用是将低压燃油加压成高压燃油，并输送到共轨中，保证其设定的高压共轨压力。高压油泵由曲轴通过齿轮、链条或同步带驱动，与曲轴的传动比一般为1∶2或1∶3，其供油量与发动机转速成正比。通过匹配传动比可以调整最大供油量，使其既能满足全负荷最大供油量，又能同时减少过剩油量。

三缸径向柱塞式高压油泵的结构如图5-37所示，其主要由柱塞缸（泵体）、泵盖、柱塞泵组件、柱塞弹簧、凸轮轴等组成。泵体和泵盖采用铝合金，以减轻整体重量。凸轮轴轴承采用滑动轴承，以减少凸轮和凸轮轴之间的摩擦。凸轮轴前后端采用油封以防漏油。同时为了减小功率损耗，在喷射量较小的情况下，将关闭三缸径向柱塞式高压油泵中的任意一个压油单元使供油量减少。柱塞弹簧的作用是保证柱塞底部经挺柱始终与凸轮表面接触，并在凸轮的顶力和弹簧力的作用下在柱塞缸内往复运动，完成泵油任务。

带有断油装置的Bosch高压喷油泵结构示意图如图5-37b所示。它由偏心凸轮驱动的3个泵油件的径向柱塞泵组成。在泵的进油口有一个受弹簧作用的活塞，在没有压力作用时，活塞关闭通往柱塞偶件的进油口。当进油压力达到一定值时，进油口被打开。因此它可与电子紧急切断阀一起执行紧急断油任务。每副柱塞偶件有1个进油阀和1个出油阀，可以通过持续关闭进油阀来切断某个柱塞偶件的进油，以降低部分负荷的功耗。

图5-37 三缸径向柱塞式高压油泵的结构

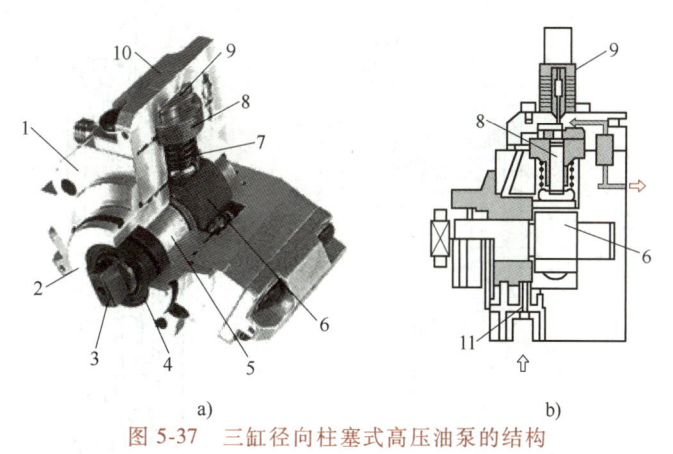

a）结构组成　b）带有断油装置的Bosch高压喷油泵结构示意图
1—泵体　2—外壳　3—凸轮轴　4—油封　5—滑动轴承
6—凸轮　7—柱塞弹簧　8—柱塞泵组件　9—电磁阀
10—泵盖　11—进油口柱塞阀

三缸径向柱塞式高压油泵可以产生高达135MPa以上的油压，该高压输油泵在每个压油单元中采用多个压油凸轮，使其峰值转矩降低为传统高压油泵的1/9，负荷也比较均匀，降低了运行噪声。油泵的三缸径向柱塞相隔120°，均匀分布（图5-38），3个泵油柱塞由偏心凸轮2驱动进行往复运动。偏心凸轮每转一圈供油3次，使其峰值驱动转矩降低。

柱塞下行，为吸油行程，进油阀开启，使低压燃油进入油腔；柱塞到达下止点时，进油阀将会关闭；柱塞上行时，为泵油行程，出油阀开启，泵腔内被加压后的燃油输送到共轨油轨中，为喷油器喷油做准备。为减小功率损耗，在喷油量较小的情况下，可以关闭径向柱塞泵中的一个压油单元，使供油量减少。

高压输油泵的供油量必须保证在任何工况下柴油机工作所需喷射量以及起动和加速时油量变化的需求。由于共轨系统中喷油压力的产生与燃油喷射过程无关，且喷油时刻也与高压输油泵的供油时刻无关，因此高压输油泵的压油凸轮可以按照接触应力最小和耐磨性原则来设计。

3. 电控喷油器

电控喷油器是共轨系统中的关键部件。ECU根据控制信号，控制电磁阀的开启和关闭，以合适的喷油正时、喷油量和喷油速率进行燃油喷射。

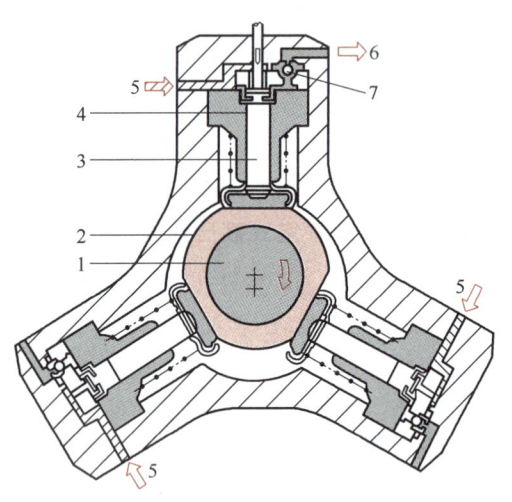

图 5-38 三缸径向柱塞式高压油泵横向剖视图
1—传动轴 2—偏心凸轮 3—柱塞 4—进油阀
5—进油口 6—出油口 7—出油阀

电控喷油器主要由二位三通电磁阀、球阀、控制腔、针阀偶件等组成，其结构及喷油过程如图5-39所示。

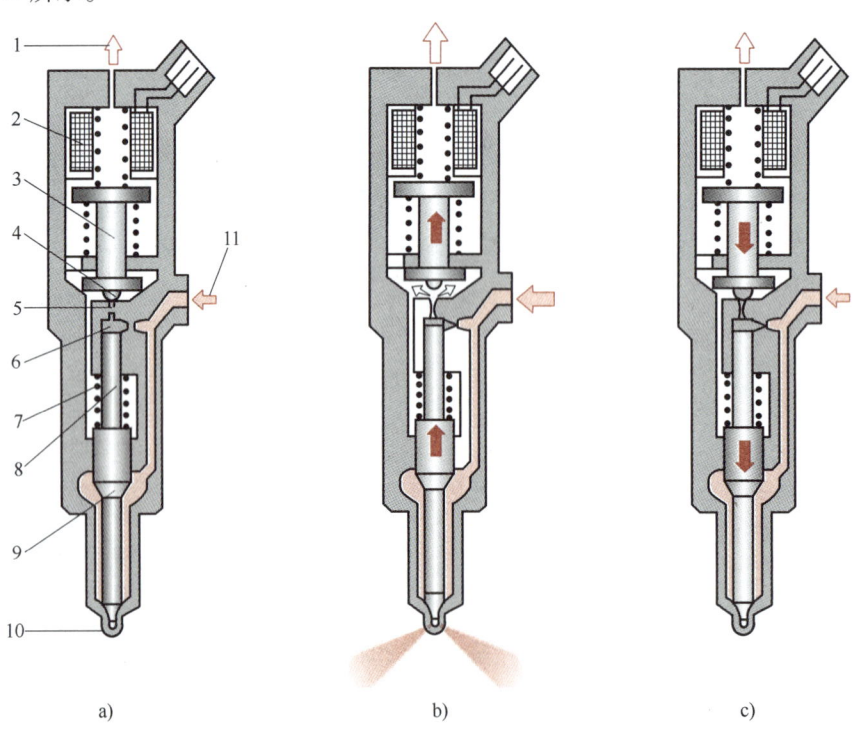

图 5-39 共轨系统电控喷油器的结构及喷油过程
a) 喷油准备 b) 喷油开始 c) 喷油结束
1—回油 2—电磁线圈 3—衔铁 4—球阀 5—泄油控制孔 6—控制腔
7—针阀弹簧 8—针阀 9—针阀承压锥面 10—喷孔 11—接高压油管
■—高压 □—低压

为了实现预定的喷油形状，需对喷油器进行合理的优化设计，控制腔容积的大小决定了针阀开启的灵敏度。控制腔容积过大，在喷油结束时针阀则不能实现快速断油，影响后期的燃油雾化质量，控制腔容积过小，则不能给针阀提供足够的有效行程，使喷油过程的流动阻力加大。

由于高压共轨喷射系统的喷射压力非常高，因此其喷油器的喷孔孔径很小，喷孔直径可以达到 0.169mm，电控喷油器的喷油过程可以划分为以下 3 个阶段。

(1) 喷油准备 当喷油器电磁线圈 2 处于断电状态时，衔铁 3 上方的弹簧将衔铁下方的球阀 4 压在泄油控制孔 5 上，在控制腔 6 内形成共轨高压。同样，针阀承压锥面 9 处的高压腔内也形成共轨高压，控制腔内的共轨压力与针阀弹簧 7 压力的合力大于针阀承压锥面的压力，使针阀保持关闭状态。

(2) 喷油开始 当电磁线圈 2 通电时，衔铁上移，泄油控制孔打开，燃油从控制腔流到上方的低压腔中（从低压腔通过回油管道返回油箱），使控制腔内压力降低。作用在针阀上的压力降低，则针阀上移，喷孔 10 被打开，喷油器开始喷油。

(3) 喷油结束 电磁线圈一旦断电后，电磁线圈的电磁力消失，衔铁 3 上方的弹簧会使衔铁下移，球阀将泄油控制孔关闭。泄油控制孔关闭后，在控制腔内重新建立共轨高压。共轨油压与针阀弹簧压力的合力大于针阀承压锥面的油压，针阀下移，喷孔关闭，喷油器停止喷油。

4. 共轨系统的其他零部件

(1) 输油泵 共轨系统中安装两类（级）输油泵：电动滚子式输油泵和机械驱动齿轮泵。电动滚子式输油泵一般安装在油箱内部，作为第一级油泵，用以克服滤清器及低压管路的油流阻力，将燃油初始加压从油箱输送到高压油泵处。机械驱动齿轮泵与高压油泵集成在一起，作为第二级油泵。对燃油进行加压，并输送到高压柱塞处。

机械驱动齿轮泵一般用外啮合式齿轮泵，在壳体内安装两个互相啮合的主动、从动齿轮，其工作原理如图 5-40 所示。

(2) 油量计量单元 油量计量单元安装在高压油泵的二级加压油泵（齿轮泵）和高压油泵（柱塞泵）之间，以调整经二级加压到高压泵的燃油量。油量计量单元采用脉冲宽度调制（Pulse Width Modulation，PWM）信号进行控制，由 ECU 通过控制 PWM 信号的占空比调整油量。

(3) 流量限制器 流量限制器的作用是防止喷油器可能出现的持续喷油现象。它安装在油轨的每个出油口，当从油轨中流出的油量超过最大油量时，流量限制器将流向相应喷油器的进油管路关闭。该部件属于选装件。

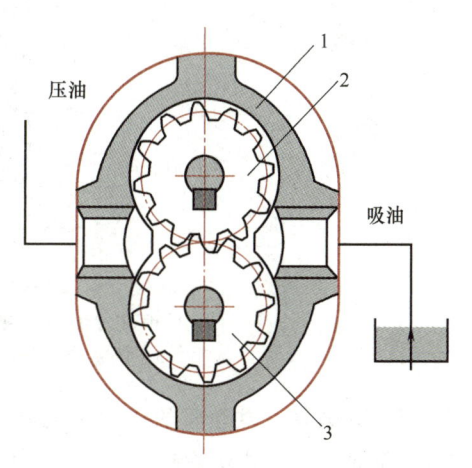

图 5-40 外啮合式齿轮泵的工作原理
1—泵体 2—主动齿轮 3—从动齿轮

流量限制器的结构如图 5-41 所示。金属外壳上有外螺纹，以便安装在共轨上，另一端的外螺纹用来安装喷油器的进油管。弹簧 4 将活塞 2 压紧到通共轨方向的限位块 1 上。其工

作原理如下。

1）正常工作状态。活塞2处在静止位置，即在共轨端的限位块1上。一次喷油后，喷油器端的压力下降，活塞向喷油器方向运动。活塞压下的容积补偿了喷油器喷出的燃油容积。喷油终止时，活塞停止运动，不关闭密封座面6，弹簧将活塞推到静止位置，燃油经节流孔5流出。

2）泄油量过大的故障工作状态。由于流过的油量大，活塞从静止位置被推向出油端的密封座面，一直到发动机停机时靠到喷油器端的密封座面上，从而关闭通往喷油器的出油口。

3）泄油量过小的故障工作状态。由于产生泄油，活塞不再能达到静止位置。经过几次喷油后，活塞向出油处的密封座面移动，并停留在一个位置上，一直到柴油机停机时靠到喷油器端的密封座面上，从而关闭通往喷油器的出油口。

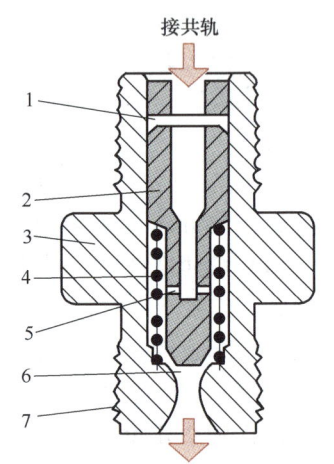

图5-41 流量限制器的结构

1—限位块 2—活塞 3—外壳 4—弹簧 5—节流孔 6—密封座面（通道）7—螺套

（4）油压控制阀 油压控制阀的作用是把轨道瞬时最大压力限制在允许范围内，防止共轨中燃油压力过高，其结构如图5-42所示。油压控制阀进油孔与轨道内腔相通，轨道内的高压燃油由进油孔进入油压控制阀内，作用在限压阀2上。在正常工况下最大燃油压力小于设定值（135MPa）时，弹簧5的压力始终能把限压阀2压靠在密封锥面上，其座面处于关闭状态，共轨内的高压燃油不能流出。但当轨道内燃油压力超过最大允许值（150MPa）后，作用在限压阀2上的燃油压力大于弹簧5的压力，会顶开限压阀2，这时轨道内的部分高压燃油从打开的座面处，经燃油通道3流回到回油管路，使共轨内燃油压力降低。当压力下降到允许值后，限压阀2在弹簧力的作用下会使密封座面再次关闭，共轨内压力不再下降。这样把油轨内的压力控制在许可范围内。

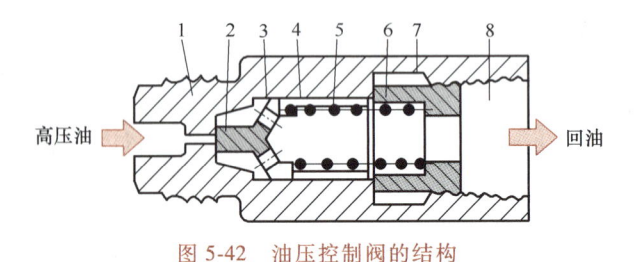

图5-42 油压控制阀的结构

1—固定螺纹 2—限压阀 3—燃油通道 4—移动活塞 5—弹簧 6—限位块 7—阀体 8—回油螺纹接口

（5）共轨管 共轨管的作用是将高压油泵提供的高压燃油储存起来，在工作过程中分配到各喷油器中。共轨管起到蓄压器的作用，为所有气缸供油，因此又称共轨，共轨管部件如图5-43所示。高压共轨管上安装有轨压传感器、油压控制阀和流量限制器等。

共轨管的容积设计应该能够达到消减高压油泵的供油压力波动和消减每个喷油器由喷油过程引起的压力振荡的目的，使高压油轨中的压力波动控制在一定范围内。但其容积又不能太大，以保证共轨有足够的压力响应速度，快速跟踪柴油机起动、加速等工况的急剧变化。

（6）高压油管 高压油管是连接共轨管和电控喷油器的通道，设计时应保证足够的流

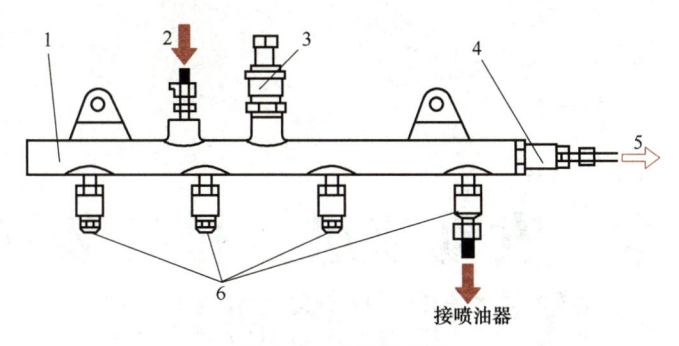

图 5-43　共轨管部件

1—油轨　2—油轨进油孔（来自高压油泵）　3—轨压传感器
4—油压控制阀　5—回油孔（流回油箱）　6—流量限制器

量，以减小燃油流动时的压降，并使高压管路压力波动较小，能承受高压燃油的冲击作用。多缸发动机的各缸高压油管长度应尽量相等，使各缸喷油器喷油压力一致，从而减少各缸喷油量的偏差。高压油管应尽可能短，以减少共轨到喷油器的压力损失。

思考题

1. 柴油机的燃料供给系统由什么组成？
2. 柴油机的使用性能指标有哪些？
3. 柴油机燃烧室按结构型式分哪两大类？各有何特点？
4. 柴油机喷油器的功用是什么？简述其工作原理。
5. A型柱塞式喷油泵由哪几部分组成？分泵又由哪些零件组成？
6. 柱塞式喷油泵的工作原理是什么？
7. 简述电控共轨式柴油喷射系统的组成。

第6章 发动机进、排气装置及汽车排放控制装置

6.1 发动机进、排气装置

发动机进、排气装置的功能是供给发动机工作时所需要的新鲜、清洁的可燃混合气或空气,并将发动机燃烧后的废气排至大气。

1. 发动机进气装置

进气系统的功用是尽可能多地和尽可能均匀地向各气缸供给空气与燃油的混合气或纯净的空气。一般进气系统主要包括空气滤清器和进气歧管。在燃油喷射式发动机中,进气系统还包括空气流量计或进气歧管压力传感器,以便对进入气缸的空气量进行计量。

(1) 空气滤清器

1) 空气滤清器的功用。主要是滤除空气中的杂质或灰尘,让洁净的空气进入气缸。另外,空气滤清器也有消减进气噪声的作用。

燃油燃烧需要大量的空气,以普通轿车为例,每消耗 1L 汽油需要消耗 5000~10000L 空气。如此数量的空气进入气缸,若不将其中的杂质或灰尘滤除,必然加速气缸、活塞、活塞环等有关零件的磨损,缩短发动机使用寿命。实践证明,发动机不安装空气滤清器,其寿命将缩短 2/3。

2) 空气滤清器的结构。图 6-1 所示为某轿车发动机装用的干式纸滤芯空气滤清器的结构。

空气滤清器的种类很多,其中滤芯为纸质的干式空气滤清器得到广泛应用。该种空气滤清器的滤芯经过树脂处理,因具有结构简单、质量小、滤清效果好、保养安装方便的优点,故在轿车发动机上应用较多。

(2) 进气歧管 进气歧管(图 6-2)的作用是将可燃混合气较均匀地分送到各个气缸的进气门。

轿车发动机进气歧管多用铝合金制造,铝合金进气歧管质量小、导热性好。近年来电控汽油喷射式发

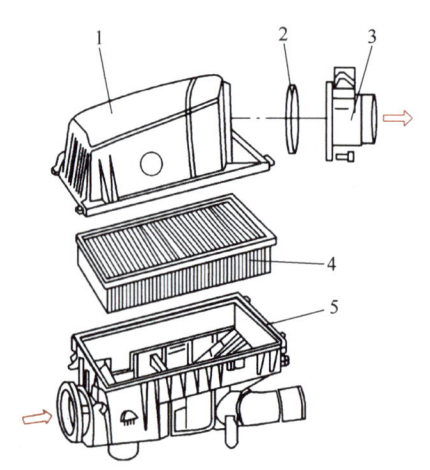

图 6-1 干式纸滤芯空气滤清器的结构
1—空气滤清器盖 2—密封圈 3—空气流量传感器 4—滤芯 5—空气滤清器外壳

动机越来越多地采用复合塑料进气歧管，此种进气歧管质量小、内壁光滑，且无须加工。

进气歧管可以是干式的，也可以是湿式的。湿式进气歧管中的冷却液通道是在进气歧管内部直接铸造出来的。

为了改善发动机暖机时的燃油雾化，利用废气的热量加热进气道的可燃混合气，故在一些发动机的进气歧管上连接一根排气通道。

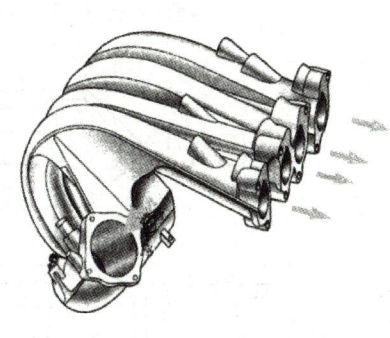

图6-2 进气歧管

2. 发动机排气装置

发动机排气装置主要由排气歧管、排气消声器、排气管和三元催化转换器等组成，如图6-3所示。

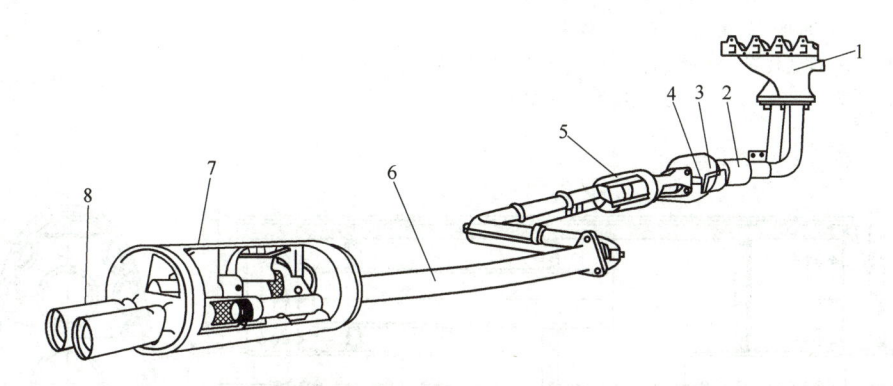

图6-3 发动机排气装置的组成

1—排气歧管　2—前排气管　3—三元催化转换器　4—排气温度传感器
5—副排气消声器　6—后排气管　7—主消声器　8—排气尾管

排气装置分为单排气装置和双排气装置两种，V型发动机有两个排气歧管，如图6-4所示。双排气系统降低了排气系统内的压力，使发动机排气顺畅，气缸中残留的废气少，因而可以提高发动机的充气效率及输出转矩。

（1）**排气歧管**　排气歧管与发动机气缸盖相连，高温废气直接从排气门进入排气歧管。排气歧管一般用铸铁制成，近年来，采用不锈钢排气歧管的汽车越来越多，原因是不锈钢排气歧管内壁光滑，阻力小，质量小。为降低排气阻力，排气歧管长度应长些。各缸的排气歧管应相互独立，长度相等。图6-5所示的不锈钢排气歧管中，将不连续着火的气缸的排气歧管汇合在一起。如1、4缸排气歧管汇合在一起，2、3缸排气歧管汇合在一起，这是为了各缸排气不相互干扰，防止出现排气倒流现象。

（2）**排气消声器**　排气消声器的功用是降低排气噪声并消除废气中的火星及火焰。汽车发动机多采用组合式排气消声器。

消声器用镀铝钢板或不锈钢板制造。消声器通常由共振室、膨胀室和一组多孔的管子构成。排气经多孔的管子流入膨胀室和共振室，在此过程中，排气不断改变流动方向，逐渐降低和衰减其压力和压力脉动，消耗其能量，最终使排气噪声得到消减。排气消声器的结构如图6-6所示。

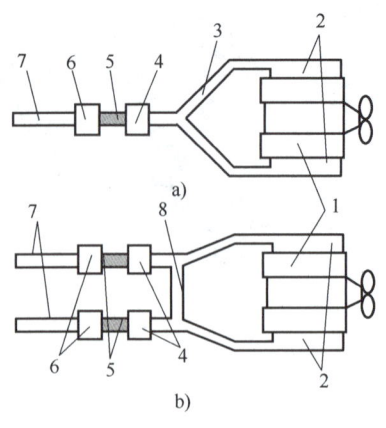

图 6-4　V 型发动机排气装置示意图
a）单排气装置　b）双排气装置
1—发动机　2—排气歧管　3—叉形管　4—三元催化转换器
5—排气管　6—消声器　7—排气尾管　8—连通管

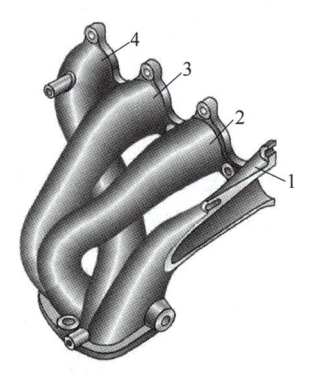

图 6-5　不锈钢排气歧管

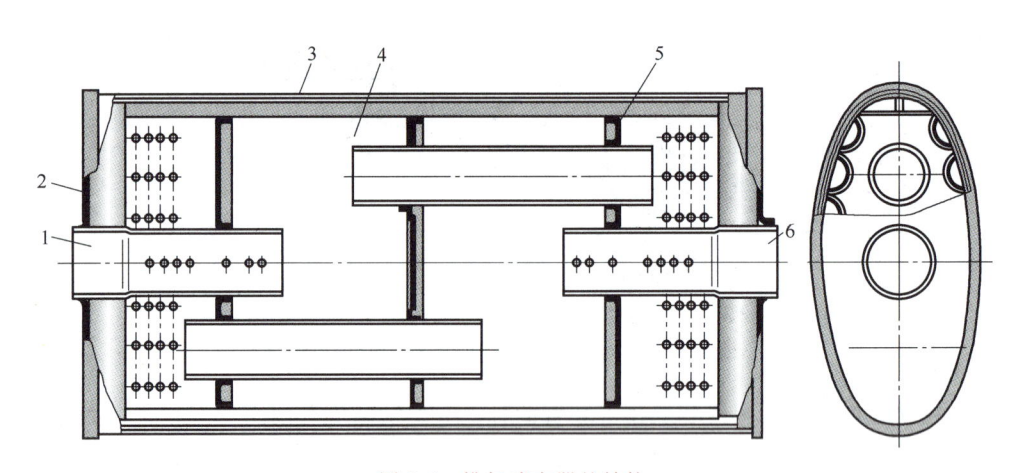

图 6-6　排气消声器的结构
1—进口管　2—外隔板　3—外壳　4—内壳　5—内隔板　6—出口管

3. 进、排气歧管的布置

在直列多缸发动机上，进、排气歧管有多种布置方式。第一种是每一对相邻两缸共用一条进气管，这样可以简化进气歧管的制造，而每缸使用单独的排气管，有利于排气的散热，以降低进气歧管附近的温度。第二种是部分气缸使用单独的进气管。第三种是每缸都单独使用一条进气管，这样可以减弱相互之间的影响，有利于改善混合气分配的均匀性。

有的发动机将进、排气歧管分装在两侧，目的是避免暖机时废气对进气歧管加热，以提高发动机进气量，改善动力性。

6.2　发动机增压

目前，增压和增压技术越来越广泛地应用在汽车的内燃机上。车用柴油机增压技术比较成熟。

所谓增压，即利用增压器将空气或可燃混合气进行预压缩之后，以期提高空气或可燃气的密度，再送入内燃机气缸的过程。增压后的发动机进气量增加，进而增加发动机功率；与此同时，发动机经济性得以提高，发动机排放得以改善。

按压气机的驱动方式不同，发动机增压有机械增压、废气涡轮增压和气波增压三种。近年来废气涡轮增压在汽车发动机上应用得较多。

6.2.1 机械增压

机械增压是由发动机曲轴经齿轮增速器驱动，或由曲轴同步传动带轮经同步传动带及电磁离合器驱动。机械增压发动机的工作原理如图 6-7 所示。

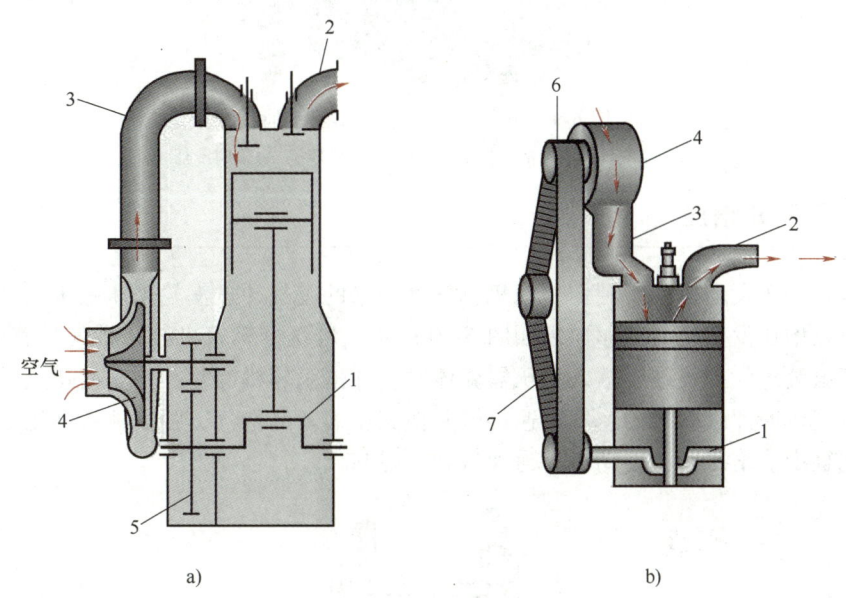

图 6-7 机械增压发动机的工作原理
a）齿轮驱动　b）同步带驱动
1—曲轴　2—排气管　3—进气管　4—增压器　5—齿轮增速器　6—电磁离合器　7—同步传动带

机械增压能有效地提高发动机功率，与废气涡轮增压相比，其低速增压效果更好。另外，与发动机容易匹配，结构也比较紧凑。但增压器的工作会消耗发动机一部分动力，燃油消耗率比非增压发动机略高。机械增压器的结构如图 6-8 所示。

图 6-8 机械增压器的结构
1—主动轮　2—压缩机动力轮　3—同步轮　4—压缩机转子旋转活塞　5—传动齿轮

机械增压器由曲轴带动，所以只要曲轴转动，增压器就一直"增压"，因此发动机在低速运转时，其输出转矩的增加也比较明显。

带中冷器的机械增压发动机如图 6-9 所示。

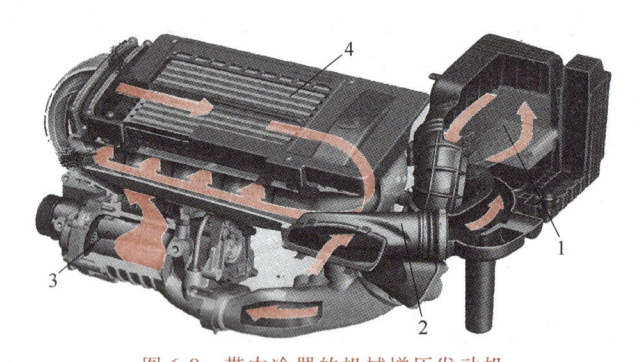

图 6-9 带中冷器的机械增压发动机

1—空气滤清器　2—进气管　3—压气机转子　4—中冷器

6.2.2　废气涡轮增压

废气涡轮增压发动机是指利用发动机排气管排出的废气冲击涡轮来压缩进气的发动机。

废气涡轮增压发动机的工作原理如图 6-10 所示。增压器涡轮机接在排气歧管的出口处，发动机的高温废气经排气歧管进入增压器壳体时，冲击涡轮机叶片，使其高速旋转，通过一根轴带动压气机叶片以同样的速度高速旋转并使其压缩新鲜空气，强制地将增压后的新鲜空气压送到气缸中。增压后的发动机动力性得到了提高。

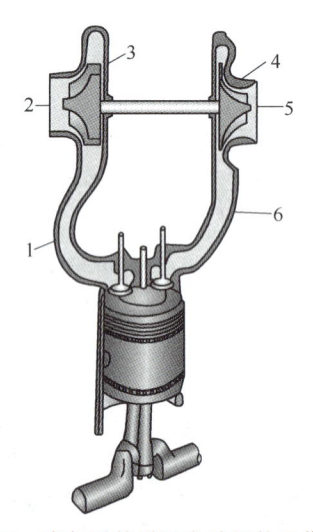

图 6-10 废气涡轮增压发动机的工作原理

1—发动机排气管　2—排气口　3—涡轮机　4—压气机　5—进气口　6—发动机进气管

废气涡轮增压的优点是经济性好，可大幅度地降低有害气体的排放和噪声水平。缺点是低速时转矩增加不多，低速加速性较差；在发动机工况发生变化时，瞬态响应差。

汽油机装用的废气涡轮增压系统示意图如图 6-11 所示。该系统主要由涡轮增压器、中冷器、废气旁通阀、ECU、执行器等组成。

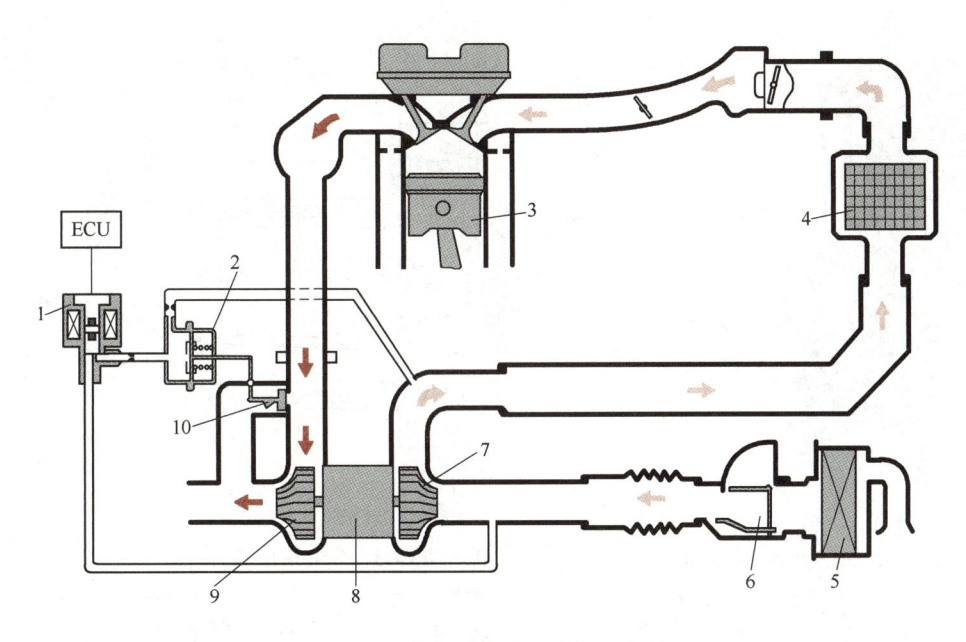

图 6-11 废气涡轮增压系统示意图

1—电磁阀　2—执行器　3—发动机　4—中冷器　5—空气滤清器　6—空气流量计
7—叶轮　8—涡轮增压器　9—工作轮　10—废气旁通阀

执行器内的膜片将执行器分隔成左右两个腔，膜片左侧受进气增压压力的作用，膜片右侧装有弹簧。膜片与废气阀通过一根推杆连接。当压缩轮侧进气增压压力增加到足以克服执行器内的弹簧力时，推杆推动废气旁通阀开启。一部分废气绕过涡轮经排气歧管直接排放出去，增压压力随之下降。可见增压压力的大小决定了膜片受压后的变形量，进而决定了废气阀的开度、废气旁通量的多少，最终增压压力发生改变，这就是一个闭环控制过程。

6.2.3　气波增压

气波增压发动机的工作原理如图 6-12 所示，由发动机曲轴带轮经传动带驱动气波增压器转子。在转子中发动机排出的废气直接与空气接触，利用排气压力波使空气受到压缩，以提高进气压力。

气波增压器结构简单，加工方便，工作温度不高，不需要耐热材料，也无须冷却；其低速转矩特性好，但是体积大，噪声高，安装位置受到一定的限制，只能用在最高转速较低的柴油机上。

1. 气波增压器的结构

气波增压器的结构如图 6-13 所示。气波增压器中的转子 5 悬臂地支承在两个轴承 4 上，与增压器壳 6 以及前后端盖都不接触。一个端盖接低压空气管和高压空气管，称为空气端盖 1；另一个端盖接高压排气管和低压排气管，称为排气端盖 8。支承转子 5 的两个轴承 4 布置在空气端盖 1 中，以保证轴承得到良好的冷却。

空气端盖用铝合金铸造，排气端盖用铸铁铸造，增压器壳和转子则用低膨胀钢制造。在增压器外面包覆绝热材料，以减少热量的散失。

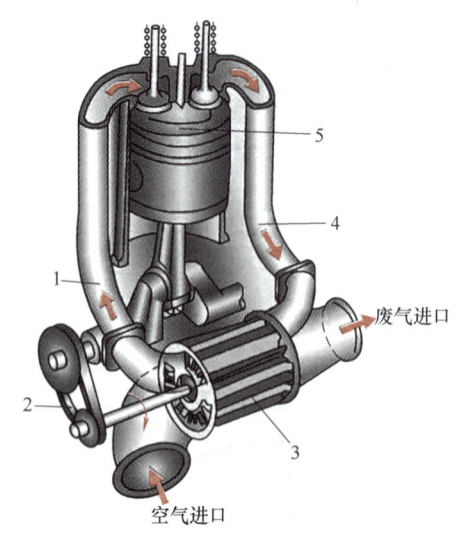

图 6-12 气波增压发动机的工作原理

1—发动机进气管 2—传动带 3—气波增压转子 4—排气管 5—活塞

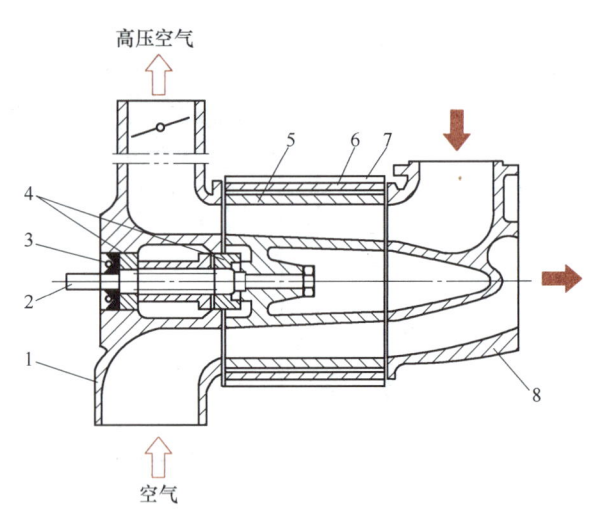

图 6-13 气波增压器的结构

1—空气端盖 2—传动轴 3—油封 4—轴承 5—转子 6—增压器壳 7—绝热层 8—排气端盖

2. 气波增压器的工作原理

气波增压器的工作原理基于一种气体动力现象：当压缩波在管道内传播时，在管道的开口端反射为膨胀波，而在管道的封闭端则反射为压缩波；反之亦然，当膨胀波在管道内传播时，在管道的开口端反射为压缩波，而在封闭端则反射为膨胀波。

在气波增压器中，空气增压所需要的能量来自柴油机的排气。空气的压缩过程和排气的膨胀过程均在转子中的气体流道内进行，其工作过程及原理可用图 6-14 所示的转子周向展开图来说明。

首先从图 6-14 的底部开始分析，在 A 点，转子的流道中充满来自大气的低压空气，图中的竖直线表示气体处于静止状态。柴油机的排气先流入排气箱 1 中，然后从排气箱以定压流入高压排气管 2。当转子旋转到充满低压空气的气体流道 3 与高压排气管相通时，排气的压缩波立即以当地声速传入流道，并压缩其中的空气，使其向高压空气管 6 加速流动，排气则随压缩波之后流入流道。由于转子沿着方向 U 不停地转动，因此每个流道中压缩波波峰的连线相对转子的转动方向是一条斜线。在流道中被压缩的空气经高压空气管 6 流入空气箱 7，然后进入柴油机气缸。当流道的左端转过高压排气管时，排气不再流入转子，但流道中原有的压缩波在继续传播。当压缩波抵达转子的右端时，转子流道已转过高压空气管，这时排气

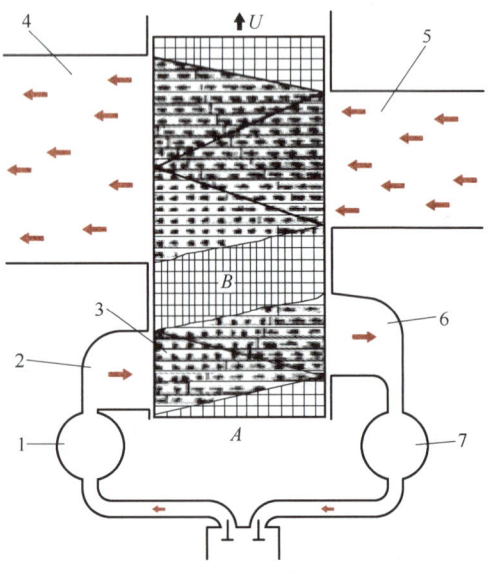

图 6-14 转子周向展开图

1—排气箱 2—高压排气管 3—气体流道 4—低压排气管 5—低压空气管 6—高压空气管 7—空气箱

约充满流道长度的 2/3，前面是排气与空气的混合区，再前面是残留的高压空气。原压缩波的反射波仍为压缩波，在压缩波传播和反射过程中有所衰减，致使封闭流道内的静压力略低于高压排气管内的静压力，但其总压力仍略高于高压空气管内的总压力。在转子继续转动过程中，流道中的排气在区域 B 内处于静止状态。当转子流道的左端与低压排气管4相通时，压缩波反射为膨胀波传入流道，并向流道的右端推进，致使流道内的压力下降。当流道右端与低压空气管相通时，大气中的低压空气从右端流入流道，流道内的排气则加速倒流进低压排气管。当排气及排气与空气的混合气完全从流道中清除出去后，整个工作循环又从 A 点开始。

气波增压器的工作原理很简单，但在实际运用中却遇到许多困难，其中最大的难题便是如何在较宽的转速范围内都获得高的增压压力。由于转子和柴油机之间的速比是固定的，当柴油机转速降低时，转子的转速随之降低。但是，压力波在转子流道中的传播速度只取决于排气或空气的温度，而排气温度取决于柴油机负荷，与转速关系不大。由此可知，只能按柴油机某一转速来确定最佳转子尺寸和转子转速。当转子转速偏离设计转速时，增压效果将明显变差。经过长期研究改进之后，气波增压器更适用于转速和转矩在较宽范围内变化的汽车用柴油机。

6.3 发动机排放控制装置

6.3.1 汽车排放污染物的生成与危害

汽车排放污染物主要有一氧化碳（CO）、碳氢化合物（HC）、氮氧化合物（NO$_x$）、炭烟微粒和二氧化硫（SO$_2$）等有害物质。

1. 一氧化碳（CO）

一氧化碳（CO）是空气不足或空气中氧含量不足造成混合气过浓所产生的一种无色、无味的有害气体。

理论上讲，燃料完全燃烧时生成 CO$_2$ 和 H$_2$O，而当空气不足时，则有部分燃料不完全燃烧而生成 CO。在实际燃烧过程中，不仅空气不足时燃烧生成物中有 CO，在空气充足时燃烧产物中也含有 CO，原因是混合气的形成与分配不均。所以，在发动机排气中，总会有 CO 存在。尽管如此，排气中 CO 的浓度基本上取决于空燃比。

一氧化碳（CO）与人体血液中的血红素有很强的亲和力（它与血红素的亲和力是氧与血红素亲和力的 300 倍），被人体吸入后容易使血液丧失对氧的输送能力而产生缺氧。当环境中 CO 的浓度超过 100ppm（Parts Per Million）时，人体就会产生头晕、乏力等不适感；随着 CO 浓度的增加，会进一步产生头痛、呕吐、昏迷等症状；当 CO 浓度超过 600ppm 时，在短时间内会引起人的窒息死亡。

2. 碳氢化合物（HC）

碳氢化合物（HC）是未燃的燃料，包括不完全燃烧或裂解反应的碳氢化合物及少量的氧化反应的中间产物，还包括供油系统中燃料的蒸发和滴漏。

发动机工作时，如果混合气过浓，由于空气不足，燃烧不完全，则未燃烧的燃料或燃烧

过程中生成的 HC 增加，HC 的排放浓度增加。而当混合气过稀或缸内废气过多时，则可能引起火焰不充分甚至完全断火，致使排气中的 HC 浓度显著增加。

碳氢化合物（HC）具有一定的毒性，并且易燃易爆，其中的苯类物质又具有致癌作用。单独的碳氢化合物只有在含量相当高的情况下才会对人体产生影响，一般情况下对人体的作用不是很明显，但它是产生光化学烟雾的重要成分。HC 与 NO_x 在阳光下极易发生光化学反应，形成以臭氧（O_3）和以醛类为主的光化学烟雾。当 O_3 达到一定浓度时，会令动物在短期内发生高温氧化而脱水死亡；醛类有机物带有毒性，对眼睛和呼吸系统有强烈的刺激作用，严重的会导致动物中毒死亡。

3. 氮氧化合物（NO_x）

氮氧化合物（NO_x）是发动机高温富氧时大量产生的一种褐色的、有刺鼻气味的气体。NO_x 的生成主要有 3 个条件。

（1）**高温** 一般认为当燃烧温度高于 2600K 时就会开始大量地生成 NO_x。

（2）**富氧** NO_x 的生成离不开高浓度的氧环境。

（3）**缸内的滞留时间** 已燃气体在缸内的停留时间越长，NO_x 的生成越多，反之则越少。

汽车废气中有多种氮氧化合物（NO_x），其中一氧化氮（NO）与人体血液中血红素的亲和力比 CO 与血红素的亲和力还强，两者结合后会产生与 CO 相似的症状，NO 一般情况下对人体的眼睛、鼻子、咽喉、支气管和肺部等会带来更大的损害，严重时会致人死亡。氮氧化合物进入人体肺泡后形成亚硝酸和硝酸，对肺组织有剧烈的刺激性，亚硝酸盐则能与人体内血红蛋白结合，形成变性血红蛋白，可在一定程度上造成人体缺氧。氮氧化合物与碳氢化合物受阳光中紫外线照射后会发生化学反应，形成有毒的光化学烟雾，当光化学烟雾中的光化学剂超过一定浓度时，具有明显的刺激性，它能刺激眼结膜，引起流泪并导致红眼病，同时对鼻、咽等器官均有刺激性，能引起急性喘息症，可使人呼吸困难，眼红喉痛，头脑晕沉，造成中毒。光化学烟雾还具有损害植物、降低大气能见度、损害橡胶制品的危害性。

4. 炭烟微粒

炭烟微粒主要是柴油发动机燃烧不完全的产物，其内还有大量黑色的炭颗粒和其他杂质粉尘，由于其粒径极小，约为 0.01~0.2μm，能长期悬浮于空气中，影响能见度；且易于通过呼吸系统而沉积于肺泡内，炭烟微粒不仅本身对人体的呼吸系统有害，而且炭烟微粒的空隙中往往吸附着二氧化硫和多环芳香烃等物质，这些物质具有致癌性。

铅、炭微粒和其他杂质粉尘等因粒径极小，SO_2 又具有胶黏性，特别是铅微粒，因无法燃烧，一旦被吸附在催化剂的表面上，便令三元催化转换器丧失催化功能，此即为三元催化转换器的铅中毒。

汽车污染物的排放严重污染了大气环境，给人们的健康造成了严重危害，因而必须对发动机排气进行净化，常用的排放控制系统有排气再循环系统、三元催化转换器、二次空气喷射系统、曲轴箱通风系统、汽油蒸发排放控制系统等。

6.3.2 排气再循环（EGR）系统

所谓排气再循环（Exhaust Gas Recirculation，EGR）是指把发动机排出的一部分废气引入进气歧管，并与新鲜混合气混合后重新进入气缸参与燃烧，以降低发动机燃烧温度，减少排气中氮氧化合物（NO_x）等有害气体的排放。

控制 NO_x 排放量的主要措施就是适当降低混合气中氧的浓度和燃烧温度。由于发动机废气中的 CO_2、H_2O、NO_2 三种气体的比热容较高，又不能燃烧，因此在燃烧过程中不仅阻碍燃烧速度，而且吸收较多的热量，所以能降低最高燃烧温度；同时废气对新鲜混合气的稀释作用，降低了氧的浓度，从而使 NO_x 的生成受到抑制。

但是，排气再循环量过多会影响混合气的着火性能，降低发动机功率。EGR 的控制目的就是适应发动机的不同工况，控制最佳的 EGR 率，以有效控制 NO_x 的排放量。EGR 率常用的定义式为

$$\text{EGR 率} = \frac{\text{EGR 量}}{\text{吸入空气量} + \text{EGR 量}} \times 100\% \tag{6-1}$$

随着 EGR 率的增加，虽然 NO_x 的排量减少，但是 HC 的排量会增加，而且油耗和转矩也跟着恶化。排气再循环量过大会影响发动机的正常运行，特别是在怠速、低转速小负荷及发动机冷态运行时，再循环的废气将会明显降低发动机性能。因此应根据工况及工作条件的变化自动调整参与再循环的废气量，在起动、怠速、暖机、转速低于 900r/min 及高速大负荷时，不进行排气再循环。

1. EGR 系统的类型

一般在汽油机上根据系统执行器（EGR 阀）的动作控制形式，可以将 EGR 系统分为机械控制式 EGR 系统和电子控制式 EGR 系统两种。机械控制式 EGR 系统是最早设计使用的 EGR 装置，EGR 率控制的范围有限（一般为 5%~15%），且控制精度远不能满足发动机的实际需要。故新型汽车发动机都趋向于选择计算机控制的 EGR 系统，也即电子控制式 EGR 系统。电子控制式 EGR 系统不仅 EGR 率的控制范围大（15%~20%），而且控制自由度也大。

2. EGR 系统的组成及工作原理

图 6-15 所示为闭环控制式 EGR 系统的组成及工作原理。该系统通过检测实际的 EGR 率或 EGR 阀开度作为反馈控制信号来控制 EGR 系统，故控制精度较高。

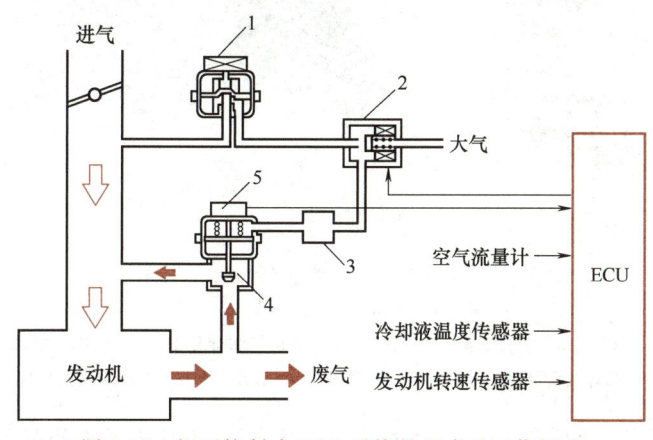

图 6-15 闭环控制式 EGR 系统的组成及工作原理

1—真空控制阀　2—排气再循环电磁阀　3—真空管　4—排气再循环阀　5—EGR 阀位置传感器

发动机工作时，ECU 根据空气流量计、冷却液温度传感器、发动机转速传感器等信号和控制程序，向排气再循环电磁阀输出控制信号，控制电磁阀打开和关闭。当电磁阀打开时，接通排气再循环阀的真空管路，使排气再循环阀开启，部分废气进入进气管，进行排气再循环；当电磁阀关闭时，切断排气再循环阀的真空管路，并将大气压力引入排气再循环阀上方，使排气再循环阀关闭，停止排气再循环。EGR 阀位置传感器向 ECU 反馈 EGR 阀开度信号，ECU 根据此信号修正电磁阀开度，使 EGR 率保持在最佳值。

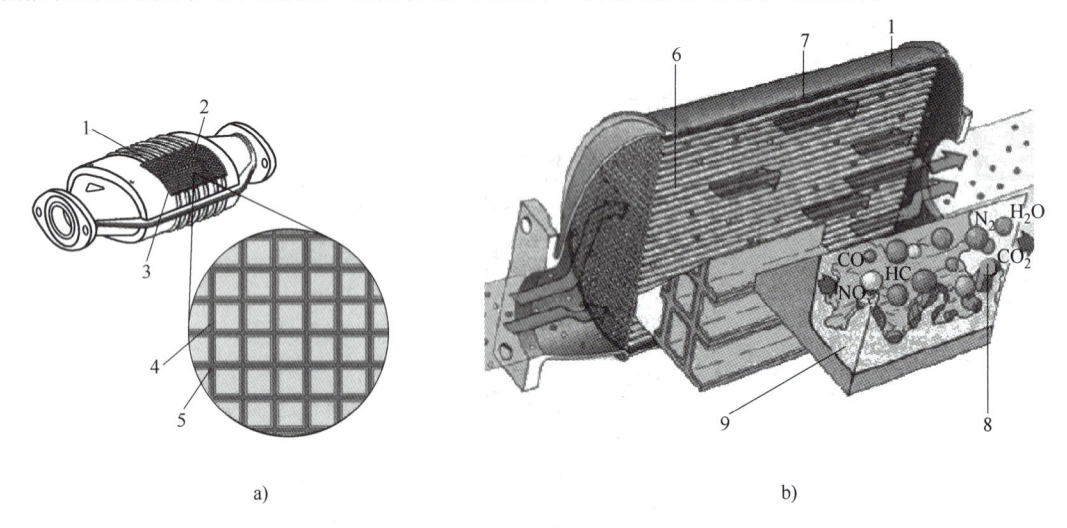

6.3.3 三元催化转换器

1. 三元催化转换器的功能

现代汽车普遍采用 OBD Ⅱ 系统，其实质是通过监测汽车的动力和排放控制系统来监控汽车的排放。当汽车的动力或排放控制系统出现故障，有可能导致 CO、HC、NO_x 超过设定的标准，故障灯就会点亮报警。配置 OBD Ⅱ 系统的车辆，必须安装三元催化转换器（Three-Way Catalytic Converter，TWC）。三元催化转换器可将汽车尾气排出的 CO、HC 和 NO_x 等有害气体通过氧化和还原转变为无害的二氧化碳、水和氮气。由于这种催化转换器可同时将废气中的 3 种主要有害物质转化为无害物质，故称三元催化转换器。

2. 三元催化转换器的结构及工作原理

三元催化转换器安装在排气消声器的前面，一般为整体式，如图 6-16a 所示，主要由载体、催化剂、外壳等组成。载体上涂有催化活性层，外壳一般用钢板制成，壳体与载体之间有隔离层，其内部结构如图 6-16b 所示。大多数三元催化转换芯子以整体陶瓷蜂窝状作为承载催化剂的载体，在陶瓷载体上浸渍铂（或钯）与铑的混合物作为催化剂。

图 6-16 三元催化转换器
a）组成 b）内部结构
1—外壳 2—金属丝网 3—载体 4—氧化铝和催化剂 5—整体式载体
6—整体式陶瓷蜂窝载体 7—隔离层 8—活性催化剂 9—催化活性层

三元催化转换器先利用铑（Rh）做催化剂，将 NO_x 还原成无害的氮气（N_2）和二氧化碳（CO_2）。还原过程中所生成的 O_2，再加上三元催化转换器内由二次空气导管所导入的新

鲜空气中的 O_2（有些车型才有），以铂（Pt）或钯（Pd）做催化剂一起和 CO、HC 进行氧化反应，使其转变成无害的 CO_2 和 H_2O，这种还原—氧化的过程又称为二段式转化，如图6-17 所示。

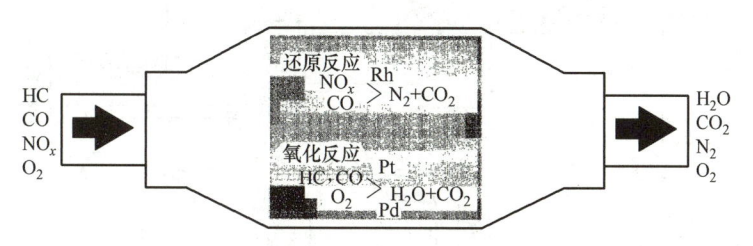

图 6-17　三元催化转换器内部的化学反应过程

3. 影响三元催化转换器转换效率的因素

三元催化转换器将有害气体转变成无害气体的效率受诸多因素的影响，其中对转换效率影响最大的是混合气的浓度和排气温度。

装用三元催化转换器后，发动机的排气温度必须在 300～815℃之间。发动机的排气温度过高（815℃以上）时，三元催化转换器的转换效率将明显下降。如果转换器太热时，加到转换器内的空气会使转换器损坏。这种情况下，电子控制单元（ECU）将使二次空气喷射系统停止向三元催化转换器提供空气。

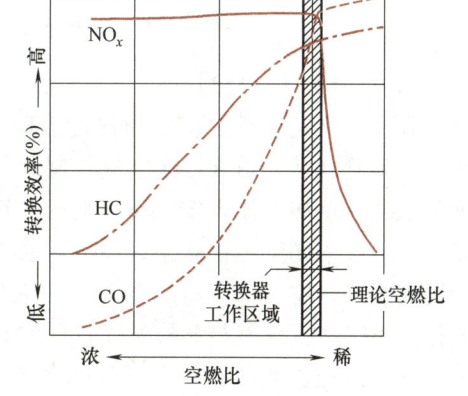

三元催化转换器的转换效率与发动机可燃混合气的浓度也有关系。试验发现，当空燃比维持在14.7∶1 的标准混合气附近时，对废气中的有害气体 CO、HC 和 NO_x 的转换效率最佳，如图 6-18 所示。因混合气浓时，CO、HC 含量将增多，使转换效率降低；但若混合气稀，NO_x 的排量也会增加，也将使转换效率降低。

图 6-18　三元催化转换器的转化效率与可燃混合气的浓度的关系

6.3.4　二次空气喷射系统

如果新鲜空气进入排气管，且废气温度够高，废气就会在排入大气以前重新燃烧，废气中的 CO 和 HC 就会转化为无污染的 CO_2 和 H_2O。发动机二次空气喷射系统的实质是将一定量的新鲜空气引入发动机排气管内，从而使排气中的 HC 和 CO 进一步氧化和燃烧，降低排气中 CO 和 HC 的排放量，同时提高三元催化转换器的转换效率。

目前所用的二次空气供给方法有两种：一种是采用空气泵的二次空气喷射系统；另一种是利用排气压力将空气导入的脉冲型二次空气喷射系统。下面主要介绍采用空气泵的二次空气喷射系统。

1. 空气泵型二次空气喷射系统的组成及工作原理

空气泵型二次空气喷射系统主要由空气泵、二次空气控制阀、真空电磁阀（VSV）和管道等组成，如图 6-19 所示。空气泵由发动机驱动，产生的低压空气称为二次空气。真空电

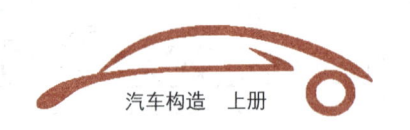

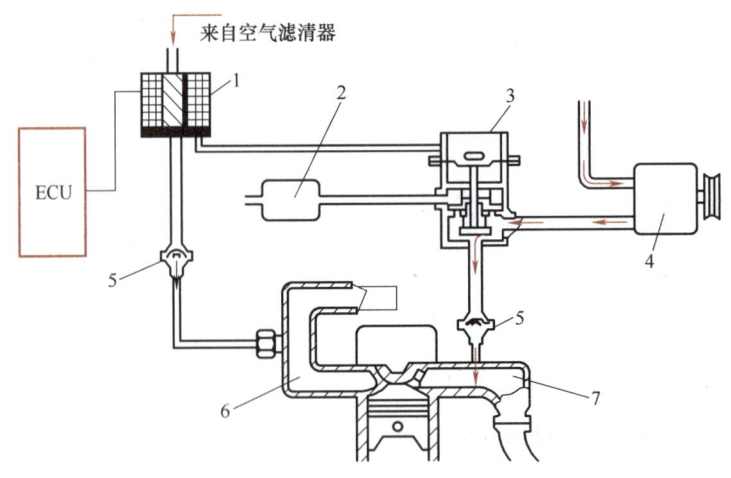

图 6-19 空气泵型二次空气喷射系统的组成及工作原理
1—真空电磁阀（VSV） 2—消声器 3—二次空气控制阀 4—空气泵
5—单向阀 6—进气歧管 7—排气歧管

磁阀由发动机 ECU 控制。

在发动机起动或发动机预热时，ECU 将控制真空电磁阀的电磁线圈接通，此时，VSV 将进气歧管真空度引入二次空气控制阀的膜片室，使空气泵产生的空气经二次空气控制阀的下部通道和单向阀喷入排气歧管上的空气口，进行废气的二次燃烧。发动机达到正常工作温度后，将处于闭环工作状态，ECU 将断开真空电磁阀的电磁线圈的电流，关闭进气歧管真空通道，来自空气滤清器的空气（与大气相通）进入二次空气控制阀的膜片上方，在弹簧的作用下，二次空气控制阀通往排气歧管的二次空气喷射的气路通道关闭，空气泵来的空气经二次空气控制阀的另一通道被送到消声器、三元催化转换器通道，完成催化器的氧化过程；与此同时，排气再循环系统工作，直到发动机处于开环工作状态为止。

空气泵通往排气歧管的喷射歧管上必须装有单向阀，它允许从空气泵进来的具有一定压力的空气进入空气喷射歧管，而防止高温的发动机废气进入连接软管和空气泵。也就是说，若由于空气泵皮带断裂或传动打滑等原因造成空气泵停转或转速下降，空气连接软管漏气等不能向喷射系统正常供应空气时，单向阀可以防止排气管中废气倒流，保护二次空气喷射系统免受高温废气的损害。

2. 空气泵系统

空气泵系统的结构如图 6-20 所示。空气泵系统有两套主控阀，第一套为分流阀，用于将空气送往空气滤清器中；第二套为开关阀，用于将空气送往排气歧管或三元催化转换器中。工作时，电控单元根据输入信号通过控制相关电磁阀把空气引往空气滤清器或排气歧管或三元催化转换器中。

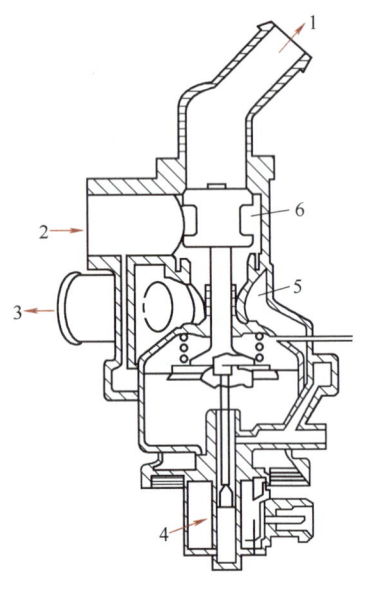

图 6-20 空气泵系统的结构
1—到排气歧管的空气 2—空气进口
3—到三元催化转换器 4—阻尼
5—分流阀 6—开关阀

空气泵系统有以下几种工作方式。

1）在发动机冷态和开环状态工作时，由于三元催化转换器不够热，不能使用额外空气，因此空气经分流阀被送往开关阀，而开关阀将空气引向排气歧管。

2）发动机在正常工作或闭环状态工作时，使空气经分流阀被送往开关阀，再由开关阀将空气送往三元催化转换器中，从而提高催化转换器的工作效率。

3）当三元催化转换器过热时，加入的空气对催化转换器中的催化剂会造成污染，在这种情况下，分流阀将空气送往空气滤清器。

6.3.5 曲轴箱通风系统

强制式曲轴箱通风系统又称PCV（Positive Crankcase Ventilation）系统。在发动机工作时，会有部分可燃混合气和燃烧产物经活塞环由气缸窜入曲轴箱内。当发动机在低温下运行时，还可能有液态燃油漏入曲轴箱。这些物质如不及时清除，将加速机油变质，并使机件受到腐蚀或锈蚀。因为窜入曲轴箱内的气体中含有HC及其他污染物，所以不准许把这种气体排放到大气中。现代汽车发动机所采用的强制式曲轴箱通风系统，就是防止曲轴箱气体排放到大气中的净化装置。

曲轴箱通风系统的组成如图6-21所示。当发动机工作时，进气总管1中的部分气流经通风管2流入气缸盖罩6内产生一定的压力，使气缸盖罩内的油气以及曲轴箱内的油气经PCV阀5和回流管4进入进气歧管8，最后经进气门进入燃烧室烧掉。

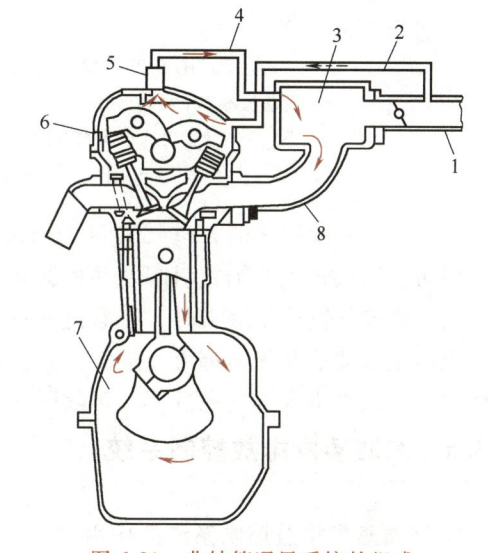

图6-21 曲轴箱通风系统的组成
1—进气总管　2—通风管　3—稳压箱　4—回流管
5—PCV阀　6—气缸盖罩　7—曲轴箱　8—进气歧管
◀——油气　◁——新鲜气体

在PCV系统中，最重要的控制元件是PCV阀，其功用是根据发动机工况的变化自动调节进入气缸的曲轴箱气体的数量。发动机在各种工况下的PCV阀开度如图6-22所示。

当发动机不工作时，PCV阀中的弹簧2将锥形阀3压在阀座4上，关闭曲轴箱与进气歧管的通路（图6-22a）。

当发动机怠速或减速时，进气管真空度很大，真空度克服弹簧力把锥形阀吸向上端，使锥形阀3与阀体1之间只有很小的缝隙（图6-22b）。由于发动机在怠速或减速工作时，窜入曲轴箱的气体很少，所以PCV阀开度虽小，也足以使曲轴箱内的气体流出曲轴箱。

当发动机节气门部分开度时，由于进气管真空度比怠速时还小，所以在弹簧的作用下锥形阀与阀体间的缝隙增大（图6-22c）。在节气门部分开度下的发动机负荷比怠速时大，窜入曲轴箱的气体较多，所以较大的PCV阀开度可以使所有的曲轴箱气体被吸入进气管。

发动机在大负荷时节气门开度增大，进气管真空度减小，弹簧将锥形阀进一步向下推移，使PCV阀的开度更大（图6-22d）。发动机大负荷时气缸压力增大，产生更多的曲轴箱气体，因此只有增大PCV阀的开度，才能使曲轴箱内的气体全部流进进气管。

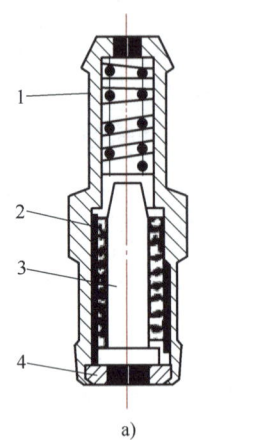

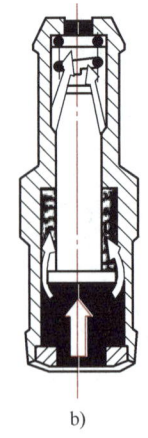

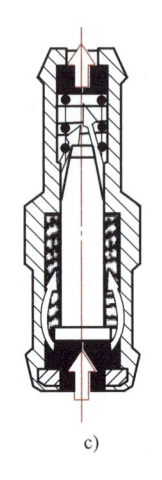

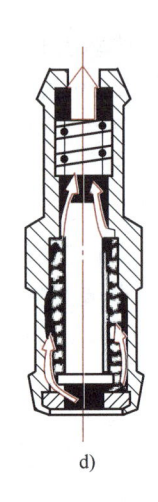

图 6-22　发动机各种工况下的 PCV 阀开度

a）发动机不工作或回火时，PCV 阀关闭　b）怠速或减速时，PCV 阀开度较小
c）中等负荷时，PCV 阀开度较大　d）加速或大负荷时，PCV 阀全开
1—阀体　2—弹簧　3—锥形阀　4—阀座

当进气管发生回火时，进气管压力增高，锥形阀落在阀座上，如同发动机不工作时一样，以防止回火进入曲轴箱引起发动机爆炸。

当活塞或气缸严重磨损时，将有过多的气缸内气体窜入曲轴箱，这时即使 PCV 阀开度最大也不足以使这些气体都流入进气管。在这种情况下，曲轴箱压力将会升高，部分曲轴箱气体经空气软管进入空气滤清器，再随同新鲜空气一起流入气缸（图 6-21）。

6.3.6　汽油蒸发排放控制系统

1. 汽油蒸发排放控制系统的作用

为了防止燃油蒸气向大气排放而产生污染，在发动机控制系统中普遍采用了由 ECU 控制的燃油蒸发排放控制系统（Evaporative Emission Control System，简写为 EVAP）。燃油蒸发排放控制系统又称汽油蒸气排放控制系统，其主要作用是将油箱中的汽油蒸气收集于活性炭罐中，并在发动机工作时，通过流经的空气将汽油蒸气送入进气管参与燃烧，以免汽油箱中的汽油蒸气直接排放到大气中造成空气污染。

汽油蒸气应在发动机处于闭环控制时导入燃烧室燃烧，只有在闭环控制时才能针对因额外蒸气作用导致混合气变浓的情况调节喷油量。同时，还必须根据发动机工况，控制导入气缸内参加燃烧的汽油蒸气量。

2. 汽油蒸发排放控制系统的组成及工作原理

汽油蒸发排放控制系统主要由炭罐、炭罐真空控制阀、炭罐电磁阀、ECU 等组成。典型的电子控制式炭罐排放控制系统的结构组成如图 6-23 所示。

（1）**炭罐**　炭罐的内部装有活性炭，活性炭可吸附燃油箱中的燃油蒸气，但这种物质吸附力不强，当有空气流过时，蒸气分子又会脱离，随空气一起进入进气管。

（2）**炭罐真空控制阀**　炭罐真空控制阀的内部膜片的上部为真空室，其真空度由炭罐电磁阀控制。当真空度增大时，阀膜片向上拱，主通气口通气量增加。

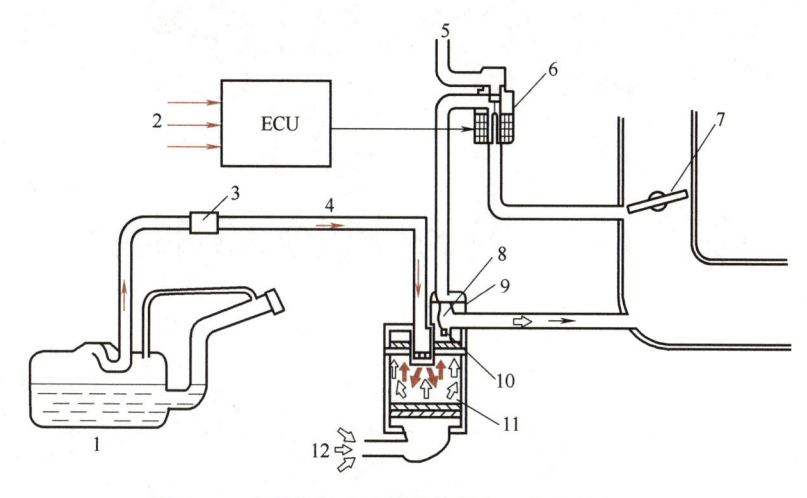

图 6-23　电子控制式炭罐排放控制系统的结构组成

1—燃油箱　2—传感器信号　3—单向阀　4—通气管路　5—接进气缓冲器　6—炭罐电磁阀
7—节气门　8—主通气口　9—炭罐真空控制阀　10—定量通气小孔　11—炭罐　12—新鲜空气
⇐—空气　←—燃油蒸气

（3）炭罐电磁阀　炭罐电磁阀的结构与工作原理同 EGR 电磁阀相似，其作用是根据 ECU 输出的占空比控制脉冲工作，调整炭罐真空控制阀真空室的真空度，以控制炭罐真空控制阀的开度。

发动机不工作时，燃油箱中的燃油蒸气通过单向阀 3 进入炭罐 11 上部，被活性炭吸附，不使其排入大气，新鲜空气从炭罐下部进入清洗活性炭。当发动机工作时，ECU 根据传感器信号判断发动机工况，并向炭罐电磁阀 6 输出电流信号使电磁阀开启，调整炭罐真空控制阀 9 的开度，使活性炭罐中的燃油蒸气通过炭罐真空控制阀及真空管进入发动机进气歧管内，再进入发动机气缸燃烧。

思考题

1. 发动机的进、排气装置的组成部分有哪些？各组成部分的作用是什么？
2. 增压系统有哪几种类型？各有什么优点？
3. 为什么要控制增压压力？在废气涡轮增压系统中是如何控制或调节增加压力的？
4. 气波增压是根据何种气体动力学原理而工作的？
5. 发动机常见的排放控制装置有哪些？
6. EGR 系统的目的是什么？
7. 三元催化转换器有何作用？
8. 二次空气喷射系统的实质是什么？
9. 曲轴箱通风系统的工作原理是什么？
10. 燃油蒸发排放控制系统的作用是什么？

第7章　发动机冷却系统

7.1　概述

发动机在工作过程中，燃烧室燃烧的温度可达 1973~2773K（1700~2500℃），直接与高温气体接触的机件（如气缸壁、缸盖、气门、活塞等）如不采取适当的冷却措施，则过高的温度将使金属机件的强度显著下降甚至损坏。

运动件正常的配合间隙可能因热膨胀而遭到破坏，润滑油也将因高温烧损变质或黏度下降，使发动机零件之间不能保持正常的油膜而导致零件卡死或加剧磨损；发动机温度过高，会导致冷却液沸腾，严重降低热传递效率，混合气过早燃烧，发动机可能发生爆燃，最终损坏发动机的气缸盖、气门和活塞等部件；发动机工作过程因高温会导致吸气量减少甚至燃烧不正常而使发动机动力性、经济性指标下降等。因此发动机不可以在过热条件下工作，必须对发动机加以适度冷却。

但若冷却过度，则散热损失增加，浪费了热量，而且还会增加 CO 和 HC 的排放，引起一些不良后果。由于缸壁温度过低还会使可燃混合气不能很好地形成和燃烧，燃油消耗量增加；润滑油在低温时黏度升高，零件运动的阻力增加，输出功率下降；同时润滑油在低温时不能形成良好的润滑油膜，摩擦磨损加剧；对汽油机来说，已汽化的燃油又凝结并流到曲轴箱，稀释了机油而影响润滑，也会使发动机动力性、经济性指标下降，磨损加剧。因此，发动机也不可在过冷条件下工作。

1. 冷却系统的功用

发动机冷却系统的功用是使发动机在所有工况下都保持在适当的温度范围内，防止发动机过热或过冷，并且在发动机冷起动后使发动机迅速升温，尽可能缩短暖机时间。

2. 冷却系统的分类

发动机冷却系统根据所采用的冷却介质，可分为水冷式和风冷式。以冷却液为冷却介质冷却发动机的高温零件，然后再将热量传给空气的冷却系统称为水冷系统；以空气为冷却介质的冷却系统称为风冷系统。汽车发动机，尤其是轿车发动机大都采用水冷系统，只有少数汽油发动机采用风冷系统。对水冷式发动机，气缸体水套中适宜的温度为 80~90℃；对风冷式发动机，气缸壁适宜的温度为 150~180℃。

发动机冷却系统根据冷却液循环方式，可分为强制循环式和自然循环式。在水冷系统中，不设水泵，仅利用冷却液的密度随温度而变化的性质，产生自然对流来实现冷却液循环的水冷系统，称为自然循环式水冷系统。这种水冷系统的循环强度小，不易保证发动机有足够的冷却强度，因而目前只有极少数小排量的汽车发动机在使用。绝大部分汽车发动机采用强制循环水冷系统。

3. 强制循环式水冷系统

目前在汽车发动机上普遍应用强制循环式水冷系统，该系统利用水泵提高冷却液的压力，强制冷却液在冷却系统中循环流动。该系统由散热器、电动风扇、节温器、水泵、气缸盖水套、气缸体水套、补偿水桶及其他附属装置等组成，如图7-1所示。

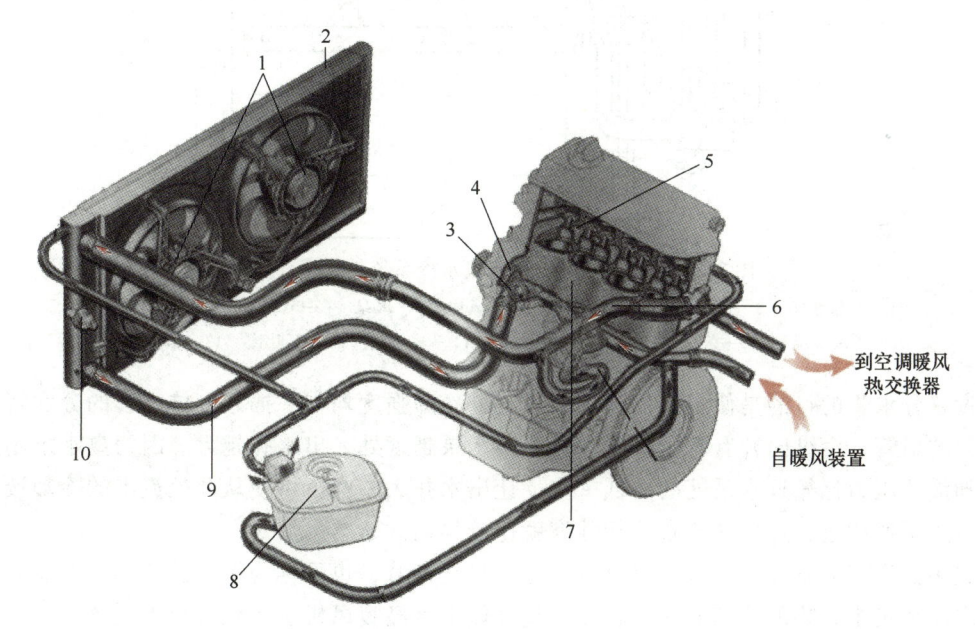

图7-1 发动机强制循环式水冷系统组成
1—电动风扇 2—散热器 3—节温器 4—水泵 5—气缸盖水套 6—出水软管
7—气缸体水套 8—补偿水桶 9—进水软管 10—电动风扇双速热敏开关

冷却液在强制循环式水冷系统中的循环路径如图7-2所示。水泵5将冷却液吸入并加压后，使之经散热器出水软管、分水管10进入发动机的气缸体水套9。冷却液从气缸壁吸热而升温，然后流向气缸盖水套7，再次吸热升温之后经节温器6及散热器进水软管流入散热器13；同时空气流由前向后流过散热器，使冷却液因散热而降温；冷却后的冷却液流到散热器下储水室后，又在水泵5的作用下，经分水管再进入水套，如此不断地循环，因此使得发动机中处于高温条件下工作的零件不断地得到冷却。

冷却液循环路径为：水泵中增压→分水管→气缸体水套→气缸盖水套→节温器→散热器进水软管→散热器→散热器出水软管→水泵。

循环路径中冷却液由气缸盖水套传递到气缸体水套的冷却系统称为逆流式水冷系统。逆流式水冷系统改善了燃烧室的冷却而允许发动机有较高的压缩比，从而可以提高发动机的热效率和功率。

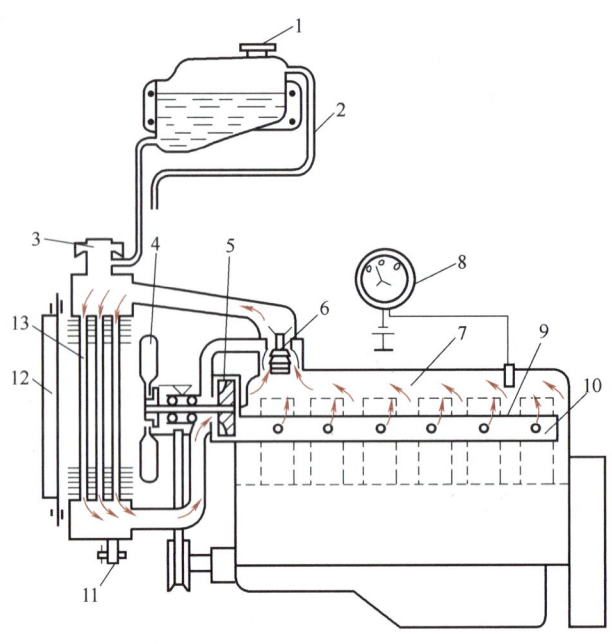

图 7-2 冷却液在强制循环式水冷系统中的循环路径

1—补偿水箱 2—通气管 3—散热器盖 4—风扇 5—水泵 6—节温器 7—气缸盖水套
8—水温表 9—气缸体水套 10—分水管 11—放水阀 12—百叶窗 13—散热器

设置分水管的目的是使多缸发动机的各气缸冷却强度均匀。插入缸体水套的分水管是一根铜制的扁管,沿纵向开有若干个出水孔。离水泵越远处,出水孔越大。因为离水泵越远处的冷却液的压力比靠近水泵处的要低一些,让出水孔大一些,可使从此处流出的冷却液流量与靠近水泵处相近,这样各气缸冷却强度就比较均匀。

大多数汽车装有暖风系统。暖风机是一个热交换器,也可称为第二散热器。在装有暖风机的水冷系统中,热的冷却液从气缸盖或气缸体水套经暖风机进水软管流入暖风机芯,然后经暖风机出水软管流回水泵。吹过暖风机芯的空气被冷却液加热之后,一部分送到风窗玻璃除霜器,一部分送入驾驶室或车厢。

取暖循环不受节温器的控制,只要打开暖气,循环就开始进行,不管冷却液是冷的还是热的。

7.2 水冷系统主要零部件的构造和工作原理

7.2.1 冷却液

冷却液是水与防冻剂的混合物。冷却水最好使用软水,否则在发动机水套中容易产生水垢,使传热效率下降,造成发动机过热。冷却液可降低冰点,从而有效地解决在冬季经常发生因冷却水结冰,使冷却水循环终止而引起发动机过热,甚至将气缸体、气缸盖和散热器胀裂的问题。为了适应冬季行车的需要,常在水中加入防冻剂制成冷却液,以防止循环冷却水的冻结。

冷却液中最常用的防冻剂是乙二醇。冷却液中水与乙二醇的比例不同,其冰点也不同。50%的水与50%的乙二醇混合而成的冷却液,其冰点约为-35.5℃。随着乙二醇含量的增加,冷却液的冰点下降。在冷却水中加入防冻剂还可提高冷却液的沸点。例如，含50%乙二醇的冷却液在大气压力下的沸点是130℃。因此，防冻剂有防止冷却液过早沸腾的附加作用。乙二醇有毒，对人体有很大的危害，应严禁吸入口腔；它对金属有腐蚀作用，对橡胶有破坏作用。在冷却液中加入少量的防冻剂可配制成长效防锈防冻液。

防冻剂中通常含有防锈剂和泡沫抑制剂。防锈剂可延缓或阻止发动机水套壁及散热器的锈蚀或腐蚀。冷却液中的空气在水泵叶轮的搅动下会产生很多泡沫，这些泡沫将妨碍水套壁的散热。泡沫抑制剂能有效地抑制泡沫的产生。在使用过程中，防锈剂和泡沫抑制剂会逐渐消耗殆尽，因此，定期更换冷却液是十分必要的。在防冻剂中，一般要加入着色剂，使冷却液呈蓝绿色或黄色，以便识别。

7.2.2 散热器

1. 散热器的功用

散热器的功用是将冷却液所携带的热量散入大气以降低冷却液温度。

发动机水冷系统中的散热器主要由进水室、出水室及散热器芯3部分构成，其结构如图7-3所示。冷却液在散热器芯内流动，空气在散热器芯外通过。热的冷却液由于向空气散热而降温，冷空气则因为吸收冷却液散出的热量而升温，所以散热器是一个热交换器。

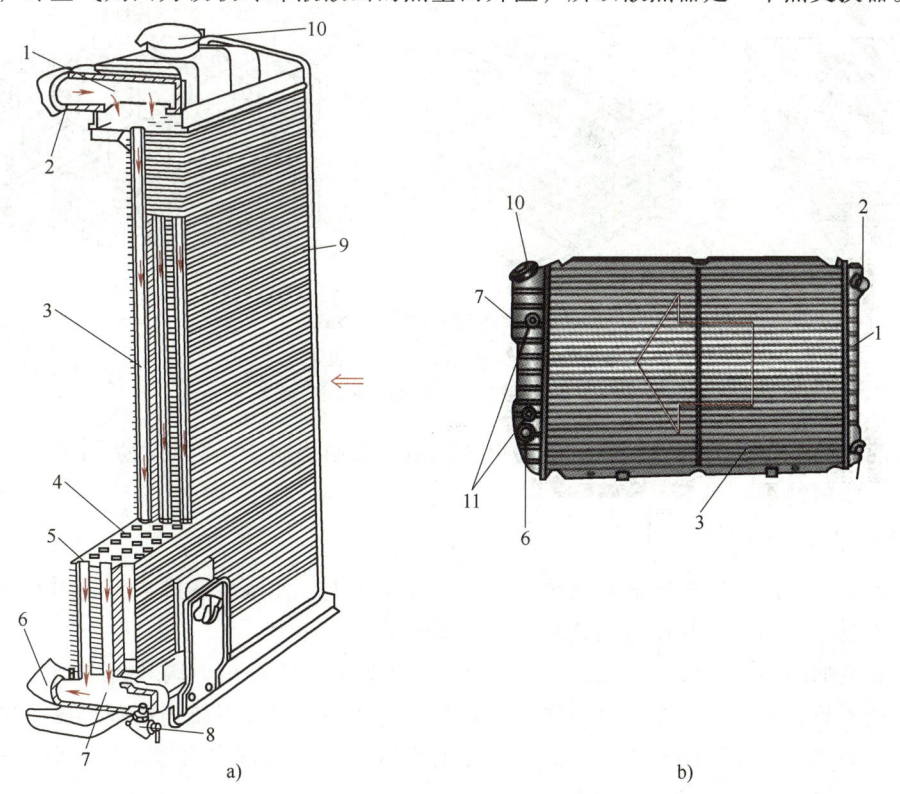

图 7-3 散热器的结构
a）纵流式散热器局部剖切轴测图 b）横流式散热器
1—进水室 2—进水口 3—散热器芯 4—隔热板 5—内部水道 6—出水口 7—出水室
8—放水阀 9—肋片 10—散热器盖 11—自动变速器油冷却器进、出口

按照散热器中冷却液流动的方向可将散热器分为纵流式和横流式两种。纵流式散热器芯竖直布置,上接进水室,下连出水室,冷却液由进水室自上而下地流过散热器芯进入出水室(图7-3a)。横流式散热器芯横向布置,左右两端分别为进、出水室,冷却液自进水室经散热器芯到出水室横向流过散热器(图7-3b)。大多数新型轿车均采用横流式散热器,这可以使发动机罩的外廓较低,有利于改善车身前端的空气动力性。

散热器芯有多种结构型式,如图7-4所示。

管片式散热器芯,它由散热管和散热片组成(图7-4a)。散热管是焊在进、出水室之间的直管。作为冷却液的通道,散热管有扁管和圆管之分。扁管与圆管相比,在容积相同的情况下有较大的散热表面。铝散热器芯多为圆管。扁管都焊在多层的散热片上,这种型式的散热器优点是芯部散热面积大,气流阻力小,结构刚度好,承压能力强;缺点是制造工艺比较复杂。

管带式散热器芯由散热管及波形散热带组成(图7-4b)。散热管为扁管并与波形散热带相间地焊在一起。为增强散热能力,在波形散热带上加工有鳍片。与管片式散热器芯相比,管带式散热器芯的散热能力强,制造简单,质量小,成本低,但结构刚度差。

板式散热器芯的冷却液通道由成对的金属薄板焊合而成(图7-4c)。这种散热器芯散热效果好,制造简单,但焊缝多不坚固,容易沉积水垢且不易维修。

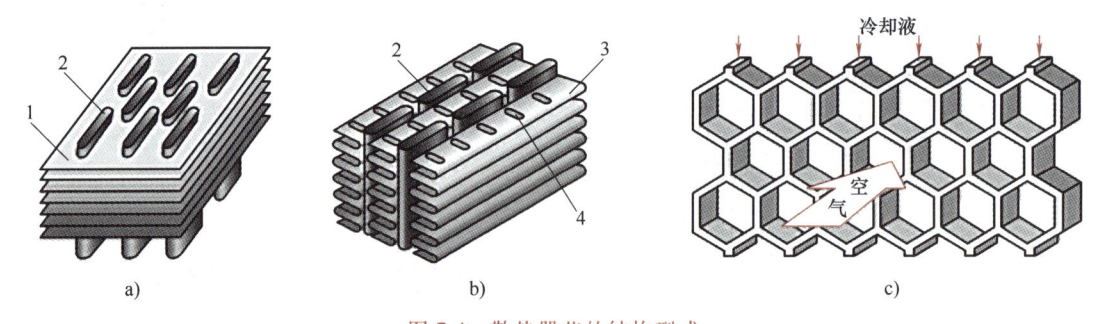

图7-4 散热器芯的结构型式
a) 管片式 b) 管带式 c) 板式
1—散热片 2—散热管 3—散热带 4—鳍片

传统的散热器芯多由黄铜制造,但近年来更多的是用铝制造,有的散热器的上、下储水室采用复合塑料制造。

2. 散热器盖

散热器盖的作用是严密地盖在散热器冷却液加注口上,使水冷系统成为封闭系统,减少冷却液外溢及蒸发损失,并通过加装阀门调节系统的工作压力。

散热器盖的结构及工作原理如图7-5所示。散热器盖安装有压力阀和真空阀。当发动机正常工作处于热状态时两阀在弹簧力作用下处于关闭状态,可使系统内的蒸气压力提高98~196kPa,从而提高冷却液的沸点,因此可通过增大散热器与周围大气温差以增强散热能力,减小散热器的尺寸。

当发动机工作时,冷却液的温度逐渐升高,冷却液体积膨胀,使冷却系统内压力增高。当冷却系统内蒸气压力超过大气压力26~37kPa时,压力阀便开启,如图7-5b所示。此时一部分冷却液将从溢流管流入补偿水桶,使冷却液内的压力下降,防止冷却液胀裂散热器。

当发动机停机后，冷却液温度下降，冷却系统的压力随之下降，当系统内蒸气压力低于大气压力 10~12kPa 时，真空阀便开启，如图 7-5c 所示。空气从溢流管进入散热器，以防止散热器被大气压瘪而损坏。

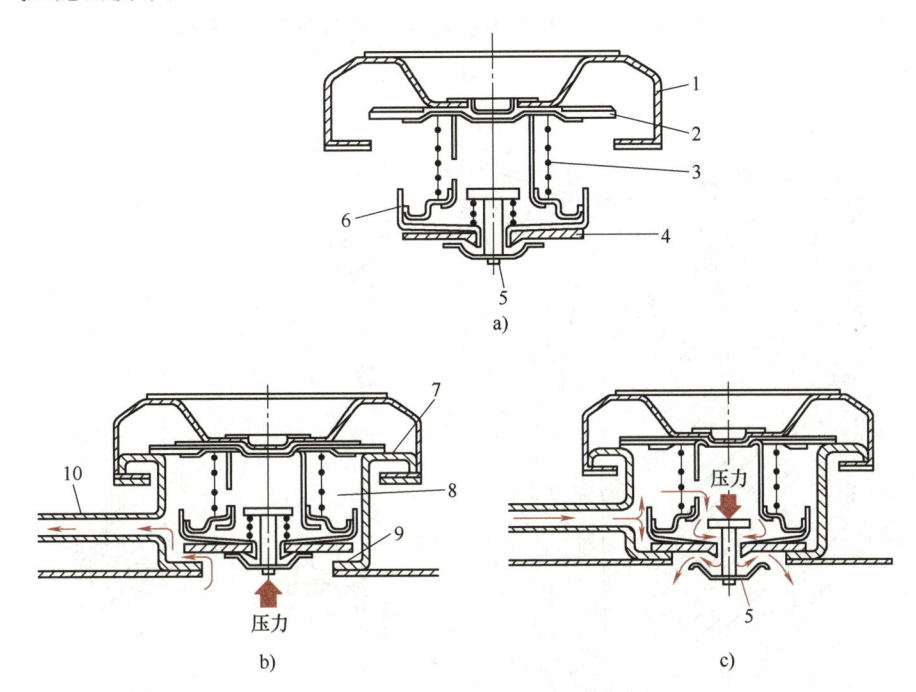

图 7-5 散热器盖的结构及工作原理
a) 散热器盖结构　b) 压力阀开启　c) 真空阀开启
1—散热器盖　2—上密封衬垫　3—压力阀弹簧　4—下密封衬垫　5—真空阀　6—压力阀
7—加冷却液口上密封面　8—加冷却液口　9—加冷却液口下密封面　10—溢流管

3. 补偿水桶

补偿水桶的作用是减少冷却系统冷却液的溢失。补偿水桶为塑料制品并用软管与散热器冷却液加注口上的溢流管连接。当冷却液受热膨胀后，部分冷却液流入补偿水桶；当冷却液温度下降时，散热器内产生一定的真空度，部分冷却液又被吸回散热器。在补偿水桶的外表面上刻有两条显示液面高度的标记线："DI"（低）和"GAO"（高）。若液面低于"DI"线时，应向桶内补充冷却液。在向桶内添加冷却液时，液面不应超过"GAO"线。补偿水桶内的液面有时高、有时低，但总应位于两条标记线之间。而散热器却总是被冷却液充满。

补偿水桶还可以消除冷却系统中的气泡。气泡的存在会降低传热效果，还会增加金属被腐蚀的危险。

4. 散热器百叶窗

有些载货汽车和大客车发动机在散热器前面装有百叶窗，其作用是通过改变吹过散热器的空气流量来调节发动机的冷却强度，以保证发动机经常在适当的温度范围内工作。在发动机冷起动或暖机期间，冷却液的温度较低，这时将百叶窗部分或完全关闭，以减少吹过散热器的空气流量，使冷却液的温度迅速升高。

百叶窗可由驾驶人通过驾驶室内的手柄来操纵开闭，也可用感温器自动控制。图 7-6

179

所示为载货汽车上使用的散热器百叶窗自动控制系统。系统中的感温器 2 安装在散热器 1 的进水管上,用来感受来自发动机的冷却液温度。在发动机冷起动及暖机期间,百叶窗 9 关闭,当发动机达到正常工作温度后,感温器打开空气阀,使制动空气压缩机 3 产生的压缩空气进入空气缸 4,并推动空气缸内的活塞连同调整杆 5 一起下移,带动杠杆 7 使百叶窗开启。

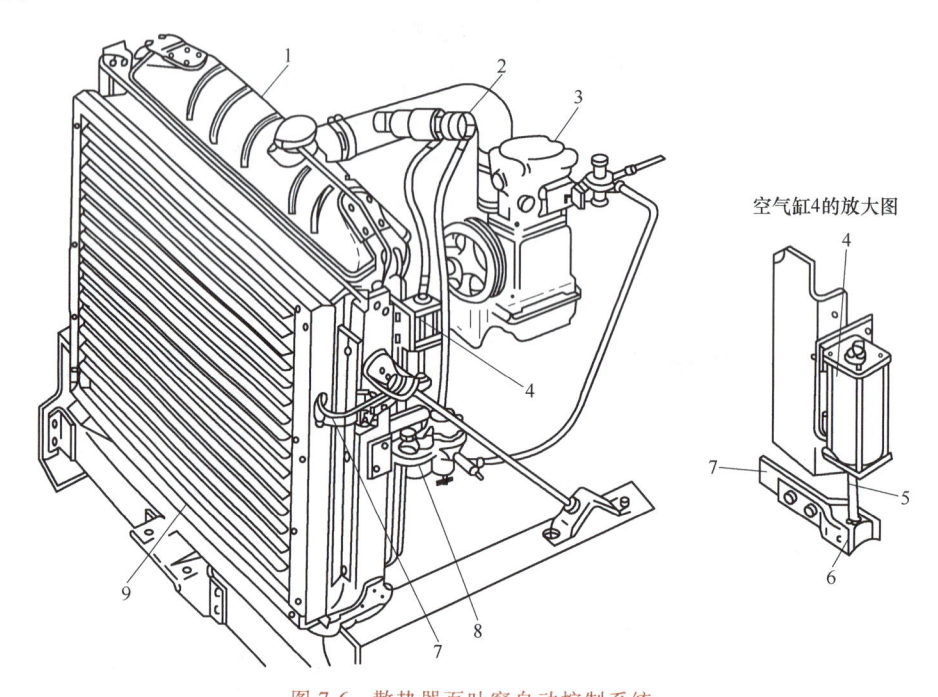

图 7-6 散热器百叶窗自动控制系统
1—散热器 2—感温器 3—制动空气压缩机 4—空气缸 5—调整杆
6—调整螺母 7—杠杆 8—空气滤清器 9—百叶窗

7.2.3 冷却风扇

1. 冷却风扇的功用及结构

冷却风扇通常置于散热器后面。当发动机在车架上纵向布置时,风扇一般安装在水泵轴上,并由驱动水泵和发电机的同一根 V 带传动。冷却风扇的功用是旋转时吸进空气,使空气通过散热器,以增强散热器的散热能力,加速冷却液的冷却。汽车发动机水冷系统多采用低压头、大风量、高效率的轴流式风扇,即风扇旋转时,空气沿着风扇旋转轴的轴线方向流动。冷却风扇与导风罩如图 7-7 所示。

风扇的扇风量主要取决于风扇直径、转速、叶片形状、叶片安装角及叶片数目等。冷却风扇叶片的形状有圆弧形和翼形两种,如图 7-8 所示。圆弧形叶片多用薄钢板冲压而成,横断面多为弧形。翼形叶片用塑料或铝合金铸成,翼型风扇虽然制造工艺较复杂,但效率较高,功率消耗较少,故在轿车和轻型汽车上得到了广泛的应用。叶片应与风扇旋转平面安装成一定的倾斜角度(一般为 30°~45°)。叶片数可以为 4、5、6 或 7 片。叶片之间的间隔角或相等,或不相等。间隔角不等的叶片可以减小叶片旋转时产生的振动和噪声。

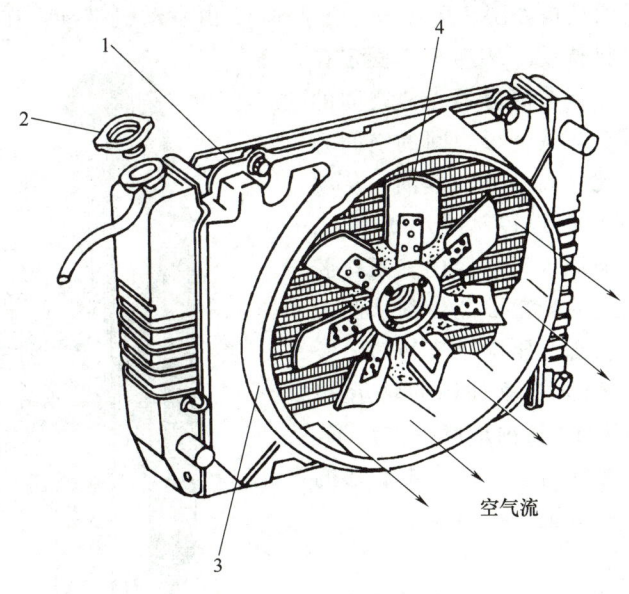

图 7-7　冷却风扇与导风罩

1—散热器　2—散热器盖　3—导风罩　4—风扇

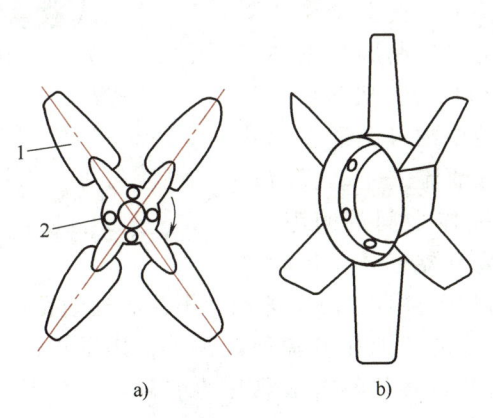

图 7-8　冷却风扇叶片的形状

a) 圆弧形　b) 翼形
1—叶片　2—托板

2. 硅油风扇离合器

汽车在行驶过程中，由于环境条件和运行工况的变化，发动机的热状况也在改变。因此，必须随时调节发动机的冷却强度。例如，在炎热的夏季，发动机在低速大负荷下工作，冷却液的温度很高时，风扇应该高速旋转以增加冷却风量，增强散热器的散热能力。而在寒冷的冬天，冷却液的温度较低时，或在汽车高速行驶有强劲的迎面风吹过散热器时，风扇继续工作就变得毫无意义了，不仅白白消耗发动机功率而且还会产生很大的噪声。试验证明，水冷系统只有25%的时间需要风扇工作，而在冬季需要风扇工作的时间就更短了。因此，根据发动机的热状况随时对其冷却强度加以调节就显得十分必要了。在风扇带轮与冷却风扇之间装置硅油风扇离合器是实现这种调节的方法之一。

硅油风扇离合器的结构如图7-9所示，驱动轴12由发动机带动，在轴的左端装有主动板9，它随驱动轴一起转动。从动板2固定在离合器壳体8上，从动板与离合器壳体之间的空间为工作腔。前盖7与从动板之间的空间为贮油腔，在贮油腔内装有高黏度的硅油。从动板上的进油孔A在常温时被控制阀片3堵住，贮油腔的硅油此时不能流入工作腔内。工作腔内没有硅油，主动板上的转矩不能传到从动板上，离合器处于分离状态。驱动轴旋转时，装有风扇叶片的离合器壳体在驱动轴的轴承11上打滑，在密封毛毡圈10和轴承摩擦作用下，以很低的转速旋转。在前盖上，装有螺旋形的双金属片感温器5，一端固定在前盖上，另一端嵌在阀片传动销4中。

当发动机负荷增大，冷却液温度升高时，通过散热器芯部气流的温度随之升高。高温气流吹在双金属片感温器上，使双金属片受热变形，带动阀片传动销和控制阀片偏转一个角度。气流温度超过65℃后，从动板上的进油孔A被打开，贮油腔中的硅油通过此孔进入工作腔中。黏性的硅油流进主动板与从动板及主动板与离合器壳体之间的间隙中，将主动板上的转矩传给离合器壳体，带动风扇高速旋转，离合器此时处于接合状态。进入工作腔的硅油在离心力的作用下甩向外缘，顶开单向阀并通过从动板上的回油孔B流回贮油腔，然后再进入工作腔。如此反复，形成循环。硅油在循环时将热量传给铸有散热片的前盖和离合器外壳而得到冷却，以避免工作时硅油温度过高。

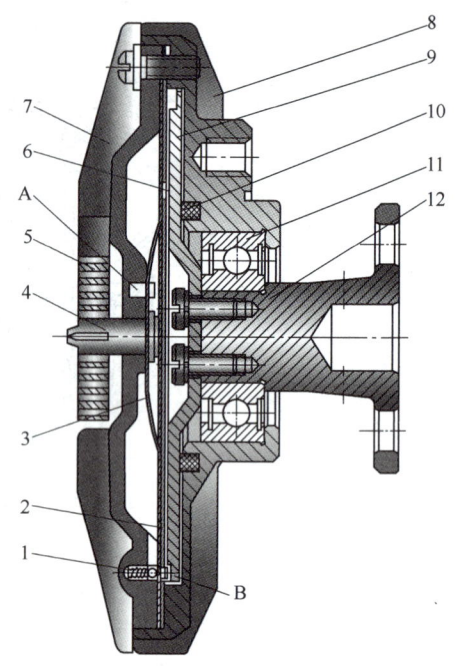

图7-9 硅油风扇离合器的结构

1—单向阀 2—从动板 3—控制阀片 4—阀片传动销 5—双金属片感温器 6—阀片限位销钉 7—前盖 8—离合器壳体 9—主动板 10—密封毛毡圈 11—轴承 12—驱动轴
A—从动板上的进油孔 B—从动板上的回油孔

当发动机因负荷下降等原因，吹向双金属片感温器的气流温度低于35℃时，控制阀片将进油孔A关闭，硅油不再进入工作腔，而原来在工作腔中的硅油仍不断地在离心力作用下返回贮油腔，直至排空为止。离合器此时又处于分离状态，风扇转速变得很低。

单向阀1可防止硅油在发动机不工作时从贮油腔流入工作腔中。

装置硅油风扇离合器后，不但可使发动机经常在适宜的温度下工作，而且还可以减小驱动风扇所需的功率，降低风扇噪声。

3. 电动风扇

很多轿车发动机的水冷系统采用电动风扇，尤其横置发动机前轮驱动的汽车更是如此。电动风扇由风扇电动机驱动并由蓄电池供电，所以风扇转速与发动机转速无关。

目前许多轿车均采用电动风扇（图7-10）。如桑塔纳2000GSi、奥迪100、捷达等轿车采用的电动风扇转速为两档，其转速由安装在散热器出水室上的电动风扇双速热敏开关1控制。当散热器出口冷却液温度为92~97℃时，双速热敏开关接通电动风扇的低速档，风扇开始转动，保证有足够的空气流经散热器；当冷却液温度为99~105℃时，双速热敏开关接通电动风扇的高速档，风扇以更高的转速运转，以提高冷却强度；若冷却液温度降到92~98℃时，风扇电动机2恢复低速档运转；当冷却液温度下降到84~91℃时，双速热敏开关切断电源，风扇电动机停止运转。

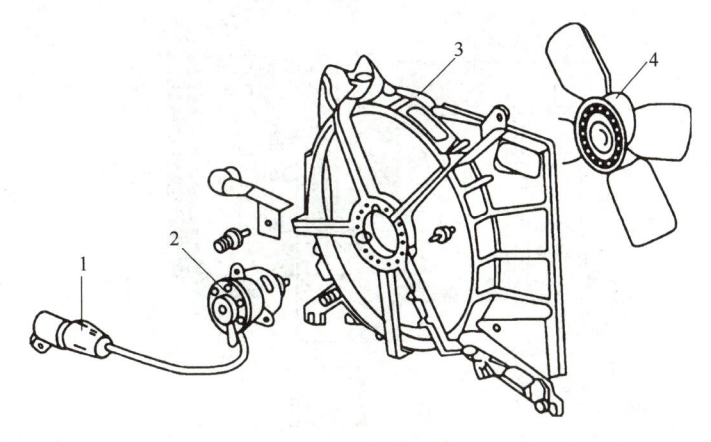

图 7-10 电动风扇

1—双速热敏开关　2—风扇电动机　3—导风罩　4—风扇

在有些电控系统中，电动风扇由计算机控制。冷却液温度传感器向计算机传输与冷却液温度相关的信号。当冷却液温度达到规定值时，计算机使风扇继电器搭铁，继电器触点闭合并向风扇电动机供电，风扇开始工作。电动风扇的优点是结构简单，布置方便，不消耗发动机功率，可使燃油经济性得到改善。此外，采用电动风扇不需要检查、调整或更换风扇传动带，因而减少了维修的工作量。

7.2.4 节温器

1. 节温器的功用

节温器是控制冷却液流动路径的阀门。其作用是根据发动机冷却液温度的高低，自动改变冷却液的循环路线及流量，使发动机始终在最适宜的温度下工作。

当发动机冷起动时，冷却液的温度较低，这时节温器将冷却液流向散热器的通道关闭，使冷却液经水泵入口直接流入机体或气缸盖水套，以便使冷却液能够迅速升温。如果不装节温器，让温度较低的冷却液经过散热器冷却后返回发动机，则冷却液的温度将长时间不能升高，发动机也将长时间在低温下运转。同时，车厢内的暖风系统以及预热系统都在长时间内不能发挥作用。

2. 节温器的结构及工作原理

（1）蜡式节温器　蜡式节温器分为单阀型与双阀型两种，单阀蜡式节温器的结构如图7-11所示。推杆1的一端固定在带状上支架2上，而另一端插入感温体5内的胶管6中。感温体支承在带状下支架3及节温器阀8之间。在胶管与节温器外壳间充满精制石蜡7。

冷却液的大小循环如图7-12所示。当冷却液温度低于规定值时，节温器感温体内的石

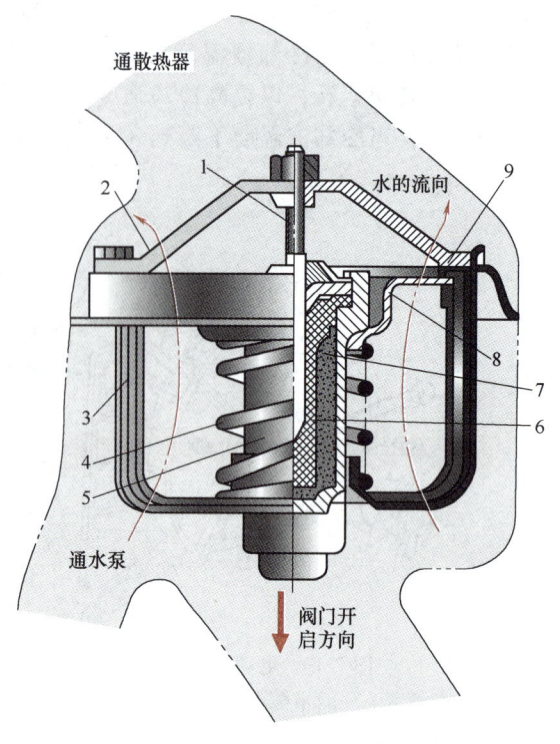

图 7-11 单阀蜡式节温器的结构

1—推杆 2—上支架 3—下支架 4—弹簧 5—感温体 6—胶管 7—石蜡 8—节温器阀 9—阀座

蜡呈固态，节温器阀在弹簧4的作用下关闭冷却液流向散热器的通道，冷却液经水泵返回发动机，进行小循环（图7-12a）。当冷却液温度达到规定值后，石蜡开始熔化而逐渐变成液体，体积增大并压迫胶管使胶管收缩。在胶管收缩的同时，对推杆作用以向上的推力。由于推杆上端固定，因此推杆对胶管和感温体产生向下的反推力使阀门开启。这时冷却液经节温器阀进入散热器，并由散热器经水泵流回发动机，进行大循环（图7-12b）。

动画：冷却液的大小循环

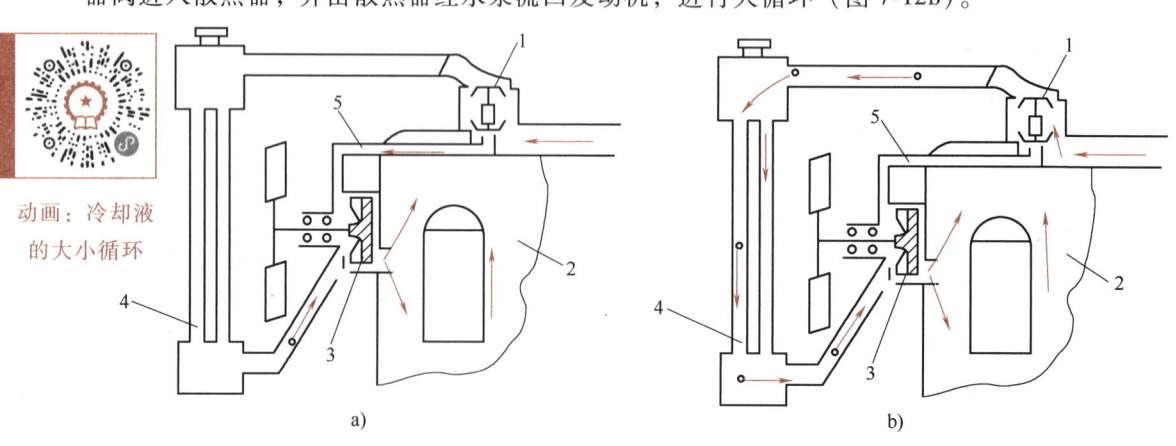

图 7-12 冷却液的大小循环

a）小循环 b）大循环

1—节温器 2—水套 3—水泵 4—散热器 5—旁通管

捷达、桑塔纳及奥迪100型等轿车，均采用蜡式节温器。蜡式节温器的特性为：当温度达到85℃时，节温器阀开始打开；当温度达到105℃时，节温器阀全开，其升程应超过7mm。

(2) 电控蜡式节温器 大众奥迪APF（1.6L四缸直列）发动机采用的电控蜡式节温器，如图7-13所示。区别于传统蜡式节温器的部件为温度调节单元，其中热敏电阻丝1直接接触石蜡3，石蜡另一端固接于推杆2，热敏电阻丝的引出线连接到插接头上。

发动机电控单元根据冷却液温度传感器信号和控制策略，向热敏电阻丝提供12V可控占空比电压，控制加热石蜡的时间和强度，开启相应节温器阀的位移，实现精确调节发动机冷却液温度。采用电控蜡式节温器的发动机可实现冷却液温度灵活控制，使发动机在各种工况下的冷却液温度均可满足燃烧过程的要求。

3. 节温器的布置

一般水冷系统的冷却液都是由发动机的机体流进，从气缸盖流出。因此，大多数节温器布置在气缸盖出水管路中。这种布置方式的优点是结构简单，容易排除冷却系统中的气泡，缺点是节温器在工作时会产生振荡现象。例如，在冬季冷起动发动机时，由于冷却液温度低，节温器阀关闭。冷却液在进行小循环时，

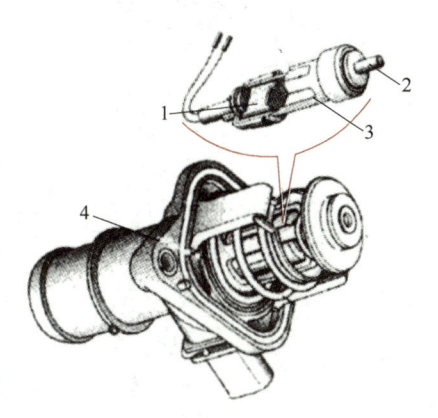

图7-13 电控蜡式节温器
1—热敏电阻丝 2—推杆
3—石蜡 4—壳体

温度很快升高，节温器开启。与此同时，散热器内的低温冷却液流入机体，使冷却液又冷了下来，节温器阀重新关闭。等到冷却液温度再度升高，节温器阀又再次打开。直到全部冷却液的温度稳定之后，节温器阀才趋于稳定不再反复开闭。节温器在短时间内反复开闭的现象称为节温器振荡。当出现这种现象时，将增加汽车的燃油消耗量。节温器也可以布置在散热器的出水管路中。这种布置方式可以减轻或消除节温器振荡现象，并能精确地控制冷却液温度，但结构复杂，成本较高，多用于高性能的汽车及在冬季经常高速行驶的汽车上。

7.2.5 水泵

水泵的功用是对冷却液加压，使冷却液在冷却系统中加速循环流动。由于离心式水泵具有结构简单、尺寸小、工作可靠、制造容易等优点，因而得到广泛应用。

1. 水泵的工作原理

离心式水泵如图7-14所示。离心式水泵主要由水泵壳体、叶轮和水泵轴等组成。叶轮的叶片呈径向或向后弯曲的形状，数目为6~9片，如图7-14b所示。当曲轴通过传动带驱动叶轮5逆时针转动时（图7-14a），水泵中的冷却液被叶轮带动一起旋转，在离心力的作用下，冷却液被甩向水泵壳体的边缘，同时产生一定的压力，然后从出水口3流出。在叶轮的中心处，由于冷却液被甩向外缘而压力降低，散热器中的冷却液在水泵进口与叶轮中心的压差作用下，经进水口1被吸入水泵叶轮中心。

2. 水泵的典型结构

图7-15所示为某型发动机采用的离心式水泵。水泵轴12支承在两个球轴承11上，水泵

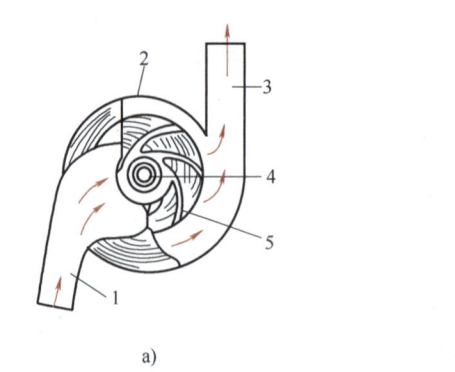

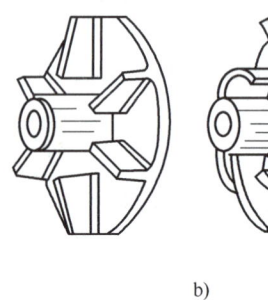

图 7-14 离心式水泵
a）离心式水泵的工作原理　b）叶轮的叶片
1—进水口　2—水泵壳体　3—出水口　4—水泵轴　5—叶轮

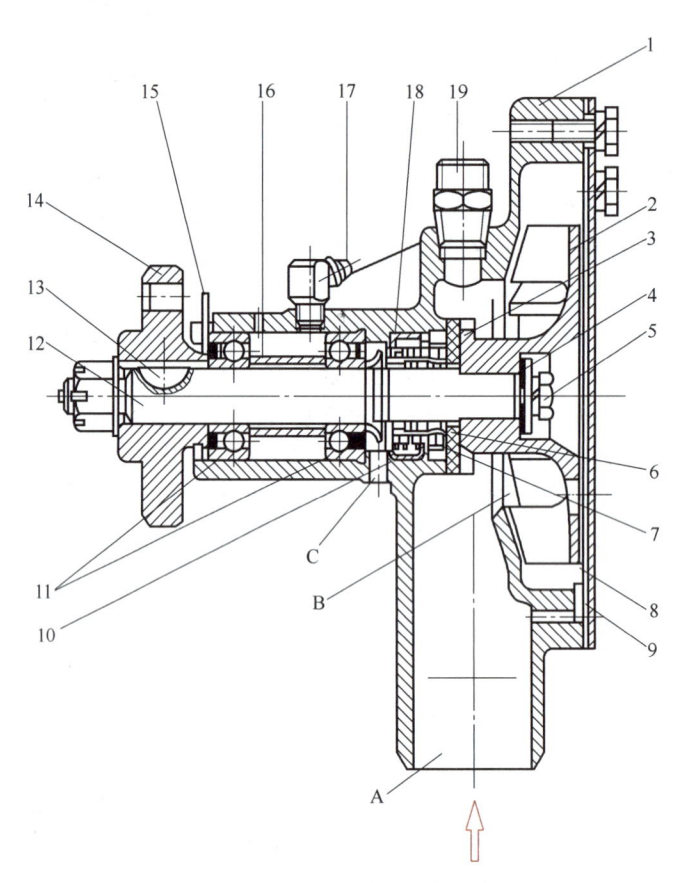

图 7-15 某型发动机采用的离心式水泵
1—水泵壳体　2—叶轮　3—夹布胶木密封垫圈　4—垫圈　5—螺钉　6—水封皮碗　7—弹簧　8—衬垫
9—泵盖　10—水封座圈　11—球轴承　12—水泵轴　13—半圆键　14—凸缘盘（供安装带轮和风扇用）
15—轴承卡环　16—隔离套管　17—滑脂嘴　18—水封环　19—管接头　A—进水口　B—内腔　C—泄水孔

轴伸出壳体以外的一端用半圆键13与安装风扇带轮的凸缘盘14连接，另一端装有水泵叶轮2。水泵壳体用螺栓固定在发动机缸体的前端面上。当叶轮旋转时，冷却液由散热器经进水口 A 进入水泵内腔 B，再经出水腔直接进入缸体水套内。在叶轮 2 与球轴承 11 之间装有水封，用来防止冷却液向前渗漏浸泡轴承。水封中的弹簧 7 通过水封环 18 将水封皮碗 6 的一端压在水封座圈 10 上，而将皮碗的另一端压在夹布胶木密封垫圈 3 上。夹布胶木密封垫圈在弹簧的压力下与水泵叶轮轮毂的端面贴合以防止冷却液进入轴承而破坏轴承的润滑。密封垫圈上有两个凸耳卡在水泵壳体上的槽孔内。在水泵工作时水封不随水泵轴旋转。水泵壳体上有泄水孔 C，位于水封之前。一旦有冷却液漏过水封，可从泄水孔泄出。

3. 水泵的驱动

水泵一般由曲轴通过 V 带驱动。传动带环绕在曲轴带轮和水泵带轮之间，因此水泵转速与发动机转速成比例。奥迪 100 型轿车发动机的水泵即由曲轴通过 V 带驱动，水泵转速为曲轴转速的 1.6 倍。有些发动机的水泵由凸轮轴直接驱动。

7.2.6 变速器机油冷却器

装有自动变速器的汽车必须装备变速器机油冷却器（图 7-16），这是因为自动变速器中的机油可能过热。机油过热会降低变速器性能甚至造成变速器损坏。变速器机油冷却器通常就是一根冷却管，置于散热器的出水室内，由冷却液对流过冷却管的变速器机油进行冷却。在变速器和冷却器之间用金属管或橡胶软管连接。

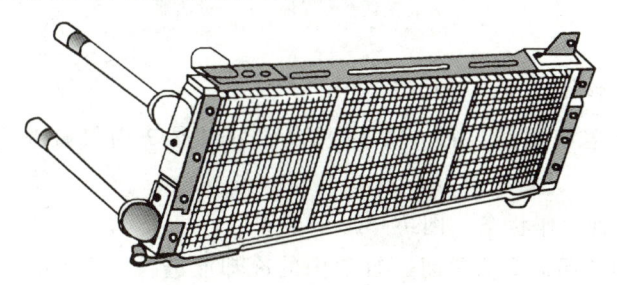

图 7-16 变速器机油冷却器

当汽车牵引挂车时，需要对变速器机油进行附加冷却。在这种情况下，可在变速器机油冷却器的管路中串接一个外部变速器机油附加冷却器，并置于散热器前面。

7.3 双回路冷却系统

双回路冷却系统中冷却液可以在不同温度下通过各自的通道流经气缸体和气缸盖，温度调节则由节温器壳体中的两个节温器进行控制，可以实现气缸体和气缸盖的温度差异化控制，相应的冷却液温度因不同发动机而异。图 7-17 所示为 EA211 发动机中使用的双回路冷却系统。

1. 双回路冷却系统的优点

双回路冷却系统有以下优点。

1）由于冷却液会一直在气缸体中直至温度达到约 105℃，因此气缸体预热的速度较快。
2）由于气缸体中的温度较高，因此曲轴组件中的摩擦力较小。
3）由于气缸盖中的温度较低，因此燃烧室的冷却性能更佳，减少了爆燃倾向。

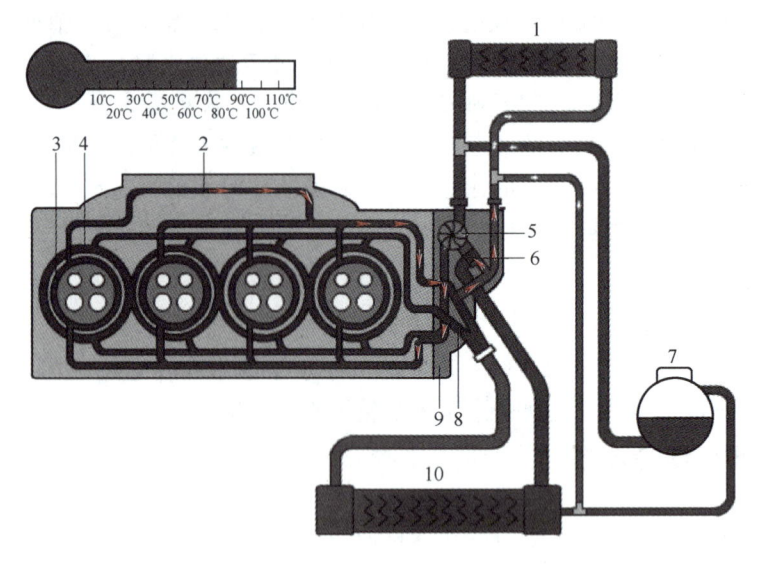

图 7-17 双回路冷却系统

1—暖风装置热交换器　2—排气歧管冷却　3—气缸盖冷却　4—气缸体冷却　5—冷却液泵
6—气缸盖节温器 1（87℃）　7—储液罐　8—气缸体节温器 2（105℃）
9—冷却液调节器壳体　10—散热器

2. 双节温器的工作温度及工作状态

节温器 1 为气缸盖节温器，在 87℃ 时开启。节温器 2 为气缸体节温器，在 105℃ 时开启。

两个节温器的 3 种工作状态（图 7-18）如下。

（1）节温器 1 和节温器 2 都关闭　缸盖中的冷却液进行小循环，缸体中的冷却液不流通，如图 7-18a 所示。

（2）节温器 1 开启、节温器 2 关闭　缸盖中的冷却液流经散热器后通过节温器 1 流到水泵，如图 7-18b 所示。

（3）节温器 1 和节温器 2 都开启　缸盖及缸体中的冷却液都流经散热器后通过节温器 1 流到水泵，图 7-18c 所示。

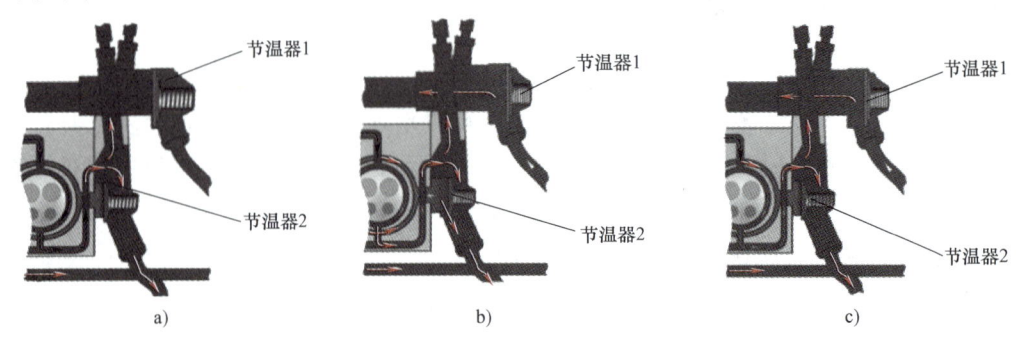

图 7-18 节温器开关工作状态图

a）节温器都关闭　b）节温器 1 开启、节温器 2 关闭　c）节温器都开启

思考题

1. 冷却系统的功用是什么？冷却过度和冷却不足各对发动机有何影响？
2. 典型水冷系统由哪些主要部件组成？各起什么作用？
3. 水冷系统中为什么要装节温器？什么是大循环？什么是小循环？
4. 为什么要采用风扇离合器？试简述硅油风扇离合器的基本工作原理。
5. 水冷系统的节温器在夏季是否可以摘除？为什么？

第8章 发动机润滑系统

8.1 概述

发动机运转时，很多具有相对运动的零件表面都是在很小的间隙下做高速相对运动，如活塞环与气缸壁面、曲轴主轴颈与主轴承、曲柄销与连杆轴承、凸轮轴颈与凸轮轴轴承、配气机构各运动副及传动齿轮副等。相对运动的零件表面必然会产生摩擦，导致发动机的有效功率下降，零件工作表面的磨损增加。而且摩擦产生的热会将零件工作表面烧损，致使发动机无法运转。因此，为保证发动机正常工作，提高发动机使用寿命和有效功率，必须对相对运动的零件表面进行润滑。

8.1.1 润滑系统的功用和润滑方式

1. 润滑系统的功用

润滑系统的功用就是在发动机工作时连续不断地把数量足够的洁净润滑油（或称为机油）输送到全部传动件的摩擦表面，并在摩擦表面之间形成油膜，实现液体摩擦，从而减小摩擦阻力，降低功率消耗，减轻部件磨损，以提高发动机工作的可靠性和耐久性。

2. 润滑系统的润滑方式

根据发动机中各运动副不同的工作条件，可采用以下3种不同的润滑方式。

（1）**压力润滑** 压力润滑是在机油泵的作用下以一定的压力将润滑油不断输送到摩擦表面间隙中形成油膜来进行润滑的方式。这种润滑方式适用于摩擦表面没有露在外面，载荷和运动速度大的零件，通常情况下，曲轴主轴承、连杆轴承及凸轮轴轴承等承受负荷较大的摩擦表面采用压力润滑。

（2）**飞溅润滑** 飞溅润滑是利用发动机工作时运动零件飞溅起来的油滴或油雾来润滑摩擦表面的润滑方式。这种润滑方式适用于摩擦面露在外面，润滑负荷较小，运动速度小的零件，如气缸壁面和配气机构的凸轮、挺柱、气门杆以及摇臂等零件的工作表面。

（3）**润滑脂润滑** 润滑脂润滑是通过润滑脂嘴定期加注润滑脂来润滑零件工作表面的润滑方式。这种润滑方式主要用于负荷小、摩擦力不大，露于发动机体外的一些附件的润滑面上，如水泵、发电机、起动机等部件轴承润滑表面的润滑。

8.1.2 润滑系统的组成和润滑油路

1. 润滑系统的组成

发动机润滑系统主要由油底壳、集滤器、机油泵、机油滤清器、机油散热器等零部件组成。此外润滑系统还装有起限压、回油等作用的各种压力阀，以及润滑油压力表、温度表和润滑油管道等。

（1）**油底壳** 油底壳在绝大多数车型中，主要起到储存机油的作用，加装密封垫后固定在机体的最下部。在干式油底壳发动机中，油底壳主要是给循环机油起到一个适时性的储油作用。

（2）**集滤器** 集滤器用来滤除润滑油中粗大的杂质，防止杂质进入机油泵。

（3）**机油泵** 机油泵用来提供足够高的压力，与系统中的节流阀配合，以保证进行压力润滑和足够量的润滑油在润滑系统内能循环流动。

（4）**机油滤清器** 机油滤清器用来滤除润滑油中的金属磨屑、机械杂质和润滑油氧化物。它包括机油粗滤器和机油细滤器。

（5）**机油散热器** 机油散热器用来降低润滑油的温度。润滑油在循环过程中由于吸热而温度升高。若润滑油温度过高，则其黏度下降，不利于在摩擦表面形成油膜；此外，还会加速润滑油老化变质，缩短润滑油使用寿命。

（6）**限压阀及旁通阀** 限压阀（装在机油泵盖上）用来限制最高油压。旁通阀是避免因粗滤器堵塞而使主油道供给中断的装置。限压阀在不同车型中的称呼也有区别，如调压阀、卸压阀、油压控制阀等，但功能是相同的。

（7）**机油压力传感器和润滑油压力表** 机油压力传感器和润滑油压力表用来检测并通过仪表显示机油压力。

2. 润滑系统的油路

现代汽车发动机润滑系统的组成及油路布置方案大致相同。只是由于润滑系统的工作条件和具体结构的不同而稍有差别。图8-1所示为某轿车发动机的润滑系统油路。它采用复合式润滑系统，发动机曲轴的主轴颈、连杆轴颈、凸轮轴轴颈、中间轴轴颈等采用压力润滑；活塞、活塞环、气缸壁、气门等采用飞溅润滑。

发动机工作时，机油泵7将油底壳4中的润滑油经集滤器过滤后吸入，并形成一定压力后向机油滤清器供油。如果所供机油油压太高或流量过大，则润滑油经机油泵上的溢流阀3返回机油泵入口。压力和流量正常的润滑油经机油滤清器2滤清之后进入发动

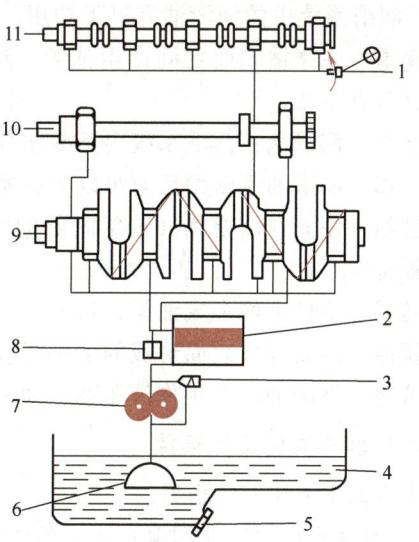

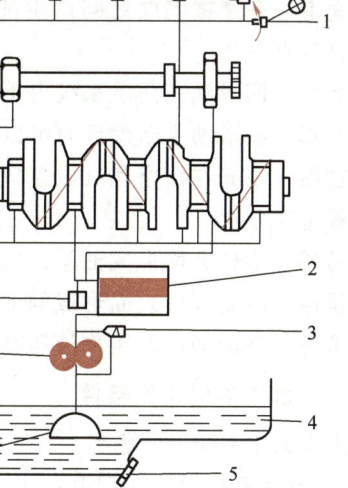

图 8-1 某轿车发动机的润滑系统油路
1—低压油压开关（0.03MPa） 2—机油滤清器
3—限压阀（溢流阀） 4—油底壳 5—磁性放油螺塞 6—集滤器 7—机油泵
8—旁通阀（0.18MPa） 9—曲轴
10—中间轴 11—凸轮轴

动画：润滑系统油路

机主油道。机油滤清器盖上设有旁通阀8，若机油滤清器堵塞，油压升高，则润滑油不经过机油滤清器2，而由旁通阀8直接进入主油道。主油道的润滑油通过5条并联斜油道，分别润滑5个曲轴主轴颈，再经曲轴内的斜油道流向4个连杆轴颈润滑曲柄销，润滑油再经连杆杆身的油道润滑活塞销，并对活塞进行冷却。中间轴10的润滑油由发动机前边第一条横向斜油道供给。与主油道垂直的油道将润滑油送到气缸盖油道，再通过5道并联的横向斜油道将润滑油送到凸轮轴11，润滑5个凸轮轴轴颈。同时润滑配气机构的挺柱。在气缸盖和气缸体右侧（由前向后看）布置有回油孔，使气缸盖上的润滑油流回曲轴箱。

另外，在机油滤清器上还设有机油压力开关。机油压力若低于规定值（如0.03MPa），则机油压力开关触点闭合，警告灯闪亮，同时蜂鸣器鸣响警告。有的发动机润滑系统中设置有机油散热器。机油散热器一般安装在冷却液散热器的前面，只有当发动机长时间在大负荷、高转速下工作时，以及周围气温比较高的情况下才使用。在寒冷季节或在气温低于20℃的情况下，汽车行驶于较好路面上时，需要将阀门关闭。为保证主油道油压不致过低，通往散热器的通路是否开通也受到进油限压阀的控制。

8.2 润滑剂

汽车发动机所使用的润滑剂包括润滑油和润滑脂两种。

8.2.1 润滑油

1. 润滑油的功用

循环于润滑系统中的润滑油有以下功用。

（1）润滑　在摩擦表面之间产生油膜，形成液体摩擦，使摩擦阻力减小、减轻机件磨损、降低功率消耗。

（2）清洗　润滑油在润滑系统内不断循环，清洗摩擦表面，带走磨屑和其他异物。

（3）冷却　润滑油不断循环时可以吸收摩擦表面的热量，起到冷却作用。

（4）密封　填充在活塞和气缸壁间隙的润滑油，形成油膜可帮助活塞环加强密封，有利于防止漏气或漏油。

（5）防锈　零件表面形成油膜，对零件表面起到保护作用，防止零件表面腐蚀生锈。

（6）缓冲　运动零件表面形成的油膜吸收零件之间的冲击并减小振动，降低工作噪声。

（7）液压　润滑油还可用作液压油，如液压挺柱起液压作用。

2. 发动机润滑油的工作条件

润滑油的工作条件十分恶劣。

1）汽车发动机润滑油在润滑系统内循环流动，循环次数每小时可达100次。

2）在循环过程中，润滑油与高温的金属壁面及空气频频接触，不断氧化变质。

3）窜入曲轴箱内的燃油蒸气、废气以及金属磨屑和积炭等，使润滑油受到严重污染。

4）润滑油的工作温度变化范围很大，在发动机起动时，为环境温度；在发动机正常运转时，曲轴箱中润滑油的平均温度可达95℃或更高；同时，润滑油还与180~300℃的高温零件接触，受到强烈的加热。

8.2.2 润滑油的使用特性及分类

1. 润滑油的使用特性

汽车发动机润滑油的工作条件十分恶劣,因此必须具备优良的使用性能。汽车发动机用的润滑油,应具有下列使用性能。

(1) 适当的黏度 润滑油必须具有良好的流动性,特别地应具有良好的低温流动性。而润滑油的黏度则是反映流动性的指标,是反映润滑油层在两相对运动表面之间可以产生滑动的难易程度。润滑油的黏度对发动机的工作有很大影响。黏度过小,在高温、高压下润滑油容易从摩擦表面流失,不能形成足够厚度的油膜;黏度过大,发动机冷起动困难,润滑油不能被泵送到摩擦表面。

润滑油的黏度随温度变化而变化。温度升高,黏度减小;温度降低,黏度增大。因此使用时应根据季节和地区的变化来选择润滑油的牌号。夏季气温高时,要用黏度较大的润滑油,否则将因润滑油过稀而不能使发动机得到可靠的润滑;冬季气温低时则要用黏度较低的润滑油,否则将因润滑油黏度过大,流动性差而不能输送到零件的摩擦表面。

为了使润滑油在较宽的温度范围内都有适当的黏度,必须在基础油中加入增稠剂。添加增稠剂之后,可以使润滑油在高温时保持足够的黏度,而在低温时黏度增加不多。

(2) 优异的氧化安定性 氧化安定性是指润滑油抵抗氧化作用,不使其性质发生永久变化的能力。当润滑油在使用与储存过程中与空气中的氧气接触而发生氧化作用时,润滑油的颜色变暗,黏度增加,酸性增大,并产生胶状沉积物。氧化变质的润滑油将腐蚀发动机零件,甚至影响发动机的工作。

汽车发动机,尤其是高性能发动机的润滑油,经常在高温下与氧气接触,这就要求润滑油具有优异的热氧化安定性。为此,要在润滑油中添加氧化抑制剂。

(3) 良好的防腐性 润滑油在使用过程中不可避免地被氧化,而生成各种有机酸。这类酸性物质对金属零件有腐蚀作用,可能使铜铅和镉镍一类的轴承表面出现斑点、麻坑或使合金层剥落。

为提高润滑油的防腐性,除增加润滑油的精制程度,减小酸值,还要在润滑油中加入防腐添加剂。

(4) 较低的起泡性 由于润滑油在润滑系统中快速循环和飞溅,必然会产生泡沫。如果泡沫太多,或泡沫不能迅速消除,将造成摩擦表面供油不足。控制泡沫生成的方法,是在润滑油中添加泡沫抑制剂。

(5) 强烈的清净分散性 润滑油的清净分散性是指润滑油分散、疏松和移走附着在零件表面上的积炭和污垢的能力。为使润滑油具有清净分散性,必须加入清净分散添加剂。

(6) 高度的极压性 在摩擦表面之间的油膜厚度小于 $0.3 \sim 0.4 \mu m$ 的润滑状态,称为边界润滑。习惯上,把高温、高压下的边界润滑称为极压润滑。润滑油在极压条件下的抗摩性称为极压性。现代汽车发动机的轴承及配气机构等零件的润滑,即为极压润滑。为了提高润滑油的极压性,避免在极压润滑的条件下润滑油被挤出摩擦表面,必须在调滑油中加入极压添加剂。极压添加剂与金属表面起化学反应,形成强韧的油膜,能为零件提供极压保护。

2. 润滑油的分类

国际上通用的润滑油分类方法有两种,一种是按润滑油的黏度等级分类,即 SAE(国

际汽车工程师协会）分类法；另一种是按润滑油的性能（品质）分类，即 API（美国石油学会）分类法。

（1）SAE 分类法 国际汽车工程师协会按照润滑油的黏度等级，把润滑油分为冬季用润滑油和非冬季用润滑油。冬季用润滑油有 6 种牌号，分别为 SAE0W、SAE5W、SAE10W、SAE15W、SAE20W 和 SAE25W。非冬季润滑油有 4 种牌号，分别为 SAE20、SAE30、SAE40 和 SAE50。标号越大，黏度越高，适用于较高温度下使用。

上述牌号润滑油只是单一的黏度等级，也称为单级润滑油。使用单级润滑油时，需要根据季节和气温的变化，注意更换润滑油。能满足季节和温度变化两方面黏度要求的润滑油称为多级润滑油，其牌号有 SAE5W-20、SAE10W-30、SAE15W-40、SAE20W-40 等。例如，SAE10W-30 在低温下使用时，具有与 SAE10W 号润滑油一样的黏度特性，而在高温下使用时，又具有与 SAE30 号润滑油一样的黏度特性。目前使用的润滑油大多数具有多黏度等级，这样的润滑油可以冬夏通用。

（2）API 分类法 API 分类法是美国石油学会根据润滑油的性能及最适合的使用场合，把润滑油分为 S 系列和 C 系列两类。S 系列为汽油润滑油，目前有 SA、SB、SC、SD、SE、SF、SG 和 SH 共 8 个级别。C 系列为柴油润滑油，目前有 CA、CB、CC、CD 和 CE 共 5 个级别。标号越靠后，质量等级越高，适用的机型越新或强化程度越高。其中，SA、SB、SC 和 CA 等级别的润滑油，除非汽车制造厂特别推荐，否则已不再使用。

我国的润滑油分类法参照 ISO 分类方法。GB/T 28772—2012《内燃机油分类》规定，按性能和使用场合，润滑油可以进行以下分类。

1）汽油机油有 SE、SF、SG、SH（GF-1）、SJ（GF-2）、SL（GF-3）、SM（GF-4）、SN（GF-5）8 个级别。

2）柴油机油有 CC、CD、CF、CF-2、CF-4、CG-4、CH-4、CI-4、CJ-4 9 个级别。

每一种使用级别又有若干种单一粒度等级和多黏度等级的润滑油牌号。例如，CC 级润滑油有 3 个单一黏度等级和 6 个多黏度等级的润滑油牌号，它们分别是 30、40 和 50 及 5W-30、5W-40、10W-30、10W-40、15W-40 和 20W-40。

3. 基础油分类

市场上的润滑油因其基础油不同，可分为矿物油及合成油两种（植物油因产量稀少故不计）。合成油中又分为全合成及半合成。润滑油基础油主要分矿物基础油及合成基础油两大类。

（1）矿物油 汽车发动机用的润滑油，一般都是矿物性润滑油，它是以从石油中提炼出来的润滑油为基础油，再加入各种添加剂混合而成的。这些添加剂主要包括黏度指数改善剂、抗氧化剂、防腐蚀和防锈蚀剂、泡沫抑制剂、清洁分散剂。此外，还有抗磨改善剂、耐高压添加剂、石墨和钼的混合剂等。

（2）合成油 20 世纪 70 年代初出现了采用化学方法制造成的化学合成润滑油。它们是以有机酸或酒精为原料，或以煤和石油为原料，根据需要添加各种成分化合而成的，化学合成润滑油具有较宽的黏度指数范围。但当时由于成本较高，价格昂贵而未能获得广泛应用，现在合成润滑油的价格在一些国家已大大降低，应用日益增多，被认为是新一代的汽车用润滑油。

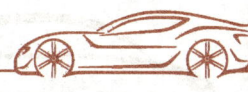

8.2.3 润滑油的选用及更换

1. 质量等级选择

发动机润滑油的质量等级又称为使用性能等级，是正确选用润滑油的重要依据。

(1) 汽油机润滑油的选择 根据发动机工况的苛刻程度和进口汽车进排气系统中的附加装置及生产年代来选用相应的使用性能等级（质量等级）的汽油机油。一般来讲，高质量等级的润滑油可代替低质量等级的润滑油，但绝不能用低质量等级的润滑油去代替高质量等级的润滑油，否则会导致发动机故障甚至损坏。

(2) 柴油机润滑油的选择 柴油机润滑油质量等级的选择有两个主要依据。

一是根据汽车发动机的机械负荷和热负荷的总和，以强化系数 K 来表示柴油机的强化程度，即

$$K = p_{me} c_m \tau$$

式中，p_{me} 为平均有效压力（MPa）；c_m 为活塞平均速度（m/s）；τ 为冲程系数（四冲程为 0.5，二冲程为 1）。

$K \leq 50$ 时，选用 CC 级润滑油；$K > 50$ 时，选用 CD 级润滑油。

二是根据发动机工况苛刻程度。对于 1990 年以后生产的高速自然吸气和涡轮增压四冲程柴油发动机应使用 CF-4 以上的柴油机油。对于 1998 年以后出现的高速四冲程柴油发动机，为适应发动机技术改进和排放法规的要求，应使用 CH-4 以上的柴油机油，CH-4 可以替代 CF-4、CD。在 2002 年以后生产的高速四冲程自然吸气和涡轮增压，重负荷柴油发动机，因为有排气再循环装置的存在、配方法规的要求及尾气后处理技术的要求，应使用 CI-4 以上的柴油机油，可替代 CH-4、CF-4 和 CD。

2. 环境温度选择

根据地区的季节气温选用适当黏度等级的润滑油。冬季寒冷地区，应选用黏度小，凝点低的油或多级油，如我国东北地区，可选用 SF10W-30、SH5W-30 等油；全年气温较高的地区，如海南省、广东省、广西壮族自治区，可选用黏度较高的油，如 SF40、CD50 等。按当地的环境温度选用润滑油时可参考图 8-2。

另外机油容量与功率比也是选用润滑油的因素，润滑油容量大对油品质量要求不苛刻，润滑油容量小对油品质量要求高。一般欧洲生产的发动机体积小，功率大，要求使用质量高的机油，如 SG、SH 机油。还可以根据发动机的磨损情况选油。新发动机应选用黏度较小的油（考虑节能），而磨损较大、气缸壁与活塞间隙大的发动机应选用黏度较大的油（考虑密封）。

润滑油选用时要注意，原则上同一个厂出产的矿物油型与同一使用性能的可混

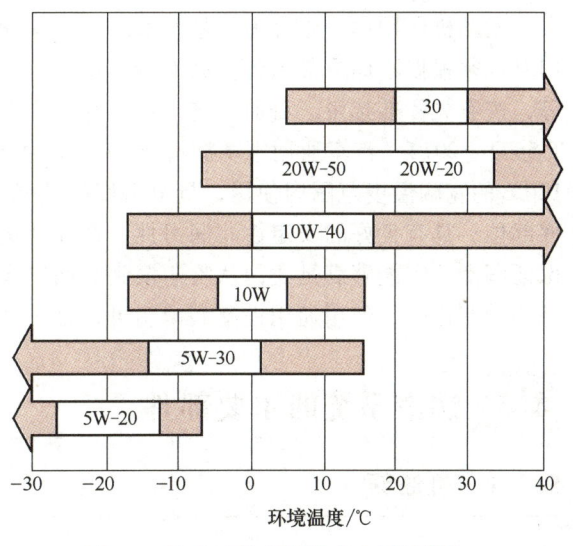

图 8-2 按当地的环境温度选用润滑油

用，如 SF 级油可与 SG 级油混用；不同使用性能的不允许混用，如 SF 油不允许与 CD 油混用，同样通用油也不能与单性能油混用。

另外，矿物油不能与合成油混合使用。不同厂家的油，即使是同一种类型，同一种性能级别，但由于所采用的原料不同，可能发生不良反应，最好不要混用。

因此，当使用某种油品用了一段时间后发现少油，又暂时短缺同种油品时，可补加部分同一厂家同类型的油品，不同类型不同种的油品千万不要相互混用。

3. 润滑油的更换

任何质量、等级的润滑油在使用过程中油质都会发生变化，工作到一定里程，一定时间后，油质性能恶化，会给发动机带来种种的问题，为了避免故障的发生，应结合使用条件，如气候的变化、超载、超长使用等，定时定期更换润滑油，并使油量适中（一般以机油标尺上限为好）。机油从滤清器的细孔通过时，把油中的固体颗粒和黏稠物（如新大修的发动机、瓦、活塞环和缸壁间的磨合产生的金属销等）积存在滤清器中，如果不及时更换会使机油滤清器堵塞，机油不能通过滤清器滤芯时会涨破滤芯，机油从旁通阀通过把脏物又带回润滑部位，促使发动机磨损，而涡轮增压设备温度高，则会造成润滑油急剧酸化，发动机内部污染物加剧（如烧瓦、黑色油泥增多、油道堵塞、机油变稀）等问题突出，所以要定时更换机油和机油滤芯。

曲轴箱中油面的高低，通过油标尺上的刻线进行检查（各机都有规定的油面高度）。若润滑油加得过多，会增加曲轴箱转动的阻力，使发动机有效功率降低，同时，也会使大量的机油窜入燃烧室燃烧，造成排气冒蓝烟，增加了润滑油量的消耗，并使气缸内积炭增加，加速了发动机性能恶化。若润滑油加得过少，则造成机油压力过低，机油达不到润滑要求，会造成轴承燃烧等恶性事故。

8.2.4 润滑脂

润滑脂是将稠化剂分散在液体润滑剂中形成的一种稳定的半流体至固态状产品，还可加入赋予某种特性的添加剂和填料。

润滑脂在常温下可附着于垂直表面而不流淌，并能在敞开或密封不良的摩擦部位工作，具有其他润滑剂所不能代替的特点。因此，在汽车的许多部位都使用润滑脂润滑。

发动机所用润滑脂分为钙基润滑脂、锂基润滑脂、复合钙基润滑脂及复合锂基脂等。使用时也须根据不同季节和各类润滑脂的特点，以及润滑部位的工作温度、负荷、速度和环境等，按有关标准选用。目前，进口汽车和国产新车普遍推荐使用汽车通用锂基润滑脂（GB/T 5671—2014《汽车通用锂基润滑脂》）。这种润滑脂具有良好的高低温适应性，可在 $-30 \sim 120℃$ 的宽阔温度范围内使用；具有良好的抗水性和防锈性能，可用于潮湿和与水接触的摩擦部位；具有良好的安定性和润滑性，在高速运转的机械部位使用时，不变质，不流失，可保证润滑。它能够满足我国从哈尔滨到海南广大地区汽车的使用要求，与使用钙基或复合钙基润滑脂比较，使用通用锂基润滑脂可以延长换油期，使润滑和维护费用下降 40% 以上。

8.3 润滑系统的主要部件

8.3.1 机油泵

机油泵的功用是保证机油在润滑系统内循环流动，并在发动机任何转速下都能以足够高

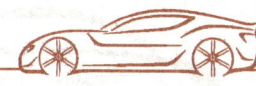

的压力向润滑部位输送足够数量的机油。

现代汽车发动机润滑系统所使用的机油泵主要有齿轮式和转子式两种，如图8-3所示。齿轮式机油泵又分内接齿轮式和外接齿轮式，一般把后者称为齿轮式机油泵。

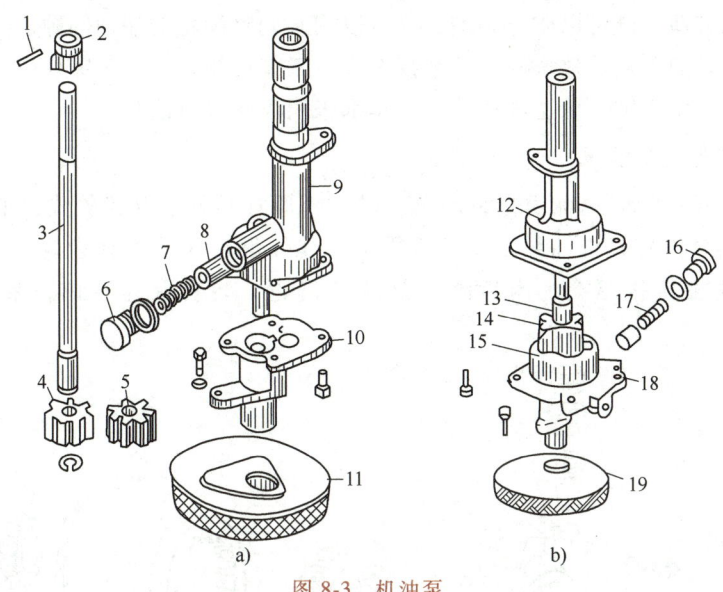

图 8-3 机油泵
a）齿轮式 b）转子式
1—销 2—机油泵驱动齿轮 3—机油泵驱动齿轮轴 4—主动齿轮 5—从动齿轮 6、16—限压阀螺塞 7、17—弹簧 8—限压阀（溢流阀）9—泵体 10—泵盖 11、19—集滤器 12—上泵体 13—轴 14—内转子 15—外转子 18—下泵体

1. 齿轮式机油泵

齿轮式机油泵的工作原理如图8-4所示。它主要由主动轴、主动齿轮、从动轴、从动齿、泵体组成。两齿轮外啮合，装在泵体内，齿轮与泵体的径向和端面间隙都很小。当主动齿轮按图示方向旋转时，进油腔1处由于啮合着的齿轮逐渐脱开，密封工作腔容积逐渐增大，腔内形成一定的真空，油底壳中的润滑油便被吸入进油腔。随后又被轮齿带到出油腔3。出油腔的容积由于轮齿逐渐进入啮合而减小，使润滑油压力升高，润滑油便经出油口被压入发动机机体上的润滑油道。在发动机工作时，机油泵齿轮不停地旋转，润滑油便连续不断地流入润滑油道，经过滤清之后被送到各润滑部位。当轮齿进入啮合时，封闭在轮齿径向间隙内的润滑油，由于容积减小，压力急剧升高，使齿轮受到很大的推力，并使机油泵轴衬套的磨损加剧和功率消耗增大。为此在泵盖上加工一道卸压槽4，使轮齿径向间隙内被挤压的润滑油通过卸压槽流入出油腔。

机油泵的使用性能主要取决于机油泵齿轮与泵

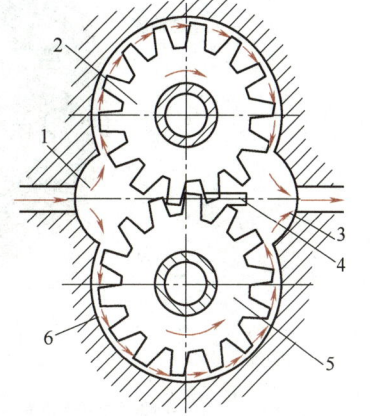

图 8-4 齿轮式机油泵的工作原理
1—进油腔 2—从动齿轮 3—出油腔 4—卸压槽 5—主动齿轮 6—泵体

视频：机油泵工作原理

体的配合间隙（端面间隙和径向间隙）。齿轮与泵体的径向间隙一般不得大于0.20mm，端面间隙为0.05~0.20mm。当间隙过大时，润滑油泄漏严重，润滑油压力降低，泵油量就会减少，甚至机油泵不能泵油；当间隙过小时，泵体与齿轮易发生碰撞，产生磨损。泵体与泵盖之间的衬垫比较薄，既可以防止漏油，又可以用来调整齿轮的端面间隙。

齿轮式机油泵的优点是效率高，功率损失小，工作可靠；缺点是需要中间传动机构，制造成本相应较高。桑塔纳、捷达和奥迪等轿车都采用齿轮式机油泵。

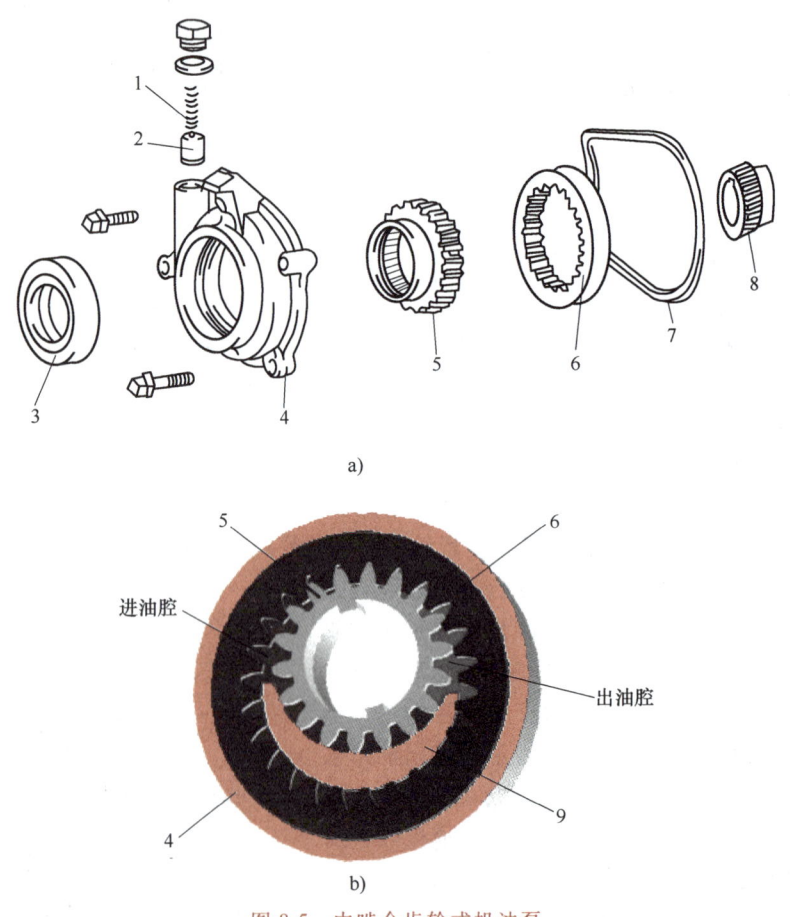

2. 内啮合齿轮式机油泵

内啮合齿轮式机油泵也称内接齿轮泵，其工作原理与外啮合齿轮式机油泵或齿轮式机油泵相同。内啮合齿轮式机油泵如图8-5所示。其外齿轮5是主动齿轮，套在曲轴前端，通过花键8由曲轴直接驱动，内齿圈6是从动齿轮，装在泵体4内，泵体固定在机体前端。

图8-5 内啮合齿轮式机油泵
a）结构 b）工作原理
1—弹簧 2—溢流阀（安全阀）柱塞 3—曲轴前油封 4—泵体
5—主动外齿轮 6—从动内齿圈 7—O形密封圈 8—花键 9—月牙形块

因为内啮合齿轮式机油泵由曲轴直接驱动，无须中间传动机构，所以零件数量少，制造成本低，占用空间小，使用范围广。但是这种机油泵在内、外齿轮之间有一处无用的空间，使机油泵的泵油效率降低。另外，如果曲轴前端轴颈太粗，机油泵外形尺寸随之增大，发动机驱动机油泵的功率损失也相应增加。

3. 转子式机油泵

转子式机油泵的工作原理如图8-6所示。转子式机油泵主要由内、外转子，机油泵体及机油泵盖等组成。内转子用键或销固定在主动轴上，由曲轴齿轮直接或间接驱动；外转子松套在泵体内，内、外转子之间存在一定的偏心距。主动的内转子3带动从动外转子4一起沿同方向转动。通常内转子有4个凸齿，外转子有5个凹齿，这样内、外转子同向不同步地旋转。内、外转子工作面的轮廓是一对共轭曲线，当机油泵工作时，内、外转子每个齿的齿形廓线保证在任何角度时总有一点相接触，从而在内、外转子间形成4个工作腔。随着转子的转动，这4个工作腔的容积不断变化，当某一工作腔转到进油口时，由于转子间脱离啮合，容积增大，产生真空，润滑油经进油口被吸入工作腔内。当该工作腔转到出油口时，容积减小，油压升高，润滑油经出油口被压出。转子式机油泵的优点是结构紧凑、质量小、供油均匀、噪声小、泵油量大、成本低。它在中、小功率高速发动机上的应用广泛。红旗轿车用汽油机以及康明斯6B系列柴油机均采用这种转子式机油泵。其缺点是内、外转子啮合表面的滑动阻力比齿轮泵大，因此功率消耗较大。

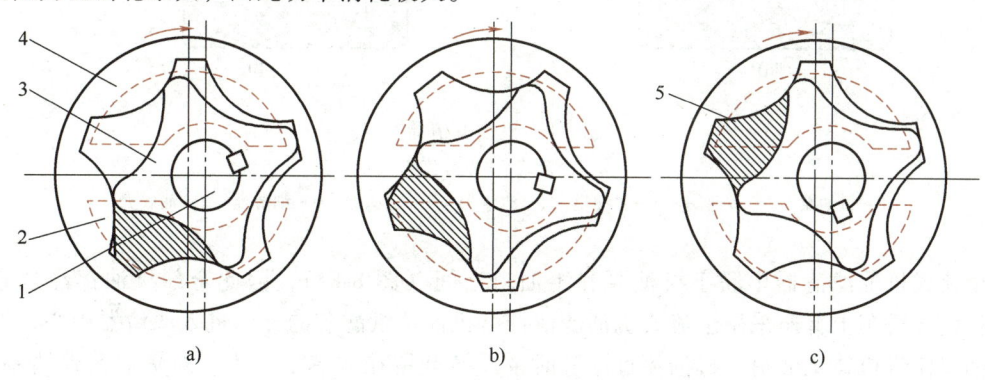

图8-6 转子式机油泵的工作原理
a）进油 b）压油 c）出油
1—机油泵传动轴 2—进油口 3—内转子 4—外转子 5—出油口

4. 溢流阀（限压阀）

机油泵必须在发动机各种转速下都能供给足够数量的润滑油，以维持足够的润滑油压力，保证发动机的润滑。机油泵的供油量与其转速有关，而机油泵的转速又与发动机转速成正比。因此，在设计机油泵时，都是使它在低速时有足够大的供油量。但是，在高速时机油泵的供油量明显偏大，润滑油压力也显著偏高。另外，在发动机冷起动时，润滑油黏度大，流动性差，润滑油压力也会大幅度升高。为了防止油压过高，在润滑油路中设置溢流阀或限压阀。一般溢流阀装在机油泵或机体的主油道上。当溢流阀安装在机油泵上时（图8-3），如果油压达到规定值，溢流阀开启，多余的润滑油返回机油泵进口。如果溢流阀安装在主油道上，则当油压达到规定值时，多余的润滑油经过溢流阀流回油底壳。溢流阀的工作过程如图8-7所示。

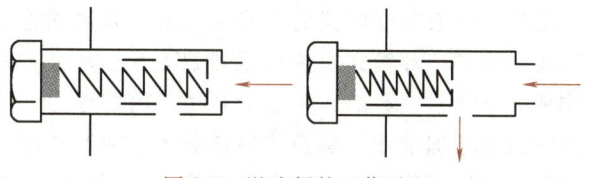

图8-7 溢流阀的工作过程

8.3.2 机油滤清器

机油滤清器的功用是用来滤清机油中的金属磨屑、机械杂质和机油氧化物等。防止它们进入润滑系统，加剧发动机零件的磨损，也防止润滑系统通道堵塞而出现烧坏轴瓦等严重事故。机油滤清器性能的好坏，直接影响到发动机的使用寿命。

根据机油滤清器在润滑系统中的布置，可分为全流式滤清器和分流式滤清器两种，如图8-8所示。

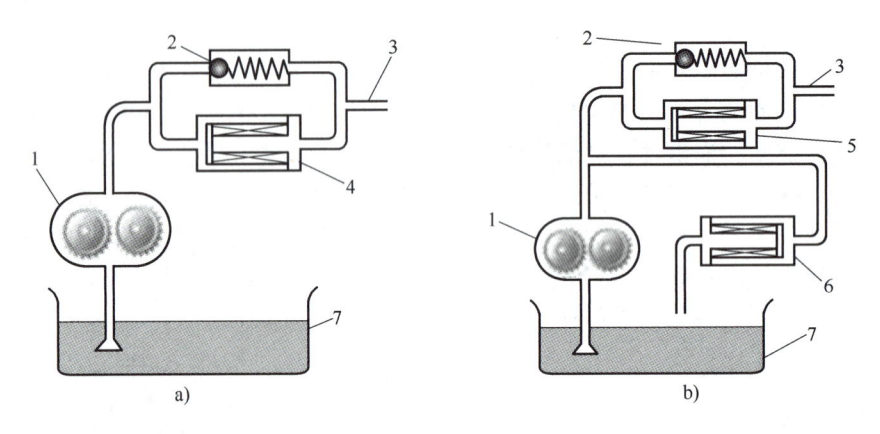

图 8-8 机油滤清器
a) 全流式 b) 分流式
1—机油泵 2—旁通阀 3—主油道 4—滤清器 5—粗滤器 6—细滤器 7—油底壳

全流式机油滤清器串联于机油泵和主油道之间（图8-8a），因此全部机油都经过它滤清。目前在轿车上普遍采用全流式机油滤清器。机油从纸滤芯的外围进入滤清器中心，然后经出油口流进机体主油道，机油流过滤芯时杂质被截留在滤芯上。为了避免滤清器堵塞后，可能出现主油道缺油，使主轴颈、连杆轴颈等零件表面发生干摩擦而导致烧瓦等故障，在滤清器上需设有旁通阀。为减小滤清阻力，全流式滤清器的滤清粒度不能太小。

分流式机油细滤器则与主油道并联（图8-8b），经过粗滤器的机油进入主油道，而流过细滤器的机油直接返回油底壳。粗滤器滤除机油中粒径为0.05mm以上的杂质，细滤器则用来滤除粒径为0.001mm以上的细小杂质。

在润滑系统中，润滑油流到摩擦表面之前，经过滤清器滤清的次数越多，则润滑油越清洁。但滤清次数越多，润滑油流动阻力也越大。为解决滤清与油路通畅之间的矛盾，在润滑系统中装有几个不同滤清能力的滤清器，如集滤器、粗滤器、细滤器等。在机油泵之前，装有滤网（又称集滤器），防止粒度大的杂质进入机油泵，还可以防止机油泵的早期磨损。

1. 机油集滤器

集滤器一般是滤网式的，安装在机油泵进油管上，可滤除较大的杂质，通常分为浮筒式和固定式两种。浮筒式机油集滤器如图8-9所示。它由浮筒3、滤网2、浮筒罩1及吸油管4等构成。浮筒是空心的，集滤器利用浮筒的浮力，始终浮在润滑油面上，能吸入油面上较清洁的润滑油，但油面上的泡沫易被吸入，使润滑油压力下降，润滑可靠性降低。这种集滤器的滤网有弹性，中央有环口，平时依靠滤网本身的弹性，使环口紧压在罩板上。罩的边缘有缺口，与浮筒装合后便形成狭缝。当机油泵工作时，润滑油从罩板与浮筒间的狭缝被吸入，经过滤网滤除粗大的杂质。若滤网被杂质堵塞时，滤网上方的真空度就增大，于是克服滤网的弹力，使滤网上升，环口离开浮筒罩，润滑油便直接从滤网中央的环口进入吸油管，以保证润滑油的供给不致中断。固定式机油集滤器固装在油面下面，吸入的机油清洁度稍逊于浮筒式，但可防止泡沫吸入，润滑可靠、结构简单，逐步取代了浮筒式机油集滤器。

2. 机油粗滤器

粗滤器根据滤芯的不同，有不同的结构型式。现在中小型发动机普遍使用旋装式一次性机油粗滤器，国家机械行业标准称之为旋装式机油粗滤器总成。

图 8-9 浮筒式机油集滤器
1—浮筒罩 2—滤网 3—浮筒
4—吸油管 5—固定管

机油粗滤器主要由滤纸与壳体两大部分组成，还有密封圈、弹簧、旁通阀等辅助部件。图 8-10 所示为全流式机油粗滤器，其壳体由铸铁上盖 1 和外壳 3 组成。滤芯 4 用经过树脂处理的微孔滤纸制成，为了增大过滤面积，微孔滤纸一般都折叠成波纹形（图 8-11）。滤芯的两端由环形密封圈 2 和 6 密封，滤芯内装有金属丝网或带有网眼的薄铁皮作为滤芯的骨架。粗滤器工作时，润滑油由上盖进油孔进入滤芯周围，通过滤芯滤清后，从出油孔流出，进入主油道。当滤芯被积污堵塞，其内外压差达到 0.15~0.17MPa 时，旁通阀 12 即被顶开，大部分润滑油不经滤芯滤清，直接进入主油道，以保证主油道所需的润滑油量。

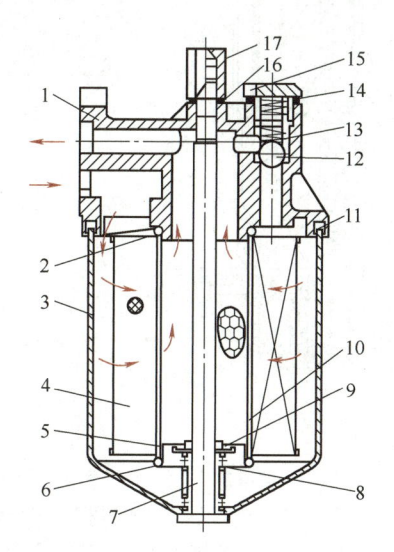

图 8-10 全流式机油粗滤器
1—上盖 2、6、10、11、14、16—密封圈
3—外壳 4—滤芯 5—托板 7—拉杆
8—弹簧 9—垫圈 12—旁通阀
13—弹簧 15—阀座 17—螺母

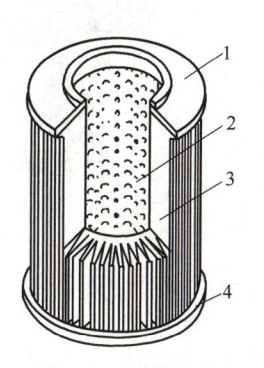

图 8-11 纸质滤芯
1—上端盖 2—芯筒
3—微孔滤纸 4—下端盖

有些发动机的机油滤清器除设置旁通阀之外,还加装单向阀。当发动机停机后,单向阀将滤清器的进油口关闭,防止润滑油从滤清器流向油底壳。在这种情况下,当重新起动发动机时,润滑系统能迅速建立起油压,从而可以减轻由于起动时供油不足而引起的零件磨损。

3. 机油细滤器

图 8-12 所示为离心式机油细滤器,其利用离心力清除机油中的杂质。滤清器外壳上固定着带中心孔的转子轴 3。转子体下端有两个按中心水平对称、方向相反的喷嘴。转子体 14 套在转子轴上可自由转动。压紧螺母 12 将转子盖 8 与转子体紧固在一起。转子体下面装有止推轴承 4,上面装有支承垫 9,并用弹簧 10 压紧,以限制转子轴向窜动。滤清器盖 7 用压紧螺母 12 装在滤清器壳体上,并使转子密封。来自机油泵的润滑油进入细滤器后,由底座和转子中心孔道进入转子总成内腔,然后进入转子体,从两个喷嘴喷出。在反作用力推动下,转子及其内腔的润滑油高速旋转。油压越高,转子体转速越快,当油压达到约 0.3MPa 时,转子转速可达 5000~6000r/min。在离心力的作用下,机油中的杂质被甩向转子盖内壁并沉积下来,洁净的润滑油则不断从喷嘴喷出,并经出油口流回油底壳,达到滤清机油的目的。分离后的润滑油直接流向油底壳。转子工作一段时间后,转子内壁的附着物会逐渐增多,因而自重加大,转速会相应下降,这时必须及时更换。

当主油道压力低于 0.1MPa 时,进油限压阀关闭,此时机油不经过细滤器,全部进入主油道,以保证发动机的可靠润滑。

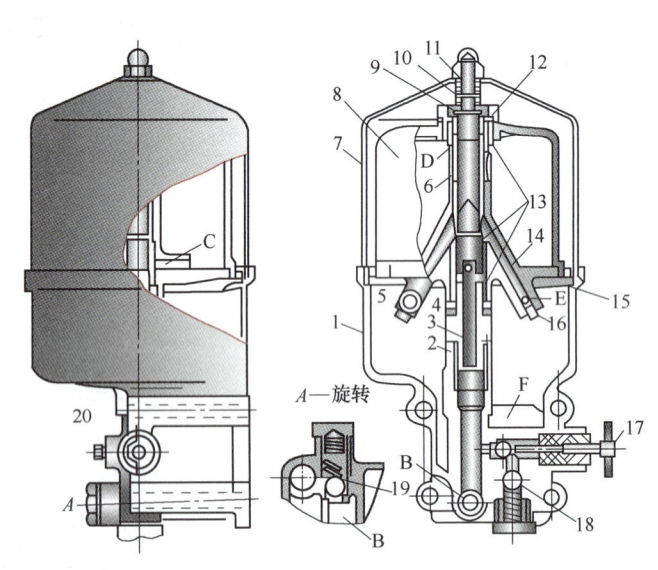

图 8-12 离心式机油细滤器

1—壳体 2—锁片 3—转子轴 4—止推轴承 5—喷嘴 6—转子体端套 7—滤清器盖 8—转子盖 9—支承垫 10—弹簧 11—压紧螺套 12—压紧螺母 13—衬套 14—转子体 15—挡板 16—螺塞 17—调整螺钉 18—旁通阀 19—进油限压阀 20—管接头 B—滤清器进油孔 C—出油孔 D—进油孔 E—通喷嘴油道 F—滤清器出油口

4. 复合式机油滤清器

复合式机油滤清器如图 8-13 所示。粗滤芯 5 装在纸质细滤芯 4 外面,形成粗、细滤芯串联在一起的复合式结构。复合式滤清器串联在主油道上,粗、细滤芯有各自的溢流阀与旁通阀，一旦粗、细滤芯堵塞，它们分别打开各自的溢流阀与旁通阀，机油绕过滤芯，直接进入主油道。这种滤清器成本低、结构紧凑、工作可靠、滤芯可定期更换。

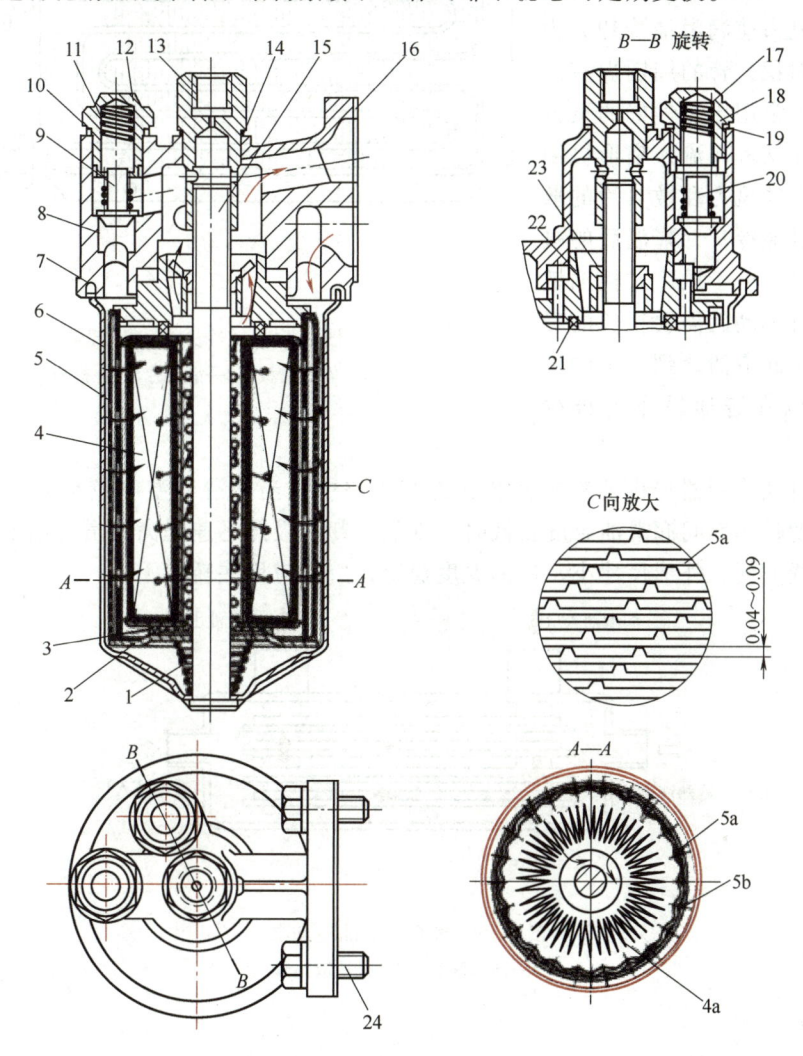

图 8-13 复合式机油滤清器

1—滤清器芯底座弹簧 2—滤清器芯底座 3—滤清器下密封圈 4—纸质细滤芯 5—粗滤芯 6—滤清器壳 7—滤清器盖密封圈 8—滤清器盖 9—溢流阀 10、14、19、25—垫圈 11、18—弹簧 12、17—阀盖 13—压紧螺母 15—中心螺杆 16—纸垫 20—旁通阀 21—细滤芯上密封圈 22—滤清器芯上盖 23—滤清器上盖紧固螺母 24—螺钉 4a—纸扇状滤纸 5a—粗滤芯铜丝 5b—绕丝筒

8.3.3 机油冷却器

一些高性能、热负荷较大的发动机，为使润滑油保持在最有利的温度范围内工作，保持润滑油具有一定的黏度，还装有机油冷却器对润滑油进行强制性冷却，以保持润滑油在适宜的温度范围内（70~80℃）工作。

发动机机油冷却器分为风冷式和水冷式两类，如图 8-14、图 8-15 所示。风冷式机油冷却器很像一个小型散热器，利用汽车行驶时的迎面风对润滑油进行冷却。风冷式机油冷却器

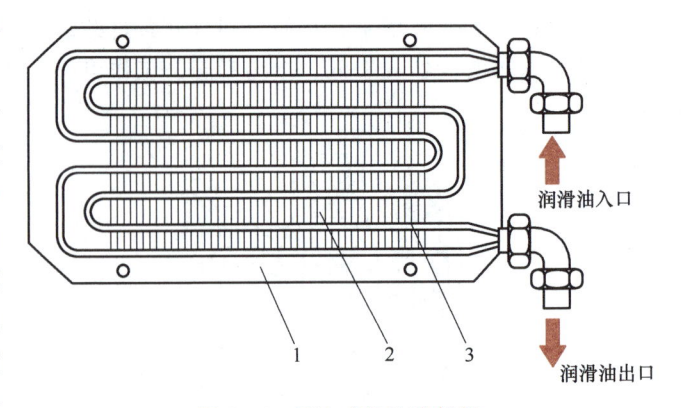

一般是管片式，与冷却系统散热器的结构相似，装在散热器的前面，利用风扇的风力使润滑油冷却。为了增加散热面积，管的周围焊有散热片，管和片常用导热性好的黄铜制造。润滑油从进口流入扁形机油管，利用风扇的风力和散热片的散热作用使润滑油冷却，降温后的机油从出口流出。由于风冷式机油散热器在发动机起动后需要很长的暖机时间才能使润滑油达到正常的工作温度，所以在普通轿车上很少采用。

图 8-14 风冷式机油冷却器
1—安装底板　2—散热片　3—机油管

水冷式机油冷却器将机油冷却器装在冷却水路中，当润滑油温度较高时，靠冷却液降温，而在起动暖车期间润滑油温度较低时，则从冷却液吸热迅速提高润滑油温度。水冷式机油冷却器布置方便、外形尺寸小、机油温度稳定，广泛应用在轿车上。

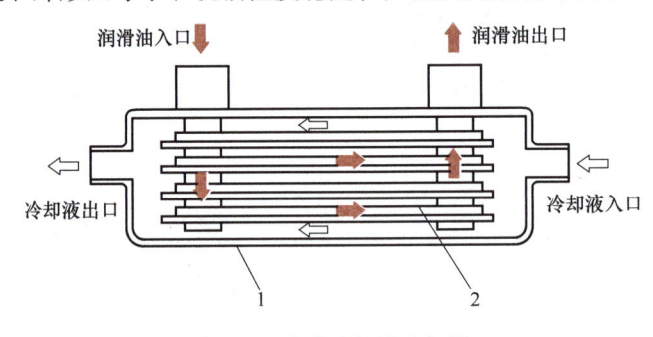

图 8-15 水冷式机油冷却器
1—冷却液箱　2—机油散热管

8.4 可调节式润滑系统的工作原理

可调节式润滑系统可以根据发动机转速和工况自动调节机油供给量。低速、低负荷工况下机油泵以低功率运行，降低消耗，高速、高负荷工况机油泵以高功率运行提高供油量，保证发动机润滑良好，从而实现两级式机油压力调节。

由于机油泵仅泵送所需的机油量，因此机油泵的功率消耗较低，且由于循环流动的机油较少，因此机油损失较少。

8.4.1 可调节式润滑系统的组成

两级式机油压力调节系统由机油泵驱动轮、机油粗滤器和几个用于调节机油压力的控制通道、滑动装置、控制活塞等组成，如图 8-16 所示。其中控制活塞和滑动装置会受到来自机油回路的油压控制，因此，泵送的机油量和机油压力会发生变化。

1. 控制活塞和滑动装置

机油被泵送至两个相互啮合的齿轮（泵轮）。一个泵轮位于驱动轴上，由曲轴通过链条驱动，可纵向移动的泵轮位于另一根轴上，泵轮和轴一起构成滑动装置。滑动装置被机油回路内的压力控制，它的位置由作用在滑动装置两侧腔室的压力比确定。相应地，油压将取决于控制活塞的运动情况。滑动装置的位置变化情况如图 8-17 所示。

2. 机油压力控制阀

机油压力控制阀（图 8-18）由发动机控制单元根据负荷和发动机转速信号控制。该阀在两个压力级（本书以 1.8bar 和 3.3bar 为例，1bar = 10^5Pa）之间进行切换，交替向各个机油泵控制通道供油。机油压力控制阀的安装位置如图 8-18 所示。机油压力控制阀切换情况如下：如果机油压力控制阀激活，通往机油泵的控制通道将打开，并且机油将以 1.8bar 的低压进行泵送；如果机油压力控制阀未激活，则控制通道会在弹簧和机油的作用下保持关闭，并且机油将以 3.3bar 的高压进行泵送。

图 8-16 两级式机油压力调节系统
1—控制活塞 2—机油粗滤器 3—控制通道
4—滑动装置 5—机油泵驱动轴

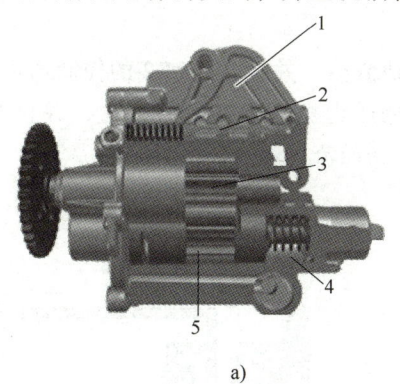

图 8-17 滑动装置的位置变化情况
a）最大排量位置 b）最小排量位置
1—控制通道 2—控制活塞 3—泵轮 1 4—腔室 5—带泵轮 2 的滑动装置

图 8-18 机油压力控制阀的安装位置

8.4.2 压力调节的工作原理

机油压力的高低取决于油泵的泵油量,油泵的泵油量取决于油泵齿轮的啮合状况。两级式机油压力调节系统工作原理如下。

1. 从发动机起动至 1.8bar 时的调节原理(图 8-19)

一旦发动机起动,必须尽快建立起所需的机油压力。两个泵轮完全处于相对的位置,在当前发动机转速下最大的机油量被泵送到机油回路中。在图 8-19 中:

a:机油压力控制阀由发动机控制单元通过接地激活,并打开腔室 2 的控制通道。

b:压缩弹簧将控制活塞压向高压级的止动位置。

c:腔室 3 和腔室 4 内的机油压力总计低于 1.8bar,这对滑动装置的位置没有影响,压缩弹簧将滑动装置压向全流的止动位置。

当发动机转速增加时,机油泵泵送的机油量会增加,并且机油压力也会增加。同时,控制活塞腔室 1 和腔室 2 内的压力也将增加,并且控制活塞会顶着弹簧力被推向左侧。由于滑动装置腔室 3 和腔室 4 内的压力总计未超过 1.8bar,因此滑动装置仍处于全流的止动位置。泵轮完全啮合,泵送的机油量最大,机油压力逐渐增加。

2. 油压超过 1.8bar 时的调节原理(图 8-20)

在图 8-20 中:

a:机油压力控制阀由发动机控制单元通过接地激活,并打开腔室 2 的控制通道。

b:随着发动机转速增加,腔室 1 和腔室 2 内的压力提高至 1.8bar 以上,并且控制活塞顶着弹簧力被推向左侧,从而打开了腔室 4 到油底壳回流的通道。

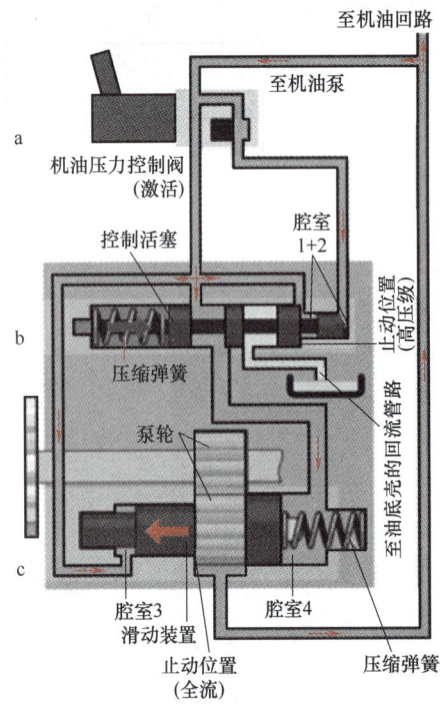

图 8-19 从发动机起动至 1.8bar 时的调节原理

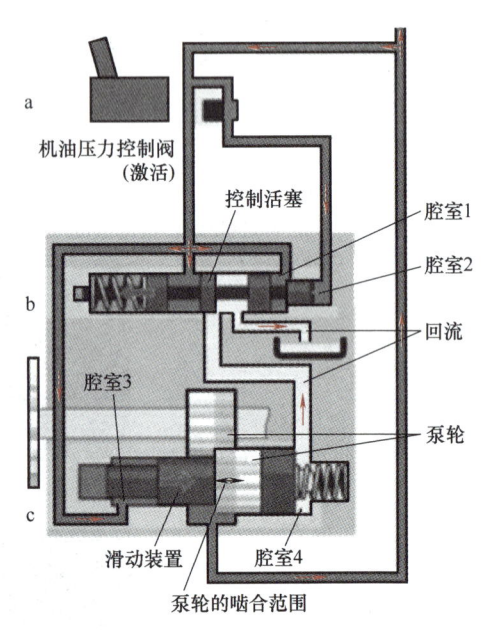

图 8-20 油压超过 1.8bar 时的调节原理

c：腔室3内的压力超过1.8bar后，滑动装置顶着弹簧力被略微推向右侧。腔室4的机油被压回油底壳，两个泵轮不再完全啮合，泵送的机油量减少，机油压力随之降低。

3. 油压低于1.8bar时的调节原理（图8-21）

在图8-21中。

a：机油压力控制阀保持开启。

b：随着发动机转速降低，腔室1和腔室2内的压力下降至1.8bar以下，并且控制活塞在弹簧力的作用下被推向右侧，从而打开了机油回路至滑动装置腔室4的通道。

c：此时腔室3和腔室4内的压力再次相等。在弹簧力的作用下，滑动装置被轻微地推向左侧，两个泵轮互相啮合程度增加，泵送的机油量增加，机油压力随之提升。

4. 油压切换到高压级（3.3bar）时的调节原理（图8-22）

在4000r/min的发动机转速或150N·m的发动机负荷下，机油压力会切换到高压级（3.3bar）。为达到更高的压力，泵送的机油量增加。

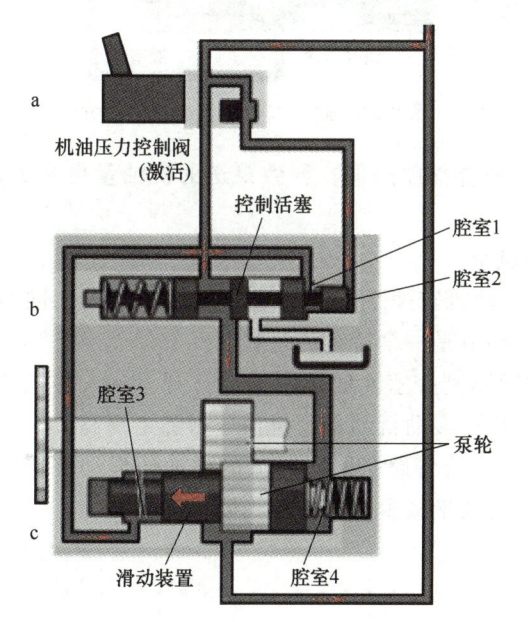

图8-21 油压低于1.8bar时的调节原理

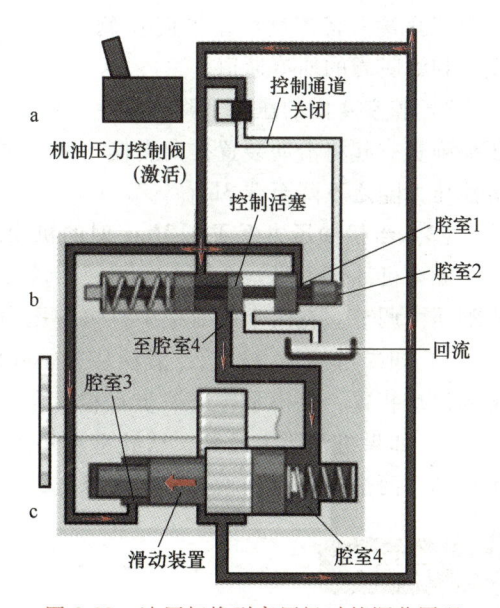

图8-22 油压切换到高压级时的调节原理

(1) 高压级切换位置

1) 发动机控制单元不再激活机油压力控制阀，并且腔室2的控制通道也关闭。

2) 腔室2内的机油压力小，压缩弹簧将控制活塞推向右侧，从而打开了通往腔室4的通道。

3) 滑动装置腔室4内的机油压力上升，并和压缩弹簧一起将滑动装置推向左侧，现在两个泵轮的啮合程度较大，可以泵送更多的机油，机油压力随之提高。

(2) 切换回低压级 如需切换回低压级，机油压力控制阀通过接地再次激活，并打开腔室2的控制通道。腔室1和腔室2内的机油压力顶着弹簧力将控制活塞推向左侧，关闭腔室4的控制通道，同时打开油底壳回流管路。在这种情况下，腔室4内的机油压力下降，滑动装置在腔室3中高压的作用下被推向右侧。两个泵轮的啮合程度变小，泵送的机油量减

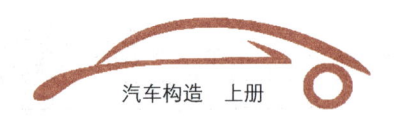

小，机油压力随之下降。

5. 高压级机油压力调节原理

与低压级的情况一样，在高压级的 3.3bar 恒定压力下也可以调节机油压力。当发动机转速升高时，泵送的机油量增多，机油压力随之提高。为将机油压力保持在恒定的 3.3bar，需调节泵送的机油量。调节至恒定机油压力的方法与在低压级的调节方法相同，如图 8-23 所示。

（1） 当机油压力超过 3.3bar 时的机油压力调节

1） 发动机控制单元不激活机油压力控制阀，并且腔室 2 的控制通道关闭。

2） 腔室 1 内的机油压力现在已足够高，该压力顶着弹簧力将控制活塞推向左侧，并打开从腔室 4 到油底壳的回流通道。

3） 腔室 4 内的压力下降，腔室 3 内的高压与压缩弹簧一起将滑动装置推向右侧。两个泵轮的啮合程度降低，导致泵送的机油量也减少，机油压力随之下降至 3.3bar。

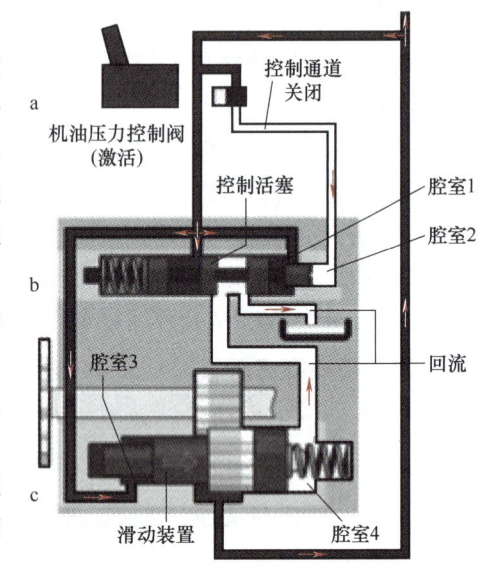

图 8-23 调节至恒定机油压力的方法

（2） 当机油压力低于 3.3bar 时的机油压力调节

如果机油压力降至 3.3bar 以下，例如，因发动机转速下降，将进行在低压级内相同的机油压力调节。在两个压力级中，恒定压力下的调节是一个持续的过程。

1） 如果机油压力过低，滑动装置处从机油回路到腔室 4 的控制通道打开。流入的机油推动滑动装置，使得泵轮进一步互相啮合，以泵送更多的机油量，机油压力随之提高。

2） 如果机油压力过高，从腔室 4 到油底壳的回流管路打开。回流的机油使滑动装置发生移动，两个泵轮互相啮合的程度降低，泵送的机油量减少，机油压力随之降低。

思考题

1. 润滑系统的功用是什么？它由哪些部件组成？
2. 机油有哪些功用？
3. 为什么在机油中加入各种添加剂？
4. 采用双机油滤清器时，它们是并联还是串联于润滑油路中？为什么？
5. 试述齿轮式机油泵的构造和工作原理。
6. 试述转子式机油泵的构造和工作原理。
7. 润滑系统中，限压阀、旁通阀各有何作用？

第9章 汽油发动机点火系统

9.1 概述

在汽油机工作过程中,可燃混合气自身不能凭空燃烧。因此,就需要一种辅助手段使得发动机在各种工况及使用条件下被及时、安全地点燃,这就是发动机点火系统。

1. 点火系统的功用

汽油机工作时是靠高压火花点燃可燃混合气的。点火系统的主要功用是保证发动机在各种工况和使用条件下,气缸内都能适时、准确、可靠地产生电火花,点燃可燃混合气使发动机运转并对外输出动力。

2. 点火系统的分类

按照能源的不同,点火系统可分为蓄电池点火系统和磁电机点火系统两类,汽车均采用蓄电池点火系统。汽车发动机点火系统按组成和产生高压电方式的不同,可分为传统点火系统、电子点火系统和微机控制点火系统。

(1) **传统点火系统** 传统点火系统以蓄电池或发电机作为低压直流电源,利用断电器的触点控制点火线圈一次电路的通断,从而将低压电转变为高压电,再通过分电器将高压电分配到各缸火花塞,使火花塞两电极间产生电火花,点燃可燃混合气,使汽油机实现做功。

传统点火系统由于高速时工作不可靠,且故障率高,目前已经淘汰。

(2) **电子点火系统** 电子点火系统以蓄电池和发电机作为电源,通过晶体管和点火线圈将低压电转变为高压电。根据点火信号产生的方式不同可分为有触点式和无触点式。

电子控制点火系统点火可靠,使用方便,曾经广泛取代传统点火系统。

(3) **微机控制点火系统** 微机控制点火系统又称数字点火系统,主要由传感器、电子控制单元(ECU)、点火器(有些发动机无点火器,点火控制电路在ECU内)、点火线圈等组成。它也是以蓄电池和发电机作为电源,由ECU根据各种传感器提供的反映发动机工况的信息,确定点火时刻,通过点火线圈将低压电变为高压电。微机控制点火系统可分为分电器微机控制点火系统和无分电器微机控制点火系统。

微机控制点火系统具有点火时刻控制精准,可大大改善发动机的动力性和经济性的优点,因此被广泛采用。

3. 点火系统的基本要求

点火系统应在发动机的各种工况和使用条件下，都能保证可靠而准确地点火。点火系统应满足以下3个基本要求。

（1）能产生足以击穿火花塞电极间隙的电压　火花塞电极间产生火花的电压称为击穿电压。试验表明，发动机在低速满负荷运行时，需要8~10kV的击穿电压，起动时需要的击穿电压最高达17kV。为了保证可靠地点火，点火系统必须具有一定的次级电压储备，大多数点火系统可提供28kV以上的击穿电压。

（2）火花应具有足够的能量　要使混合气可靠点燃，火花塞产生的电压应具有一定的能量。点燃混合气所必需的最低能量，与混合气的成分、浓度、火花塞电极的间隙及电极形状等有关。发动机正常工作时，由于混合气压缩终了的温度已接近其自燃温度，所需的火花能量很小，为1~5mJ。在发动机起动、怠速及加速时，则需要较高的火花能量。为保证可靠点火，一般应保证有50~80mJ的点火能量。目前采用的高能点火装置，一般点火能量都要求为80~100mJ。

（3）点火时刻必须适应发动机的工作情况　点火系统应按发动机气缸的工作顺序进行点火，并且各缸必须在最佳时刻进行点火，以满足发动机获得最大功率、最小燃料消耗和减少有害气体的排放等要求。

4. 点火时刻

点火时刻是用点火提前角来表示的。点火提前角是指火花塞电极跳火时曲柄位置与活塞到达上止点时曲柄位置的夹角。

从火花出现到可燃混合气大部分燃烧完毕，气缸内的压力上升到最高值，需要的时间很短，但是在这段极短的时间内，曲轴转过的角度却相当大。图9-1所示为不同点火时刻的示功图。若恰好活塞到达上止点时点火，则混合气一边燃烧，活塞一边下移而使气缸容积增大，发动机功率随之减小（图9-1a）。

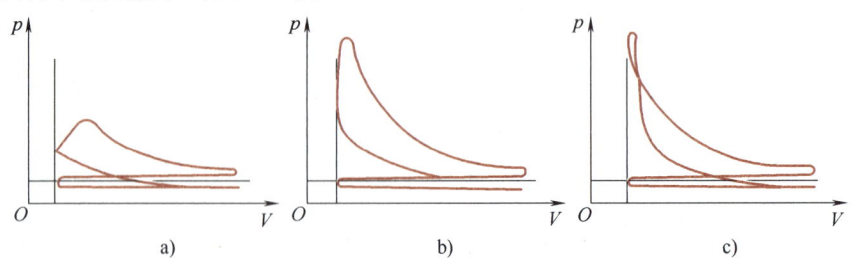

图 9-1　不同点火时刻的示功图
a）点火过迟　b）点火适时　c）点火过早

若点火过早（图9-1c），则活塞还在向上止点移动过程中，气体压力已达到很大数值。大部分可燃性气体在压缩过程中燃烧，气体压力的作用方向与活塞运动方向相反，于是在示功图上出现套杯。此时有效功减小，功率随之降低。因此，为使发动机工作时获得最佳的点火提前角，点火系统产生高压电的时刻，必须与发动机工况相适应。

最佳点火提前角与许多因素有关，如发动机转速、可燃气体成分、发动机结构（燃烧室形状和压缩比）等。因此，当发动机转速一定时，随着负荷的加大（节气门开度加大），进入气缸的可燃性气体增多，压缩终了时的压力和温度增高，同时残余废气在缸内混合气中所占的百分数下降，因而混合气燃烧速度增大。这时，点火提前角应适当减少；反之，发动机负荷减小时，点火提前角则应当加大。

当节气门开度一定时，发动机转速增高，燃烧过程所占曲轴转角增大，这时应适当加大点火提前角，否则燃烧会延续到膨胀过程中，造成功率和经济性下降。因此，点火提前角应随转速增高适当增大。

控制点火提前角的基本方法是：起动时，按 ECU 内存储的初始点火提前角对点火提前角进行控制，起动时的点火提前角一般固定为 10°左右；正常运转时，ECU 根据发动机的转速和负荷信号，确定基本点火提前角，并根据其他信号修正，以确定实际的点火提前角，并向电子点火控制器输出点火信号。

9.2 电子点火系统

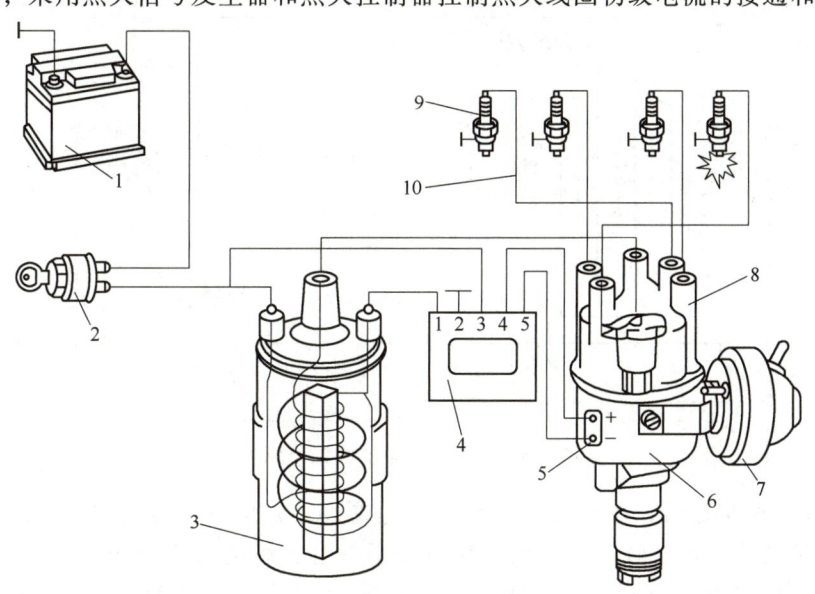

目前，电子点火系统主要指无触点电子点火系统。无触点电子点火系统完全取消了断电器触点，起触发作用的是点火信号发生器（传感器）。根据点火信号发生器的不同，无触点电子点火系统又可分为磁感应式、霍尔式、光电式等。

9.2.1 无触点电子点火系统的组成及工作原理

1. 无触点电子点火系统的组成

无触点电子点火系统主要由蓄电池、点火开关、点火线圈、分电器、火花塞、点火器、点火信号发生器等组成，如图 9-2 所示。无触点电子点火系统中取消了传统点火系统分电器中的断电器，采用点火信号发生器和点火控制器控制点火线圈初级电流的接通和切断。

图 9-2 无触点电子点火系统的组成

1—蓄电池　2—点火开关　3—点火线圈　4—点火器　5—点火信号发生器　6—分电器
7—真空点火提前调节装置　8—配电器　9—火花塞　10—高压线

（1）**蓄电池**　蓄电池能够供给点火系统所需电能。

（2）**点火开关**　点火开关能够接通或断开点火系统电源。

（3）**点火线圈**　点火线圈能够储存点火能量，并将蓄电池电压转变为点火高压电。

（4）**分电器**　分电器由配电器和点火提前调节机构等部分组成。配电器的作用是将点火线圈产生的点火高压，按发动机的工作顺序输送至相应缸的火花塞；点火提前调节机构的作用是随发动机转速、负荷的变化来调节点火提前角。

（5）**火花塞**　火花塞能够将点火高压引入燃烧室，并在电极间产生电火花，点燃可燃混合气。

（6）**点火器**　点火器又称点火电子组件或点火控制器，由半导体元件（如二极管、晶体管等）组成电子开关电路，主要作用是根据点火信号发生器产生的点火脉冲信号，接通或切断点火线圈的初级电流。

（7）**点火信号发生器**　点火信号发生器装在分电器内部，其功用是根据发动机点火时刻要求，产生控制点火的脉冲信号。

具体的工作过程是：点火信号发生器根据各缸的点火时刻产生相应的点火脉冲信号，触发点火器内部的末级大功率晶体管的导通或截止，接通或切断点火线圈的初级电路，完成点火工作。

2. 无触点电子点火系统的工作原理

电子点火系统的工作原理如图9-3所示，发动机工作时，点火信号发生器的转子在分电器轴（或配气凸轮轴）的驱动下旋转，从而在感应线圈中产生信号电压（微机控制点火系统则是由ECU根据各传感器信息而产生触发信号），该信号电压以方波的形式输入点火器后控制其末级大功率晶体管的导通或截止，完成点火工作。

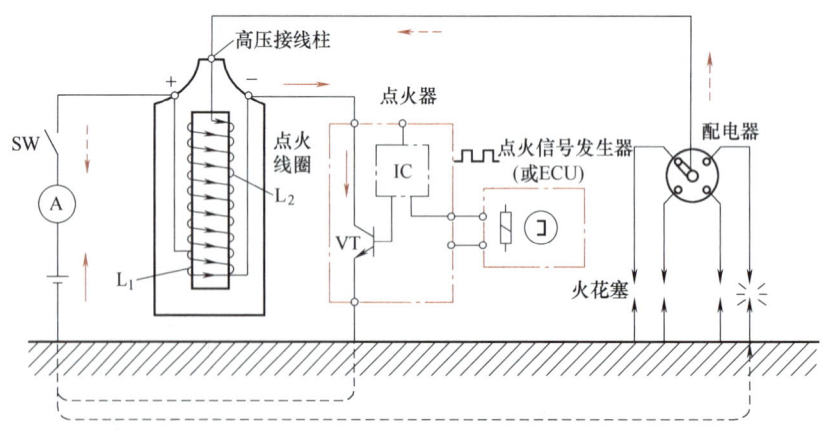

图9-3　电子点火系统的工作原理

点火开关SW接通时，在点火信号发生器（或ECU）触发信号的作用下，当点火器末级大功率晶体管VT导通时，点火线圈初级绕组中有初级电流 I_1 流过（图中实线箭头所示），其电路为：蓄电池正极→电流表A→点火开关SW→点火线圈"+"端子→初级绕组 L_1→点火线圈"-"端子→点火器末级大功率晶体管VT→搭铁→蓄电池负极。电流流过点火线圈初级绕组时，在铁心中形成磁场。当点火器大功率晶体管VT截止时，初级电路被切断，初级电流迅速消失，铁心中的磁通迅速变化，在初级绕组 L_1 和次级绕组 L_2 中分别产生自感应电动势和互感应电动势。设计时要将点火线圈次级绕组的匝数设计得足够多,以保证能够感应出足以击穿火花塞电极间隙的高压电动势。次级绕组产生的高压电流 I_2 流经的路径(图中虚线所示)为:次级绕组 L_2→点火线圈"+"端子→点火开关 SW→电流表 A→蓄电池→搭铁→火花塞侧电极、中心电极→配电器旁电极、分火头→点火线圈高压接线柱→次级绕组 L_2。

点火器的大功率晶体管每截止一次,点火线圈就产生一次高压电;分电器轴每转一转,配电器就按发动机的点火顺序,轮流向各缸火花塞输送一次高压电。发动机工作时,点火信号发生器转子在发动机凸轮轴的驱动下连续旋转,并不断产生点火信号控制晶体管导通与截止,点火线圈就不断产生高压电,并由配电器按照点火顺序分配到各缸火花塞产生电火花点燃混合气,保证发动机正常工作。

综上所述,发动机的点火系统有两个电路:初级电流 I_1 流经的电路称为低压电路或初级电路;高压电流 I_2 流经的电路称为高压电路。不论是哪一种点火系统,其工作都可分为 3 个过程,即:初级电路接通,初级电流 I_1 的增长过程;初级电路切断,次级绕组产生高压电流的过程;火花塞电极之间产生火花放电过程。

若要停止发动机的工作,只要断开点火开关,切断低压电源的电路即可。

9.2.2 无触点电子点火系统的主要部件

1. 点火线圈

点火线圈按磁路结构型式的不同,一般分为开磁路式和闭磁路式两种。开磁路点火线圈在传统点火系统中被广泛采用,闭磁路点火线圈多用于电子点火系统和微机控制点火系统。

闭磁路点火线圈的结构如图 9-4 所示。铁心是"日"字形或"口"字形,铁心上绕有初级绕组,在初级绕组外面绕有次级绕组。整个铁心只有一个微小的气隙,磁力线经铁心构成闭合磁路,减少了磁滞损失。闭磁路点火线圈的磁路如图 9-5 所示。闭磁路点火线圈漏磁少,磁路磁阻小,能量变换效率高达 75%,而开磁路点火线圈的能量变换效率只有 60%。此外,由于闭磁路铁心导磁能力强,可在较小的磁动势下产生较强的磁通,因而可减少线圈匝数,使点火线圈小型化。有的点火线圈还直接装在分电器上,不仅结构紧凑,而且省去了点火线圈与分电器之间的高压导线。

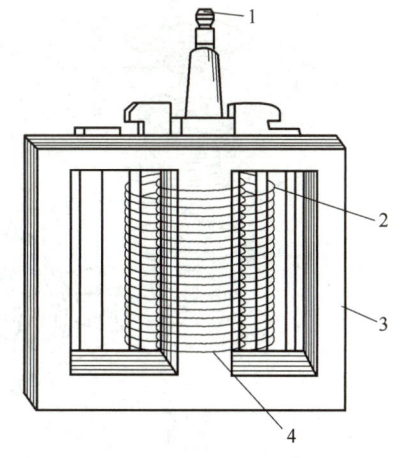

图 9-4 闭磁路点火线圈的结构
1—中央高压线接线柱 2—次级绕组
3—铁心 4—初级绕组

2. 分电器

无触点电子点火系统中的分电器主要由配电器、点火提前调节机构等组成。磁感应式分电器的结构如图 9-6 所示。

(1) 配电器 配电器的作用是按发动机的工作顺序将次级高压分配给各缸火花塞。配电器由分火头 2 和分电器盖 1 组成。

分电器盖由胶木制成,如图 9-7 所示。在分电器盖内外周有与发动机气缸数相等的旁电

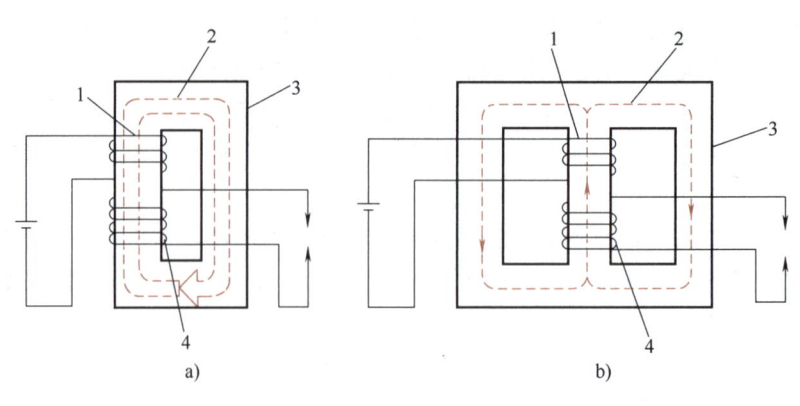

图 9-5 闭磁路点火线圈的磁路
a)"口"字形铁心 b)"日"字形铁心
1—初级绕组 2—磁力线 3—铁心 4—次级绕组

极,各旁电极和分电器盖上各缸高压线插孔相连接。分电器盖的中间有中央高压线插孔,其内侧为中心电极,在电极孔中安装有带弹簧的炭精柱,弹性地抵靠在分火头的导电片上。

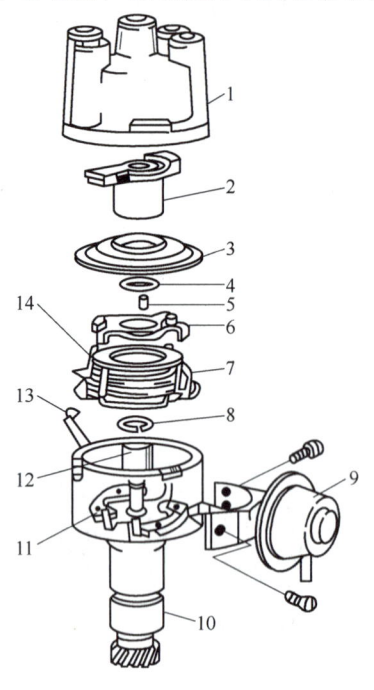

图 9-6 磁感应式分电器的结构
1—分电器盖 2—分火头 3—防尘罩 4、8—垫圈
5—键 6—信号转子 7—传感线圈 9—真空提前
机构 10—分电器壳 11—离心提前机构 12—分电
器轴 13—卡簧 14—定子

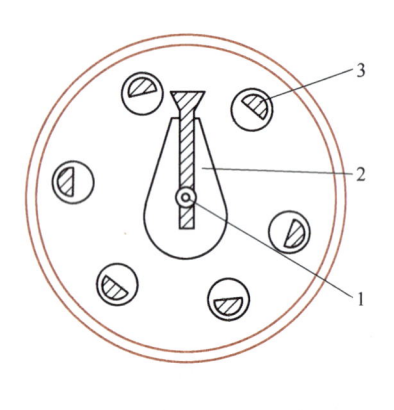

图 9-7 分电器盖
1—中心电极及带弹簧的炭精柱
2—分火头 3—旁电极

分火头安装在断电器凸轮顶端,并随断电器凸轮及分电器轴旋转,分火头导电片在距旁电极 0.25~0.8mm 的间隙处掠过。当断电器触点张开时,分火头导电片对准点火缸旁电极,高压电便由中心电极传给各缸高压线和火花塞。

传统的点火高压线为铜芯外包覆聚氯乙烯绝缘层的高压导线，这种高压线的寿命长，但在点火系统工作时，会产生电磁波辐射。现代点火高压线普遍采用高压阻尼线。常用的高压阻尼线线芯有金属阻芯式和塑料芯导线式，能有效抑制电磁波辐射。

（2）点火提前调节机构 点火提前调节机构的作用是随发动机工况变化而自动调节点火提前角，保证发动机具有最佳点火提前角。电子点火系统在分电器上设置了离心提前机构、真空提前机构。

1）离心提前机构。离心提前机构的作用是随发动机转速的变化而自动调节点火提前角。发动机转速越高，最佳点火提前角越大。这是因为发动机转速升高时，在单位时间内，活塞的移动距离较大，曲轴也相应地转过较大的角度，如果混合气燃烧速率不变，则最佳点火提前角应按线性规律增长。但当转速升高到一定程度时，由于混合气的压力和温度的提高以及扰流的增强，燃烧速度随之加快，因此最佳点火提前角随发动机转速的升高呈非线性增大。

离心提前机构安装在断电器固定底板的下面，其结构及工作原理如图9-8所示。在分电器轴4上固定有托板7，两个离心块5分别套在托板的柱销9上，并可绕柱销转动。离心块的另一端由弹簧6拉向轴心。断电器凸轮及拨板3为一体，套装在分电器轴上，拨板的矩形孔套在离心块的销钉8上，受离心块驱动。当分电器轴转动时，离心块上的销钉即通过拨板带动断电器凸轮相对分电器轴转动一定角度。

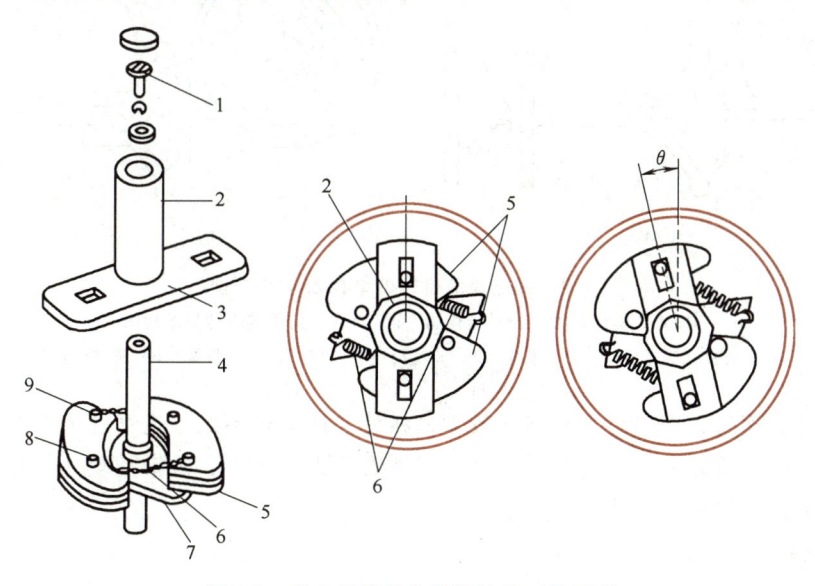

图9-8 离心提前机构的结构及工作原理
1—固定螺钉 2—点火信号发生器转子轴 3—拨板 4—分电器轴
5—离心块 6—弹簧 7—托板 8—销钉 9—柱销

当发动机转速升高时，离心块的离心力逐渐增大，克服弹簧拉力使离心块向外甩开。离心块上的销钉便推动拨板带着断电器凸轮，顺着分电器轴旋转的方向向前转动一定角度，使断电器凸轮提前打开触点，点火提前角增大。转速越高，离心块的离心力越大，离心块甩开的程度就越大，点火提前角也就越大。反之，当转速降低时，离心力减小，弹簧便拉动离心块，拨板和断电器凸轮逆着分电器轴旋转的方向向后转动一定角度，使点火提前角减小。

离心块上的两根弹簧是由直径不同的钢丝绕成的，它们的弹性系数不同。粗而强的一根弹簧，安装后成自由状态；细而弱的一根弹簧，安装后略微拉紧。在低速范围内，只有细弹簧起作用，而当转速提高到一定程度后，两根弹簧同时起作用，以便点火提前角开始成正比增大，之后又趋向平缓，即点火提前角与转速不是线性关系，这样更符合发动机转速变化时对点火提前角的要求。

2）真空提前机构。真空提前机构的作用是随发动机负荷的大小而自动调节点火提前角。在相同转速下，随着发动机负荷的增大，最佳点火提前角减小。这是由于发动机负荷大即节气门开度大时，吸入气缸的混合气增多，压缩终了时的气缸压力和温度增高，使燃烧速度加快，因此最佳点火提前角应随负荷增大而减小。

真空提前机构的结构及工作原理如图9-9所示。当发动机负荷较小时，节气门开度小，真空度增大，吸动膜片，克服弹簧弹力向右拱曲，拉杆拉动活动底板并带动断电器凸轮逆着分电器轴旋转方向向后转动一定角度，使触点提前打开，点火提前角增大，如图9-9a所示；当发动机负荷增大即节气门开度增大时，真空度减小，在弹簧弹力的作用下，膜片向左拱曲，拉杆带动活动底板顺着凸轮旋转方向向前转动一定角度，使点火提前角减小，如图9-9b所示。

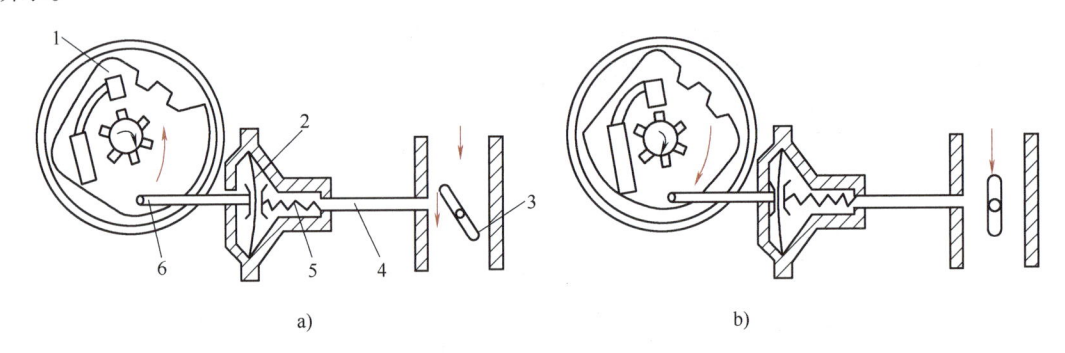

图9-9 真空提前机构的结构及工作原理
a）点火提前角增大情景结构图 b）点火提前角减小情景结构图
1—活动板（定子盘） 2—膜片 3—节气门 4—真空管 5—弹簧 6—驱动连接件

发动机在怠速时，如果点火提前角较大，将使怠速运转不稳，进气管道中的小孔此时位于节气门的上方，该处的真空度几乎为零，在弹簧张力作用下，可推动膜片使点火提前角减小或基本不提前，以满足怠速时的要求。

3. 火花塞

火花塞的作用是将点火线圈产生的点火高压引入发动机的燃烧室，在其电极间隙中形成电火花，点燃混合气。

火花塞的结构如图9-10所示。在钢质壳体5的内部固有陶瓷绝缘体2，在绝缘体中心孔的上部装有金属杆3，金属杆上端有接线螺母1，用来连接高压导线，下部装有中心电极10。金属杆3与中心电极10之间用导体玻璃6密封，铜制内垫圈4和8起密封和导热作用。壳体5上部的外侧制成六角平面以便拆装，下部的螺纹安装在发动机气缸盖的火花塞孔内，壳体下端固定有弯曲的侧电极9。

中心电极和侧电极分别采用不同的镍锰合金或贵金属合金制成，具有良好的耐高温、耐蚀性能。火花塞的电极间隙一般为 0.6~0.7mm。采用高能电子点火装置，其火花塞间隙为 1.0~1.2mm。

火花塞与气缸盖座孔间的密封有平面密封和锥面密封两种。平面密封时，在火花塞与座孔间应加装铜包石棉垫圈；锥面密封时，无须使用密封垫圈，而是利用火花塞壳体的锥形面与气缸盖相应的锥形面进行密封。靠锥形面密封的火花塞，称为锥座型火花塞。

4. 磁感应式无触点电子点火系统

磁感应式无触点电子点火系统主要由磁感应式分电器（内装磁感应点火信号发生器）、点火电子组件、专用点火线圈、火花塞等组成。

图 9-11 为日本丰田 ms75 系列汽车上装用的磁感应式无触点电子点火系统电路图。该系统的分电器中仍保留传统的配电器、离心提前机构和真空提前机构。

磁感应点火信号发生器，用来产生点火控制信号，装在分电器内的底板上。磁感应点火信号发生器由装在分电器轴上的信号转子以及永久磁铁、导磁铁心和绕在铁心上的感应线圈等组成，其结构及工作原理如图 9-12 所示。

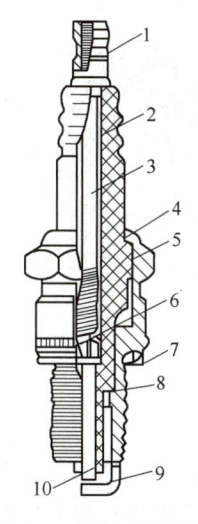

图 9-10 火花塞的结构

1—接线螺母　2—陶瓷绝缘体　3—金属杆
4、8—内垫圈　5—壳体　6—导体玻璃
7—密封垫圈　9—侧电极　10—中心电极

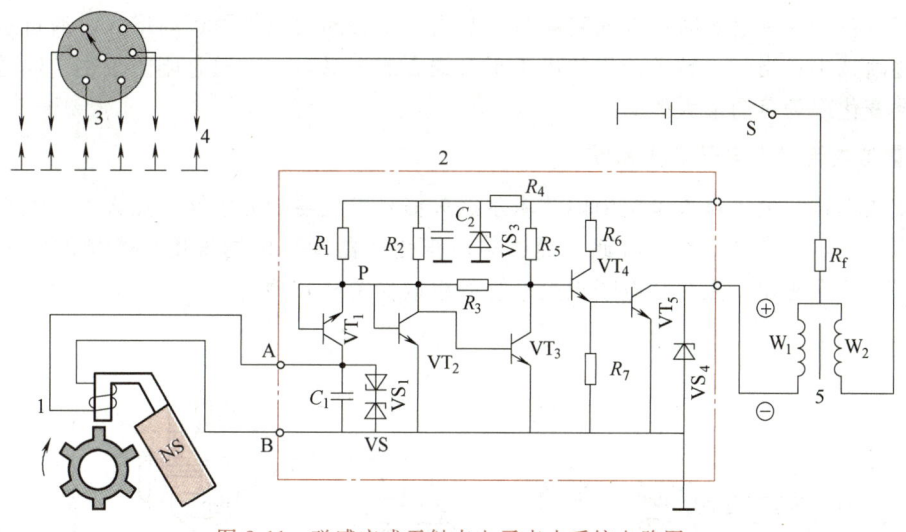

图 9-11 磁感应式无触点电子点火系统电路图

1—点火信号发生器　2—点火器　3—分电器　4—火花塞　5—点火线圈

磁感应点火信号发生器是利用电磁感应原理工作的，当通过感应线圈的磁通发生变化时，在感应线圈内便产生交变电动势，它相当于一个极小的发电机。其永久磁铁的磁路是：永久磁铁 N 极→空气隙→信号转子→空气隙→铁心（通过感应线圈）→永久磁铁 S 极。当发动机未转动时，信号转子不动，通过感应线圈的磁通未发生变化，感应线圈不产生电动势，因而无信号输出。当发动机转动时，信号转子便由分电器轴带动旋转，这时信号转子的凸齿与铁心间的空气隙将发生变化，使通过感应线圈的磁通发生变化，因此在感应线圈中便产生

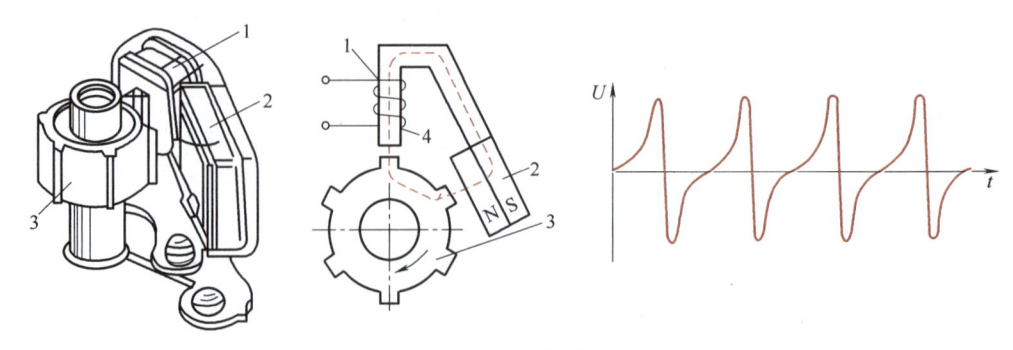

图 9-12 磁感应点火信号发生器的结构及工作原理
1—感应线圈 2—永久磁铁 3—信号转子 4—导磁铁心

感应电动势。

当信号转子的两个凸齿中央正对铁心的中心线时,磁路中凸齿与铁心间的空气隙最长,通过感应线圈的磁通量最小,且磁通变化率为零。

如果信号转子沿顺时针方向转动,信号转子的凸齿逐渐接近铁心,凸齿与铁心间的空气隙越来越小,通过感应线圈的磁通逐渐增大。当信号转子凸齿的齿角与铁心边线相对时,通过感应线圈的磁通急剧增加,磁通变化率最大;当信号转子转过后,虽然磁通仍在增加,但磁通变化率降低;当信号转子凸齿的中心正对铁心的中心线时,空气隙最小,通过感应线圈的磁通最大,但此时磁通变化率为零。

当信号转子继续沿顺时针方向转动时,凸齿与铁心间的空气隙逐渐增大,通过感应线圈的磁通逐渐减小;当信号转子凸齿的齿角正对铁心的边缘时,磁通急剧的减小,通过感应线圈的磁通变化率为负向最大值。

5. 霍尔式无触点电子点火系统

霍尔式无触点电子点火系统由内装霍尔点火信号发生器的分电器、点火器、点火线圈和火花塞等组成。国产桑塔纳、红旗、捷达等轿车化油器发动机均采用该类型的电子点火系统。桑塔纳轿车霍尔式无接触电子点火系统的组成如图 9-13 所示。

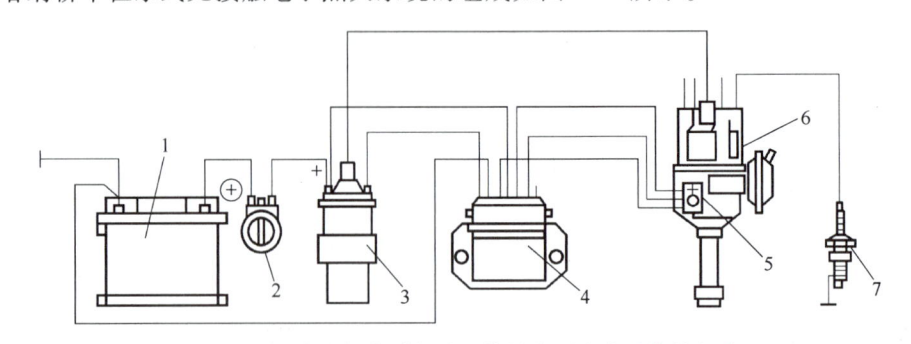

图 9-13 桑塔纳轿车霍尔式无接触电子点火系统的组成
1—蓄电池 2—点火开关 3—点火线圈 4—点火控制器 5—霍尔点火信号发生器 6—分电器 7—火花塞

霍尔点火信号发生器是根据霍尔效应原理制成的,它装在分电器内。霍尔点火信号发生器的基本结构如图 9-14 所示,它由触发叶轮 1 和信号触发开关 4 等组成。触发叶轮套装在分电器轴的上部。它可以随分电器轴一起转动,又能相对于分电器轴做少量转动,以保证离心调节装置正常工作。触发叶轮的叶片数与气缸数相等，其上部套装分火头，分火头与触发叶轮一起转动。信号触发开关由带导板（导磁）的永久磁铁和霍尔集成块组成。

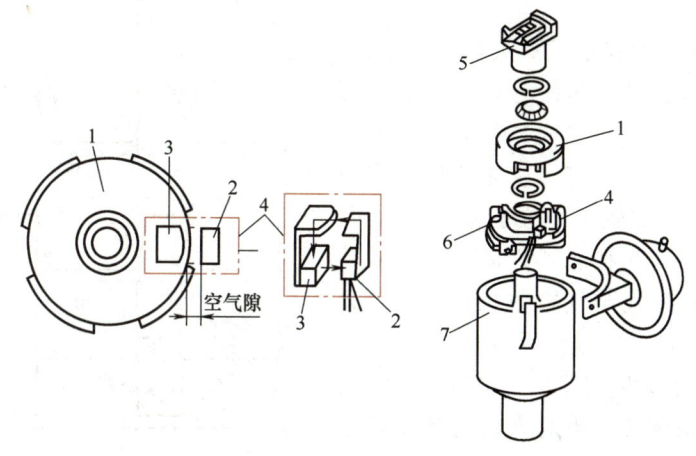

图 9-14　霍尔点火信号发生器的基本结构
1—触发叶轮　2—霍尔集成块　3—带导板的永久磁铁　4—触发开关
5—分火头　6—触发开关托盘　7—分电器壳

霍尔点火信号发生器的工作原理如图 9-15 所示。触发叶轮的叶片在霍尔集成块和永久磁铁之间转动。当叶片进入永久磁铁与霍尔集成块之间的空气隙时，霍尔集成块中的磁场即被触发叶轮的叶片所旁路（或称隔磁），这时霍尔元件不产生霍尔电压；当叶片离开空气隙时，永久磁铁的磁通便穿过霍尔集成块经导磁板构成回路，此时霍尔元件产生霍尔电压。

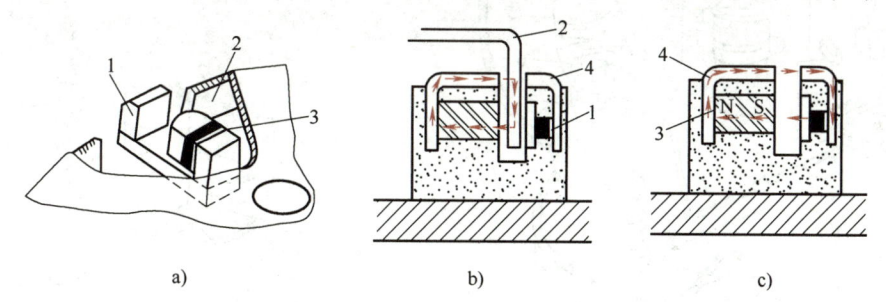

图 9-15　霍尔点火信号发生器的工作原理
a）结构　b）叶片在霍尔集成块与永久磁铁之间　c）叶片离开霍尔集成块与永久磁铁之间的空气隙
1—霍尔元件　2—触发叶轮的叶片　3—永久磁铁　4—导磁板

霍尔点火信号发生器工作时，霍尔元件产生微弱的霍尔电压信号，经过由脉冲整形、放大、变换等部分组成的集成电路处理后，以标准方波输出，霍尔点火信号发生器的波形如图 9-16 所示。

霍尔式无触点电子点火系统在发动机转速很低时，也能输出稳定的点火信号。因此，该系统低速性能好，有利于发动机的起动，并且发动机在任何工况下，霍尔点火信号发生器均能输出高低电平常间比一定的方波信号，故点火正时精度高，且易于控制。

6. 光电式无触点电子点火系统

光电式无触点电子点火系统利用光电效应原理，制成光电式点火信号发生器，给点火控制器提供点火信号，来达到控制点火的目的。光电式无触点电子点火系统的组成如图9-17所示。

安装在分电器内的光电式点火信号发生器，主要由发光二极管、光敏晶体管和遮光盘3部分组成，如图9-18所示。发光二极管与光敏晶体管相对，并相距一定距离。遮光盘用金属或塑料制成，装在分电器轴上，位于分火头下面，盘的外缘伸入光源与光接收器之间，且盘的外缘上开有缺口，缺口数与气缸数相等。缺口处允许红外线光束通过。

光电式点火信号发生器的工作原理如下：遮光盘随分电器轴旋转，当遮光盘的叶片转至发光二极管与光敏晶体管之间时，便把发光二极管发出的光束阻断，使光束不能射入光敏晶体管，此时光敏晶体管截止。

光电式电子点火系统的工作原理如图9-19所示。VL为发光二极管，VT为光敏晶体管。

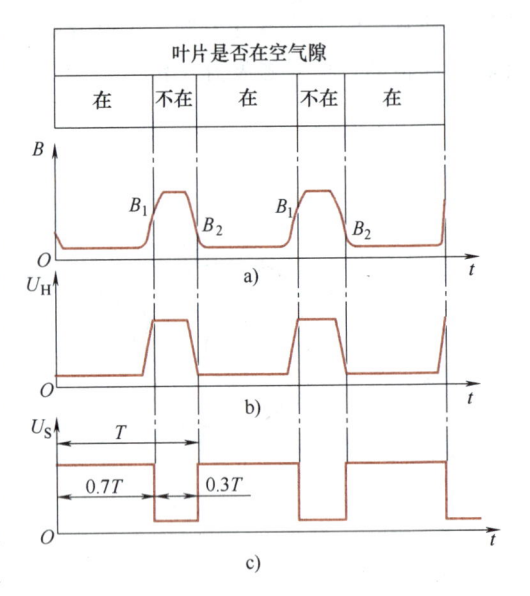

图9-16 霍尔点火信号发生器的波形
a）磁感应强度 b）霍尔电压
c）点火信号发生器输出电压

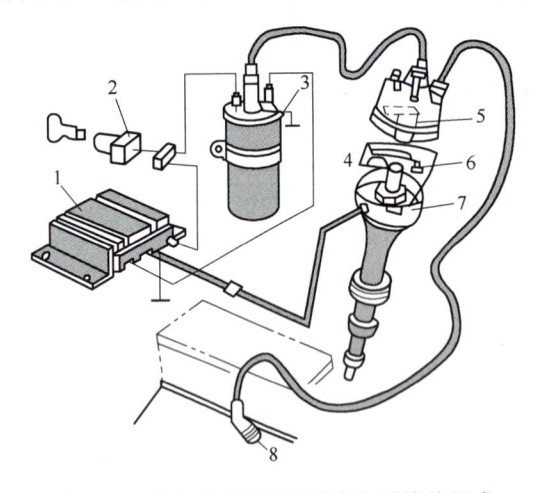

图9-17 光电式无触点电子点火系统的组成
1—点火控制器 2—点火开关 3—点火线圈
4—光电式点火信号发生器 5—分火头
6—遮光盘 7—分电器 8—火花塞

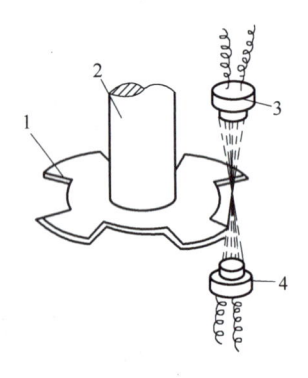

图9-18 光电式点火信号发生器的结构及工作原理
1—遮光盘 2—分电器轴
3—发光二极管 4—光敏晶体管

发动机工作时，遮光盘随分电器轴转动，当遮光盘上的缺口通过光源时，则红外线通过缺口照到光敏晶体管VT上，使其导通，VT_1随之导通。VT_1导通后，使VT_2导通，VT_3截止。VT_3截止时，VT_4由于R_6、R_8的分压获得基极电流而导通，于是接通了点火线圈的初级电路。当遮光盘遮住光时，VT_1、VT_2截止，VT_3导通，VT_4截止，使初级电流中断，在点火线圈的次级绕组中产生高压电动势。

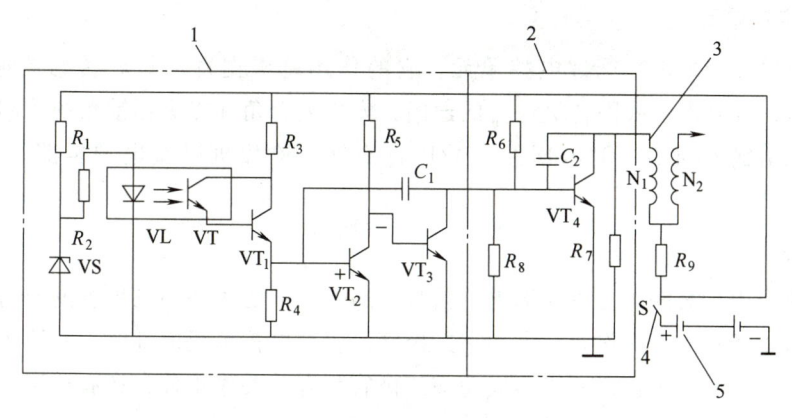

图 9-19 光电式电子点火系统的工作原理
1—光电式点火信号发生器　2—点火控制器　3—点火线圈　4—点火开关　5—蓄电池

稳压管 VS 使发光二极管的工作电压维持在 3V 左右。R_7 的作用是当 VT_4 截止时，给初级绕组中的自感电动势提供回路，起保护 VT_4 的作用。C_1 对 VT_2 构成正反馈，使 VT_2、VT_3 加速翻转。

该点火系统的次级电压可达 28～30kV，次级电压上升时间只有 25μs，每个火花输入能量为 50mJ。

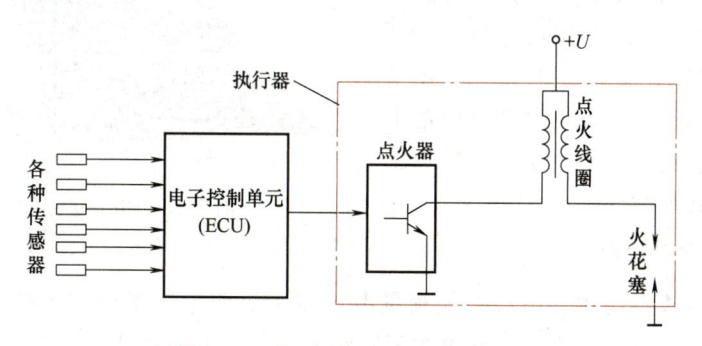

9.3 微机控制点火系统

微机控制点火系统采用微机控制点火提前角和闭合角。

9.3.1 微机控制点火系统的组成

微机控制点火系统主要由各类传感器、电子控制单元（ECU）、点火器三部分组成，如图 9-20 所示。

图 9-20 微机控制点火系统的组成

1. 传感器

传感器的作用是检测与发动机点火有关的各种工况信息。主要传感器有发动机转速传感器、曲轴位置传感器、凸轮轴位置传感器、空气流量计（或进气压力传感器）、冷却液温度传感器、进气温度传感器、爆燃传感器、节气门位置传感器等。

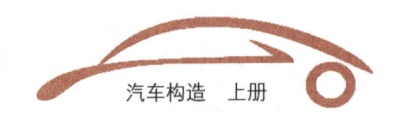

2. 电子控制单元

电子控制单元（ECU）简称电控单元，它的作用是根据发动机各传感器输入的信息，按照控制程序，控制点火线圈初级电流的通断，实现闭合角和点火提前角的控制。

电控单元由输入回路、输出回路、A/D 转换器、单片机以及电源电路、备用电路等组成。

3. 点火器

点火器的作用是根据电控单元输出的信号，通过内部的大功率三极管的导通和截止，控制初级电流的通断完成点火作业。大功率三极管设置在电控单元内部时，系统无点火器。有些点火器只有大功率三极管，所以，大功率三极管除有开关作用外，还有恒流控制、闭合角控制、气缸判别、点火监视等功能。

9.3.2 微机控制点火系统的基本控制

点火系统由各种传感器检测发动机的工况信息，并将工况信息送给 ECU 进行分析和计算。ECU 根据曲轴位置确定初始点火提前角，并依据发动机转速和负荷信号从存储器中调出基本点火提前角的原始数据；再根据传感器信号，对基本点火提前角进行修正；最后向点火器发出点火控制信号。点火器接收 ECU 发出的点火控制信号，在最佳时刻接通和断开点火线圈初级电路，点火线圈次级绕组产生高压电，使火花塞跳火点燃混合气。

1. 闭合角的控制

在传统点火系统中，闭合角是指断电器闭合期间凸轮轴转过的角度。在电子点火系统中，闭合角是指点火器功率输出级三极管饱和导通期间凸轮轴转过的角度，又称导通角。

在微机控制点火系统中，电控单元根据闭合角三维脉谱图控制闭合角。制造厂通过大量试验，确定发动机在不同转速和蓄电池电压下的最佳闭合角，取得闭合角三维脉谱图（图 9-21），并将此图存储在电控单元的存储器内。发动机工作时，电控单元根据发动机转速传感器输入的转速信号和蓄电池电压即可查得所对应的闭合角，从而控制点火线圈初级绕组的接通时间。

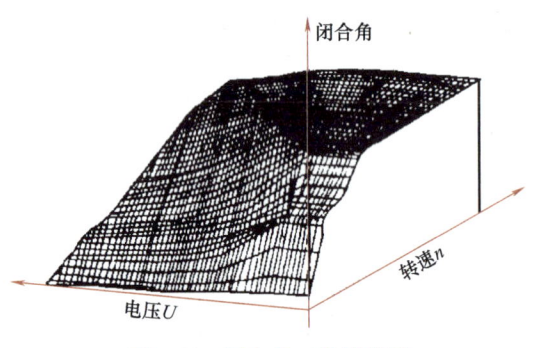

图 9-21 闭合角三维脉谱图

2. 点火提前角的控制

在微机控制点火系统中，电控单元根据基本点火提前角三维脉谱图控制基本点火提前角。制造厂通过大量试验，确定发动机在不同转速和负荷下的最佳点火提前角，取得基本点火提前角三维脉谱图（图 9-22），并将此图存储在电控单元的存储器内。发动机工作时，电控单元根据发动机转速传感器输入的转速信号和发动机负荷信号（空气流量计或进气压力传感器检测信号），即可查得所对应的基本点火提前角，再根据冷却液温度传感器、进气温度传感器、节气门位置传感器等输入的信号对基本点火提前角进行修正，再加上固定的初始点火提前角（由曲轴位置传感器的安装位置决定）得到实际的点火提前角，即

点火提前角＝初始点火提前角＋基本
点火提前角＋修正点火提前角

根据曲轴位置传感器或凸轮轴位置传感器提供的基准信号，控制点火线圈初级绕组的关断，实现对点火提前角的控制。

3. 爆燃的控制

当点火提前角接近发动机爆燃极限时，发动机的动力性和经济性最佳。为尽可能地增大点火提前角，同时避免由于点火提前角的增大使发动机产生爆燃，故采用爆燃传感器作为点火提前角控制的反馈信号，进行点火提前角的闭环控制。

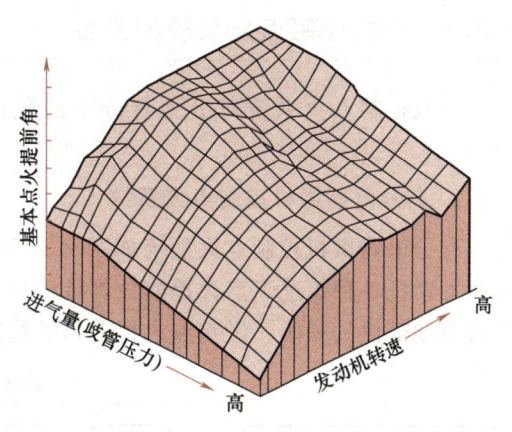

图 9-22 基本点火提前角三维脉谱图

爆燃传感器安装在气缸体上，主要由压电陶瓷晶体、振子等部件组成。发动机爆燃时，产生频率为 1～10kHz 的压力波，经气缸体传给螺栓和压电陶瓷晶体。碟形弹簧对振子和压电陶瓷晶体产生一定的预加载荷，载荷的大小影响传感器的频率响应和线性度。压电陶瓷晶体随爆燃强度的变化，产生 20mV/g 的电动势，经输入电路放大、滤波和模/数转换，转换为指示爆燃的数字信号。

当发动机产生爆燃时，电控单元输出控制信号减小点火提前角；当爆燃停止时，电控单元以一定的角度逐渐增大点火提前角。如此循环往复，使点火时刻接近发动机的爆燃极限。当爆燃传感器出现故障时，电控单元减小点火提前角并终止爆燃控制。爆燃控制的原理如图 9-23 所示。

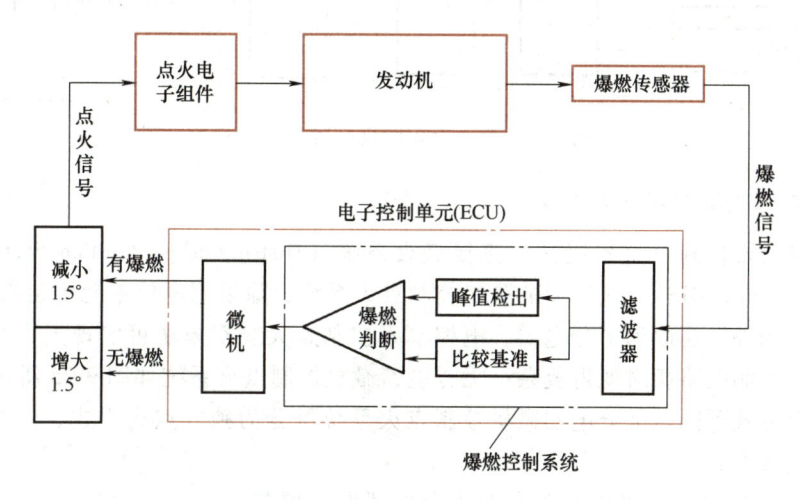

图 9-23 爆燃控制的原理

在爆燃控制中采用爆燃传感器检测发动机是否产生爆燃，如果有爆燃，ECU 减小点火提前角（每次减小 0.5°～1.5°），直到爆燃消失，ECU 再逐渐加大点火提前角，使发动机工作在爆燃的边缘，而又不发生爆燃，此时发动机热效率最高，动力性、经济性最好。利用爆燃传感器对点火提前角进行闭环控制，可以降低对各传感器精度的要求。

9.3.3 微机控制点火系统的类型

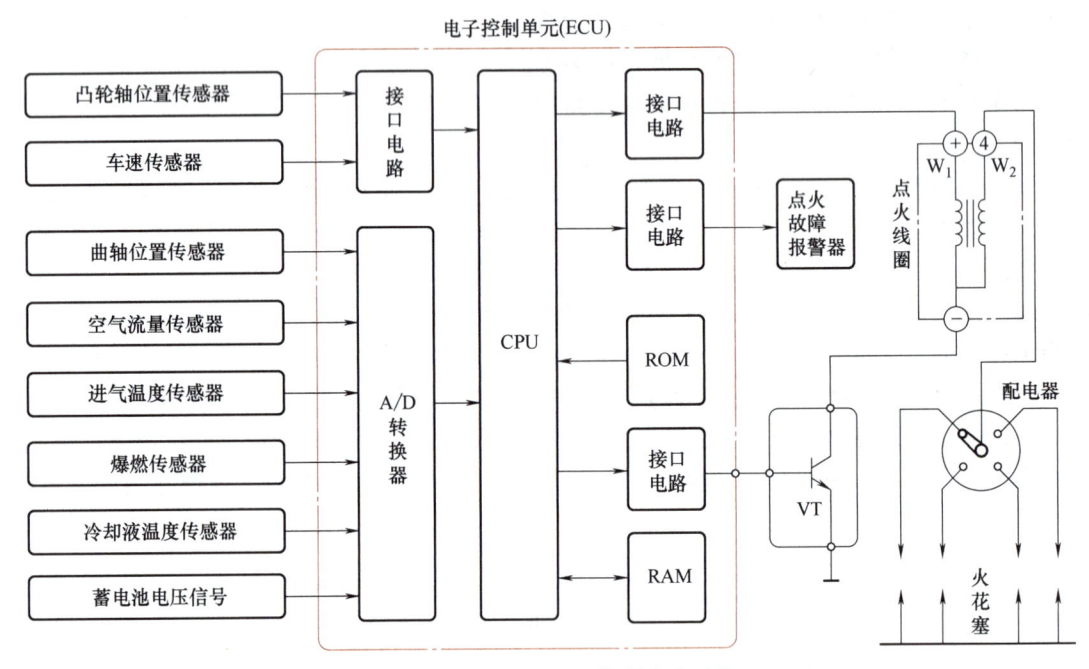

微机控制点火系统可分为有分电器微机控制点火系统和无分电器微机控制点火系统两种。

1. 有分电器微机控制点火系统

有分电器微机控制点火系统如图9-24所示。由于其本身机械装置的局限性，没有办法保证发动机各种工况下点火提前角都处于最佳。此外，由于分电器中旋转部件的磨损，又会导致驱动部件的松旷，影响点火提前角的稳定性和均匀性，所以逐渐趋于淘汰。

图 9-24 有分电器微机控制点火系统

2. 无分电器微机控制点火系统

无分电器微机控制点火系统又称直接点火系统（Distributorless Ignition System 或 Direction Ignition System，DIS）。该类型的微机控制点火系统，除采用电控单元控制闭合角、点火时刻和爆燃控制外，还取消了分电器，电控单元控制点火线圈模块可实现点火高压的分配，但是其结构和控制电路相对变得复杂。无分电器微机控制点火系统如图9-25所示。

按照点火方式不同，无分电器微机控制点火系统可分为独立点火方式、同时点火方式、二极管配电点火方式。

（1）**独立点火方式** 图9-26所示为无分电器微机控制点火系统的独立点火方式。其特点是每缸一个点火线圈，即点火线圈的数量与气缸的个数相等。

由于每缸都有各自独立的点火线圈，所以即使发动机转速很高，点火线圈也有较长的通电时间（较大的闭合角），可以提供足够高的点火能量。

与有分电器微机控制点火系统相比，在发动机转速和点火能量相同的情况下，单位时间内通过点火线圈初级电路的电流要小得多，点火线圈不容易发热，而且点火线圈的体积也可

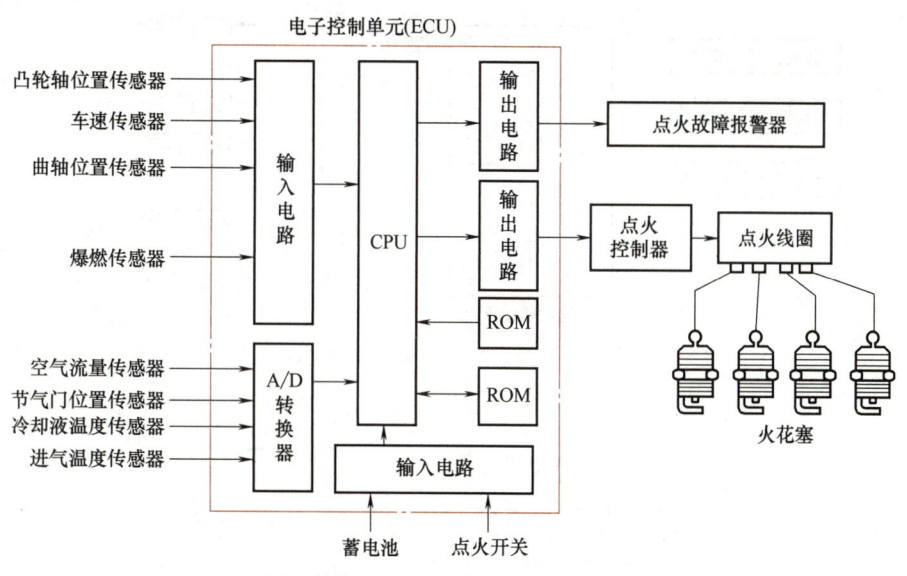

图 9-25 无分电器微机控制点火系统

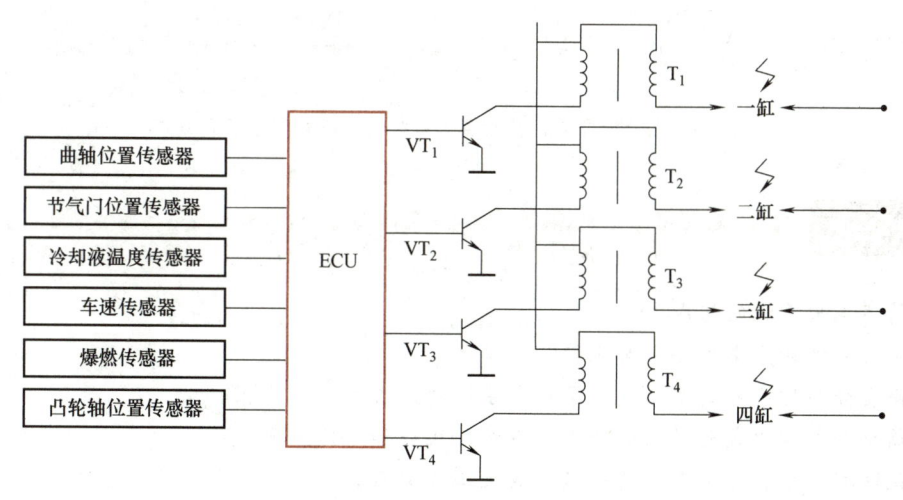

图 9-26 无分电器微机控制点火系统的独立点火方式

以做得很小,一般直接将点火线圈压装在火花塞上,优化了整个点火系统的布置。

(2)同时点火方式 图 9-27 所示为无分电器微机控制点火系统的同时点火方式。其特点是两个活塞同时到达上止点位置的气缸(一个处于压缩上止点,另一个处于排气上止点)共用一个点火线圈,即点火线圈的数量等于气缸数的一半。

(3)二极管配电点火方式 图 9-28 所示为无分电器微机控制点火系统的二极管配电点火方式。其特点是 4 个气缸共用一个点火线圈,点火线圈的结构不同于一般的点火线圈,此点火线圈内部装有两个初级线圈、两个输出的次级线圈,利用 4 个高压二极管的单向导电性交替完成对一、四缸和二、三缸的配电过程。

二极管配电点火方式的特性与同时点火方式相同,但对点火线圈要求较高,而且发动机的气缸数必须是数字 4 的整倍数,所以在应用上受到一定的限制。

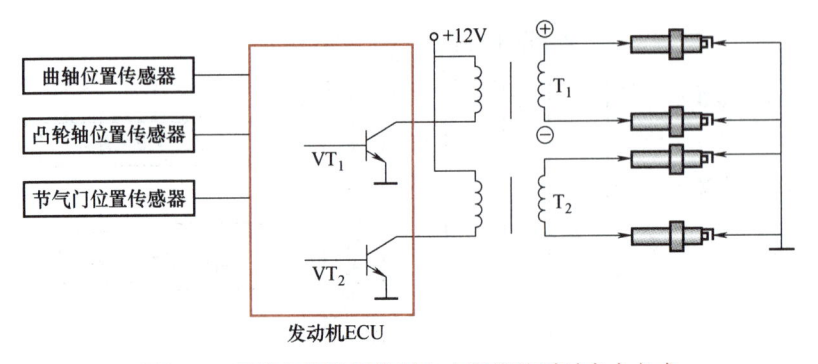

图 9-27　无分电器微机控制点火系统的同时点火方式

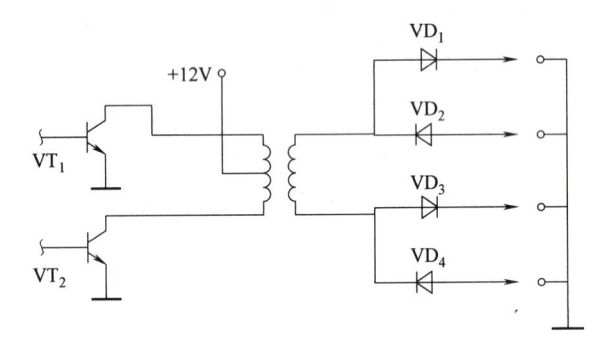

图 9-28　无分电器微机控制点火系统的二极管配电点火方式

思考题

1. 简述点火系统的组成。
2. 点火系统的分类主要有哪几种？
3. 简要分析磁感应式无触点电子点火系统的组成和工作原理。
4. 简要分析霍尔式无触点电子点火系统的组成和工作原理。
5. 试述微机控制点火系统的一般组成及工作原理。

第10章　发动机起动系统

10.1 概述

1. 起动系统的功用

要使发动机由静止状态过渡到工作状态，必须先用外力转动发动机的曲轴，使活塞作往复运动，气缸内的可燃混合气燃烧膨胀做功，推动活塞向下运动使曲轴旋转，这样发动机才能自行运转，工作循环才能自动进行。因此，曲轴在外力作用下开始转动到发动机开始自动怠速运转的全过程，称为发动机的起动。完成起动过程所需的装置，称为发动机的起动系统。

起动系统的功用就是给发动机曲轴提供一外力使曲轴从静止状态到自行运转，保证发动机进入自行运转的正常工作状态后停止工作，该系统的稳定性直接影响汽车的使用感。

2. 汽车发动机的起动方式

汽车发动机通常使用的起动方式有人力起动、电动机起动和辅助汽油机起动。

人力起动结构十分简单，但操作不便，主要用于大功率柴油机的辅助汽油机的起动，或在有些装用中、小功率汽油发动机的车辆上作为后备起动装置。

电动机起动是用电动机作为机械动力，当电动机轴上的齿轮与发动机飞轮周缘的齿圈啮合时，电动机旋转时产生的电磁转矩通过飞轮传递给发动机的曲轴，使发动机起动。由于其结构简单，操作轻便，起动迅速可靠，目前大部分汽车发动机都采用电动机起动。

辅助汽油机起动只用于大功率柴油机起动，且起动装置体积大，结构复杂。

现代汽车发动机大部分以电机作为起动动力，所以本章主要讲解电动起动系统。

3. 发动机起动系统的组成

发动机起动系统的组成如图10-1所示，一般由蓄电池、起动机、起动继电器、起动开关等组成。

（1）**起动机**　起动机的作用是将蓄电池的电能转变成机械运动，驱动发动机，使发动机起动工作。

（2）**起动继电器**　由于流经起动机起动开关的电流较大（一般为35～40A），直接由起

动开关控制会因电流过大而烧坏起动开关。因此，在起动控制电路中装有起动继电器，由起动继电器触点的开闭控制起动机电磁开关电路的通断，起动开关只控制起动继电器线圈电路的通断，因而减小了通过起动开关的电流。

（3）起动开关　起动开关的作用是接通起动机电磁开关电路，使电磁开关通电工作。汽油发动机的起动开关与点火开关组合在一起。

4. 发动机冷起动辅助装置

发动机在冬季起动困难，是因为低温时机油黏度增高，起动阻力增大，空气（或可燃混合气）的温度较低，导致发动机着火困难，其中柴油发动机起动更为困难。为使发动机在低温条件下迅速起动，应设法将进气、润滑油和冷却液预热，即在发动机上设置低温起动预热装置。预热装置通常有电热塞、进气加热器和电火焰预热塞。

进气预热的类型有集中预热和分缸预热两种。集中预热装置用于汽油机和部分柴油机，一般安装在发动机的进气管上；分缸预热装置用于柴油机，安装在各气缸内或进气歧管上。

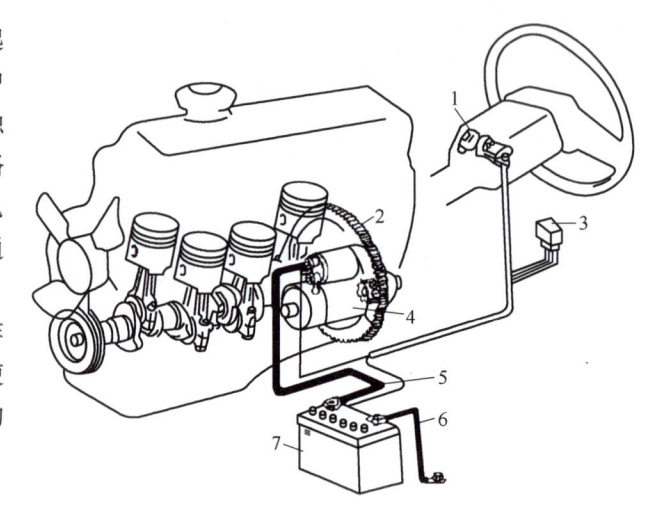

图 10-1　发动机起动系统的组成
1—起动开关　2—飞轮　3—起动继电器　4—起动机
5—起动机电缆　6—搭铁电缆　7—蓄电池

10.2　起动机

10.2.1　起动机的分类

1. 按电动机磁场产生的方式分

（1）励磁式起动机　电动机的磁场由磁场绕组通入电流产生。

（2）永磁式起动机　电动机的磁极用永久磁铁制成，磁极无励磁绕组，也无须通入电流。

2. 按起动时起动机的操纵方式分

（1）直接操纵式起动机　由驾驶人通过脚踏起动踏板或手拉起动拉杆直接操纵拨叉使起动机与飞轮啮合，现已被淘汰。

（2）电磁操纵式起动机　由电磁开关通电后产生的电磁力控制驱动齿轮啮入飞轮齿圈和接通电机电路。电磁操纵式起动机克服了直接操纵式起动机的不足，现已普遍采用。

3. 按驱动齿轮啮入方式分

（1）强制啮合式起动机　强制啮合式起动机靠人力（现已淘汰）或电磁力推动驱动小齿轮做轴向移动，强制小齿轮与飞轮齿圈啮合。强制啮合式起动机结构简单、工作可靠，使用较广泛。

（2）**惯性啮合式起动机**　惯性啮合式起动机靠驱动齿轮自身的旋转惯性产生轴向移动，啮入飞轮齿圈。惯性啮合式起动机结构简单，但工作可靠性较差，现已很少采用。

（3）**电枢移动式起动机**　电枢移动式起动机靠磁极产生的电磁力吸引电枢轴向移动，带动固定在电枢轴上的驱动齿轮啮入飞轮齿圈。电枢移动式起动机结构较复杂，主要用于欧洲国家生产的柴油车上。

（4）**磁极移动式起动机**　磁极移动式起动机靠磁极产生的磁力使活动铁心移动，带动驱动齿轮啮入飞轮齿圈。采用此种结构型式的起动机较为少见。

（5）**齿轮移动式起动机**　齿轮移动式起动机靠电磁开关推动安装在电枢轴孔内的啮合杆，使小齿轮啮入飞轮齿圈。

（6）**减速式起动机**　减速式起动机靠电磁吸力推动单向离合器，使小齿轮啮入飞轮齿圈。减速式起动机的结构特点是在电枢和驱动齿轮之间装有一级减速齿轮（一般减速比为3～4）。它的优点是可采用小型高速低转矩的电动机，使起动机的体积减小，质量约减少35%，并便于安装；提高了起动机的起动转矩，有利于发动机的起动；电枢轴较短，不易弯曲；减速齿轮的结构简单、效率高，保证了良好的机械性能；拆装修理方便。

10.2.2　起动机的结构及工作原理

目前汽车发动机普遍采用电磁操纵（强制啮合）式起动机，这种电动机在低转速时转矩很大，随着转速的升高，转矩逐渐减小，这一特性非常适合发动机起动的要求。起动机主要由直流电动机、传动机构和电磁开关三大部分组成，其结构如图10-2所示。

直流电动机：其作用是将蓄电池输入的电能转换为驱动发动机转动的机械运动（电磁转矩）。汽车起动机均采用直流串励式电动机。

传动机构：其作用是将电动机所产生的电磁转矩传递给发动机飞轮，并在发动机起动后自动断开发动机向起动机的逆向动力传递。

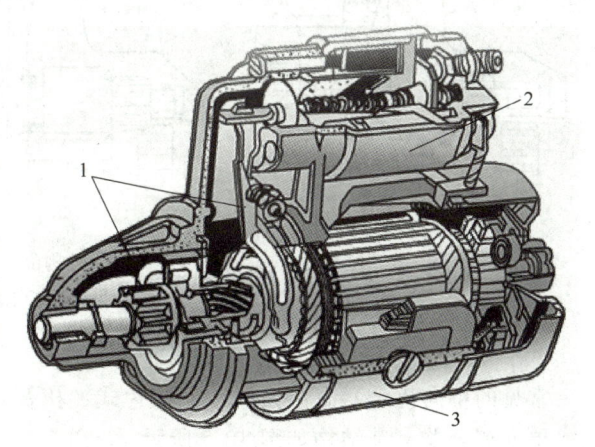

图10-2　电磁操纵式起动机的结构
1—传动机构　2—电磁开关　3—直流电动机

电磁开关：是现代汽车上普遍使用的起动机控制装置，其作用是控制起动机驱动齿轮与发动机飞轮的啮合与分离，同时控制电动机电路的通断。

1. 直流电动机

直流电动机由电枢、磁极铁心、电刷、电刷架及其他附件组成，如图10-3所示。

电枢总成的作用是通入电流后，在磁极磁场的作用下产生一个方向不变的电磁转矩。电枢总成由电枢轴、铁心、电枢绕组及换向器等组成。

磁极的作用是产生磁场。它有励磁式和永磁式两类，励磁式电动机的磁极由铁心和励磁

绕组构成，用螺钉固定在电动机壳体上；永磁式电动机的磁极直接由永磁材料组成。

电刷用铜和石墨粉压制而成，石墨中加入铜粉是为了减小电阻和增加耐磨性。电刷架多为柜式，电刷架上的盘形弹簧用于将电刷紧紧地压在换向器铜片上。

2. 传动机构

普通起动机传动机构的主要组成部分是单向离合器，减速起动机则增加了一组减速齿轮。图10-4所示为传动机构的工作示意图。

单向离合器的作用是起动时将电枢的电磁转矩传递给发动机飞轮，而在发动机起动后就立即打滑，防止发动机飞轮带动起动电枢高速旋转而造成飞散事故。

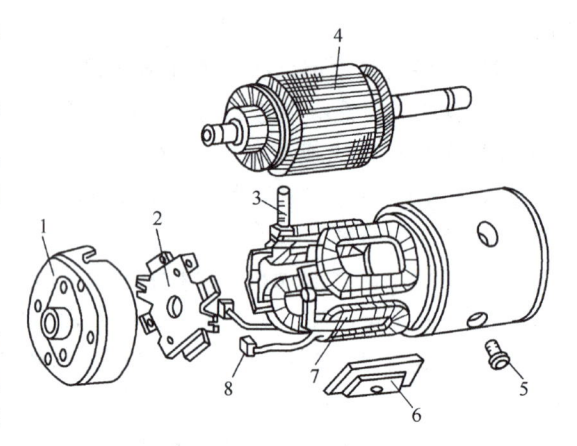

图10-3 直流电动机的组成
1—端盖 2—电刷架 3—接线柱
4—电枢 5—磁极固定螺钉 6—磁极
铁心 7—励磁绕组 8—电刷

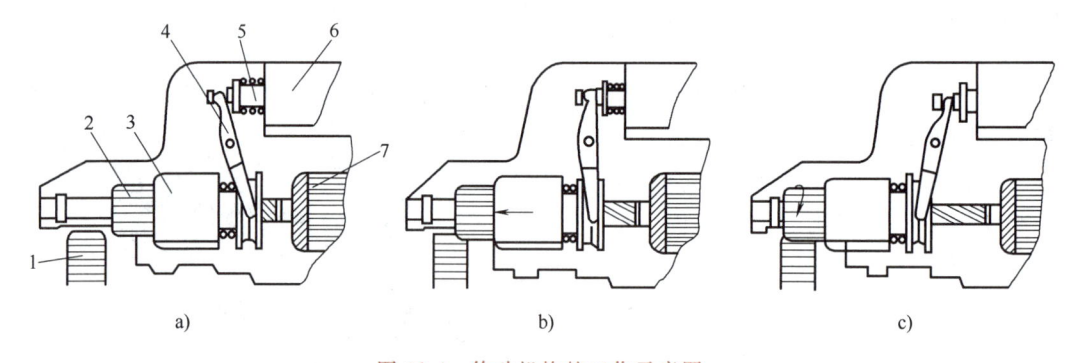

图10-4 传动机构的工作示意图
a) 起动机静止状态 b) 驱动齿轮与飞轮齿圈正在啮合 c) 完全啮合
1—飞轮 2—驱动齿轮 3—单向离合器 4—拨叉 5—活动铁心 6—电磁开关 7—电枢

常见的单向离合器有滚柱式、摩擦片式、扭簧式、棘轮式等。其中应用较为广泛的是滚柱式单向离合器，其结构如图10-5所示。

单向离合器外壳2与驱动齿轮1连为一体，离合器外壳和十字块3装配后形成4个楔形槽，槽中有4个滚柱4，滚柱的直径大于槽窄端又小于槽宽端，弹簧及压帽5将滚柱推向槽窄端，使得滚柱与十字块及外壳表面有较小的摩擦力。十字块3与传动套筒10刚性连接，传动套筒安装在电枢轴花键部位，使单向离合器总成可做轴向移动和随轴转动。

起动时，拨叉通过移动衬套推动单向离合器总成做轴向移动，使驱动齿轮啮入飞轮齿圈的同时，电枢轴通过花键带动传动套筒使十字块转动，十字块相对于外壳的转动使滚柱在小摩擦力的作用下滚向槽窄端而被卡紧，使得外壳随十字块一起转动，于是电枢的电磁转矩通过单向离合器传递给了驱动齿轮，如图10-6a所示。发动机一旦起动，发动机飞轮带动驱动齿轮旋转，使离合器外壳的转速高于十字块。此时，滚柱滚向槽宽端而打滑，如图10-6b所示，防止了发动机飞轮带动起动机电枢高速旋转而造成飞散事故。

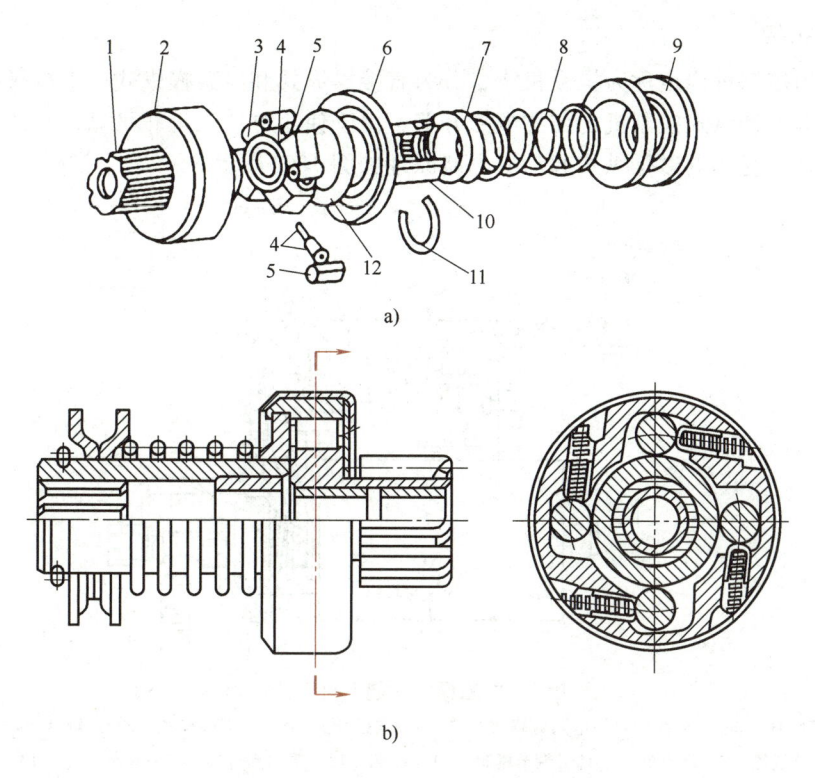

图 10-5　滚柱式单向离合器的结构

a）零件分解图　b）结构图

1—驱动齿轮　2—外壳　3—十字块　4—滚柱　5—弹簧及压帽　6—护盖　7—弹簧座
8—弹簧　9—移动衬套　10—传动套筒　11—卡簧　12—垫圈

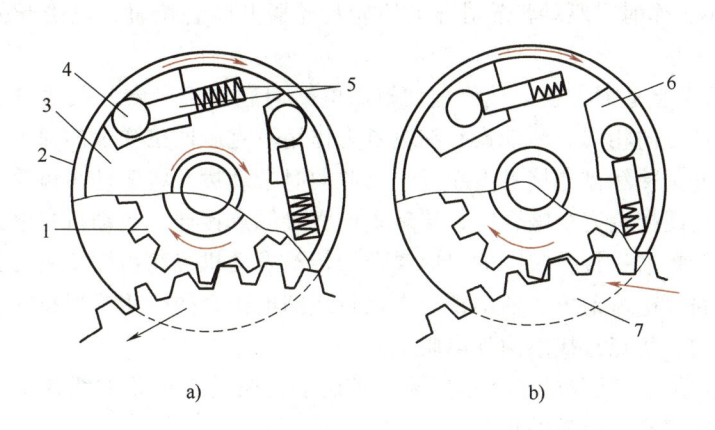

图 10-6　滚柱式单向离合器的工作原理

a）起动时传递电磁转矩　b）起动后打滑

1—驱动齿轮　2—外壳　3—十字块　4—滚柱　5—弹簧与压帽　6—楔形槽　7—飞轮

　　滚柱式单向离合器的结构简单紧凑，在中小功率（2kW 以下）的起动机上被广泛采用，但在传递较大转矩时，滚柱容易变形而卡死。因此，滚柱式单向离合器不适用于较大功率的起动机。

3. 控制机构

起动机的控制机构也称为操纵机构，分为直接操纵式和电磁操纵式。直接操纵式目前已很少应用，电磁操纵式控制机构俗称电磁开关，由于使用方便，工作可靠，并适合远距离操纵，所以应用广泛。电磁操纵式起动机电路原理如图10-7所示。

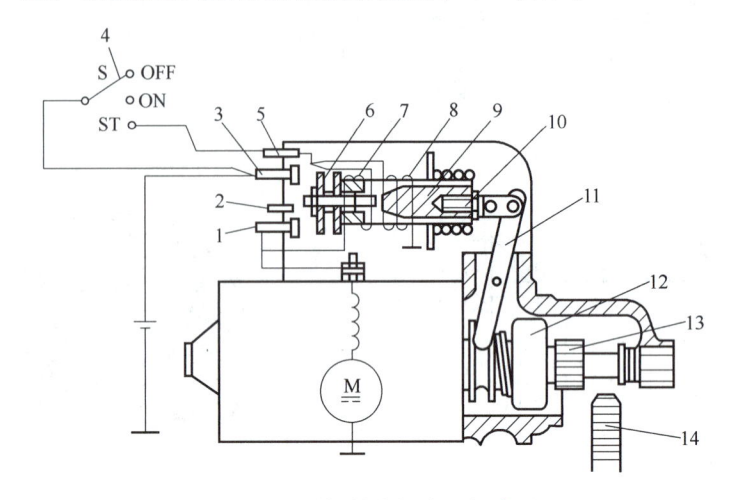

图 10-7 电磁操纵式起动机电路原理

1、3—主接线柱 2—点火线圈附加电阻短路接线柱 4—点火开关 5—起动接线柱 6—接触盘 7—吸拉线圈 8—保持线圈 9—活动铁心 10—调节螺钉 11—拨叉 12—单向离合器 13—驱动齿轮 14—飞轮

操纵机构由电磁开关、拨叉等组成，电磁开关由吸拉线圈、保持线圈、固定铁心、活动铁心、主开关接触盘及回位弹簧等组成。其中，吸拉线圈与电动机串联，保持线圈与电动机并联，活动铁心可驱动拨叉运动，又可推动接触盘推杆。操纵机构工作过程如下。

1）起动机不工作时，驱动齿轮处于与飞轮齿轮脱开啮合位置，电磁开关中的接触盘与各接触点分开。

2）将起动开关接通时，蓄电池经起动控制电路向起动机电磁开关通电。此时，吸拉线圈和保持线圈磁场方向相同。活动铁心在电磁力作用下克服回位弹簧的弹力向内移动，压动推杆使起动机主开关接触盘与接触点靠近，与此同时带动拨叉将驱动小齿轮推向啮合；当驱动小齿轮与飞轮齿圈接近完全啮合时，接触盘已将接触点接通，起动机主电路接通，直流电动机产生的强大转矩通过接合状态的单向离合器传给发动机飞轮齿圈。主开关接通后，吸拉线圈被主开关短路，电流消失，活动铁心在保持线圈电磁力的作用下保持在吸合位置。此时主开关副触片接通，将点火线圈附加电阻短路。

3）发动机起动后，飞轮转动线速度超过了起动机驱动小齿轮的线速度，单向离合器打滑，避免了电枢绕组高速甩散的危险。

4）松开起动开关时，起动控制电路断开，但电磁开关内吸拉线圈和保持线圈通过仍然闭合的主开关得到电流。因吸拉线圈和保持线圈磁场方向相反，相互削弱，活动铁心在回位弹簧的作用下迅速回位，使驱动小齿轮脱开啮合，主开关断开，起动机停止工作，起动结束。

在起动机驱动齿轮啮入飞轮齿圈过程中，由于吸引线圈的电流流经电动机，电枢产生较小的电磁转矩使驱动齿轮缓慢转动中与飞轮啮合，避免了顶齿和冲击。

思考题

1. 简述起动系统的组成。
2. 电磁操纵式起动机由哪几部分组成?各起什么作用?
3. 起动机中单向离合器有何功用?
4. 请简述滚柱式单向离合器的组成及工作原理。

第11章　新能源汽车

11.1　电动汽车与新能源汽车的定义及分类

1. 电动汽车的定义及分类

电动汽车的定义按照 GB/T 19596—2017《电动汽车术语》的规定，全部或部分由电机驱动，并配置大容量电能储存装置的汽车统称为电动汽车（Electric Vehicle，EV），包括纯电动汽车（Battery Electric Vehicle，BEV）、混合动力电动汽车（Hybrid Electric Vehicle，HEV）、燃料电池电动汽车（Fuel Cell Electric Vehicle，FCEV）3 种类型。

（1）**纯电动汽车**　纯电动汽车是指驱动能量完全由电能提供的、由电机驱动的汽车。电机的驱动电能来源于车载可充电储能系统或其他能量储存装置。

（2）**混合动力电动汽车**　混合动力电动汽车是指能够至少从下述两类车载储存的能量中获得动力的汽车：一是可消耗的燃料；二是可再充电能/能量储存装置。

（3）**燃料电池电动汽车**　燃料电池电动汽车是指以燃料电池系统作为单一动力源或者是以燃料电池系统与可充电储能系统作为混合动力源的电动汽车。

图 11-1 所示为油电混合动力至纯电动汽车的演变过程。

2. 新能源汽车的定义及分类

新能源汽车是相对传统燃料汽车而言的，关于新能源汽车的定义在我国有一个不断变化的过程。我国新能源汽车的定义和包括的车辆类型逐渐由模糊变得清晰，同时也越来越科学规范。

根据"十五"国家"863"计划电动汽车重大专项主要政策，在 2001 年有了电动汽车名词，分类包括混合动力电动汽车、纯电动汽车和燃料电池电动汽车。2006 年，我国开始实施"十一五"国家 863 计划节能与新能源汽车重大专项，该项目第一次提出新能源汽车的概念。但该项目定义的节能与新能源汽车与"十五"国家 863 计划定义的电动汽车完全一样，包括纯电动汽车、混合动力电动汽车和燃料电池电动汽车 3 种，没有明确说明新能源汽车具体指哪几类汽车。

为了推动我国节能与新能源汽车的示范推广工作，根据《汽车产业发展政策》等有关规定，2009 年 6 月 17 日工业和信息化部发布并于 2009 年 7 月 1 日正式实施《新能源汽车生

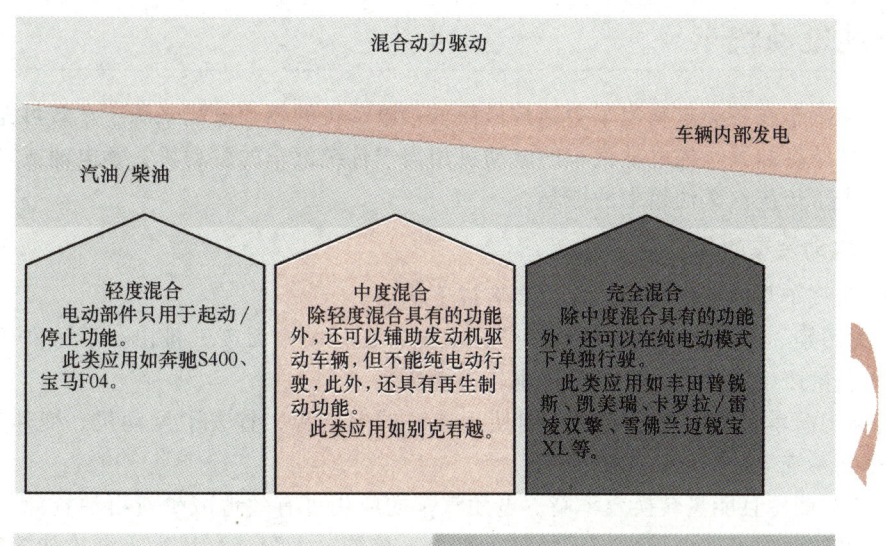

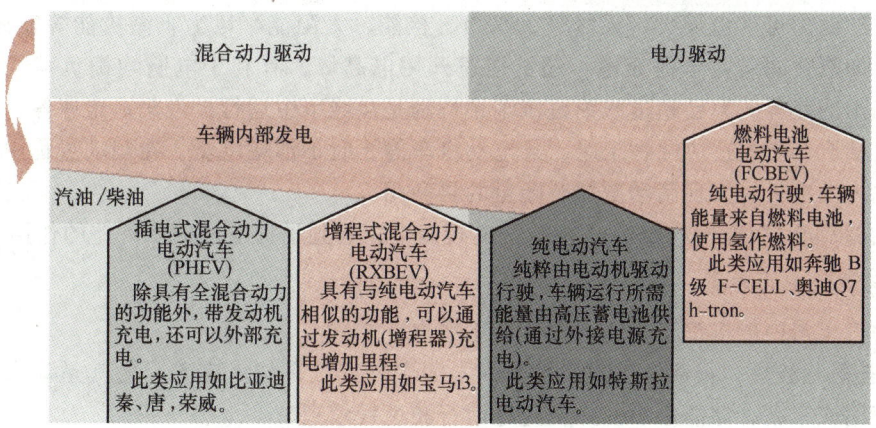

图 11-1　油电混合动力至纯电动汽车的演变过程

产企业及产品准入管理规则》。该规则对新能源汽车给出了明确的定义：新能源汽车是指采用非常规的车用燃料作为动力来源（或使用常规的车用燃料、采用新型车载动力装置），综合车辆的动力控制和驱动方面的先进技术形成的技术原理先进、具有新技术、新结构的汽车。非常规的车用燃料是指除汽油、柴油、天然气、液化石油气、乙醇汽油、甲醇、二甲醚之外的燃料。按照这个定义，甲醇汽车、天然气汽车、乙醇汽油汽车等都被排除在新能源汽车之外。

2012 年，国务院办公厅发布了《节能与新能源汽车产业发展规划（2012—2020 年）》。在该规划中明确指出，新能源汽车是指采用新型动力系统，完全或主要依靠新型能源驱动的汽车，主要包括纯电动汽车、插电式混合动力电动汽车及燃料电池电动汽车。而节能汽车是指以内燃机为主要动力系统，综合工况燃料消耗量提前达到下一阶段目标值标准的汽车。

新能源汽车目前没有统一的分类标准。现阶段我国新能源汽车主要包括纯电动汽车、插电式混合动力电动汽车、增程式电动汽车、燃料电池电动汽车和氢能发动机汽车等其他新能源汽车等各类产品。其中增程式电动汽车是一种特殊的混合动力电动汽车。

11.2 纯电动汽车

纯电动汽车在各类电动汽车中结构最简单，电动机的驱动电能来源于车载可充电蓄电池或其他能量储存装置。纯电动汽车的电动机相当于传统汽车的发动机，蓄电池或其他能量储存装置相当于传统汽车油箱中的燃料。

1. 纯电动汽车的优点

纯电动汽车与内燃机汽车相比，具有以下优点。

1）无污染、噪声小。纯电动汽车使用电能，在行驶中无废气排出，不污染环境。电动汽车无内燃机产生的噪声，电机噪声也较内燃机小。

2）结构简单，使用维修方便。因使用单一的电能源，省去了发动机、变速器、油箱、冷却和排气系统等，所以结构较简单。

3）节约能源且能量转换效率高。电动汽车的应用可有效地减少对石油资源的依赖，向蓄电池充电的电力可以由煤炭、天然气、水力、核能、太阳能、风力、潮汐能等能源转化。除此之外，如果夜间向蓄电池充电，还可以避开用电高峰，有利于电网均衡负荷，减少费用。电动汽车的能源效率已超过汽油机汽车，特别是在城市中运行，汽车走走停停，行驶速度不高，电动汽车更加适应此种工况，且电动汽车停止时不消耗电量，在制动过程中，电机可自动转化为发电机，实现制动减速时能量的再利用。

4）可在夜间利用电网的廉价"谷电"进行充电，起到平抑电网的峰谷差的作用。

2. 纯电动汽车的缺点

纯电动汽车与内燃机汽车相比，具有以下缺点。

1）续驶里程较短。目前电动汽车技术尚不如内燃机汽车技术完善，尤其是动力电池的寿命短，使用成本高，储能量小，一次充电后行驶里程较短。

2）成本高。目前，纯电动汽车主要采用锂离子蓄电池，成本较高。

3）安全性。锂离子蓄电池的安全性有待进一步提高。

4）配套设施不完善。电动汽车的使用还远不如内燃机汽车使用方便，还需要加大配套基础设施的建设。

随着电动汽车技术的突破，特别是动力电池容量和循环寿命的提高，以及成本的降低，电动汽车的推广使用会得到大的发展。

11.2.1 纯电动汽车的基本结构

纯电动汽车的基本结构主要可分为3个子系统，即车载电源系统（电动源）、驱动电机系统、电气控制系统。图11-2所示为纯电动汽车的结构，与传统燃油汽车的结构相比主要是取消了发动机，增加了车载电源系统和驱动电机系统，其他（如底盘、车身）均相似。

1. 车载电源系统

车载电源系统主要包括动力电池、电池管理系统（BMS）和充电机控制器等。它的功用是向电机提供驱动电能、监测电源使用情况，以及控制充电机向动力电池充电。

（1）动力电池 动力电池的容量取决于纯电动汽车的续驶里程。另外，不同的补充能

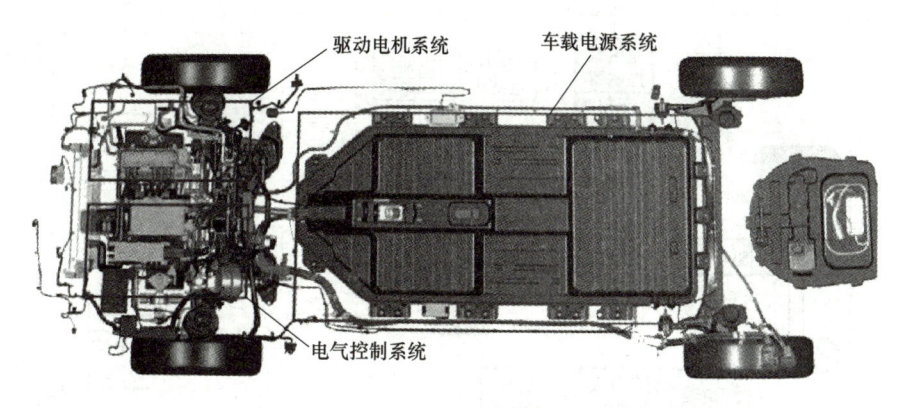

图 11-2 纯电动汽车的结构

源装置具有不同的硬件和机构。例如,动力电池可通过感应式和接触式的充电机充电,或者采用替换动力电池的方式将替换下来的动力电池再进行集中充电。

(2) **电池管理系统与充电机控制器** 电池管理系统主要功用是对电动汽车用电池单体及整组进行实时监控、充放电、巡检、温度监测等。充电机控制器是把交流电转化为相应电压的直流电,并按要求控制其电流。

2. 驱动电机系统

驱动电机系统主要包括电机控制器、驱动电机、机械传动装置和车轮等。它将储存在动力电池中的电能高效地转化为车轮动能,并能够在汽车减速制动时,将车轮动能转化为电能储存在动力电池中。

(1) **电机控制器** 电机控制器按整车控制器的指令和驱动电机的速度、电流反馈信号,对驱动电机的速度、驱动转矩和旋转方向进行控制。电机控制器必须和驱动电机配套使用。

现代电动汽车很多采用三相交流感应电机,相应的功率变换器采用脉宽调制逆变器。机械传动装置是为进行电机传动,从而带动车轮行驶。机械变速传动系统一般采用固定速比的减速器,或变速器与差速器。

(2) **驱动电机与机械传动装置** 电机有发电机和电动机,驱动电机在电动汽车中承担电动机和发电机的双重功能,即在正常行驶时发挥电动机功能,将电能转化为机械能;在减速和下坡滑行时充当发电机,将车轮的惯性动能转化为电能。

3. 电气控制系统

纯电动汽车的电气控制系统通常包含低压电气子系统、高压电气子系统和整车网络化控制子系统3部分,是一个高度集成的电气化系统,如图 11-3 所示。高压电气子系统主要由动力电池、驱动电机和功率变换器等大功率、高电压的电气设备组成,根据车辆行驶的功率需求,完成从动力电池到驱动电机的能量变换与传输过程。

低压电气系统主要由 DC/DC 变换器、辅助蓄电池和若干低压电器设备组成,采用直流 12V 或 24V 电源,一方面为照明灯、刮水器等车辆的常规低压电器供电,另一方面为整车控制器、高压电气设备的控制电路和辅助部件供电。

整车控制系统主要包括整车控制器、电机控制器、电池管理系统、车身控制管理系统、信息显示系统和通信系统。汽车整车控制系统的核心是整车控制器,各种电气设备的工作统

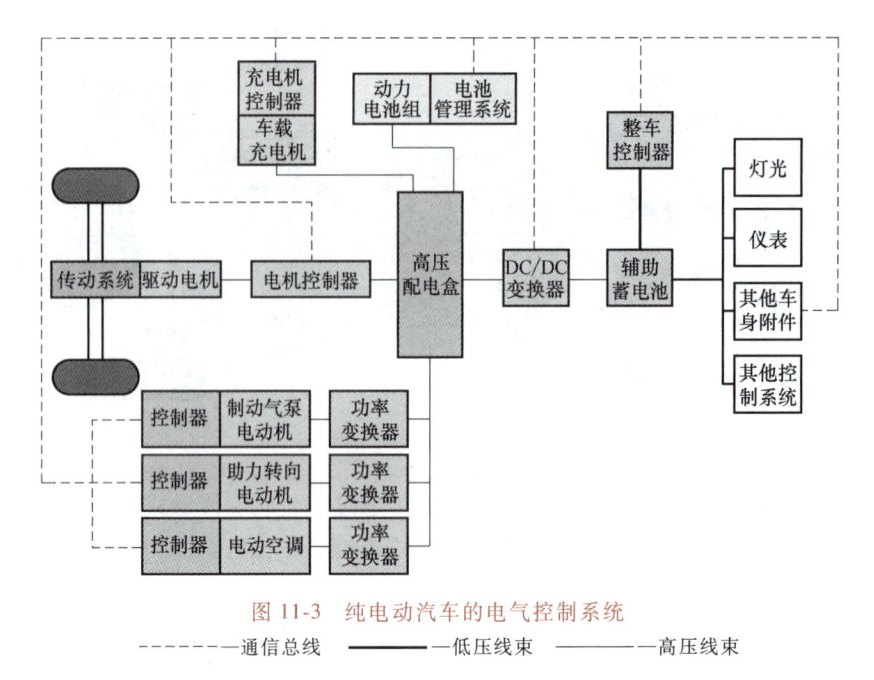

图 11-3　纯电动汽车的电气控制系统
------通信总线　━━━低压线束　———高压线束

—由整车控制器协调控制。它承担了数据交换与管理、故障诊断、安全监控、驾驶人意图解析等功能。

11.2.2　纯电动汽车的运行原理

典型纯电动汽车组成框图如图 11-4 所示，当汽车行驶时，由动力电池输出电能通过控制器会驱动电机运转，驱动电机输出的转矩经传动系统带动车轮前进或后退。

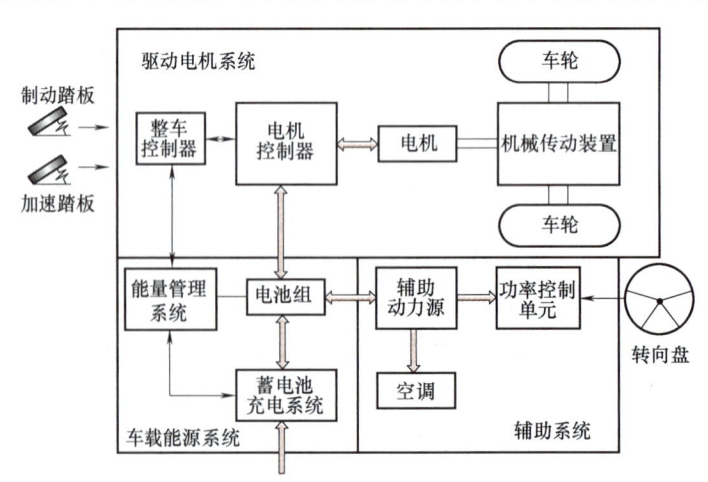

图 11-4　典型纯电动汽车组成框图
⇒—电连接　———机械连接　→—控制连接

纯电动汽车行驶时，驱动电机将蓄电池的电能转化为机械能，直接或通过传动装置驱动车轮工作，其工作原理是：蓄电池—电流—电力调节控制器—驱动电机—动力传动系统—驱动汽车行驶。纯电动汽车速度快慢和起动速度取决于驱动电机的功率及性能，其续驶里程的长短取决于车载动力电池容量的大小。

电动汽车工作时，传感器将加速踏板、制动踏板位移的行程量转换为电信号输入中央控制器，经中央控制器处理后发出驱动信号，实现对电动汽车工况（怠速、起动、加速、减速、制动）的控制。

汽车前进时，动力电池输出的直流电经电机控制系统变为交流电后供给驱动电机，驱动电机输出的转矩经传动系统驱动车轮。

汽车减速时，车轮带动驱动电机转动，通过电机控制系统使感应电机变成交流发电机，产生电流，再将交流电变为直流电向动力电池组充电（制动再生能量）。同时，整车控制系统通过各种传感器、电流检测器对动力电池、驱动电机进行监控，并及时反馈信息和报警。

11.3 混合动力电动汽车

Hybrid 表示混合动力系统或混合动力技术。Hybrid 一词来源于拉丁语"Hybrida"，含义指交叉或混合的事物。在技术上，Hybrid 是指一套将两种互不相同的技术融合在一起的系统。当它应用于驱动方案时，则可用于两种场合：双燃料驱动和混合动力技术。混合动力车型一般在车身上会标识"HYBRID"表明其身份。

混合动力指两种不同的动力系统的组合，它们以不同的工作原理工作。目前大家对混合动力技术的理解是一个发动机和一个电动机的组合。电动机可以用作产生电能的发电机、驱动车辆的电动机或发动机的起动机。其组成如图 11-5 所示。

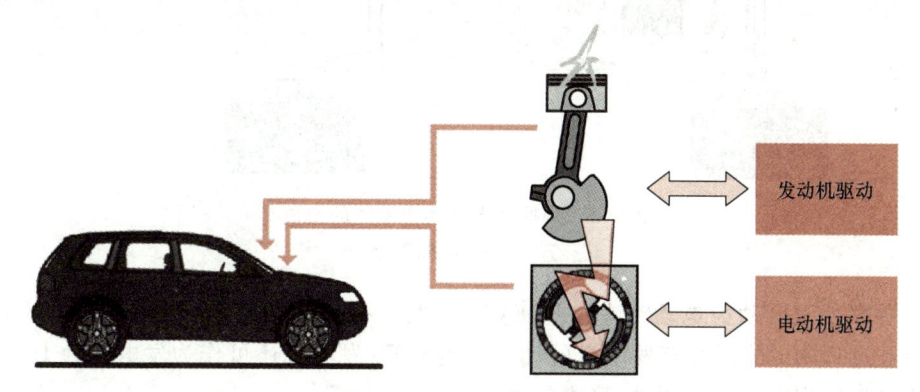

图 11-5 混合动力的组成

混合动力电动汽车的主要特点如下。
1）采用小排量的发动机，降低了燃油消耗。
2）可以使发动机经常工作在高效低排放区，提高了能量转换效率，降低了排放。
3）将制动、下坡时的能量回收到蓄电池中再次利用，降低了燃油消耗。
4）在繁华市区，可关停发动机，由电动机单独驱动，实现"零排放"。
5）电动机和发动机联合驱动提高了车辆动力性，增强了驾驶乐趣。
6）利用现有的加油设施，具有与传统燃油汽车相同的续驶里程。

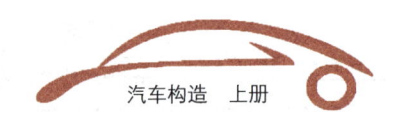

11.3.1　混合动力电动汽车的类型及基本驱动形式

1. 按动力耦合方式分类

混合动力电动汽车按动力耦合方式分类的不同可以分为串联式混合动力电动汽车（Series Hybrid Electric Vehicle，SHEV）、并联式混合动力电动汽车（Parallel Hybrid Electric Vehicle，PHEV）、混联式混合动力电动汽车（Combined Hybrid Electric Vehicle，CHEV）、混串联式混合动力系统。

(1) 串联式混合动力电动汽车（SHEV）　车辆的驱动力只来源于电动机的混合动力（电动）汽车。串联式混合动力系统由发动机、发电机和电动机3部分动力总成组成，它们之间用串联方式组成串联式混合动力电动汽车动力单元系统，发动机驱动发电机发电，电能通过控制器输送到电池或电动机，由电动机通过变速机构驱动汽车。另外，动力电池也可以单独向电动机提供电能驱动汽车行驶。串联式混合动力系统的组成如图11-6所示。

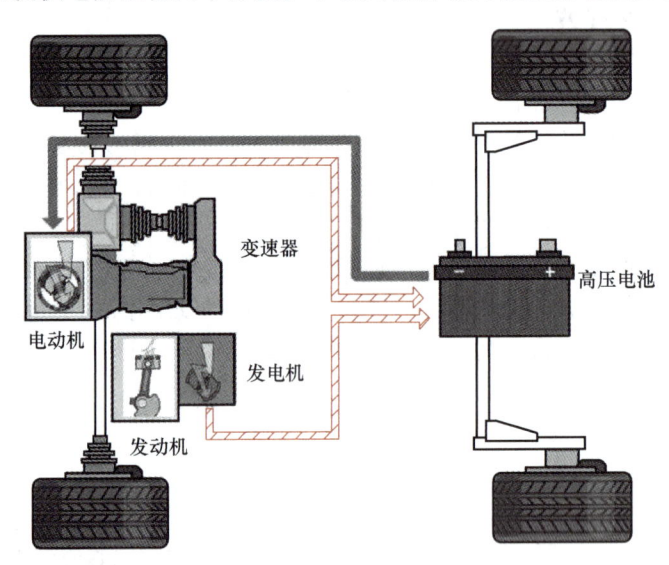

图11-6　串联式混合动力系统的组成
▨—充电　■—放电

(2) 并联式混合动力电动汽车（PHEV）　发动机和电动机/发电机均直接驱动车轮。在车辆行驶过程中，除了补充发动机的动力，电动机/发电机还可作为发电机为HV蓄电池充电，也可仅使用电动机/发电机驱动车辆。

并联式设计的特点是结构简单。这种技术通常用于对已有车辆进行"混合动力化"。发动机、电动机和变速器安装在一根轴上。并联式混合动力系统通常配有一台电机。发动机和电动机各自输出功率的总和等于总输出功率。这种方案可以保留车辆上大部分的原有零部件。在四轮驱动车辆的并联混合动力设计中，4个车轮的驱动力由托森差速器和分动器传送。并联式混合动力系统的组成如图11-7所示。

PHEV的另一个定义是指新能源汽车中的插入式混合动力电动汽车（Plug In Hybrid Electric Vehicle），特指通过插电进行充电的混合动力电动汽车。一般需要专用的供电桩进行供电，在电能充足时，采用电动机驱动车辆，电能不足时，发动机会参与到驱动或者发电环

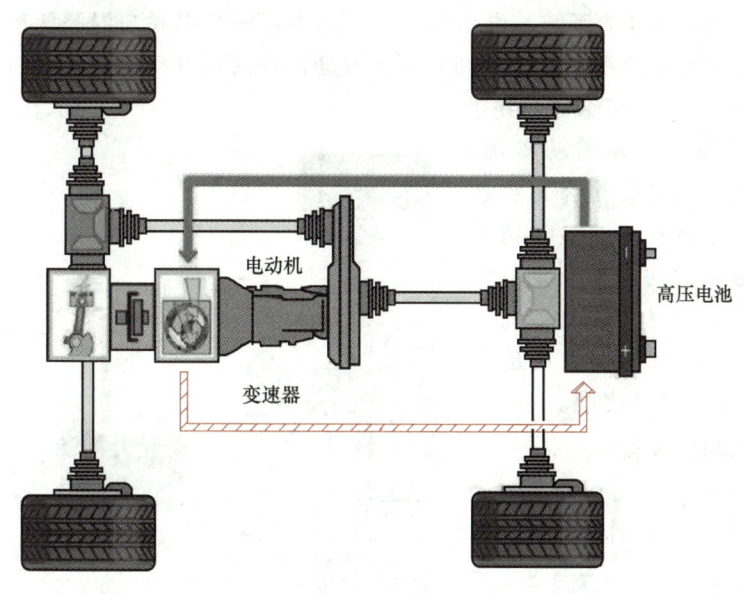

图 11-7　并联式混合动力系统的组成

▨—充电　▬—放电

节。市场上比较典型的车辆有比亚迪唐插电混动汽车。

(3) 混联式混合动力电动汽车(CHEV)　同时具有串联式、并联式驱动方式的混合动力(电动)汽车。结构特点是可以在串联混合模式下工作,也可以在并联混合模式下工作,同时兼顾了串联式驱动方式和并联式驱动方式的特点。

混联式混合动力系统除配有发动机外,还配有一台电动机,二者均安装于前桥上。驱动力由发动机和电动机共同提供,通过行星齿轮组传递给变速箱。与并联式混合动力系统设计不同,两种形式的动力输出并不能全部传递给车轮。其中一部分动力输出用于驱动车辆,而另一部分则以电能的形式储存在高压电池中。混联式混合动力系统的组成如图 11-8 所示。

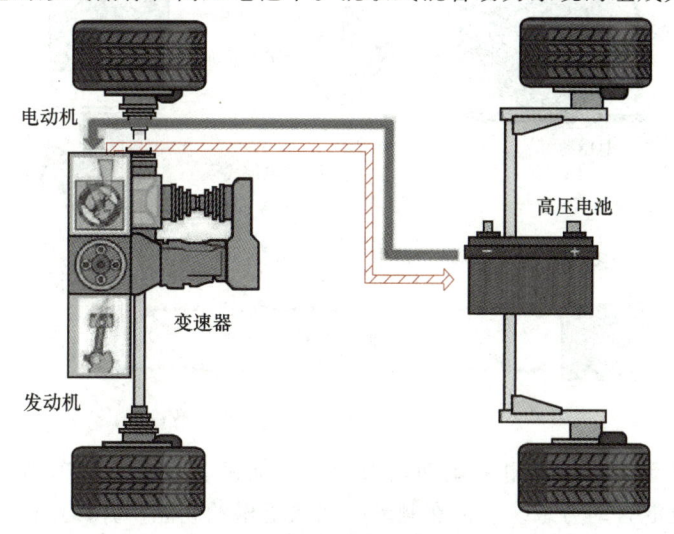

图 11-8　混联式混合动力系统的组成

▨—充电　▬—放电

(4) 混串联式混合动力系统 混串联式混合动力系统是串联与混联两种混合动力系统的结合,其组成如图 11-9 所示。车辆拥有一台发动机和两台电动机。发动机和电动机 1 安装于前桥上,电动机 2 则安装于后桥上。

这种方案适用于四轮驱动车辆。发动机和电动机 1 通过行星齿轮组连接至车辆变速器。同样,在这种情况下,各动力源输出的动力并不全部传递给车轮。后桥上的电动机 2 会在需要时起动。由于这样的设计,高压蓄电池安装在车辆前、后桥之间。

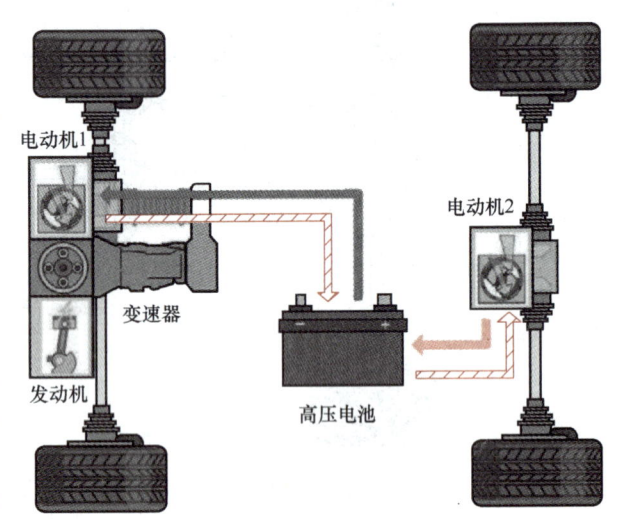

2. 根据混动程度分类

根据混动程度不同,混合动力系统可以分为微混合动力系统、中度混合动力系统、全混合动力系统 3 类。

(1) 微混合动力系统 在这种动力方案中,电气组件(起动机/发电机)仅用于起动、停止功能。在制动时,部分动能可以转化为电能以重新利用(能量再生)。车辆无法通过纯电力驱动行驶。因发动机需要频繁起动,故对 12V 玻璃纤维蓄电池进行了升级改造。微混合动力系统的组成如图 11-10 所示。

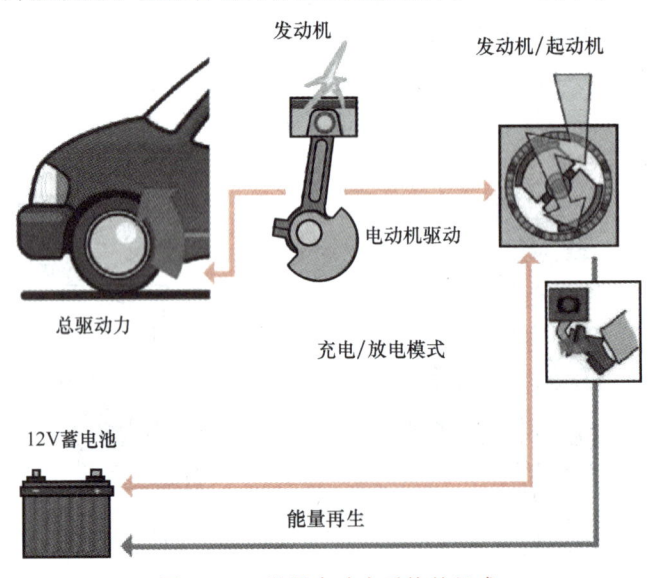

图 11-9 混串联式混合动力系统的组成
—充电 —放电

图 11-10 微混合动力系统的组成

(2) 中度混合动力系统 电力驱动用来辅助发动机驱动车辆。车辆无法通过纯电力驱动行驶。利用中度混合动力系统可以在制动时回收更多的动能,并以电能的形式储存在高压蓄电池中。高压蓄电池及电气组件的额定电压和额定功率更高。由于电动机的辅助,发动机可以在最佳的效率范围内起动,称为负载点推移。中度混合动力系统的组成如图 11-11

所示。

（3）全混合动力系统 这种系统将功率更强的电动机和发动机相结合，可以实现纯电力驱动。一旦达到规定条件，电动机即可辅助发动机的运行。低速行驶时，完全由电力驱动。发动机具备起动、停止功能。回收的制动能量可为高压蓄电池充电。发动机和电动机之间的离合器可以断开这两个系统之间的连接。发动机仅在需要时介入。全混合动力系统的组成如图 11-12 所示。

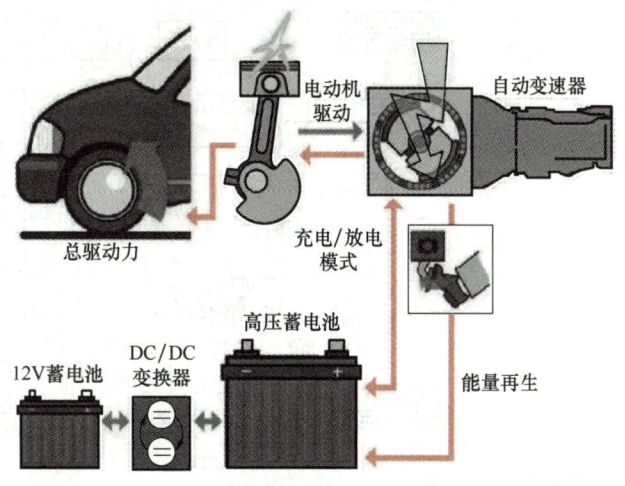

图 11-11　中度混合动力系统的组成

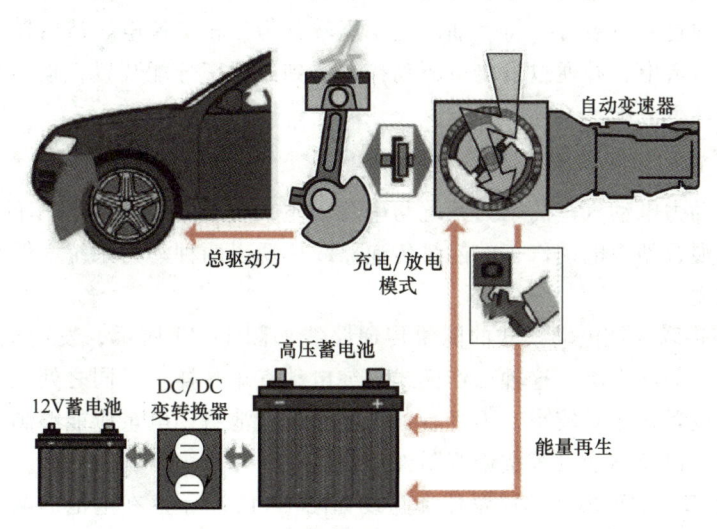

图 11-12　全混合动力系统的组成

11.3.2　增程式混合动力电动汽车的组成与工作原理

1. 增程式混合动力电动汽车定义及基本组成

增程式混合动力电动汽车的设计理念是在纯电动汽车动力传动系统的基础上，增加一个增程器（小功率的发动机-发电机组等），延长动力电池组一次充电续驶里程，满足日常行驶的需要。相比于纯电动汽车，增程式混合动力电动汽车可以采用较小容量的动力电池组，有利于降低动力电池组的成本。相比串联式混合动力电动汽车，增程器功率偏小，动力电池组容量配置偏高。其代表车型有增程款宝马 i3。

增程式混合动力电动汽车动力系统主要由动力电池和小型发动机组成。发动机直接与发电机连接，直接驱动发电机，使发动机一直处于最佳工作状态，排放少、效率高，而且结构简单，无离合器与变速器。增程式混合动力电动汽车动力传动系统如图 11-13 所示。

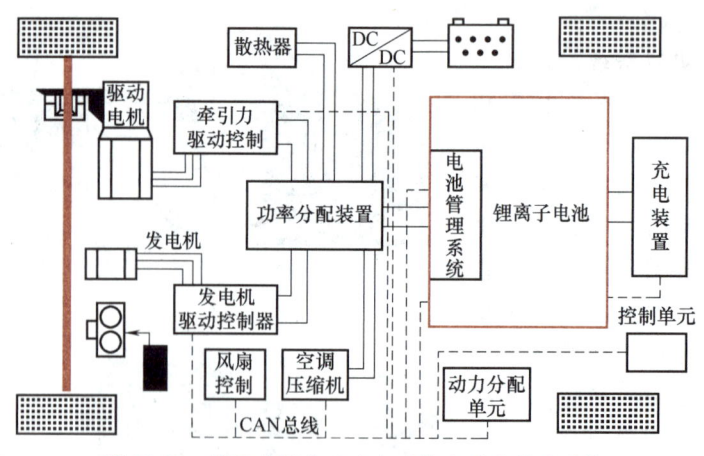

图 11-13 增程式混合动力电动汽车动力传动系统

电动驱动系统由驱动电机及牵引力驱动控制装置组成，发动机到驱动电机之间没有机械连接，而是首先通过发电装置，将燃油的化学能转化为三相交流电，然后发电机驱动控制器将交流电转化为直流电，并通过发电机驱动控制器到达功率分配装置，根据工况需要作出牵引力驱动控制的功率分配。

2. 增程式混合动力电动汽车工作原理

增程式混合动力电动汽车的动力系统与串联插电式混合动力电动汽车的动力系统相似。区别在于增程式混合动力电动汽车的能量传递路线体现出两种动力系统，但是只有一种驱动方式，即电机驱动。

（1）**纯电动模式** 纯电动模式的能量传递路线如图 11-14 所示，发动机和发电机无关，动力电池作为唯一的动力源，这种工作模式与纯电动汽车一样。不同之处在于增程式的纯电动行驶里程可以设置得相对较小，不必装备大电量的电池组，电量应能够满足车辆起步、加速、爬坡、怠速，以及驱动汽车空调等附件。

（2）**增程模式** 增程模式的能量传递路线如图 11-15 所示。在电池的电量达到预设的电量最低值时，增程器系统起动，发动机运行在最佳的状态，使发电机发电，电能一部分用于驱动车辆行驶，剩余的部分为动力电池充电。增程模式的发动机可有多种工作方式，根据控制策略的不同，可以选择发动机恒功率模式、功率跟随模式、恒功率与功率跟随模式结合，此外，还有智能控制策略和优化算法控制策路等控制策略模式。车辆停止时，可以利用市电为动力电池充电。

图 11-14 纯电动模式的能量传递路线

图 11-15 增程模式的能量传递路线

3. 增程式混合动力电动汽车的特点

增程式混合动力电动汽车是一种可增加续驶里程的纯电动汽车，兼有混合动力电动汽车和纯电动汽车的特征，是现阶段解决新能源汽车技术问题最切实可行的办法。增程式纯电动汽车的特点如下。

（1）增程式混合动力电动汽车与纯电动汽车相比 增程式混合动力电动汽车与纯电动汽车相比，最大的优点是续驶里程得到了很大提高。在相同行驶里程条件下，增程式混合动力电动汽车的动力电池组比较小，电池容量只有纯电动汽车的30%~40%，无须配备大容量的动力电池，其生产及使用成本大幅下降。当动力电池组的荷电状态值降低到一定限值时，转为增程模式运行（增程单元和动力电池组共同工作），动力电池组的充放电倍率大大降低，这样有利于延长电池寿命和使用周期。

增程式混合动力电动汽车充电所需时间短，因此可以利用小功率充电桩或家庭用电设施进行充电，而且还可以利用晚间"谷电"和休整间隙充电，不需要建立充电站，也不需要大量的换电设施和工作人员，降低了成本。

此外，对于纯电动汽车来说，空调用电是一个很大的负担，据有关研究表明：开空调会使续驶里程减少1/3，而增程式混合动力电动汽车则可通过发电机组给空调提供动力，降低了动力电池组能耗，车辆续驶里程得以增加。

（2）增程式混合动力电动汽车与常规混合动力电动汽车 由于常规混合动力电动汽车采用复杂的机械动力混合结构，发动机和驱动电机复合驱动，电池能量很小，只起到辅助驱动和制动能量回收的作用。增程式混合动力电动汽车采取电池扩容的方式解决了电池驱动的续驶能力问题。虽然车辆成本略有提高，但是在正常的运行工况下，有了电能补充装置的作用，因而具有较好的续驶里程。同时在电能补充装置的作用下，电池处于良性平台充放电，保证了电池的使用寿命，降低了维护成本。

11.3.3 插电式混合动力电动汽车的组成与工作原理

插电式混合动力电动汽车本身仍是一种混合动力电动汽车，区别在于其车载动力电池组可以利用电力网（包括家用电源插座）进行补充充电。同时，与一般混合动力电动汽车相比，插电式混合动力电动汽车具有较大容量的动力电池组、较大功率的电机驱动系统以及较小排量的发动机。为满足纯电动行驶的需要，插电式混合动力电动汽车的辅助系统均为电动化的辅助系统，如电动助力转向、电动真空助力、电动空调等，而且额外增加了车载充电机。

1. 插电式混合动力电动汽车

插电式混合动力系统的组成如图11-16所示，该系统主要由集成式机电耦合变速器、阿特金斯循环发动机，以及具备充放电性能的能量兼功率型动力电池系统组成，重点提升车辆环保、节能特性，同时兼顾强劲的动力性。

2. 插电式混合动力电动汽车的工作原理

（1）纯电动工作模式 纯电动工作模式下，动力电池电量充足，发动机停止工作。动力电池直接提供能源给驱动电机，电机驱动车辆行驶，如图11-17所示。

（2）增程工作模式 增程工作模式下，动力电池电量低于整车控制要求，发动机起动，带动发电机给动力电池充电，如图11-18所示。

（3）能量回收工作模式 当车辆制动时，驱动电机回收能量，向动力电池充电，既可

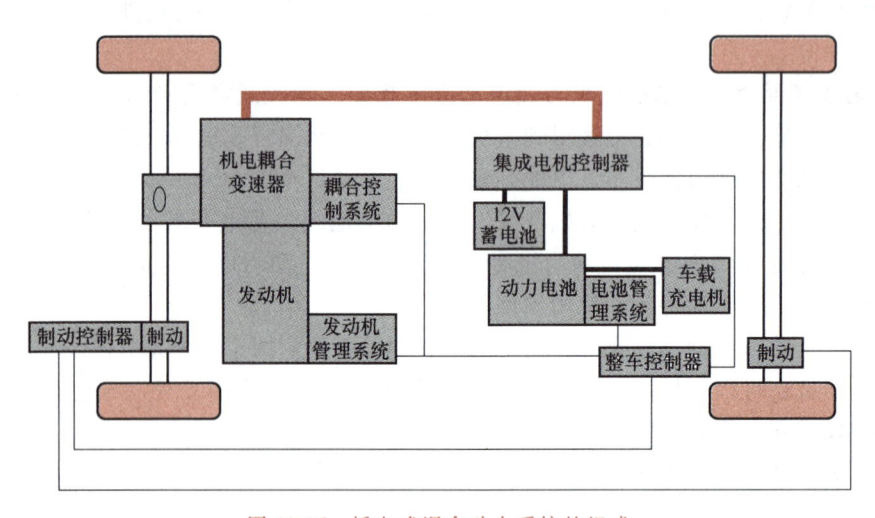

图 11-16 插电式混合动力系统的组成

━━ —交流电　── —信号　━━ —直流电

达到增加制动力的效果，又可获得能量回收作用。能量回收工作模式如图 11-19 所示。

（4）**直驱工作模式**　当高速匀速行驶时，离合器接合后，发动机和驱动电机共同驱动车辆行驶。直驱工作模式如图 11-20 所示。

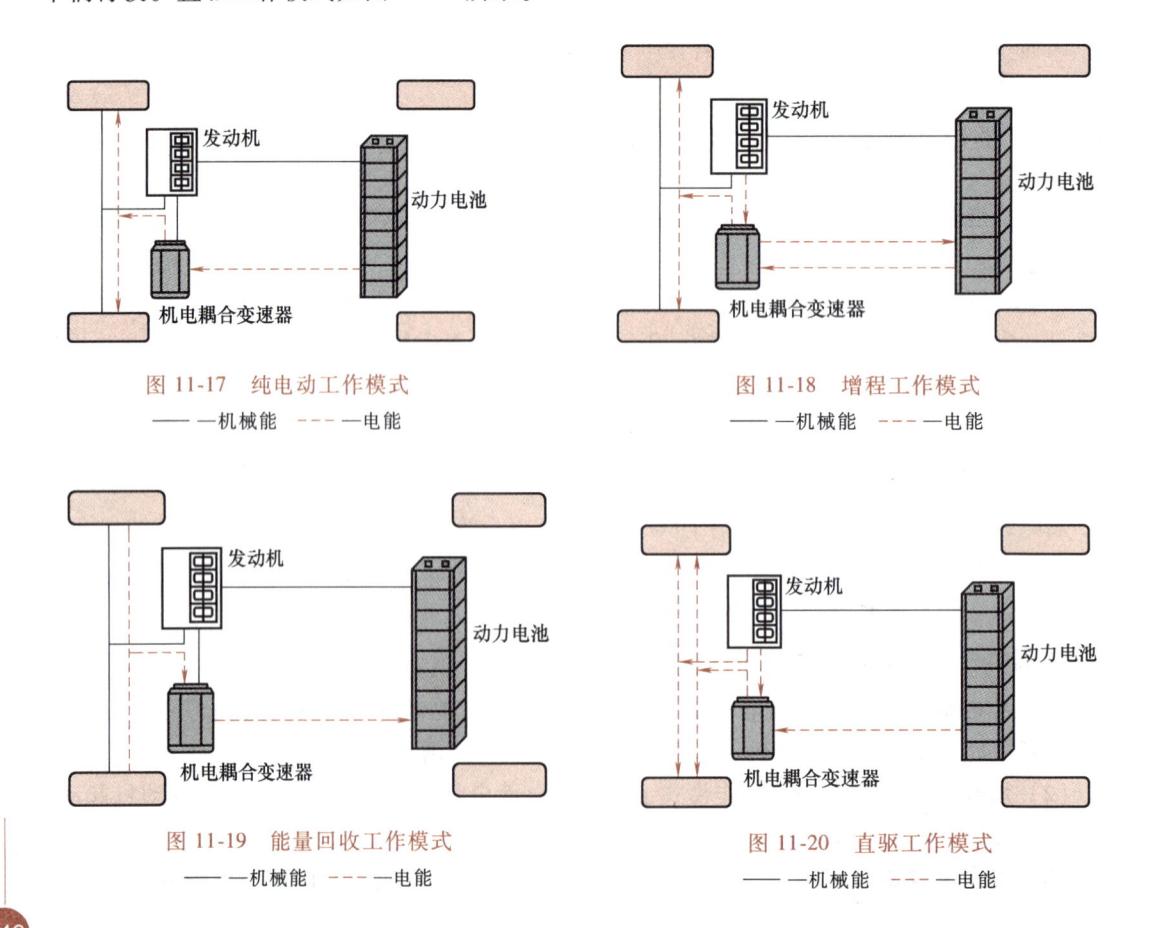

图 11-17　纯电动工作模式
── —机械能　---- —电能

图 11-18　增程工作模式
── —机械能　---- —电能

图 11-19　能量回收工作模式
── —机械能　---- —电能

图 11-20　直驱工作模式
── —机械能　---- —电能

3. 插电式混合动力电动汽车的特点

插电式混合动力电动汽车可以利用外部电网对车载动力电池组充电。从这点上看，它像一辆纯电动汽车，通常优先在纯电动模式下独立行驶。因此，可利用夜间低谷电对动力电池充电，改善电厂发电机组运行效率，节约能源，减少温室气体和各种有害物的排放，降低汽车对石油燃料的依赖，降低了汽车日常的使用成本。而常规混合动力电动汽车一般不能外接电源充电，要依赖车载燃料的消耗来补充动力电池的电能。

插电式混合动力电动汽车有一定容量的动力电池，在纯电动模式下独立行驶，有一定的纯电动续驶里程。而常规混合动力电动汽车，即使是"强混"车型，动力电池容量也较小，只有起动和低速时是纯电驱动，加速和高速时发动机和驱动电机共同驱动，发动机为主要驱动力。插电式混合动力电动汽车驱动电机功率和转矩比较大，与纯电动汽车的驱动电机相同或略小，在纯电动模式下足以完成汽车起动、加速、爬坡等各种工况行驶。而常规混合动力电动汽车驱动电机功率和转矩小，在汽车加速、爬坡等工况行驶时是靠驱动电机和发动机共同完成的。

插电式混合动力电动汽车续驶里程长，可达 400～500km。在长途行驶状况下，优先在纯电动模式下行驶，在动力电池的荷电状态值降到一定限值时，切换到混合动力模式下行驶，发动机直接驱动汽车行驶或者带动发电机发电供电机驱动汽车，并补充动力电池电能。这使得它不太依赖充电站停车充电，特别是在目前国内充电站设施很不完备的情况下，可连续长途行驶。这是插电式混合动力电动汽车最突出的优点，克服了纯电动汽车受动力电池能量限制、续驶里程短的缺点。

11.4 燃料电池电动汽车

燃料电池电动汽车的历史不长，但是与纯电动汽车相比，燃料电池电动汽车无须依赖蓄电池技术性能的动力电池完善，与内燃机汽车相比，则具有环保、节能的优势。因此，燃料电池电动汽车已成为世界范围内新能源汽车开发的热点，且不断地涌现出不同结构的燃料电池电动汽车。相比于内燃机汽车和纯电动汽车，燃料电池电动汽车主要有以下优点。

(1) 能量转换效率高 因燃料直接通过电化学反应产生电能，无热能转换过程，故不受卡诺循环的限制，能量转换效率高，实际能量转换效率为 60%～80%（汽油机和柴油机汽车实际能量转换效率分别为 16%～18% 和 22%～24%）。因此，从节约能源的角度来看，明显优于使用内燃机的普通汽车。

(2) 对环境污染小 当燃料电池使用氢燃料时，排放的是水，无污染；当使用甲醇、汽油等其他燃料时，排放的 CO 比汽油机少 1/2。

(3) 运行平稳、低噪声 燃料电池属于静态能量转换装置，除了空气压缩机和冷却系统无其他运动部件。因此，与内燃机汽车相比，摆脱了内燃机的轰鸣，运行过程中噪声和振动都较小。

(4) 燃料电池所使用的氢燃料来源广泛 燃料电池不依赖石油燃料，各种可再生能源可以转化为氢能加以有效利用，减少了对石油资源的依赖，优化了交通能源构成。

(5) 能源补充快 燃料电池发电系统所需的燃料主要是氢，充气或更换氢气瓶一般只

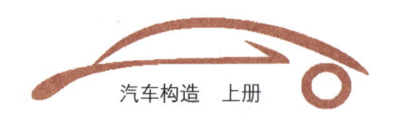

需几分钟。

（6）燃料电池堆配置灵活 燃料电池堆可由若干个单元电池串联或并联而成，可根据车辆质量分配均衡和空间效利用的原则，机动灵活地进行配置。

（7）续驶里程长，性能优于使用其他电池的电动汽车 采用燃料电池发电系统作为能量源，克服了纯电动汽车续驶里程短的缺点，其长途行驶能力及动力性已经接近传统汽车的。燃料电池电动汽车可以车载发电，只要带上足够的燃料，可以把人们送到任何想去的地方。燃料电池电动汽车在成本和整体性能上（特别是行程和补充燃料时间上）明显优于使用其他电池的电动汽车。

11.4.1 燃料电池电动汽车的基本组成

燃料电池电动汽车（FCEV）是利用氢气和空气中的氧，在催化剂的作用下，在燃料电池中经电化学反应产生电能，并将电能作为主要动力源驱动的汽车。典型燃料电池电动汽车主要由燃料电池、高压储氢罐、辅助动力源、燃料电池升压器（DC/DC 变换器）、驱动电机和整车控制器等组成，如图 11-21 所示。

（1）燃料电池 燃料电池是燃料电池电动汽车的主要动力源，它是一种不燃烧燃料，而是直接以电化学反应将燃料的化学能转变为电能的高效发电装置。燃料电池堆栈的工作原理如图 11-22 所示。

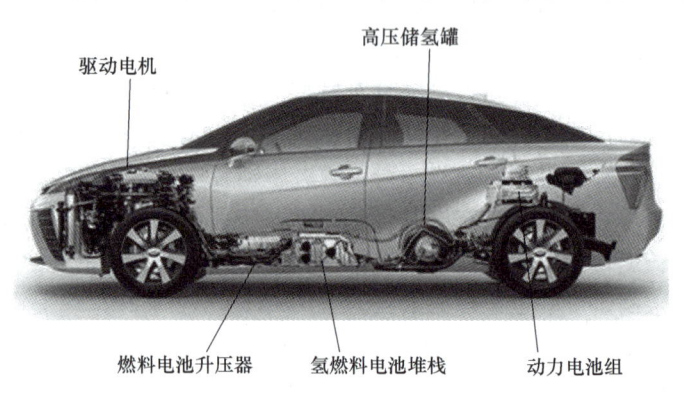

图 11-21 典型燃料电池电动汽车的组成

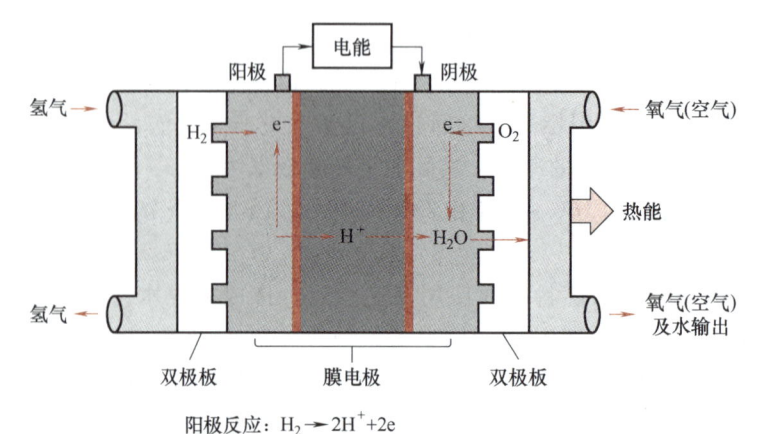

阳极反应：$H_2 \rightarrow 2H^+ + 2e$

阴极反应：$2H^+ + 2e + \frac{1}{2}O_2 \rightarrow H_2O$

总反应：$2H_2 + O_2 = 2H_2O$

图 11-22 燃料电池堆栈的工作原理

（2）高压储氢罐　高压储氢罐是储存气态氢的装置，用于给燃料电池供应氢气。为保证燃料电池电动汽车一次充气有足够的续驶里程，就需要多个高压储氢罐来储存气态氢气。一般轿车需要2~4个高压储气罐，大客车上需要5~10个高压储氢罐。

（3）辅助动力源　根据燃料电池电动汽车设计方案的不同，采用的辅助动力源也有所不同，可以用动力电池组、飞轮储能器或超大容量电容器等共同组成双电源系统。

（4）燃料电池升压器（DC/DC变换器）　燃料电池电动汽车的燃料电池需要装置单向DC/DC变换器，但动力电池和超级电容器需要装置双向DC/DC变换器。DC/DC变换器的主要功能有调节燃料电池的输出电压，电压甚至能够升压到650V；调节整车能量分配；稳定整车直流母线电压，保证负载变化时输出电压的稳定性。

（5）驱动电机　燃料电池电动汽车用的驱动电机主要有直流电机、交流电机、永磁同步电机和开关磁阻电机等。

（6）整车控制器　整车控制器是整个燃料电池电动汽车的大脑，由燃料电池管理系统、电池管理系统、驱动电机控制器等组成，除了接收来自驾驶人的需求信息（如点火开关、加速踏板、制动踏板、档位位置等），实现整车工况控制，还能基于反馈的实际工况（如车速、制动、电机转速等）以及动力系统的状况（燃料电池及动力电池的电压、电流等），根据预先匹配好的多能量分配调节方案进行控制。

11.4.2　典型燃料电池电动汽车简介

燃料电池因它特有的燃料效率高、比能量大、功率大、供电时间长、使用寿命长、可靠性高、噪声低及不产生有害排放物NO_x等优点，而引起世界各国的注意。与内燃机汽车相比，氢燃料电池电动汽车有害气体的排放量减少99%，CO_2的生成量减少75%，电池能量转换效率约为内燃机效率的2.5倍。这种电池将有可能成为继内燃机之后的汽车最佳动力源之一。近年来，一些厂家如戴姆勒-克莱斯勒、丰田、通用、本田、日产、福特等公司都开发了自己的燃料电池电动汽车。汽车界人士认为FCEV是汽车驱动电机氢燃料电池工业的一大革命，是21世纪真正的纯绿色环保车，是最具实际意义的环保车种。

1. 丰田Mirai燃料电池电动汽车

丰田Mirai是世界上真正量产销售的第一款燃料电池汽车。Mirai车上有两套电池，是典型的"燃料电池+动力电池"的动力系统结构。高分子电解质燃料电池组，位于车身中部前排座椅下方，是整辆车的核心部件，负责使氢气和氧气在催化剂的作用下产生电能；另一套为镍氢电池，位于行李舱下面，它可以储存燃料电池所发的电能，并为车内电气设备供电以及保障低速时的纯电动运行。能量回收系统将减速和制动时回收的能量储存到镍氢电池中。丰田Mirai燃料电池电动汽车的基本构造如图11-23所示。

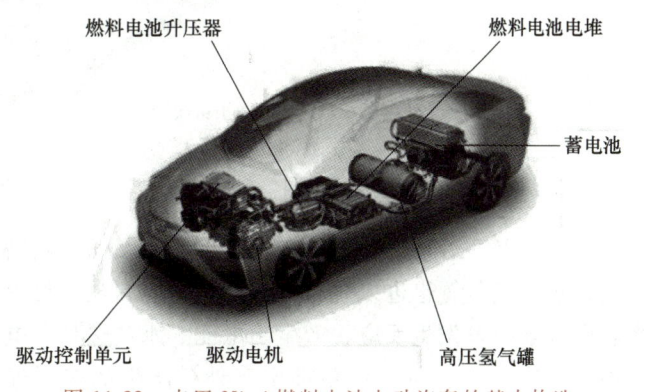

图11-23　丰田Mirai燃料电池电动汽车的基本构造

燃料电池升压器（Fuel Cell Boost Converter）：一种紧凑、高效、大容量的变换器，可以将燃料电池堆电压提高到650V，减少燃料电池堆电池的数量，并减少系统的体积和重量。boost变换器用于获得比输入电压更高的输出电压。

燃料电池电堆（Fuel Cell Stack）：丰田第一款大规模生产的燃料电池，具有紧凑的体积和世界顶级的输出密度。体积功率密度为3.1kW/L，最大输出为114kW（155马力）。

蓄电池（Battery）：一种镍金属氢化物电池，储存从减速中回收的能量，并在加速时协助燃料电池堆输出。

驱动控制单元（Power Control Unit）：优化控制燃料电池堆的输出功率和驱动电流，保证系统的稳定性和安全性。

驱动电机（Motor）：电机由燃料电池堆产生的电能驱动，由电池供电。最大输出功率为113kW（154马力），最大转矩为335N·m。

高压氢气罐（High-Pressure Hydrogen Tank）：储氢作燃料的储罐，其公称压力为70MPa。紧凑、轻量化的储罐具有世界顶级的储罐存储密度。储罐储存密度为5.7wt%。

2. 现代ix35燃料电池电动汽车

现代ix35燃料电池电动汽车基本构造如图11-24所示。车身可以分为3个部分，分别是后部的氢储存区、中部的电池及逆变器、前部的燃料电池及动力总成。氢燃料储存在位于车身后部的两个储氢罐当中，为了减小氢气的体积，储氢罐内部的压强达到了70MPa，相当于690个大气压，也就是水下6900m处的压强，总质量为5.63kg。在车辆中间的底部装有高压电池组，高压电池组和前部燃料电池及动力总成之间还有一个逆变器。高压电池组的功率为24kW·h，电池组安放在车身底部一方面是考虑到空间；另一方面则考虑到整车的重量分布。车辆前方则是燃料电池及动力总成。燃料电池还有驱动车辆的电机都安放于此。排气装置用于排除燃料电池堆反应后的产物。进气装置为燃料电池堆提供清洁的氧气。

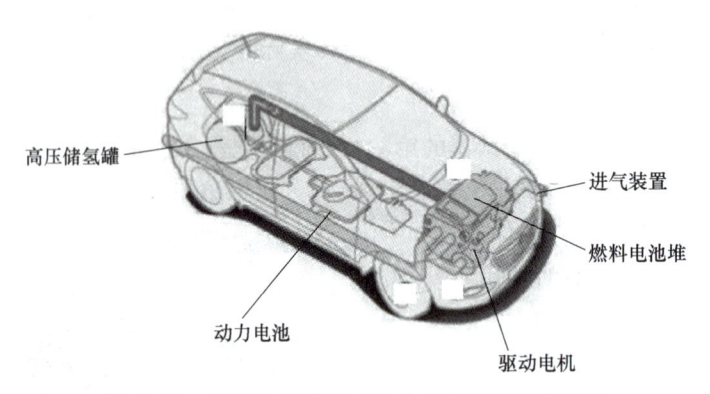

图11-24 现代ix35燃料电池电动汽车的基本构造

ix35 FCV工作时，首先，储存在储氢罐里的氢燃料通过管道供给到燃料电池堆，同时空气通过进气装置也进入燃料电池堆，为燃料电池堆提供反应所需要的氧气，氢气和氧气在燃料电池堆栈里发生反应，产生出电能、水和热量。电能用于驱动车辆电动机及储存于电池组中。反应后的水通过管路排出车外。产生的热量通过热管理系统将温度控制在最佳范围内。

3. 奥迪 A7 Sportback 燃料电池电动汽车

奥迪 A7 Sportback 燃料电池电动汽车及底盘构造如图 11-25、图 11-26 所示，它的发动机舱内布置了一个燃料电池堆栈，氢燃料电池由 300 多片相互独立的单体电池组成，每一片电池都能产生 0.6~0.8V 的电压，总电压为 230~360V。在全燃料电池模式下，车辆仅需大约 1kg 的氢就能行驶 100km，生产的能量相当于 3.7L 汽油。

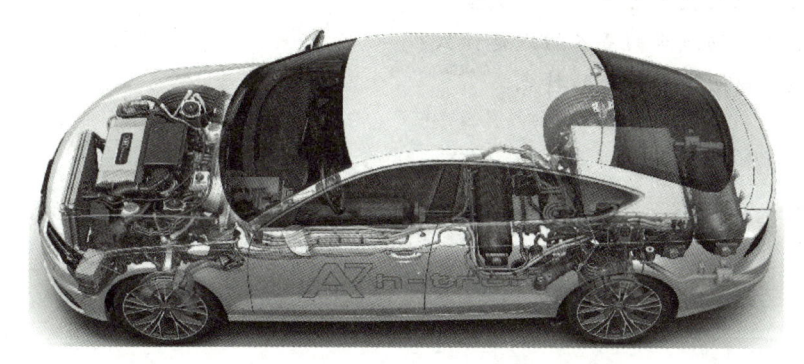

图 11-25 奥迪 A7 Sportback 燃料电池电动汽车

氢气的加注也跟加油类似，加满 4 个储氢罐（大约 5kg 的氢气）只需 3min 的时间，比纯电动车的充电时间快上数十倍。与汽油车的加油时间相差无几。

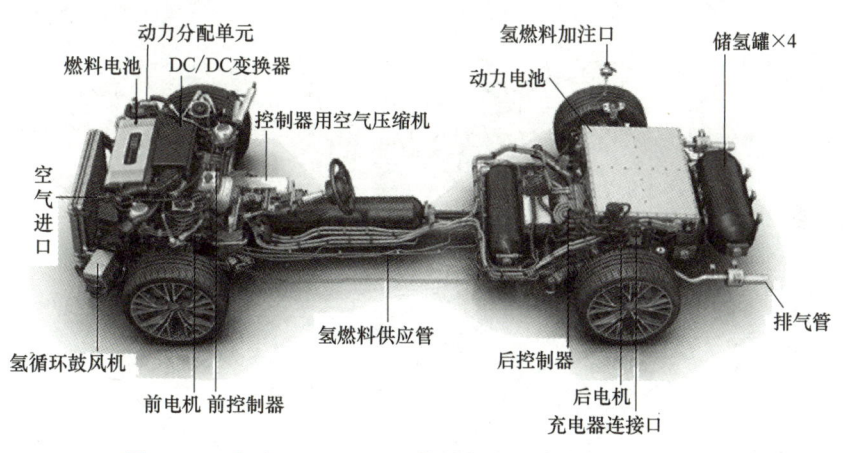

图 11-26 奥迪 A7 Sportback 燃料电池电动汽车的底盘构造

行李舱下面布置了 8.8kW·h 的锂离子蓄电池动力电池组，可以通过外接电源进行充电，也可以储存燃料电池的电能以及制动和减速时回收的电能，可为车辆额外提供大约 50km 的续驶里程。

前后轴各布置了一个电动机，形成了前后双电机的"四驱"结构。每个电机都有 85kW 的功率和 270N·m 的峰值转矩，这样的组合搭配一共可提供 170kW 的功率输出。

奥迪 A7Sportback 在后轴之前以及车身中央通道共设计了 4 个储氢罐（丰田 Mirai 设计了 3 个储氢罐）。为了保证高压下的安全，储氢罐采用铝合金外壳并在外围包裹一层碳纤维强化塑料的保护壳。

这辆车只需 7.9s 就能够完成从静止到 100km/h 的加速，最高车速为 180km/h。

思考题

1. 新能源汽车和电动汽车是如何定义的？
2. 简述纯电动汽车运行原理及特点。
3. 混合动力电动汽车可分为哪些类型？
4. 燃料电池电动汽车的基本组成是什么？
5. 简述燃料电池电动汽车的特点。

参 考 文 献

[1] 杨保成. 汽车电器与电子控制技术［M］. 北京：清华大学出版社，2016.
[2] 杨保成. 汽车发动机电控技术［M］. 北京：清华大学出版社，2018.
[3] 杨保成. 汽车电子控制技术［M］. 北京：机械工业出版社，2022.
[4] 杨保成. 汽车电器［M］. 北京：机械工业出版社，2022.
[5] 陈家瑞. 汽车构造：上册［M］. 3版. 北京：机械工业出版社，2009.
[6] 陈家瑞. 汽车构造：下册［M］. 3版. 北京：机械工业出版社，2007.
[7] 姚为民. 汽车构造：上册［M］. 4版. 北京：机械工业出版社，2021.
[8] 姚为民. 汽车构造：下册［M］. 4版. 北京：机械工业出版社，2022.
[9] 关文达. 汽车构造［M］. 4版. 北京：机械工业出版社，2016.
[10] 臧杰，阎岩，张德生. 汽车构造：上册［M］. 3版. 北京：机械工业出版社，2017.
[11] 臧杰，阎岩，张德生. 汽车构造：下册［M］. 3版. 北京：机械工业出版社，2017.